Springer-Lehrbuch

Walther Busse von Colbe
Gert Laßmann

Betriebswirtschaftstheorie

Band 3. Investitionstheorie

Dritte, durchgesehene Auflage

Mit 52 Abbildungen

Springer-Verlag Berlin Heidelberg New York
London Paris Tokyo Hong Kong

Dr. Walther Busse von Colbe
Dr. Gert Laßmann

Professoren der Betriebswirtschaftslehre
an der Ruhr-Universität Bochum
Universitätsstr. 150, 4630 Bochum-Querenburg

Die zweite Auflage erschien als Heidelberger Taschenbuch 242

ISBN 3-540-52170-4
Springer-Verlag Berlin Heidelberg New York Tokyo
ISBN 0-387-52170-4
Springer-Verlag New York Heidelberg Berlin Tokyo

ISBN 3-540-16407-3 2. Aufl. Springer-Verlag Berlin Heidelberg New York Tokyo
ISBN 0-387-16407-3 2nd edition Springer-Verlag New York Heidelberg Berlin Toyko

Satz: Oscar Brandstetter Druckerei GmbH & Co. KG., 6200 Wiesbaden Druck: Weihert-Druck GmbH, Darmstadt
Bindearbeiten: J. Schäffer GmbH u. Co. KG., Grünstadt
2142/7130-54321

Vorwort zur zweiten Auflage

Mit der 2. Auflage wurde der Band 2 der 1. Auflage der Betriebswirtschaftstheorie in zwei Bände Absatztheorie und – als Band 3 – Investitionstheorie geteilt, weil die beiden Sachgebiete häufig in getrennten Lehrveranstaltungen behandelt werden. Die Neuauflage wurde gegenüber dem Kapitel Investitionstheorie der 1. Auflage um ca. 130 Seiten erweitert. Der dritte Band behandelt die wichtigsten Teile der betrieblichen Investitionstheorie und betont ihre Verbindung zur Kapitalmarkttheorie.

Nach der Erörterung einiger Grundüberlegungen und tragender Begriffe sowie einer kurzen Darstellung der herkömmlichen kalkulatorischen Verfahren und der Zinseszinsrechnung wird in § 2 die Kapitalwertmethode mit einer Reihe von Anwendungsgebieten ausführlich behandelt. Praxisnahe Problemstellungen, wie die Abwägung zwischen Leasing und Kreditkauf, die Berücksichtigung von Preisschwankungen im Investitionskalkül, der Einfluß von Wechselkursänderungen auf die Bewertung von Auslandsinvestitionen mit Hilfe der Kapitalwertmethode, wurden zusätzlich aufgenommen. Es folgt die Darstellung der Methode des internen Zinsfußes und ihre Beurteilung im Vergleich zu anderen Verfahren (§ 3). Paragraph 4 ist der Bestimmung der optimalen Nutzungsdauer von abnutzbaren Anlagen gewidmet. Verglichen mit der ersten Auflage wird in den Paragraphen 5, 7 und 8 auf die Probleme der Ungewißheit im Investitionskalkül wesentlich näher eingegangen. Hier wird nicht nur die Ungewißheit bei einzelnen Investitionsobjekten abgehandelt (§ 5), sondern auch die Portefeuilletheorie für die Beurteilung von Diversifikationsinvestitionen nutzbar gemacht (§ 7) sowie eine kapitalmarktbezogene Bestimmung des Kalkulationszinsfußes erörtert (§ 8). Der 3. Band schließt mit einem erweiterten Satz von Zinseszinstabellen, einem ergänzten Abschlußtest und einem Anwendungsbeispiel für ein durch Personal Computer gestütztes Verfahren der Investitions- und Finanzplanung, das für die Praxis insbesondere von mittelgroßen Unternehmen innerhalb eines eigenen Forschungsprojektes entwickelt wurde.

Die 2. Auflage der Investitionstheorie geht im zweiten Teil des Buches über den Stoff hinaus, der gewöhnlich im Grundstudium vermittelt wird. Die Paragraphen 5 bis 8 sollen eher als Begleittext für weiterführende Veranstaltungen dienen, wie sie z. B. in Bochum im Hauptstudium für Studenten angeboten werden, die als Spezielle Betriebswirtschaftslehre Rechnungswesen gewählt haben. Obgleich die letzten Paragraphen zum Teil stärker theoretisch ausgerichtet sind als die ersten,

sind wir – wie in den beiden ersten Bänden – bemüht gewesen, immer wieder den Bezug zu Problemstellungen der Praxis herzustellen.
An der Überarbeitung und der Erweiterung des Textes insbesondere der letzten Paragraphen hat uns mit Anregungen, Kritik und Entwürfen, Formulierungsvorschlägen, der Ausarbeitung von Zeichnungen und Aufgaben Herr Dr. Rüdiger Mrotzek überaus tatkräftig unterstützt. An dem Forschungsprojekt, dem das Anwendungsbeispiel im Anhang entnommen ist, haben Herr Diplom-Volkswirt Bernhard Bleuel und Diplom-Ökonom Michael Rademacher maßgeblich mitgewirkt. Ihnen und anderen beteiligten Mitarbeitern gebührt unser herzlicher Dank für die gute Zusammenarbeit. Unser Dank gilt auch dem Springer-Verlag für die reibungslose Abwicklung der Herstellung des Buches.

Bochum, Februar 1986 Walther Busse von Colbe
Gert Laßmann

Vorwort zur dritten Auflage

Für die dritte Auflage wurden die Quellenangaben und Literaturempfehlungen aktualisiert und ergänzt. An einzelnen Stellen des Textes wurden aufgrund von Leserhinweisen Klarstellungen vorgenommen sowie wegen Änderungen steuerlicher Vorschriften einige Beispiele entsprechend angepaßt.
Im Hinblick auf die Verbreitung der „Betriebswirtschaftstheorie" wurden der zweite und dritte Band mit der dritten Auflage in die neu geschaffene Reihe "Springer-Lehrbuch" aufgenommen; der erste Band wird mit der nächsten Auflage folgen.

Bochum, im November 1989 Walther Busse von Colbe
Gert Laßmann

Vorwort zur ersten Auflage

Die Bände der Betriebswirtschaftstheorie enthalten den *Kern der Theorie der Unternehmung*. Zu ihm gehören neben der in Band 1 behandelten Produktions- und Kostentheorie die Theorie des Absatzes und der Investition. *Absatz-, Produktions- und Investitionsprobleme* haben insofern *starke Beziehungen* zueinander, als Entscheidungen zwischen alternativen Investitionsobjekten oder -programmen Marktanalysen und Entscheidungen über den Einsatz absatzpolitischer Instrumente voraussetzen und für die Abschätzung der zukünftigen Ausgaben von den Produktionsplänen auszugehen ist. Die quantitativen Probleme dieser Gebiete lassen sich mit gleichartigen Instrumenten analysieren, während für Finanzierung, Rechnungswesen und Organisation in stärkerem Ausmaß institutionelle Gegebenheiten zu beachten sind. Auf anspruchsvolle Spezialprobleme konnte dabei im Rahmen dieser *Einführung* nicht eingegangen, sondern gezielt nur auf die weiterführende Literatur verwiesen werden. Wir haben uns bemüht, die Probleme realitätsnäher zu behandeln, als es sonst in der betriebswirtschaftstheoretischen Literatur üblich ist.

Hinsichtlich der *Methodik* gilt für diesen Band das, was bereits im Vorwort zu Band 1 gesagt wurde: Das Buch soll dazu dienen, den akademischen Unterricht von der großen Vorlesung wenigstens zum Teil in kleine Gruppen zu verlagern. Es soll

- den Hörern ermöglichen, das Mitschreiben in Vorlesungen auf ergänzende Notizen zu reduzieren,
- Grundlage für Kolloquien in kleinen Arbeitsgruppen sein,
- die Wiederholung des Stoffes während der Vorbereitung auf Übungsklausuren und Prüfungen erleichtern,
- den Zugang zur Fachliteratur erschließen, nicht aber die Durcharbeitung der einschlägigen Literatur ersetzen.

Erfolg wird die *Arbeit in kleinen Gruppen* von 20 bis 30 Studenten mit Hilfe des Buches nur dann haben, wenn die Hörer den Text einschließlich der wichtigsten Aufgaben eingehend durcharbeiten. Der Dozent kann sich dann darauf beschränken, in der Vorlesung die größeren Zusammenhänge aufzuzeigen und auf schwierige Einzelprobleme sowie die modellmäßigen Ableitungen näher einzugehen. Jeder Hörer sollte sich durch die Beantwortung der *Kontrollfragen* und die Lösung der *Übungsaufgaben,* die im Anschluß an jeden Paragraphen angegeben sind, vergewissern, daß er den gebotenen Stoff verstanden hat und mit den gedanklichen Instrumenten umzugehen weiß. Die *Literaturempfehlungen* zu den Paragraphen sind so knapp gehalten, daß der Student einzelne Fragestellungen parallel zur Vorlesung vertiefen kann. Im Anhang ist ein *Test* nach dem Multiple-Choice-Prinzip wiedergegeben, durch dessen Bearbeitung die Studenten die Erreichung des Lernziels überprüfen können. In entsprechender Form werden Klausuren in Bochum gestellt und unter Einsatz der EDV ausgewertet.

Von Dozenten kann zum ausschließlich persönlichen Gebrauch auch zu diesem Band ein Heft mit *Lösungen* zu den Übungsaufgaben und zusätzlichen Klausuraufgaben erworben werden. Bestellungen sind ausschließlich an die Autoren zu richten.

Das Buch ist aus dem Vorlesungsmanuskript zu der Veranstaltung „Betriebswirtschaftstheorie II" hervorgegangen, wie sie seit 1968 an der Ruhr-Universität Bochum zum Programm des Grundstudiums gehört. Zum Wintersemester 1969/70 erschien im Offsetdruck die 1. Auflage. Wegen des zunehmenden Interesses auch von anderen Universitäten und Fachhochschulen erscheint die 5. Auflage in den Heidelberger Taschenbüchern. Dafür waren eine gründliche Überarbeitung und Ergänzungen des Textes notwendig.

Zu dieser Neubearbeitung haben Fakultätskollegen durch konstruktive Kritik und zahlreiche Anregungen in erheblichem Maße beigetragen: Zur mathematischen Darstellung quantitativer Probleme insbesondere Professor Dr. Arno Jaeger. Von der ersten Auflage an haben unsere wissenschaftlichen Mitarbeiter durch Formulierungsvorschläge für einzelne Abschnitte, Ausarbeitung von Aufgaben und Zeichnungen sowie vor allem auch durch konstruktive Kritik mitgewirkt. An der vorliegenden Neufassung arbeiteten insbesondere die Herren Dr. Reinhard Brand, Dipl.-Wirtschaftsing. Gerhard Bürstner, Dr. Horst Heiber, Dr. Horst Köhler, Dr. Alfred Kroesen, Dr. Heino Nolte, Dr. Hartwig Mennenöh, Dr. Sören Rieger, Dr. Volker Schmied, Dr. Alfons Vogt und Dr. Heinz-Michael Winkels mit. Unseren Kollegen und Mitarbeitern sei auch an dieser Stelle herzlich für die ausgezeichnete Zusammenarbeit gedankt. Nur durch die bereitwillige Kooperation aller Beteiligten konnte dieser Leitfaden für die betriebswirtschaftstheoretischen Lehrveranstaltungen insbesondere des Grundstudiums entwickelt werden, der von allen auf diesem Gebiet in Bochum Lehrenden verwendet wird. Dank gebührt auch zahlreichen Studenten, die durch kritische Fragen und Hinweise mitgeholfen haben, den Text zu verbessern, und unseren Mitarbeiterinnen für das Schreiben des Manuskriptes sowie nicht zuletzt dem Springer-Verlag für die Aufnahme in die Schriftenreihe.

Bochum, Januar 1977

Walther Busse von Colbe
Gert Laßmann

Inhaltsverzeichnis

Symbolverzeichnis

Symbol	*Begriff*
a^*	Auszahlungsannuität
a'	Grenzauszahlung
a_t	Auszahlung im Zeitpunkt t
b_t	Einzahlung im Zeitpunkt t
c'	Grenzeinzahlungsüberschuß
c^*	Kapitalwertannuität
$\dot{c}$	Sicherheitsäquivalent
$\hat{c}$	Kapitalwertrate
c_t	Einzahlungs- bzw. Auszahlungsüberschuß im Zeitpunkt t
cov	Kovarianz
d_t	Abschreibungsbetrag in der Periode t
i	kalkulatorischer Zinsfuß; Zinssatz; Kalkulationszinsfuß
i_m	Marktzinsfuß
i_n	nomineller Zinsfuß
i_s	Kalkulationszinsfuß unter Berücksichtigung von Gewinnsteuern
$\overline{i_s}$	Durchschnittskapitalkostensatz nach Steuern
i_F	Zinssatz für Fremdkapital
k	Korrelationskoeffizient
$_{max}$	Index für Maximalwert
$_{min}$	Index für Minimalwert
n	Verzinsungsdauer; Nutzungsdauer eines Investitionsobjektes
$\overline{n}$	Restnutzungszeit
$\hat{n}$	Amortisationsperiode
$_{opt}$	Index für Optimalwert
p	Inflationsrate
p_a	Preisänderungsrate der Auszahlungen
p_b	Preisänderungsrate der Einzahlungen
q	Zinsfaktor $(1 + i)$
r	einfacher interner Zinsfuß
r'	Grenzrendite
$\hat{r}$	modifizierter interner Zinsfuß
$\overline{r}$	Kapitalrentabilität
s	Gewinnsteuersatz
$t_0, t_1, \ldots$	Zeitpunkte
t_A	Amortisationszeit

$u(C_{oj})$	Risikonutzenfunktion
v_0	Konsumausgabe zum Zeitpunkt t_0
w_i	Wahrscheinlichkeit
$w(C_0)$	Wahrscheinlichkeitsfunktion des Kapitalwertes
B	Investitionsbudget
B_0	Barwert
B_n	Endwert
BW_t	Buchwert im Zeitpunkt t
$\overline{BW}$	durchschnittlicher Buchwert
C_0	Kapitalwert im Zeitpunkt $t = 0$
C_0^r	realer Kapitalwert
C_{0s}	Kapitalwert bei Beachtung von Gewinnsteuern im Zeitpunkt $t = 0$
C_{0w}	Kapitalwert einer Wiederanlageinvestition im Zeitpunkt $t = 0$
C_{0P}	Kapitalwert eines Investitionsprogramms im Zeitpunkt $t = 0$
D_j	Daten- oder Umweltkonstellation j
EW	Erwartungswert
F	Index zur Kennzeichnung von Finanzierungsmaßnahmen
$F(C_0)$	Verteilungsfunktion des Kapitalwertes
G	Gewinn (Periodengewinn)
GE	Geldeinheit
$I_1, I_2, \ldots, I_A, I_B, \ldots$	Investitionsobjekte
I_G	Gesamtinvestition
I_w, I_x	Wiederanlageinvestition
KR	kalkulatorischer Restwert
LW	Landeswährung
M	Marktportefeuille
ME	Mengeneinheit
R_t	Restwerterlös im Zeitpunkt t
$R(C_0)$	Risikoprofil des Kapitalwertes
RBF	Rentenbarwertfaktor
$S_1, S_2, S_3, \ldots$	Strategien
T	Planungsperiode
U^0	Nutzenniveau
V_{EK}	Marktwert des Eigenkapitals
V_{FK}	Marktwert des Fremdkapitals
V_G	Marktwert einer Unternehmung
WK	Wechselkurs
Y_0	im Zeitpunkt t_0 zur Verfügung stehender Geldbetrag
Z	Zufallszahl; Zielfunktion
β	Beta-Faktor, Ausdruck für das systematische Risiko
μ	Erwartungswert
σ	Standardabweichung
ϕ	Präferenzwert

§ 1 Grundlagen der Investitionstheorie

A. *Investitionstheorie als Teil der Betriebswirtschaftstheorie*

In den beiden ersten Bänden der Betriebswirtschaftstheorie wurde die Planung der Produktion und des Absatzes anhand der Kosten und der Erlöse für eine *einzelne* Periode behandelt. Dabei wurden Ziele des Unternehmens oder einzelner Bereiche für die Einzelperiode – wie Erhöhung des Periodengewinns oder -umsatzes oder Verminderung der Periodenkosten – zugrunde gelegt und kurzfristig wirkende Einflußgrößen auf Kosten und Erlöse modellmäßig erfaßt. Die Ausstattung des Unternehmens mit Potentialfaktoren, insbesondere mit Anlagen, wurde dabei – mit Ausnahme von § 15 in Band 1 – als konstant unterstellt. Im folgenden soll die Betrachtung auf *mehrere* Perioden ausgedehnt und die Planung von Investitionsvorhaben auch unter Berücksichtigung ihrer Finanzierung behandelt werden.

Die *betriebliche Investitionstheorie* hat vornehmlich Verfahren zur optimalen Auswahl von einzelnen Investitionsobjekten und ganzen Investitionsprogrammen zum Inhalt *(Investitionskalküle)*[1]. Dabei gehen in die Investitionstheorie Teile der Produktions-, Kosten- und Absatztheorie als Bausteine ein: Zur Beurteilung von Investitionsvorhaben muß sich derjenige, der eine Investitionsentscheidung treffen will *(Investor)*, Vorstellungen über potentielle *Absatzmengen* und den zugehörigen *Faktorbedarf* sowie über die *Absatz-* und *Faktorpreise* machen, wie sie voraussichtlich mit der Beschaffung und Nutzung des Investitionsobjektes während der gesamten Nutzungsdauer verbunden sein werden.

Bei den einperiodischen Planungsmodellen wurden mit Aufwand und Ertrag sowie mit Kosten und Erlös Begriffe verwendet, die gleichfalls auf die einzelne Periode bezogen sind[2]. Für investitionstheoretische Überlegungen ist es jedoch zweckmäßiger, nicht von den periodisierten, sondern von den ursprünglichen Größen, nämlich von den *Ein- und Auszahlungen* auszugehen. Die Gesamtheit aller mit der Beschaffung, Nutzung und Veräußerung oder dem Abbruch des Investitionsobjektes verbundenen Aus- und Einzahlungen ist für dessen wirtschaftliche Beurteilung maßgebend. Die Periodisierung der Zahlungsgrößen dient lediglich der laufenden

[1] Vgl. Band 1, 4. Aufl., S. 12.

[2] Vgl. Band 1, 4. Aufl., S. 203ff.

Erfolgsbeurteilung. Für eine mehrperiodische Betrachtung kann sie bei zeitlich stark divergierenden Zahlungsströmen leicht zu Fehlschlüssen führen.

B. Investition

1. Investitionsobjekt und Investitionskalkül

Unter einer *Investition*[3] wird hier die *autonome* Anschaffung eines Gutes oder Güterverbundes (*Investitionsobjekt*) verstanden. Sie wird *ökonomisch* durch die Anschaffungsauszahlung (*Investitionsbetrag*) sowie durch die Ein- und Auszahlungen gekennzeichnet, die mit dem Besitz, der Nutzung und/oder dem späteren Verkauf des Objektes verbunden sind.

Die Auszahlungen und Einzahlungen können aus der produktiven Verwendung des Investitionsobjektes in der Unternehmung, aus dessen Vermietung/Verpachtung sowie aus dessen Wiederverkauf resultieren. Aus- und Einzahlungen können effektive Größen oder geplante Größen sein, je nachdem, ob man Wirtschaftlichkeitsbetrachtungen über vollzogene oder geplante Investitionsobjekte anstellt. Als *autonom* seien nur diejenigen Auszahlungen bezeichnet, die Gegenstand einer Entscheidung *(Investitionsentscheidung)* sind, nicht aber Auszahlungen, die als Folge einer bereits getroffenen Entscheidung anfallen. Die Anschaffungsauszahlung wird häufig in *Teilbeträgen* geleistet. Zur Beurteilung einer Investition *(Investitionskalkül)* ist die Anschaffungsauszahlung zusammen mit allen für das Investitionsobjekt zu leistenden (oder geleisteten) *laufenden Auszahlungen* (Betriebsauszahlungen) und mit den geplanten (oder erzielten) *Einzahlungen* oder anderen Nutzengrößen zu betrachten *(Zahlungsreihe)*. Geplante Zahlungsreihen hängen von den künftigen, nur unter Ungewißheit [4] abschätzbaren *Datenkonstellationen* ab. Im Investitionskalkül tritt mitunter an die Stelle einer Auszahlung der *Verzicht auf eine Einzahlung* oder an die Stelle einer Einzahlung die *Ersparung einer Auszahlung*.

Beispiel
Entscheidung über die Anschaffung einer Maschine (Investitionsobjekt) für 1 Mio. DM, die zu einem Drittel bei Bestellung und zu zwei Dritteln bei Lieferung zu bezahlen ist (Investitions- oder Anschaffungsauszahlung), mit einer geplanten Nutzungsdauer von 5 Jahren, während der 3 Mio. DM/Jahr an Betriebsauszahlun-

---

[3] Siehe die Literaturübersicht zum Stichwort Investition, in: Lücke, Wolfgang (Hrsg.): Investitionslexikon, 1975, S. 142f.

[4] Vgl. Band 1, 4. Aufl., S. 35ff.

gen für Materialeinsatz, Personal, Reparaturen, Energie usw. und 3,5 Mio. DM/Jahr an Einzahlungen aus dem Verkauf der Produkte erwartet werden (Erweiterungsinvestition), alternativ zu einer Rationalisierungsinvestition von 0,9 Mio. DM, durch die 4 Jahre lang voraussichtlich 0,4 Mio. DM/Jahr an Betriebsauszahlungen eingespart werden.

Ein *Investitionskalkül* zur Beurteilung eines *Investitionsobjektes* enthält nach dem bisher Gesagten mithin als *Eingangsdaten*

— sämtliche mit dem Objekt verbundenen *Ein- und Auszahlungen*,
— die *Zahlungszeitpunkte* sowie
— den Ungewißheitsgrad für die Zahlungen.

Investitionskalküle sollen die *Vorteilhaftigkeit* eines Investitionsobjektes gegenüber Investitionsalternativen erkennbar machen und auf diese Weise *Investitionsentscheidungen* vorbereiten und wirtschaftlich fundieren.

Die Charakterisierung eines Investitionsobjektes durch die Zahlungsreihe vernachlässigt dessen *nicht-monetäre Dimension.* So werden in der Regel technologische, organisatorische, soziale und rechtliche Aspekte wie auch externe Effekte des Investitionsobjektes (wie z. B. Luftverschmutzung, Geräuschbelästigung) nicht explizit in den Kalkül einbezogen. Sie können jedoch neben den wirtschaftlichen Kriterien für Investitionsentscheidungen maßgebend sein. Für den Investitionsbegriff ist *unbeachtlich,* ob das Investitionsobjekt in das *Eigentum* des Investors übergeht und ob er es *bilanzieren* kann. Investitionskalküle lassen sich z. B. auch auf die Entscheidung zwischen Miete und Kauf eines Gegenstandes (siehe § 2 G) oder zwischen zwei Arten von Werbemaßnahmen anwenden.
Sofern nichts anderes gesagt wird, soll unterstellt werden, daß Zahlungen und zugehörige Güterbewegungen zeitlich zusammenfallen; dann kann statt Investitions- oder Betriebs*auszahlung* der Begriff Investitions- oder Betriebs*ausgabe* verwendet werden. Entsprechendes gilt für die synonyme Verwendung von Einzahlungen und *Einnahmen*[5].
In der Praxis wird dem Begriff „Investition" implizit meist das Prädikat *„langfristig"* zugeordnet. Für den hier verwendeten Investitionsbegriff wird als Begriffsmerkmal jedoch *keine Mindestzeit* verwendet; vielmehr ist es hinreichend, daß Zahlungen *zu mindestens zwei Zeitpunkten,* deren zeitliche Differenz für die Entscheidung relevant ist, mit dem Investitionsvorgang verbunden sind. Es kann sich je nach Teilperiodenlänge um ein- oder mehrperiodische Investitionsobjekte handeln.

2. Investition, Konsum und Kapitalmarkt

Die Anwendung von Investitionskalkülen auf Investitionsobjekte wirft die Frage auf, wieviel ein Investor (Unternehmen oder Haushalt) investieren, wie er also sein

[5] Zur Unterscheidung der Begriffe siehe Band 1, 4. Aufl., S. 201ff.

Einkommen oder Geldvermögen auf Investition und Konsum aufteilen sollte. Zur Analyse dieser Grundsatzfrage sei in Anlehnung an Fisher und Hirshleifer[6] von folgendem einfachen Modell ausgegangen [7]: Ein Investor habe einen bestimmten Geldbetrag (Y_0) im Zeitpunkt t_0 zur Verfügung, den er zum Teil für den Konsum (v_0), zum Teil für Investitionen (a_0) verwenden kann. Die Investitionsdauer erstreckt sich nur auf die Periode T (t_0 bis t_1). Im Zeitpunkt t_1 stehe ihm der investierte Betrag zuzüglich eines Einzahlungsüberschusses (c_1) zur Verfügung ($a_0 + c_1 = b_1$). Mit steigendem Investitionsbetrag sinken die zusätzlichen Einzahlungsüberschüsse; dies bedeutet eine abnehmende Grenzproduktivität des Kapitals bei vermehrtem Kapitaleinsatz für Investitionszwecke. Von Steuern, Transaktionskosten und Ungewißheit sei abgesehen. Der Planungshorizont gehe nicht über t_1 hinaus. Ein Kapitalmarkt mit gegebenen Zinssätzen existiere zunächst nicht. Der Investor könne das subjektive *Austauschverhältnis (Zeitpräferenz)* zwischen Konsumausgaben zum Zeitpunkt t_0 (v_0) und zum Zeitpunkt t_1 (v_1) in Form von Indifferenzkurven U ausdrücken, wobei für ein gegebenes Nutzenniveau $U^{(o)}$ der Verzicht auf einen jeweils höheren Betrag an Konsumausgaben in t_0 durch überproportional steigende Beträge in t_1 ausgeglichen werden muß. Diese Annahme entspricht der Substitution zwischen zwei Gütern in der klassischen Haushaltstheorie[8].

In der folgenden Abbildung 1.1 ist der Sachverhalt für zwei Investoren A und B dargestellt, deren Einstellung gegenüber einer Substitution zwischen Konsumausgaben in t_0 und t_1 durch je eine Indifferenzkurve ($U_A^{(o)}$, $U_B^{(o)}$) wiedergegeben ist.

Aufgrund der angenommenen sinkenden Grenzproduktivität des Kapitals verläuft die physische Transformationskurve, die die Investitionsmöglichkeiten der Investoren repräsentiert, zwischen Y_0 und Y_1 vom Ursprungspunkt her konvex. Wie groß ist das optimale Investitionsvolumen für die Investoren A und B in t_0? Diese Frage, gleichbedeutend damit, welcher Punkt auf der Transformationskurve realisiert wird, hängt von dem Verlauf der Nutzenindifferenzkurven $U_A^{(o)}$ bzw. $U_B^{(o)}$ der Investoren ab. Die Tangentialpunkte zwischen den Indifferenzkurven und der Transformationskurve kennzeichnen die unterschiedliche Aufteilung zwischen Investition und Konsum der Investoren A und B. In Abbildung 1.1 würde Investor A gemäß seinen Präferenzen in t_0 den Betrag v_{0A} konsumieren, den Betrag $Y_0 - v_{0A} = a_{0A}$ investieren und durch diese Investition in t_1 bei Liquidation den Betrag b_{1A} zur Verfügung haben. Investor B, der zukünftigen Konsum geringer einschätzt

---

[6] Siehe Fisher, Irving: The Theory of Interest, 1930, Reprint 1965, S. 263–322; Hirshleifer, Jack: On the Theory of Optimal Investment Decisions, in: Journal of Political Economy, Vol. 66, August 1958, S. 329–352, und Hirshleifer, Jack: Kapitaltheorie, 1974 (dt. Übersetzung der Originalausgabe Investment, Interest and Capital, 1970), S. 31–45.

[7] Ausführlichere Darstellungen finden sich z. B. bei Copeland, Thomas E.; Weston, J. Fred: Financial Theory and Corporate Policy, 2. Aufl., 1983, S. 3–16, und Lumby, Stephen: Investment Appraisal, 2. Aufl., 1985, S. 20–32.

[8] Vgl. Band 2, 3. Aufl., § 2 B.

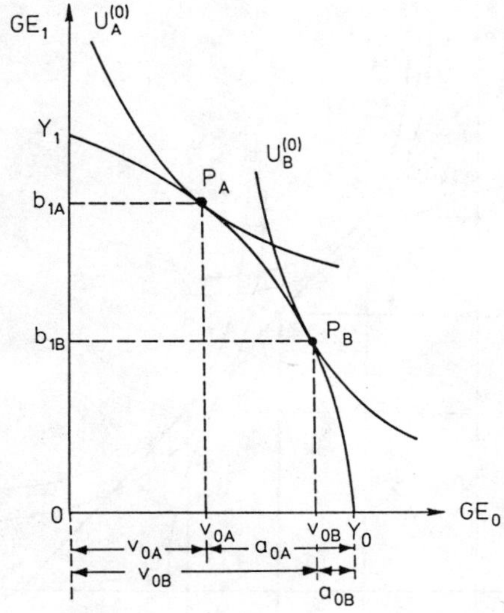

Abb. 1.1

als Investor A, würde den Betrag v_{0B} in t_0 konsumieren und gleichzeitig $Y_0 - v_{0B} = a_{0B}$ investieren, wodurch er in t_1 Mittel in Höhe von b_{1B} erhält.

Die Konsum- und Investitionsentscheidungen beider Investoren ändern sich, wenn die Existenz eines *Kapitalmarktes* unterstellt wird, auf dem Geld zu einem festen Zinssatz i aufgenommen und zu diesem auch Geld angelegt werden kann (*vollkommener Kapitalmarkt*). Das sei in Abbildung 1.2 veranschaulicht.

Der in Sachanlagen investierte Betrag ist in Höhe von $a_0^{(1)}$ für beide Investoren gleich. Er wird bestimmt durch den Tangentialpunkt P, in dem die absolute Steigung der Transformationskurve $Y_0\,Y_1$ gleich der der Kapitalmarktgeraden $Z_0\,Z_1$ ist, deren (absolute) Steigung durch den Kapitalmarktzins i mit $1 + i$ gegeben ist. Rechts von diesem Punkt ist die Grenzproduktivität des Sachkapitals höher als die Grenzproduktivität des Kapitalmarktes (Marktzinssatz i + 1), links davon ist es umgekehrt. Es ist also zweckmäßig, gerade so viel in Sachanlagen zu investieren, daß die Grenzproduktivität des Sachkapitals gleich der Grenzproduktivität des Kapitalmarktes (Marktzinssatz i + 1) ist.

Die Existenz des Kapitalmarktes erweist sich als wohlstandssteigernd für beide Investoren. Beide erreichen durch Inanspruchnahme des Kapitalmarktes eine höher liegende Nutzenindifferenzkurve. Investor A legt außer in der Investition $a_0^{(1)}$ Geld in Höhe von F_{0A} auf dem Kapitalmarkt an. Dieser Betrag wird durch den Tangentialpunkt der Nutzenindifferenzkurve $U_A^{(1)}$ mit der Kapitalmarktgeraden Z_0Z_1 bestimmt. In t_1 erhält er den Betrag b_1 aus der Sachinvestition und den Betrag $F_{0A} \cdot (1+ i) = b_{1A}$ aus der Kapitalmarktanlage zur freien Verfügung. Der Investor B hingegen nimmt – siehe den Tangentialpunkt von $U_B^{(1)}$ mit der Geraden

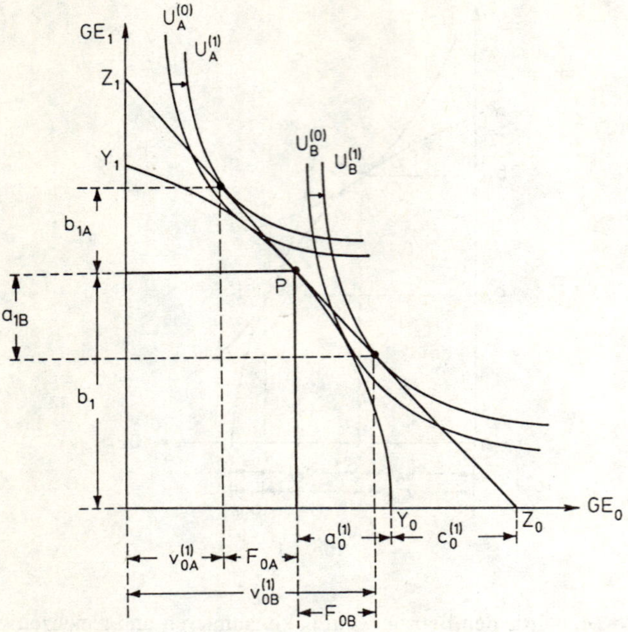

Abb. 1.2

Z_0Z_1 – einen Kapitalmarktkredit in Höhe von F_{0B} auf, weil in t_0 der Investitionsbetrag $a_0^{(1)}$ und seine Konsumausgaben $v_{0B}^{(1)}$ den zur Verfügung stehenden Betrag Y_0 überschreiten. In t_1 erhält B aus Liquidation der Sachinvestition den Betrag b_1 zurück, wovon er den Betrag $F_{0B} \cdot (1+i) = a_{1B}$ für Tilgung und Verzinsung des Kredites ausgeben muß.

Der Abstand zwischen Y_o und $Z_o (= c_o^{(1)})$ zeigt den Betrag an, der sich als Überschuß der Einnahme b_1 — durch Abzinsung mit dem Kapitalmarktzins i auf den Zeitpunkt 0 bezogen — über die Investitionsausgabe $a_o^{(1)}$ ergibt:

$$(1.1) \qquad c_o^{(1)} = -a_o^{(1)} + b_1 (1+i)^{-1}.$$

Dieser Ausdruck wird als *Kapitalwert einer Investition* bezeichnet. Der Kapitalwert (siehe § 2) ist eine Größe, die eine maßgebliche Grundlage für die Investitionsrechnung darstellt.

Aus der Analyse des einfachen Investitions-Konsum-Verteilungsmodells für zwei Zeitpunkte unter Berücksichtigung der Existenz eines vollkommenen Kapitalmarktes lassen sich zusammenfassend folgende Einsichten gewinnen:

— Das Investitionsoptimum wird dann erreicht, wenn die Kapitalmarktgerade, deren Steigung der Kapitalmarktzins bestimmt, zur Tangente an die Transformationskurve wird. Dann werden nur Investitionsobjekte durchgeführt, deren Rendite den Kapitalmarktzins erreichen oder überschreiten.
— Die Investoren realisieren trotz möglicher unterschiedlicher Konsumpräferenzen das gleiche Investitionsvolumen. *Investitions- und Konsumentscheidungen können somit unabhängig voneinander getroffen werden.* Diese Erkenntnis ist für Unternehmen wichtig, in denen Anteilseigner und Management nicht identisch sind, Manager jedoch Investitionsentscheidungen im Interesse der Anteilseigner fällen sollen.
— Auf einem vollkommenen Kapitalmarkt wird somit die Investitionsentscheidung nur von einem objektiven Marktkriterium ohne Rücksicht auf subjektive Präferenzen bestimmt *(Fisher-Separation).* Daher kann der Kapitalmarktzins als Auswahlkriterium für Investitionsentscheidungen herangezogen werden. Das wird die Grundlage für Verfahren der Investitionsrechnung abgeben, die in den folgenden Paragraphen besprochen werden.
— Es erscheint daher gerechtfertigt, Investitionskalküle auf einer *Trennung von Investitions- und Finanzierungsentscheidungen* bzw. *Investitions- und Konsumentscheidungen* aufzubauen.
— Schließlich ist deutlich geworden, daß ein Kapitalmarkt geeignet ist, das Wohlstandsniveau der Wirtschaftssubjekte zu steigern.

Einschränkend muß allerdings noch einmal darauf hingewiesen werden, daß die Überlegungen von dem denkbar einfachen Fall, nämlich der Betrachtung von nur zwei Zeitpunkten unter *Sicherheit* abgeleitet, ein *vollkommener Kapitalmarkt* unterstellt sowie *Transaktionskosten und Steuern* vernachlässigt wurden. Wenn, wie in der Realität, die Bedingungen des vollkommenen Kapitalmarktes nicht erfüllt sind, insbesondere die Zinssätze für die Anlage und die Aufnahme von Geld auf dem Kapitalmarkt erheblich differieren oder nicht vernachlässigbare Transaktionskosten anfallen, müssen die *Folgerungen*, z. B. hinsichtlich der Trennung von Investitions- und Finanzierungsentscheidungen *eingeschränkt* oder modifiziert werden.

3. Investition und Finanzierung

Außer der Investition betrifft auch die Finanzierung den Zahlungsbereich eines Unternehmens. Gewöhnlich wird unter Investition die Verwendung und Wiedergewinnung finanzieller Mittel verstanden. Mit Finanzierung bezeichnet man dagegen die Beschaffung und Rückzahlung von Geld mit Zins-, Tilgungs- und Kreditsicherungskonditionen und andere Maßnahmen, die unter der Zielsetzung der *Aufrechterhaltung des finanziellen Gleichgewichts der Unternehmung* vorgenommen werden[9]. Investition und Finanzierung betreffen somit verschiedene betriebswirtschaftliche Fragestellungen, die jedoch enge Bezüge zueinander aufweisen. Beide Bereiche sind somit Bestandteile des Gesamtplanungsprozesses der Unternehmung (siehe § 1 Abschnitt C 4 und C 5). Aufgrund dieser engen Interdependenzen liegt es nahe, einen simultanen Planungsansatz für beide Bereiche zu wählen. Das hat zur Entwicklung verschiedener Optimierungsmodelle der *simultanen Planung von Investitionen und Finanzierungsmaßnahmen* geführt[10]. In Deutschland wurden sie überwiegend unter den Voraussetzungen eines unvollkommenen Kapitalmarktes und der Annahme sicherer Erwartungen konzipiert, während in den USA meist von den Prämissen des vollkommenen Kapitalmarktes und unsicherer Erwartungen ausgegangen wurde[11]. Gemeinsam ist beiden Entwicklungsrichtungen jedoch, daß sie im Gegensatz zu manchen älteren Ansätzen auf Ein- und Auszahlungen des Unternehmens basieren. Nicht monetär quantifizierbare Maßnahmen zur Aufrechterhaltung der Zahlungsbereitschaft einer Unternehmung, die auch zum Finanzierungsbegriff gehören, finden zunächst keinen Ansatz in diesen Investitions- und Finanzierungskalkülen.

Formal ließe sich eine Investition durch eine Zahlungsreihe kennzeichnen, die mit einer Auszahlung (Ausgabe) beginnt; am Anfang der Zahlungsreihe, durch die ein Finanzierungsvorgang beschrieben wird, stände eine Einzahlung. Investition und Finanzierung unterscheiden sich danach, überspitzt formuliert, nur durch das *Vorzeichen der ersten Zahlung*[12]. Diese völlige Loslösung der Begriffe von ihrem sachlichen Hintergrund erweist sich allerdings in einigen Fällen nicht nur als unüblich, sondern auch als mißverständlich. Wenn die Zahlungsreihe für eine Sachanlage mit einer Einzahlung (z. B. bei Ersatz einer Maschine mit dem Schrotterlös für die alte Anlage) beginnt oder sie überhaupt keine *Anschaffungs*auszahlung, sondern nur jährliche (positive und negative) Einzahlungsüberschüsse hat (z. B. bei gemieteten Anlagen), wird man einen solchen Vorgang auch in der Fachsprache als einen Investitions- und nicht als einen Finanzierungsvorgang ansehen. Beginnt die Zahlungsreihe einer Geldbeschaffungsmaßnahme mit einer Auszahlung (z. B. eine vom Kreditnehmer vorschüssig zu zahlende Bearbeitungsgebühr), so wird man sie deshalb nicht als Investition bezeichnen.

Gemeinsam für Investitions- und Finanzierungsüberlegungen gilt jedoch, daß der *Auswahl* der jeweils *günstigsten Alternative* oder der Bestimmung eines *simultanen Investitions- und Finanzierungsvorhabens* deren Zahlungsreihe zugrunde zu legen

---

[9] Zum Finanzierungsbegriff vgl. z. B. Drukarczyk, Jochen: Finanzierungstheorie, 1980, S. 1–6, Grochla, Erwin: Finanzierung, Begriff der, in: Handwörterbuch der Finanzwirtschaft, 1976, Sp. 413ff., Schneider, Dieter: Investition und Finanzierung, 5. Aufl., 1980, S. 147–152, Swoboda, Peter: Betriebliche Finanzierung, 1981, S. 13–16, Süchting, Joachim: Finanzmanagement, 5. Aufl., 1989, S. 1–19.

[10] Siehe hierzu Hax, Herbert: Finanzierungs- und Investitionstheorie, in: Koch, Helmut (Hrsg.): Neuere Entwicklungen in der Unternehmenstheorie, 1982, S. 50, und § 6 D.

[11] Vgl. Schmidt, Reinhard H.: Grundzüge der Investitions- und Finanzierungstheorie, 2. Aufl., 1986, S. 15f.

[12] Vgl. Schneider, Dieter: Investition und Finanzierung, 5. Aufl., 1980, S. 151.

ist und damit gleichartige Kalküle anzuwenden sind. Diese Kalküle werden gewöhnlich als *Investitionsrechnungen* bezeichnet.
Die Interdependenzen zwischen dem Investitions- und Finanzierungsbereich und die Ansätze der simultanen Planung sollten jedoch nicht dazu führen, daß die unter gewissen Voraussetzungen durchaus zulässige Zerlegung des Entscheidungsproblems außer acht gelassen wird. Die *Separationstheoreme* der neueren Investitions- und Finanzierungstheorie geben an, unter welchen Bedingungen Investitionsentscheidungen unabhängig von den Finanzierungsmaßnahmen getroffen werden können[13]. Doch selbst, wenn Investitions- und Finanzierungsentscheidungen unabhängig voneinander gefällt werden, gibt es zwischen beiden Theorien Beziehungspunkte. In der Investitionstheorie werden im allgemeinen die auf dem Kapitalmarkt vorhandenen Beziehungen zwischen Kapitalanbietern und -nachfragern nicht explizit beachtet; diese Beziehungen sind z. B. dann von Bedeutung, wenn sich innerhalb der dynamischen Investitionsrechnungsverfahren die Frage nach dem anzuwendenden *Kalkulationszinsfuß* stellt. Sofern die *Finanzierungstheorie* eine Erklärung für die relevanten Kapitalkosten liefert, stellt sie auf diese Weise eine Ergänzung zur Investitionstheorie dar[14].

4. Investitionsarten

Investitionen können z.B. nach Funktionsbereichen, Güterarten oder bilanzieller Einordnung klassifiziert werden. Nach dem betrieblichen *Funktionsbereich* spricht man beispielsweise von Forschungs-, Fertigungs-, Absatz- und Verwaltungsinvestitionen. Nach der *Güterart* unterscheidet man Sachanlage-, Finanzanlage- und immaterielle Investitionen und bezüglich der *Bilanzierung* zwischen handels- oder steuerrechtlich aktivierungspflichtigen oder -fähigen und nicht aktivierbaren Investitionen. Weiterhin werden nach der *Auswirkung auf das betriebliche Leistungspotential* Gründungs-, Ersatz-, Rationalisierungs-, Diversifikations- und Erweiterungsinvestitionen unterschieden[15].
Investitionen werden außer von Unternehmungen und anderen zumindest nach Kostendeckung strebenden Betrieben auch von der *öffentlichen Hand* vorgenommen (z.B. Bau von Universitäten oder Straßen). Man bezeichnet sie als *staatliche* oder *öffentliche Investitionen*. Sie weisen gegenüber betrieblichen Investitionen häufig die Besonderheit auf, daß ihnen weder Einzahlungen noch Auszahlungsersparnisse zugerechnet werden können. Ihr Nutzen kann dann nur durch Größen, die aus dem Investitionsziel abzuleiten sind (wie z.B. Benutzungsfrequenzen von Straßen, Brücken, Krankenhäusern usw.), ausgedrückt werden. Die quantitative Bestimmung und exakte meßtechnische Erfassung derartiger Nutzengrößen er-

[13] Siehe Hax, Herbert: Finanzierungs- und Investitionstheorie, in: Koch, Helmut (Hrsg.): Neuere Entwicklungen in der Unternehmenstheorie, 1982, S. 50ff., und § 1 Abschnitt B 2.
[14] Siehe Drukarczyk, Jochen: Finanzierungstheorie, 1980, S. 5f., und § 8.
[15] Vgl. Eich, Detlev: Investition, in: Handwörterbuch der Finanzwirtschaft, 1976, Sp. 828ff.

weist sich allerdings häufig als sehr schwierig. Ähnliches gilt für Investitionen *privater Haushalte,* aber auch für manche betrieblichen Investitionen, z.B. im *Verwaltungs- oder Sozialbereich* oder zum *Umweltschutz* (wie z.B. zur Reinhaltung der Luft oder des Wassers). Investitionskalküle werden hierbei mit der Zielsetzung „Minimierung der Auszahlungen" bei vorgegebener Zwecksetzung verwendet.

C. Investitionsplanung

1. Investor

Investor ist die natürliche oder private juristische Person (bzw. Personengruppe) oder die öffentliche Körperschaft, die die Investitionsentscheidung trifft und im Zusammenhang mit dem Investitionsobjekt stehende Auszahlungen an die Umwelt leistet sowie entsprechende Einzahlungen von der Umwelt empfängt.

Häufig spricht man auch von dem Unternehmer, der Unternehmung oder dem Entscheidungsträger. Der Investor bedient sich zur Vorbereitung seiner Investitionsentscheidung als *Entscheidungshilfe* der *Investitionsrechnung.* In ihr sind alle für die Investitionsentscheidung relevanten Einflußgrößen zu beachten. Dazu zählen insbesondere:

— das *Zielsystem* des Investors,
— das *Entscheidungsfeld* (Alternativen, Nebenbedingungen) des Investors,
— die *Risikoneigung* des Investors und
— die *Rechtsform* des Investors (wegen ihrer Auswirkung auf Haftung und Besteuerung).

2. Zahlungsreihe einer Investition

Die mit einem Investitionsobjekt verbundenen Zahlungen für mehrere Perioden oder Zeitpunkte lassen sich in Form einer *diskreten Zahlungsreihe* (Abb. 1.3) oder eines *kontinuierlichen Zahlungsstromes* (Abb. 1.4) graphisch darstellen. Zur Vereinfachung wird gewöhnlich mit einer *Zahlungsreihe* gerechnet, die auf einer Zeitskala mit *gleichlangen Abschnitten* (*Perioden T*) von meistens einem Jahr abgebildet wird. Dabei werden alle Zahlungen, die *innerhalb einer Periode anfallen, dem Zeitpunkt des Periodenendes zugerechnet.* Aus Vereinfachungsgründen wird die damit verbundene Ungenauigkeit in Kauf genommen; erscheint diese Ungenauigkeit zu groß, wird mit kürzeren Perioden z.B. von Monaten, insbesondere bei sehr hohen Zinssätzen, gerechnet. Die Zeitskala beginnt in der Regel mit der ersten Anschaffungsauszahlung im Zeitpunkt 0.
Die Zahlungen werden so indiziert, daß jeweils die Periode genannt wird, deren Ende die Zahlung zugeordnet wird. Die *Auszahlungen* im Zeitpunkt *t* erhalten das

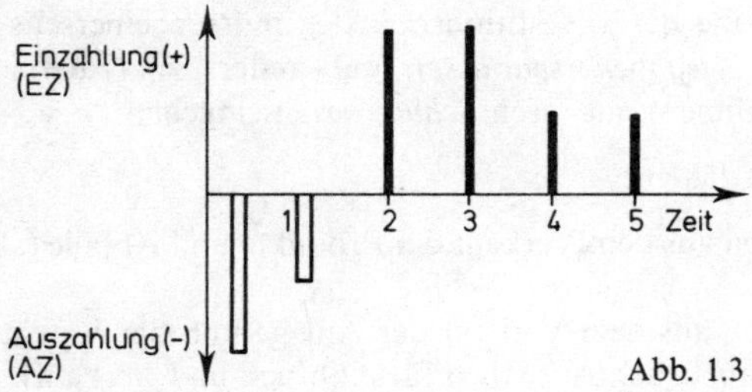

Abb. 1.3

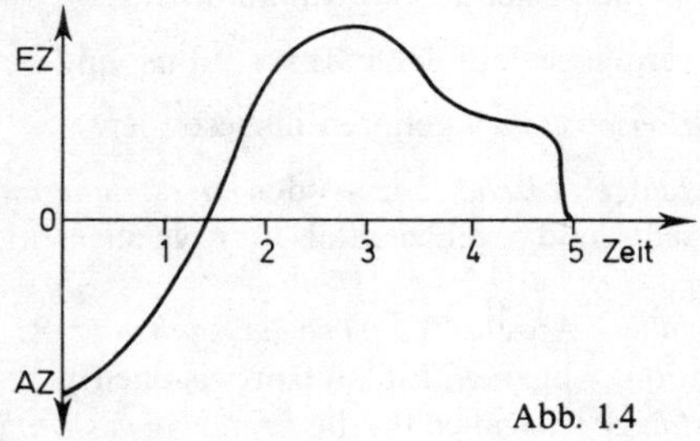

Abb. 1.4

Symbol – a_t und die *Einzahlungen* b_t, wobei für den Zeitindex $t = 0, 1, 2, \ldots n$ gilt. Oft werden auch Ein- und Auszahlungen einer Periode mit Ausnahme der Anschaffungsauszahlung saldiert, wobei der Saldo mit *Einzahlungsüberschuß* c_t bezeichnet wird. Einzelne c_t können negativ *(Auszahlungsüberschuß)* werden, z.B., wenn im Laufe einzelner Planungsperioden Großreparaturen anfallen.

Auf dem *Zeitstrahl* wird ein Investitionsobjekt I_1 mit einer Anfangsauszahlung ($-a_0$) im Zeitpunkt t_0 und n positiven Einzahlungsüberschüssen c_t zu den Zeitpunkten $t_1, t_2, \ldots, t_n$ wie folgt dargestellt:

$$
\begin{array}{lcccccc}
 & -a_0 & c_1 & c_2 & c_3 & & c_n \\
I_1: & + & + & + & + & & + \longrightarrow t. \\
 & 0 & 1 & 2 & 3 & \ldots & n \\
 & T_1 & T_2 & T_3 & & & T_n
\end{array}
$$

Mitunter wird auch folgende Schreibweise benutzt:

$$I_1: \ \{-a_0, c_1, c_2, \ldots, c_n\}.$$

Für Investitionen, denen sich *Einzahlungen* (oder Auszahlungsersparnisse) *nicht oder nur partiell zurechnen* lassen, besteht die Zahlungsreihe nur aus Auszahlungen oder Auszahlungsüberschüssen:

$$
\begin{array}{lcccccc}
 & -a_0 & -a_1 & -a_2 & & -a_n & \\
I_2: & + & + & + & & + \longrightarrow t. & \\
 & 0 & 1 & 2 & \ldots & n &
\end{array}
$$

In die Zahlungsreihe des Investitionsobjektes müssen einerseits *alle geplanten Einnahmen* (und *Ausgabenersparnisse*) und andererseits alle *Ausgaben* (und wegfallende Einnahmen) mit ihren *Schätzwerten* eingehen[16].

Zu den *Einnahmen* zählen:

— Nettoeinnahmen aus dem Verkauf der Produkte und Abfälle (abzüglich Skonti und Rabatt),
— Nettoeinnahmen aus dem Verkauf der Anlage und der Vorräte am Ende der Nutzungszeit (abzüglich Ausgaben für Abbruch und Verkauf),
— bei Ersatzinvestitionen *Einsparungen an Betriebsausgaben* insbesondere für Material, Personal, Energie und Raumnutzung.

Die *Ausgaben* werden gewöhnlich in Investitions- und Betriebsausgaben getrennt.

Zu den *Investitionsausgaben* gehören insbesondere:

— *aktivierungsfähige Anschaffungs-* oder *Herstellungsausgaben* für das Investitionsobjekt selbst und gegebenenfalls für Folgeinvestitionen in Hilfs- und Nebenbetrieben,
— *aktivierungsfähige* Anschaffungs*nebenausgaben* (z.B. Ausgaben für Transport und Installation, Abgaben, Einkaufsprovisionen),
— *aktivierungsfähige* Ausgaben für die *Erhöhung des Umlaufvermögens* (Vorräte an Roh-, Hilfs- und Betriebsstoffen, Teilen und Reparaturmaterial, an Halb- und Fertigfabrikaten sowie an Forderungen abzüglich der Erhöhung der Verbindlichkeiten aus Warenlieferungen und Leistungen),
— *nicht aktivierungsfähige Ausgaben,* z.B. für Entwicklung von Produkten und Verfahren, für den Anlauf der Produktion, für Marktforschung und -entwicklung.

Betriebsausgaben fallen insbesondere an für:

— *substantiell* in die Produkte eingehende *Verbrauchsfaktoren* (Fertigungsmaterial)[17],
— *nicht substantiell* in die Produkte eingehende *Verbrauchsfaktoren* für die Produktion (z.B. Betriebsstoffe),
— *Personal* für die Produktion,
— *Dienstleistungen* Dritter für die Produktion,
— *Instandhaltung und -setzung* der Anlagen durch eigene Betriebe,
— *Gewährleistungen,*
— *Abgaben,*
— *Stücklizenzen,*
— *Absatzaktivitäten.*

---

[16] Im einzelnen siehe hierzu Blohm, Hans; Lüder, Klaus: Investition, 6. Aufl., 1988, S. 142–148.

[17] Vgl. Band 1, 4. Aufl., S. 83.

Als *wegfallende Einnahmen* sind z. B. zu berücksichtigen:

— bei *Ersatzinvestitionen* wegfallende Erlöse für nicht mehr entstehende Nebenprodukte und Abfälle,

— beim *Aufschub von Ersatzinvestitionen* Verringerung von Resterlösen für die Altanlage.

Für die folgenden Überlegungen wird zunächst unterstellt, daß die Zahlungsreihe mit eindeutigen Größen geschätzt wird und alle Unsicherheiten über die zukünftige Entwicklung vernachlässigt werden. Diese *Prämisse* soll jedoch nicht darüber hinwegtäuschen, daß die *Ermittlung der Ausgangsgrößen* von Investitionsvorhaben eine sehr *zeitaufwendige* und *schwierige Phase* der Investitionsplanung darstellt. Von ihrer Qualität hängt weitgehend die *Güte der Investitionsentscheidung* ab. Je nach Art des Investitionsobjektes müssen die erwarteten Einzahlungen aus *Prognosen* z. B. über die *Konjunktur*, die *Branchenentwicklung* und — daraus abgeleitet — die künftigen Absatzmengen und -preise hergeleitet werden[18]. Die erwarteten Auszahlungen folgen aus Schätzungen z. B. über *Verbrauchsfunktionen* für die Faktoreinsatzarten[19], über die Beschaffungsmarktentwicklung für die Faktorpreise, über den technischen Fortschritt für die *Nutzungsdauer* und den *Instandhaltungsbedarf* von Fertigungsanlagen.

3. *Berücksichtigung der Ungewißheit*

Wie schon erwähnt, lassen sich Zahlungen, die in Verbindung mit einem geplanten Investitionsobjekt erwartet werden, nicht mit voller Gewißheit angeben. Es können daher auch mehrere mögliche Werte für eine Zahlung in Betracht gezogen werden *(mehrwertige Größen)*. Der *Ungewißheitsgrad* verschiedener Investitionsobjekte ist allerdings nicht gleich hoch.

Beispiel

Zinsen, Laufzeit und Rückzahlungsbetrag beim Kauf eines Pfandbriefes oder einer öffentlichen Anleihe lassen sich leichter abschätzen als die Dividenden und der künftige Verkaufskurs für eine Aktie oder die künftigen Betriebs- und Instandhaltungsausgaben sowie die Nutzungsdauer beim Erwerb einer Maschine.

Gewöhnlich wird eine sichere Einzahlung höher eingeschätzt als eine ungewisse von nominell gleicher Höhe. Daher war auch der Ungewißheitsgrad für die künftigen Zahlungen als Merkmal für die ökonomische Beschreibung einer Investition genannt worden.

Für die Berücksichtigung der Ungewißheit werden zwei Gruppen von *Methoden* benutzt:

---

[18] Vgl. Band 2, 3. Aufl., § 8 B.

[19] Vgl. Band 1, 4. Aufl., S. 141ff.

— Die einzelne ungewisse Zahlungsgröße wird durch ihr *Sicherheitsäquivalent* ersetzt. Es ist derjenige Betrag, den der Entscheidende *subjektiv* als gleichgut wie die ungewisse Zahlung ansieht.
— Die einzelnen ungewissen Zahlungen werden durch ihre *Wahrscheinlichkeitsverteilung* repräsentiert. Die Eintrittswahrscheinlichkeiten müssen subjektiv geschätzt werden. Häufig wird im weiteren Verlauf des Kalküls die Wahrscheinlichkeitsverteilung durch ihren *Erwartungswert* repräsentiert, mitunter ergänzt um ein *Streuungsmaß*.

Im Rahmen dieses Buches wird aus didaktischen Gründen zur Kennzeichnung der Grundproblematik und zur schrittweisen Entwicklung der Methoden der Investitionsrechnung — abweichend von der Realität — zunächst unterstellt, daß für jede Zahlung ein einziger für den Kalkül geeigneter Wert bekannt ist. Die Reduktion der mehrwertigen Eingangsgrößen auf einwertige Größen sei z. B. über

— Sicherheitsäquivalente,
— Erwartungswerte oder
— wahrscheinlichste Werte

bereits vollzogen, wie sie in § 5 kurz dargestellt werden. Damit können zunächst die Entscheidungskriterien der traditionellen Investitionstheorie beibehalten werden.

4. Interdependenzprobleme

Die Notwendigkeit, Entscheidungen über Investitionen zu treffen, kann innerhalb eines Unternehmens für jeden Funktionsbereich[20] auftreten. Zumindest für größere Investitionsobjekte sind dabei technologische und dispositive *Interdependenzen zwischen den Bereichen* und außerdem zwischen verschiedenen Planungsperioden zu berücksichtigen. *Abhängigkeiten* bestehen insbesondere zwischen der Investitionsplanung und der Absatzplanung, Produktionsplanung, Beschaffungsplanung und Finanzplanung.

Beispiel
Für den Zeitpunkt t_0 erwägt die Leitung einer Bierbrauerei aufgrund einer langfristigen Absatzplanung die Anschaffung einer zusätzlichen Abfüllanlage, die in einer bereits vorhandenen, bisher nur wenig genutzten Halle aufgestellt werden soll. Die Beurteilung der Vorteilhaftigkeit dieser Investition erfordert die Prüfung, welche ungenutzten Kapazitäten in den vor- und nachgelagerten Produktionsstufen, z. B. dem Brau- und Gärlagerhaus, bestehen und ob dort auch Erweiterungsinvestitionen notwendig oder zweckmäßig sind. In der Personalplanung müssen ausreichend Bedienungskräfte für die neue Anlage, aber auch für die anderen Stufen vorgesehen sein.

[20] Vgl. Band 1, 4. Aufl., S. 21, Abb. 2.1.

Das Beispiel zeigt eine *zeitlich-horizontale Interdependenz* zwischen verschiedenen Unternehmensbereichen, die für die Investitionsentscheidung zum betrachteten Zeitpunkt zu beachten ist. Der Investitionsplan für eine Periode hängt aber auch mit denen für spätere Perioden zusammen *(zeitlich-vertikale Interdependenz)*.

Beispiel
Die Errichtung der Abfüllanlage würde eine spätere Nutzung der Halle für andere Zwecke, z.B. Lagerhaltung, ausschließen.

Beide Formen der Interdependenz treten auch im Hinblick auf die *Finanzplanung* auf: Eine Investition in t_0 verhindert bei beschränktem Investitionsbudget andere Investitionen zu gleicher Zeit und beeinflußt die Finanzplanung in den folgenden Perioden durch Ein- oder Auszahlungsüberschüsse c_t.
Die Investitionsplanung müßte *simultan* mit den Planungen für die anderen Bereiche vorgenommen werden. Eigentlich müßten alle Teilpläne für die nächste Periode aus einem umfassenden Planungsmodell des ganzen Unternehmens für dessen überschaubare Zukunft, also aus einem sich bis zum ökonomischen Horizont erstreckenden *Totalmodell*, abgeleitet werden. Diese Forderung ist jedoch wegen der Komplexität der Zusammenhänge und des hohen Ungewißheitsgrades nicht erfüllbar. Zwar sind Entscheidungsmodelle entwickelt worden, in denen Probleme der Investitionsplanung simultan mit denen einzelner anderer Bereiche, insbesondere der Finanzplanung, gelöst werden, doch werden diese Modelle in der *Praxis* bisher kaum angewendet. Vielmehr wird dort die Planung der einzelnen Bereiche gewöhnlich *sukzessiv* vorgenommen[21]. Widersprüche zwischen den Teilplänen werden durch *Planrevisionen* während der Koordinationsphase bei der meist jährlichen Aufstellung des Gesamtplanes für die Unternehmung beseitigt.

Investitionskalküle für isolierte oder isolierbare Investitionsobjekte unter der Prämisse einwertiger Daten für die Zahlungsreihen bilden den Gegenstand der *klassischen betrieblichen Investitionstheorie* und zugleich die Basis für die Entwicklung komplexer Ansätze, mit denen die *Ungewißheit* und *Interdependenzen* berücksichtigt werden. In diesem Buch werden die Interdependenzen zum Teil vernachlässigt und die Investitionskalküle *isoliert* entwickelt *(Partialmodelle)*.

5. *Investitionsentscheidungsprozeß*

Der Prozeß der Investitionsentscheidung umfaßt nach der in Band 1 gewählten Definition des Entscheidungsprozesses[22] folgende Phasen:

---

[21] Siehe hierzu Bierich, Marcus: Investitionsentscheidungen in der Praxis, in: Handwörterbuch der Finanzwirtschaft, 1976, Sp. 848–855.
[22] Vgl. Band 1, 4. Aufl., S. 31ff.

(1) die Sammlung von *Investitionsvorschlägen* aus den verschiedenen Bereichen des Unternehmens aufgrund langfristiger Ziele des Betriebes *(Anregungsphase)*,
(2) die Ermittlung der zulässigen *Investitionsalternativen* auf der Basis prognostizierter *Zahlungsreihen* (2a) für die Investitionsobjekte unter Beachtung der *Restriktionen*, insbesondere finanzieller Art, aber auch aus Gegebenheiten des Betriebes oder des Beschaffungsmarktes *(Suchphase)*,
(3) die Auswahl eines optimalen einzelnen *Investitionsobjektes* oder zusammenge-

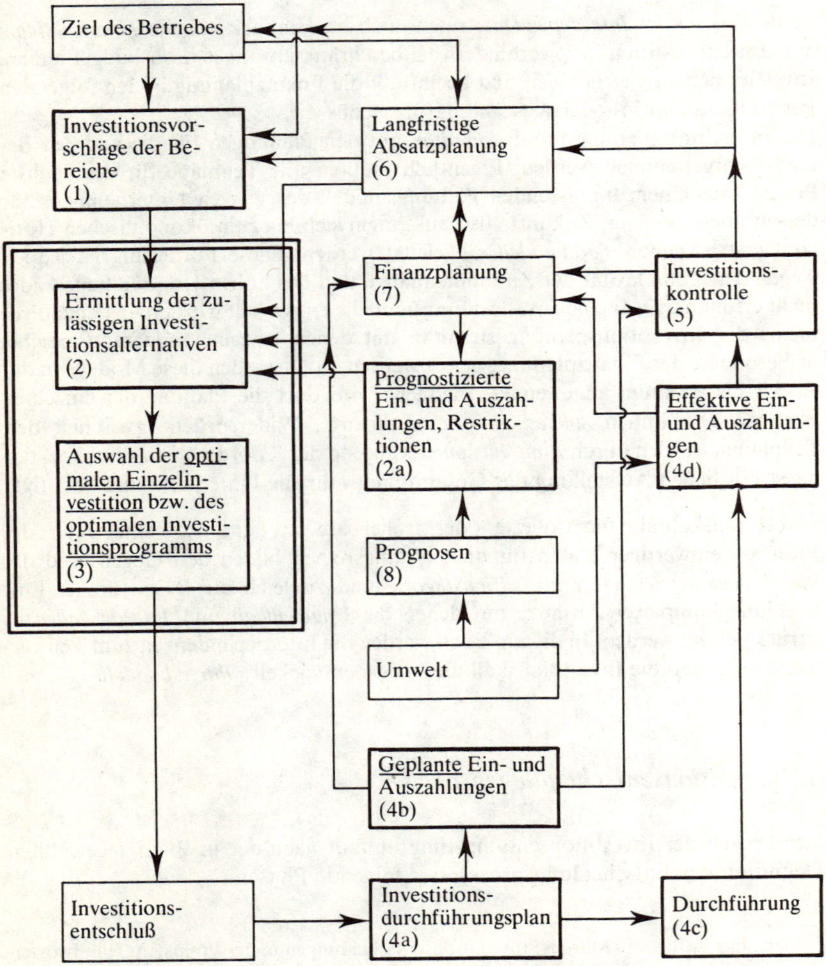

Abb. 1.5

setzten *Investitionsprogramms* aufgrund eines Entscheidungs*kriteriums (Optimierungsphase)*,

(4) die Planung der *Durchführung* (4a) mit der Planung der Zahlungen (4b) und die Durchführung der Investition selbst (4c) und

(5) die *Kontrolle* der Investition durch Soll-Ist-Vergleich der geplanten (4b) mit den effektiven Ein- und Auszahlungen (4d).

In Abbildung 1.5 sind diese fünf Phasen des Entscheidungsprozesses in Anlehnung an Abbildung 3.2 Band 1 wiedergegeben (stark umrahmte Kästen) sowie ihre Verknüpfungen mit

(6) der *langfristigen Absatzplanung*,
(7) der *Finanzplanung* und mit
(8) der *Datenermittlung* aufgrund von *Prognosen*

angedeutet worden.
Die langfristige Absatzplanung bildet die Basis für die Investitionsvorschläge. Die Finanzplanung setzt zugleich Restriktionen für die zulässigen Investitionsalternativen. Abbildung 1.5 deutet zugleich an, daß der Investitionsentscheidungsprozeß als *Regelkreis* dargestellt werden kann: Die aufgrund der Investitionskontrolle festgestellten Ergebnisse der Investition beeinflussen

— die Betriebsziele,
— unmittelbar die Investitionsvorschläge sowie
— die Absatz- und Finanzplanung.

Die Suche nach Investitionsalternativen und die Auswahl der optimalen Investitionsobjekte (eingerahmter Teil) auf der Basis der Zahlungsreihen unter Beachtung der Restriktionen, insbesondere aus dem Finanzbereich, ist der Gegenstand der im folgenden dargestellten Investitionskalküle.

6. Typen von Investitionsentscheidungen

Investitionsentscheidungen lassen sich nach mehreren Kriterien einteilen, wie bereits im Abschnitt B 4 erwähnt wurde. Jedoch sind für den Fortgang der Untersuchung im Hinblick auf die Struktur des Kalküls die folgenden Entscheidungstypen[24] von besonderer Bedeutung:

(1) *Entscheidung über Durchführung oder Unterlassung einer Investition ohne Rücksicht auf spezifizierte alternative Investitionen*. Hier stellt sich also nur die Frage, ob ein isolierter Investitionsvorschlag akzeptiert oder abgelehnt werden soll. Dafür ist ein *Akzeptanzkriterium* zu entwickeln (s. § 2 B 1 und § 3 C 1).

(2) *Auswahl eines einzigen optimalen Investitionsobjektes aus einer genau definierten Menge isolierter, sich gegenseitig ausschließender Alternativen.*

---

[24] Vgl. Hax, Herbert: Investitionstheorie, 5. Aufl., 1985, S. 10.

Beispiel
Ein Investor kann ein bestimmtes Produktionsprogramm durch Erwerb der Anlage A oder B oder C durchführen, oder er hat die Möglichkeit, entweder eine Kopiermaschine, einen Lieferwagen, Bundesschatzbriefe *oder* Aktien der Auf und Nieder AG zu kaufen. Was soll er tun?

Die Investitionsvorschläge müssen auf ihre Akzeptanz geprüft und die akzeptablen Vorschläge in eine *Präferenzfolge* gebracht werden, um eine Auswahlentscheidung zu ermöglichen (s. § 2 B 2 und § 3 C 2).

(3) *Ermittlung der optimalen Nutzungsdauer bzw. des optimalen Ersatzzeitpunktes eines Objektes* (s. § 4).

Beispiel
Ein Fuhrunternehmer überlegt sich, *wie lange* wohl ein neuanzuschaffender Schwerlasttransporter wirtschaftlich optimal zu nutzen sei. Analog liegt das Problem, den optimalen Ersatzzeitpunkt für den bisher genutzten Transporter durch den neuen zu bestimmen.

(4) *Bestimmung von Umfang und Zusammensetzung des optimalen Investitionsprogramms, welches aus mehreren, sich nicht gegenseitig ausschließenden Investitionsobjekten besteht* (s. §§ 6 und 7).

Beispiel
Der Alleininhaber der Firma Pfennigmeier sucht ein optimales Portefeuille aus Aktien der Wiener Börse, aus Kommanditanteilen der Abschreibungsgesellschaft Solania, aus dem Erwerb eines Zulieferungsbetriebes und Erweiterungsinvestitionen für sein Unternehmen im Produktions- und Absatzbereich.

D. Investitionsrechnung

1. Begriff

Unter *Investitionskalkül* (oder Investitionsrechnung) versteht man alle Rechenverfahren, die im Rahmen des Entscheidungsprozesses zur Beurteilung der Akzeptanz eines isolierten Investitionsvorhabens sowie zur Ermittlung der Vorteilhaftigkeit von Investitionsalternativen herangezogen werden. *Kontrollrechnungen* als Soll-Ist-Vergleich für durchgeführte Investitionen (s. Abb. 1.5) fallen gewöhnlich nicht unter diesen Begriff.

2. *Anforderungen an eine Vergleichsrechnung*

Um die günstigste Investitionsalternative auswählen zu können, müssen die Alternativen vergleichbar sein. Vergleichbarkeit ist unter folgenden Bedingungen gegeben:

— gleiches Zielsystem,
— gleiche Umwelt,
— gleicher Planungszeitraum,
— gleicher Kapitaleinsatz.

Alternative Investitionsobjekte müssen im Hinblick auf ein vorgegebenes *Zielsystem*, bestehend aus Zieldefinition und Entscheidungsregel, beurteilt werden[25]. So dürfte z. B. nicht etwa ein Objekt allein nach der Höhe der geschätzten Nettoeinnahmen und ein Vergleichsobjekt allein nach der Frist, innerhalb derer die Investitionsausgabe wiedergewonnen wird, beurteilt werden.
Unter *Umwelt* werden hier die vom Investor geschätzten *Datenkonstellationen* (Rahmenbedingungen, Ereignisse) verstanden, von deren Eintritt die künftigen Zahlungen abhängen[26]. Die Annahme gleicher Umwelt schließt nicht aus, daß bei Investitionsvorhaben in verschiedenen Branchen eine unterschiedliche Entwicklung der Rahmenbedingungen unterstellt wird. Die Vergleichbarkeit wäre jedoch z. B. verletzt, wenn bei zwei Alternativobjekten in der Brauindustrie bei jedem Objekt eine andere Bevölkerungsentwicklung angenommen würde. Es verbietet sich auch, eine neuentdeckte Investitionsalternative mit früher ermittelten „Schubladenalternativen“ zu vergleichen, wenn von einer evolutionären Umwelt auszugehen ist. Neue Informationen müssen im Entscheidungsprozeß berücksichtigt werden.
Die Bedingungen eines gleichen *Planungszeitraumes* und eines gleichen *Kapitaleinsatzes* schließen nicht etwa aus, daß alternative Investitionsobjekte mit unterschiedlichen Anschaffungsauszahlungen (a_{0j}) und unterschiedlicher Nutzungsdauer (n_j) miteinander verglichen werden. Es müssen jedoch in einem solchen Fall in den Investitionskalkül Annahmen darüber eingehen, wie nichtbenötigte Finanzmittel bei Wahl des Objektes mit der geringeren Anschaffungsausgabe oder der schnelleren Amortisation bis zum Ende des Planungszeitraumes verwendet werden.
In manchen Fällen von Sachinvestitionen sind in die Vergleichsrechnung zur Bestimmung der Vorteilhaftigkeit eines Investitionsprojekts nicht nur technisch ähnliche Projekte einzubeziehen, sondern ganz andere Alternativen wie z. B. das *Mieten* von Produktionsanlagen, Gebäuden oder Fahrzeugen (Leasing) oder anstelle der Eigenerstellung der *Fremdbezug* von Vorprodukten oder Handelswaren.

---

25 Vgl. Band 1, 4. Aufl., S. 52ff.
26 Vgl. Band 1, 4. Aufl., S. 29, 57.

3. Übersicht über die Verfahren

Von Theorie und Praxis sind verschiedene Verfahren der Investitionsrechnung zur Beurteilung von Einzelinvestitionen und Investitionsprogrammen entwickelt worden[27]. Generell lassen sich zwei Gruppen unterscheiden:

(1) auf *Erlösen und Kosten* basierende *(kalkulatorische) Verfahren* (auch als *statisch* oder *einperiodisch* bezeichnet) und
(2) auf *Ein- und Auszahlungen* basierende *(finanzmathematische) Verfahren* (auch als *dynamisch* oder *mehrperiodisch* bezeichnet).

Die *kalkulatorischen Verfahren* basieren auf *einperiodischen* Größen des betrieblichen Rechnungswesens und berücksichtigen den Tatbestand, daß die Zahlungen zu unterschiedlichen Zeitpunkten anfallen, überhaupt nicht oder nur unvollkommen. Es gibt folgende Arten:

— *Kostenvergleichsrechnung*,
— *Gewinnvergleichsrechnung* und
— *Rentabilitätsvergleichsrechnung (Return on Investment)*.

Im weiteren Sinne kann man auch die
— *Amortisationsvergleichsrechnung* (Payback-Periode)
hinzurechnen.

Die *finanzmathematischen Verfahren* beruhen auf *Zahlungsreihen* im Sinn des oben entwickelten Investitionsbegriffes. Sie berücksichtigen im Wege der *Zinseszinsrechnung* oder *mathematischen Programmierung* explizit die *Zahlungszeitpunkte* und sind in diesem Sinne *mehrperiodische* Verfahren. Die häufig in der Praxis benutzte Bezeichnung „*dynamisch*" entspricht nicht der wirtschaftstheoretischen Begriffsbildung, da gewöhnlich Abhängigkeiten der Variablen einer Periode von Variablen vorhergehender Perioden nicht explizit in die Modellansätze aufgenommen und daher keine Differenzen- oder Differentialgleichungen gebildet werden. Im Sinne des wirtschaftstheoretischen Sprachgebrauches sind die finanzmathematischen Verfahren zum großen Teil auch statisch[28].
Die auf der Zinseszinsrechnung beruhenden *(finanzmathematischen)* Verfahren bilden den Schwerpunkt des Buches. *Programmierungsansätze* für Investitionsprogramme werden wegen ihres schnell steigenden Komplexitätsgrades nur in Ansätzen behandelt.
Zunächst wird jedoch auf die *kalkulatorischen Verfahren* eingegangen. Sie sind als Vorformen der mathematischen Verfahren anzusehen. In der Praxis sind sie — trotz gravierender Mängel — neben den oder anstelle der finanzmathematischen

---

[27] Einen Überblick gibt Rühli, Edwin: Investitionsrechnung, in: Handwörterbuch der Betriebswirtschaft, 4. Aufl., 1975, Sp. 2004–2016.
[28] Vgl. Band 1, 4. Aufl., S. 62ff.

Verfahren noch weit verbreitet[29]. In manchen Fällen sind sie als Näherungsverfahren insbesondere für kleine Investitionsprojekte auch vertretbar.

E. Kalkulatorische Verfahren der Investitionsrechnung

Die bei den kalkulatorischen Verfahren verwendeten Wertgrößen, wie Kosten, Leistungen bzw. Erlöse und Gewinne, werden aus Analysen von *durchgeführten* Investitionen vom betrieblichen Rechnungswesen zur Verfügung gestellt. Das erleichtert die Datenermittlung für *geplante* Investitionsvorhaben, deren *Vergleich* mit früher durchgeführten Objekten sowie die spätere *Investitionskontrolle.* Das mag ein Grund für die Verbreitung dieser Verfahren in der *Praxis* des In- und Auslandes sein, wenn auch die Bedeutung der finanzmathematischen Verfahren offenbar zunimmt[30]. Insbesondere viele mittlere und kleinere Unternehmen wenden vor allem kalkulatorische Verfahren an. Die Entwicklung der Personal-Computer-Technik erleichtert jedoch zunehmend auch diesen Unternehmen die Anwendung der finanzmathematischen Verfahren (siehe hierzu das Beispiel im Anhang), die gegenüber den kalkulatorischen Verfahren tendenziell zu einer vorsichtigeren und realistischeren Beurteilung der Vorteilhaftigkeit von Investitionsvorhaben führen.

1. Kostenvergleichsrechnung

Stehen alternative Investitionsobjekte für die gleiche Aufgabe (z.B. Blechpresse) zur Verfügung und wird die Erlösstruktur durch die Wahl nicht geändert, so werden die Periodenkosten der Alternativen verglichen. Die Alternative mit den geringsten *Gesamtkosten* je Periode erscheint als die günstigste. Bei Alternativen von unterschiedlicher Kapazität wird ein *Stückkostenvergleich* durchgeführt[31].

---

[29] Zur Verbreitung der Verfahren in der Praxis siehe Blohm, Hans; Lüder, Klaus: Investition, 6. Aufl., 1988, S. 50–54.

[30] Vgl. Wehrle-Streif, Uwe: Empirische Untersuchung zur Investitionsrechnung, 1989. Für USA siehe z. B. Abdelsamad, Moustafa: A. Guide to Capital Expenditure Analysis, 1973, S. 158 ff., und Fregman, James M.: Capital Budgeting Practices, A Survey, in: Management Accounting, May 1973, für England Rockley, L. E.: Investment for Profitability, 1973, S. 135 ff., und für Finnland Honko, Jaakko und Virtanen, Kalervo: The Investment Process in Finnish Industrial Enterprises, 1975, S. 52 ff., und Honko, Jaakko: Zum Investitionsverhalten finnischer Industrie-Unternehmen, in: Zeitschrift für betriebswirtschaftliche Forschung, 1977; zu neueren Erhebungen siehe Blohm, Hans; Lüder, Klaus: Investition, 6. Aufl., 1988, S. 50–54; Staehelin, E.: Investitionsentscheide in industriellen Unternehmungen, 1988.

[31] Zu Einzelheiten der Kostenvergleichsrechnung vgl. Blohm, Hans; Lüder, Klaus. Investition, 6. Aufl., 1988, S. 156–164.

Das ist allerdings nur problemadäquat, wenn größere Mengen auch abgesetzt werden können[32].

Die Kostenvergleichsrechnung weist jedoch insbesondere folgende *Mängel* auf:

(1) Der Entscheidung wird ein *einperiodisches* Erfolgsziel zugrunde gelegt, wobei die *zukünftige* Kostenentwicklung höchstens in einem Durchschnittswert berücksichtigt wird.

(2) Die *zeitliche Verteilung* der Kosten wird vernachlässigt. Zum Beispiel wird eine steigende Abfolge von Kosten von einer fallenden Reihe nicht unterschieden, wenn ihr Mittelwert gleich ist. So gilt etwa

$$\{10_1, 20_2, 30_3\} \sim \{30_1, 20_2, 10_3\}.$$

Durch den Ansatz *kalkulatorischer Zinsen* können die unter (1) und (2) genannten Mängel behoben werden. Doch kann man diese Zinsen exakt nur aus Höhe und Zeitpunkten der Auszahlungen ableiten[33]. Dann ist es einfacher, den Kalkül direkt auf den Zahlungsreihen aufzubauen.

Während — wie unter § 1 Abschnitt D 3 erwähnt — einerseits in der Praxis häufig für kleinere Projekte und kurzfristige Entscheidungen kalkulatorische Verfahren der Investitionsrechnung verwandt werden, wird andererseits neuerdings die Frage gestellt, ob es sinnvoll erscheint, die auf Planungszwecke ausgerichtete Kostenrechnung, die Entscheidungshilfe für die einperiodige Programmplanung, für die Wahl zwischen Eigenfertigung oder Fremdbezug oder für die Bestimmung der kurzfristigen Preisuntergrenze eines Zusatzauftrages liefern soll, auf eine investitionstheoretische Basis zu stellen. Damit könnte ein einheitliches Grundkonzept für die ineinander übergehende Kurz-, Mittel- und Langfristplanung entwickelt werden[34]. Als Grundprinzipien einer investitionstheoretisch orientierten Kostenrechnung wären

— Orientierung an einem *mehrperiodig definierten Erfolgsziel*,
— *Zahlungsorientierung* der Kostenrechnung,
— Beachtung des Prinzips der *relevanten Kosten* und Leistungen zu nennen[35].

Wird als Erfolgsziel die Maximierung des Kapitalwertes (siehe § 2) unterstellt, so wäre es möglich, den Kostenbegriff neu zu definieren und Kosten als Änderungen des mehrperiodigen Erfolgsziels Kapitalwert durch Gütereinsatz aufzufassen.

---

[32] Die hierfür zugrundezulegenden Kostenmodelle wurden im 1. Band, 4. Aufl., S. 275–278 behandelt.

[33] Vgl. hierzu Lücke, Wolfgang: Investitionsrechnung auf der Grundlage von Ausgaben oder Kosten?, in: Zeitschrift für handelswissenschaftliche Forschung, 1955, S. 310ff., Stichwort Zinsen, kalkulatorische, in: Lücke, Wolfgang (Hrsg.): Investitionslexikon, 1975, S. 394f.

[34] Siehe hierzu Küpper, Hans-Ulrich: Investitionstheoretische Fundierung der Kostenrechnung, in: Zeitschrift für betriebswirtschaftliche Forschung, 37. Jg., 1985, S. 26–46.

[35] Vgl. Küpper, Hans-Ulrich: Investitionstheoretische Fundierung der Kostenrechnung, in: Zeitschrift für betriebswirtschaftliche Forschung, 37. Jg., 1985, S. 28.

Allerdings würde eine auf Zahlungsströmen basierende interne Kosten- und Erlösrechnung die Aufhebung wesentlicher Konventionen der üblichen internen und eventuell auch der externen Periodenrechnung erforderlich machen. Bei auf Dauer angelegten Unternehmungen müßte außerdem der Planungshorizont zur Bestimmung des Erfolgsziels „Kapitalwert" festgelegt werden.

2. *Gewinnvergleichsrechnung*

Wenn sich die Investitionsalternativen außer in den Kosten auch in den Erlösen unterscheiden, tritt innerhalb der kalkulatorischen Verfahren an die Stelle der Kosten- eine Gewinnvergleichsrechnung. Das ist z.B. erforderlich, wenn die Errichtung unterschiedlicher Kapazitäten für den gleichen Produktionsprozeß erwogen wird. Die Alternative mit dem höchsten durchschnittlichen Periodengewinn erscheint dann am günstigsten.
Die Gewinnvergleichsrechnung weist analoge Mängel wie die Kostenvergleichsrechnung auf.

3. *Rentabilitätsvergleichsrechnung*

Häufig wird in der Praxis der Gewinnvergleich zum Renditenvergleich erweitert und die Vorteilhaftigkeit einer Investition an der Kapitalrentabilität *($\overline{r}$ = Rendite)* gemessen *(Return on Investment)*. Er sei daher etwas ausführlicher dargestellt. Da Investitionsobjekte gewöhnlich über mehrere Jahre genutzt werden und die Kosten und Erlöse in einzelnen Jahren unterschiedlich sein können, wird für sie ein *Durchschnitt* für die gesamte Nutzungszeit ermittelt. Der sich daraus ergebende *durchschnittliche Periodengewinn* ($\overline{G}$) wird zu dem *durchschnittlich gebundenen Kapital,* gewöhnlich in Höhe des durchschnittlichen Buchwertes ($\overline{BW}$), ins Verhältnis gesetzt:

$$\overline{r} = \frac{\overline{G}}{\overline{BW}} \tag{1.2}$$

mit

$$\overline{G} = \frac{1}{n} \sum_{t=0}^{n} G_t,$$

$$\overline{BW} = \frac{1}{n} \sum_{t=0}^{n-1} \frac{BW_t + BW_{t+1}}{2}$$

oder bei gleichbleibender Abschreibung

$$\overline{BW} = \frac{BW_0 + BW_n}{2} .$$

Soll ein Investitionsvorhaben *j* durchgeführt werden, so muß es wenigstens die von der Unternehmensleitung vorgegebene Mindestrentabilität erreichen. Als *Kriterium der Akzeptanz (Mindestforderung)* für ein Investitionsobjekt *j* läßt sich formulieren:

$$\bar{r}_j \geq \bar{r}_{\min}.$$

Stehen mehrere sich gegenseitig ausschließende Objekte zur Wahl, so gilt als *Entscheidungsregel:*

$$\max_j \{\bar{r}_j \mid \bar{r}_j \geqslant \bar{r}_{\min}\}.$$

Das Objekt mit der höchsten Rentabilität ist zu wählen[36].
Der Mindestrentabilitätsanspruch ($\bar{r}_{\min}$) ist aus der Rentabilität bereits durchgeführter Investitionen unter Beachtung veränderter Gegebenheiten in der Zukunft abzuleiten. Dabei sind Unterschiede im Grad der Ungewißheit zu berücksichtigen. Der Mindestrentabilitätsanspruch wird häufig durch den *kalkulatorischen Zinsfuß* i ersetzt, der in der Kostenrechnung zur Ermittlung der kalkulatorischen Zinsen[37] verwendet wird. In die *weitere Auswahl* werden nur solche Investitionsobjekte einbezogen, die dem Kriterium der Akzeptanz im Sinne des *Mindestrentabilitätsanspruches* genügen.
Können dem Investitionsobjekt keine Erlöse zugerechnet werden, so treten an die Stelle von Erlösen gegebenenfalls Kostenminderungen.

Gegen die Kapitalrentabilität als Kriterium der Vorteilhaftigkeit eines Investitionsobjektes ist ähnlich wie gegen den Kosten- oder Gewinnvergleich im einzelnen *folgendes einzuwenden:*

(1) Die Kapitalrentabilität berücksichtigt nicht die *unterschiedliche Gewinnverteilung über die Nutzungsdauer.* Danach sind bei einer Investitionsausgabe von jeweils 300 GE folgende jährliche Gewinnverteilungen gleichwertig:

$$I_A: \{10_1, 20_2, 30_3, 40_4, 50_5\} \text{ mit } \bar{r}_A = \frac{30}{150} = 20\%,$$

$$I_B: \{50_1, 40_2, 30_3, 20_4, 10_5\} \text{ mit } \bar{r}_B = \frac{30}{150} = 20\%.$$

(2) Der Ansatz des durchschnittlich gebundenen Kapitals läßt *Kapitalknappheit im Anfangszeitpunkt* außer acht.

(3) Problematisch ist auch die Ermittlung des *gebundenen Kapitals.* Gewöhnlich wird dafür in der Praxis der Abschreibungsplan der Finanz- oder Betriebsbuchhaltung oder einfach der halbe Anschaffungsbetrag zugrunde gelegt. Die so

---

36 Zu Einzelheiten der Rentabilitätsvergleichsrechnung vgl. Blohm, Hans; Lüder, Klaus: Investition, 6. Aufl., 1988, S. 164–170.

37 Vgl. Band 1, 4. Aufl., S. 208f.

geplanten Buchrestwerte entsprechen dann nicht dem gebundenen Kapital, wenn die Abschreibungen in den einzelnen Perioden von den geplanten Nettoeinzahlungen abweichen, weil z. B. in den ersten Jahren Verluste eingeplant sind oder auf Grund von Gewinnen ein früherer Kapitalrückfluß bei Verwendung für weitere Investitionsvorhaben zu verzeichnen ist.

(4) *Der Periodengewinn entspricht nicht den Nettoeinzahlungen der Periode,* sondern wird auch durch Aufwendungen und Erträge bestimmt, die in der betreffenden Periode nicht zu Zahlungen geführt haben (z.B. Zuweisungen zu langfristigen Rückstellungen für Pensionen oder Gewährleistung und Verkäufe auf Ziel); andererseits gehen nicht alle Zahlungen der Periode in den Periodengewinn ein (z.B. Anschaffungsauszahlungen für Rohstoffe). Wenn sich auch diese Abweichungen zwischen Aufwand und Auszahlungen bzw. zwischen Ertrag und Einzahlungen über die Nutzungsdauer des Investitionsobjektes ausgleichen, entsteht der Fehler durch den *unterschiedlichen Anfall von Aufwand und Auszahlungen bzw. Ertrag und Einzahlungen.* Diesen Fehler kann man — wie schon erwähnt — durch Ansatz kalkulatorischer Zinsen korrigieren. Doch ist es dann einfacher und meist auch korrekter, direkt von den Zahlungen auszugehen, da der Zinsermittlung schwer lösbare Probleme entgegenstehen, insbesondere bei der Bestimmung der Kapitalbindung im Umlauf- und Anlagevermögen.

(5) Die Rendite stellt eine *relative* Kennzahl dar. Ist es vorteilhafter, auf 1000 DM Kapitaleinsatz 100% Rendite oder alternativ auf 100000 DM 10% Rendite zu erzielen? Rentabilitätsmaximierung entspricht dann nicht der Gewinnmaximierung, wenn *unterschiedliche Kapitalbeträge* betrachtet werden. In diesem Falle müßten die Renditen des insgesamt zur Verfügung stehenden Kapitalbetrages bei unterschiedlicher Verwendung verglichen werden.

Aus diesen Gründen ist der Rentabilitätsvergleich – ähnlich wie der Kosten- oder Gewinnvergleich – als Grundlage für Investitionsentscheidungen nicht allgemein, sondern nur bei Vorliegen spezieller Bedingungen geeignet (siehe § 3 E).

4. Amortisationsvergleichsrechnung

Ein in der Praxis vielfach zusätzlich herangezogenes Kriterium zur Beurteilung von Investitionsobjekten ist die Zeitspanne, die bis zur *Amortisation* der gesamten Anschaffungsauszahlung a_0 durch Einzahlungsüberschüsse vergeht. *Ein Investitionsobjekt erscheint um so günstiger, je kürzer die Amortisationsdauer* $\hat{n}$ *(Payback-Periode, Kapitalrückflußzeit, Wiedergewinnungszeit) ist*[38].

Die geplanten Nettoeinzahlungen c_t werden, mit der ersten Periode beginnend, so lange addiert, bis der Anschaffungsbetrag a_0 erreicht ist. Die Periode ($\hat{n}$), in die

[38] Zur Amortisationsvergleichsrechnung vgl. z. B. Kruschwitz, Lutz: Investitionsrechnung, 3. Aufl., 1987, S. 37–41.

die letzte dafür nötige Nettoeinzahlung fällt, gibt die Amortisationsperiode an. Jedoch weist die Summe der Nettoeinzahlungen bis zur $\hat{n}$-ten Periode einschließlich nur in Ausnahmefällen genau die Höhe der Anschaffungsauszahlung a_0 auf. Vielmehr wird die Nettoeinzahlung $c_{\hat{n}}$, die am Ende der Amortisationsperiode erfolgt, die Summe der Nettoeinzahlungen erstmalig im allgemeinen über a_0 hinauswachsen lassen. Die Amortisationsperiode $\hat{n}$ wird demnach durch folgende Rechenvorschrift festgelegt:

$$\sum_{t=1}^{\hat{n}-1} c_t < a_0 \leq \sum_{t=1}^{\hat{n}} c_t. \tag{1.3}$$

Für konstante periodische Nettoeinzahlungen wird die Amortisationsperiode von dem Quotienten $\frac{a_0}{c}$ ausgehend durch dessen Wert selbst oder durch die nächstgrößere natürliche Zahl bestimmt, wenn der Quotient keine natürliche Zahl ist[39].

Beispiel
Bei einer Anschaffungsauszahlung $a_0 = 100$ GE und periodischen Nettoeinzahlungen von $c = 40$ GE ist die Amortisationsperiode $\hat{n} = 3$, im Falle $c = 50$ wäre $\hat{n} = 2$.

Sofern die *Zeiten für Projektierung und Bau der Anlagen* von Bedeutung sind und sich die Investitionsausgaben über eine längere Zeit verteilen, müssen sie in die Berechnung einbezogen werden. Man kann sie dem oben ermittelten $\hat{n}$ zuschlagen oder die Amortisationsperiode vom mittleren Zeitpunkt der Investitionsausgaben an berechnen.

Als *Akzeptanzkriterium* (Mindestforderung) für ein Investitionsobjekt j gilt im Hinblick auf die von der Unternehmensleitung festgelegte höchstzulässige Amortisationsdauer $\hat{n}_{\max}$:

$$\hat{n}_j \leq \hat{n}_{\max}.$$

Bei einer Entscheidung nach der Amortisationsdauer lautet die *Entscheidungsregel:*

$$\min_j \{\hat{n}_j \,|\, \hat{n}_j \leqslant \hat{n}_{\max}\}.$$

Wenn mehrere Investitionsobjekte dieselbe Amortisationsperiode aufweisen, kann es zweckmäßig sein festzustellen, welches Investitionsobjekt innerhalb von $\hat{n}$ die kürzeste Amortisationszeit t_A hat. Die Annahme, daß alle Einzahlungsüberschüsse am Ende einer Periode anfallen, wird dann für $\hat{n}$ durch die realitätsnähere Annahme der Gleichverteilung innerhalb von $\hat{n}$ ersetzt.

Die Amortisationszeit t_A ergibt sich dann nach

---

[39] Zur Ermittlung der Amortisationsperiode unter Berücksichtigung von Zinsen siehe § 5 C 3. Die statische und dynamische Amortisationsrechnung ist das in der *Praxis* am weitest verbreitete Investitionsrechnungsverfahren; vgl. Wehrle-Streif, Uwe: Empirische Untersuchung zur Investitionsrechnung, 1989, S. 65.

(1.4) $$t_A = (\hat{n} - 1) + \frac{a_0 - \sum_{t=1}^{\hat{n}-1} c_t}{c_{\hat{n}}}.$$

Für das obige Beispiel ergibt sich

$$t_A = 3 - 1 + \frac{100 - 80}{40} = 2{,}5 \text{ Jahre.}$$

Im Falle konstanter Einnahmeüberschüsse vereinfacht sich (1.4) zu

(1.4a) $$t_A = \frac{a_0}{c}.$$

Die Amortisationsperiode mißt die Vorteilhaftigkeit einer Investition ohne Rücksicht auf die Rentabilität an einer Kennzahl für den Grad der *Ungewißheit* und der *Liquidität:* Da die Schätzungen der Zahlungen gewöhnlich um so ungewisser sind, je weiter die Zahlungen in der Zukunft liegen, erscheint eine Investition um so sicherer, je schneller die Anschaffungsausgaben voraussichtlich wiedergewonnen werden. Außerdem steht das Geld dann um so eher für andere Investitionen zur Verfügung. Die Amortisationsperiode ist als alleiniges Kriterium für die Vorteilhaftigkeit einer Investition nur für solche Investoren geeignet, für die *Gewißheit* und *Liquidität* den *höchsten Rang unter ihren Zielsetzungen* einnehmen.

Eine alleinige Ausrichtung der Investitionen nach diesem Zeitkriterium vernachlässigt jedoch die für jedes Unternehmen auf die Dauer nötige Erzielung von Einnahmeüberschüssen (Gewinnen). Alle *nach* der Amortisationsdauer $\hat{n}_j$ anfallenden Einnahmeüberschüsse werden bei dem Vorteilsvergleich nicht berücksichtigt; das gilt auch für Auszahlungsüberschüsse, die nach $\hat{n}_j$ liegen.

Dies wird aus Abbildung 1.6 deutlich, in der die kumulierten Zahlungsbeträge im Zeitablauf der *gesamten* Nutzungsdauer eines Investitionsobjektes dargestellt

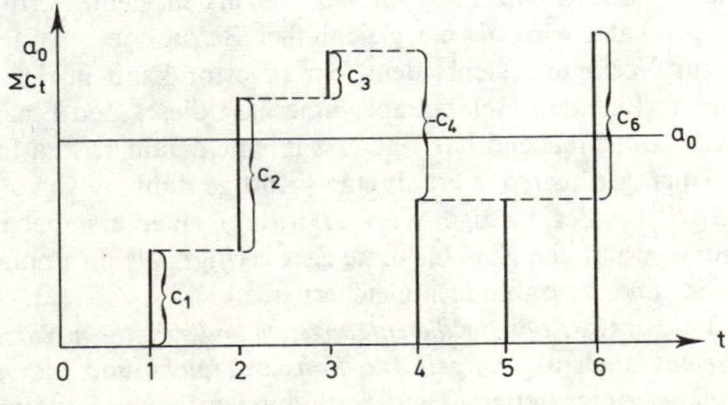

Abb. 1.6. Feststellung der Amortisationsdauer

werden. Das Payoff-Kriterium bricht die Betrachtung nach $t_2 = \hat{n}$ ab. Der geplante negative Einzahlungsüberschuß in t_4 beeinflußt $\hat{n}$ ebensowenig wie die positiven Einzahlungsüberschüsse in t_3 und t_6.
Langfristige Investitionen, wie Errichtung von Gebäuden und Erwerb von Beteiligungen, erscheinen nach der Entscheidungsregel der minimalen Amortisationsdauer in der Regel schlechter als *kurzfristige* Investitionen. Um dieser Konsequenz zu begegnen, kann man *Klassen von Investitionen* (z.B. Maschinen, Gebäude, Beteiligungen) bilden, für jede Klasse unterschiedliche Höchstamortisationsdauern $\hat{n}_{max}$ festlegen und die Entscheidungsregel nur innerhalb jeder Klasse anwenden. Problematisch bleibt dabei jedoch der Maßstab für die Festlegung der verschiedenen $\hat{n}_{max}$.
Als alleinige Entscheidungsregel ist die Amortisationsdauer ungeeignet. Sinnvoll ist die Amortisationsdauer jedoch als zusätzliches Kriterium, das als Nebenbedingung in den Investitionskalkül eingehen kann, indem z.B. die Maximierung der Einzahlungsüberschüsse nur unter der Nebenbedingung verfolgt wird, daß $\hat{n}_{max}$ nicht überschritten wird.

F. Zinseszinsrechnung

1. Zinsbegriff

Die *finanzmathematischen Investitionskalküle* basieren auf der *Zahlungsreihe einer Investition.* Durch den Ansatz von Zinsen und Zinseszinsen können Zahlungsreihen in *einem Betrag* am Anfang (t_0) der Zahlungsreihe *(Barwert)* oder an ihrem Ende (t_n) *(Endwert)* oder zu einem anderen Zeitpunkt zusammengefaßt werden. *Zins ist der Preis für die Überlassung einer Geldeinheit (z.B. 1 DM) für eine bestimmte Zeit.*

Der Zins drückt insofern eine *Zeitpräferenz* aus, als ein heute verfügbarer Geldbetrag höher geschätzt wird als ein gleichhoher Betrag, der erst später, z.B. in einem Jahr, zur Verfügung steht; denn ein Investor kann in der Regel durch Investition des verfügbaren Geldbetrages innerhalb dieser Zeit Einzahlungsüberschüsse erzielen. Entsprechend hat eine erst in einem Jahr (t_1) zu leistende Auszahlung in t_0 einen geringeren Wert als eine sofortige Zahlung von gleicher Höhe. Anders ausgedrückt: der heutige Wert *(Barwert)* einer erst nach einem Jahr fälligen Zahlung ist um den Zins für diese Zeit geringer als ihr nominaler Betrag. Das gilt für Ein- und Auszahlungen gleichermaßen.
Der Zins wird außer als *Preis für die entgangenen anderweitigen Nutzungsmöglichkeiten des Geldes* auch als *Entgelt für Konsumverzicht* und als *Ausdruck der Liquiditätspräferenz* interpretiert. Die Begründungen für die Existenz und die jeweilige Höhe der Zinsen sind Gegenstand volkswirtschaftlicher Theorien, auf die

hier nicht näher eingegangen wird[40]. Im folgenden wird unterstellt, daß der Investor für die *Aufnahme* von Finanzmitteln einen bestimmten Zinssatz zahlen muß *(Sollzinssatz)* und für die *Ausleihe* erhalten kann *(Habenzinssatz)*. Der *Zinssatz* wird meistens in Prozent per annum (% p. a.) angegeben. Der *Zinsbetrag* richtet sich nach Zinssatz, Verzinsungsdauer und Höhe des zu verzinsenden Betrages sowie nach der Form der Verzinsung.
Zu unterscheiden ist ferner zwischen *Nominal-* und *Effektiv*zinsen.

Beispiel
Eine börsennotierte Anleihe habe eine jährliche (aufgedruckte) Nominalverzinsung i von 8%, eine Restlaufzeit n von 3 Jahren im Zeitpunkt Null und einen Rückzahlungskurs von 101%. Der Investor kann ein Stück von nominal 100 DM zu einem Kurs von 98% (inkl. Nebenkosten) zu a_0 DM kaufen. Dann beträgt die durchschnittliche Effektivverzinsung $\bar{r}$ für die Restlaufzeit (Rendite oder Kapitalrentabilität) bei einem Rückzahlungsbetrag von b_n DM *näherungsweise:*

$$\bar{r} = i + \frac{b_n - a_0}{n} \%$$

$$= 8\% + \frac{101 - 98}{3} \% = 9\%.$$

Für eine genaue Berechnung müßte die Zahlungsreihe mit den Zahlungszeitpunkten zugrunde gelegt werden.

Von *Zinseszinsen* spricht man dann, wenn bei der Berechnung der Zinsen über mehrere Zinsperioden (gewöhnlich Jahre) hinweg schon angefallene Zinsen mit verzinst werden. Für die numerische *Zinseszinsrechnung* benutzt man gewöhnlich *Zinseszinstabellen* (siehe Anhang).

2. Barwert und Endwert einer einzelnen Zahlung

a) Jährliche Verzinsung

Gegeben sei eine Finanzanlage mit einer Auszahlung a_0 im Zeitpunkt t_0. Der Betrag wird mit dem Zinssatz i verzinst. Die Zinsen werden am *Ende jeden Jahres (nachschüssige Zinsen)* dem jeweiligen Betrag gutgeschrieben und mitverzinst (Zinseszins). Gefragt sei nach dem *Endwert* nach n Jahren *(Aufzinsung):*

---

[40] Siehe z. B. Fisher, Irving: The Theory of Interest, 1970 (Nachdruck der Ausgabe von 1930); Lutz, Friedrich A.: Zinstheorie, 2. Aufl., 1967; Lehmann, Ernst: Die Zinstheorien der klassischen Wirtschafts- und Geldtheoretiker, 1969; Woll, Artur: Allgemeine Volkswirtschaftslehre, 9. Aufl., 1984, S. 269–272.

$$a_1 = a_0 + a_0 \cdot i = a_0\,(1 + i),$$
$$a_2 = a_1 + a_1 \cdot i = a_0\,(1 + i)^2$$
$$\vdots$$

Am Ende des n-ten Jahres beträgt der *Endwert*

(1.5) $$a_n = a_0\,(1 + i)^n.$$

Der Ausdruck $(1 + i)^n = q^n$ wird als *Aufzinsungsfaktor* bezeichnet.

Beispiel
Jemand zahlt 1000 DM auf ein Sparkonto ein, das jährlich 6% Zinsen bringt. Wieviel wird er am Ende des fünften Jahres abheben können? Gemäß Formel (1.5) ergibt sich der Kontostand

$$a_5 = a_0\,(1 + i)^5 = 1000\,(1 + 0{,}06)^5 = 1338 \text{ DM}.$$

Löst man Gleichung 1.5 nach a_0 auf, so erhält man aus a_n durch *Abzinsung* für den Zeitpunkt t_0 den *Barwert* a_0 einer in n Perioden zu leistenden Zahlung a_n:

(1.6) $$a_0 = a_n\,(1 + i)^{-n}.$$

Hierbei ist der Term $(1 + i)^{-n}$ der Kehrwert des Aufzinsungsfaktors und wird als *Abzinsungs-* oder *Diskontierungsfaktor* bezeichnet. Während Aufzinsungsfaktoren (für alle $i > 0\%$ und $n > 0$) größer als 1 sind, liegen die Diskontierungsfaktoren zwischen 0 und 1.

Beispiel
Ein Investor hat in t_0 Anspruch auf eine Zahlung. Der Zahlungsverpflichtete bietet dem Investor die Abtretung eines Darlehens in Höhe von 10000 DM an, das unverzinslich und erst in 3 Jahren fällig ist. Mit welchem Betrag sollte der Investor diese Abtretung auf die fällige Zahlung in t_0 anrechnen, wenn er Anlagemöglichkeiten zu 10% Zinsen hätte? Der Barwert beläuft sich auf

$$a_0 = a_3\,(1 + i)^{-3} = 10000\,(1 + 0{,}1)^{-3} = 7513 \text{ DM}.$$

In Abbildung 1.7 wird das geometrische Wachstum von 1 DM Anfangskapital bei alternativen Zinssätzen in Abhängigkeit von der Verzinsungsdauer n dargestellt. Da die Zinsen erst am Ende des Jahres *(nachschüssig)* dem Jahresanfangskapital zugeschlagen werden, ergäbe sich eine Sägezahnkurve. Zur Verdeutlichung der Entwicklung wurden alle vollen Jahrespunktwerte kontinuierlich verbunden.
Analog zu Abbildung 1.7 läßt sich der Barwert a_0 in t_0 in Abhängigkeit von Zinssatz und Abzinsungszeit graphisch darstellen (Abb. 1.8).

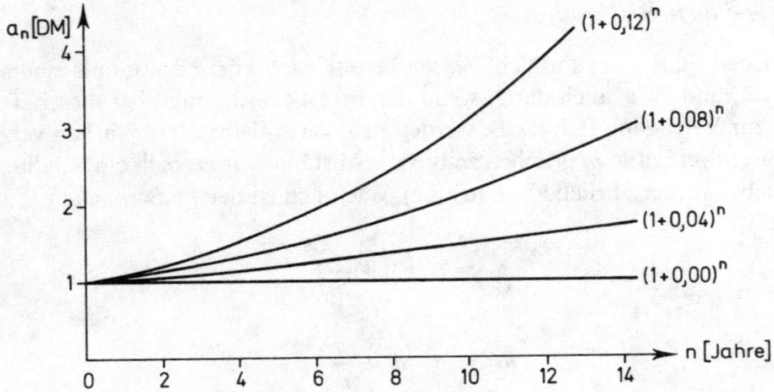

Abb. 1.7. Aufzinsung von 1 DM bei alternativen Zinssätzen

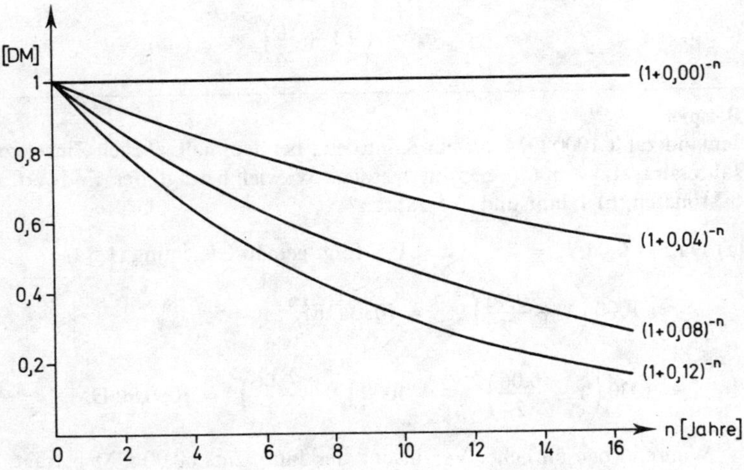

Abb. 1.8. Abzinsung von 1 DM bei alternativen Zinssätzen

Die Abbildung 1.8 zeigt, daß der Barwert künftiger Zahlungen mit steigendem Zinssatz sinkt. Zukünftige Zahlungen sind also heute um so weniger wert, je höher der Zinssatz bzw. je länger die Abzinsungsdauer ist.
Während der Aufzinsungsfaktor $(1 + i)^n$ mit steigender Verzinsungsdauer n gegen Unendlich geht, geht der Abzinsungsfaktor $(1 + i)^{-n}$ mit zunehmender Zeitdauer gegen Null.

b) Unterjährliche Verzinsung

In manchen Fällen ist es üblich, Zinsen bereits nach kürzerer Zeit als einem Jahr zu zahlen, und zwar auch dann, wenn der Investitionsbetrag über diesen Termin hinaus zur Verfügung steht (z.B. werden manche Anleihen halbjährlich verzinst). Die Zinsen werden in m gleichen zeitlichen Abständen innerhalb eines Jahres gutgeschrieben (unterjährliche Verzinsung). Wie hoch ist der *Endwert* nach 1, 2, . ., n Jahren?

$$a_1 = a_0 \left(1 + \frac{i}{m}\right)^m,$$

$$a_2 = a_0 \left(1 + \frac{i}{m}\right)^{2m}$$

$$\vdots$$

Am Ende des n-ten Jahres beträgt der Endwert

$$a_n = a_0 \left(1 + \frac{i}{m}\right)^{n \cdot m}. \tag{1.5a}$$

Beispiel

Jemand zahlt 1000 DM auf ein Konto ein, bei dem halbjährlich Zinsen zu einem Jahreszinssatz von 6% gezahlt werden. Wieviel beträgt der Endwert nach a) 6 Monaten, b) 1 Jahr und c) 5 Jahren?

(a) Da $i = 0{,}06$, $m = 2$ und $n = 0{,}5$, folgt gemäß Gleichung (1.5a)

$$a_{0,5} = 1000 \left(1 + \frac{0{,}06}{2}\right)^{0,5 \cdot 2} = 1030 \text{ DM}.$$

(b) $$a_1 = 1030 \left(1 + \frac{0{,}06}{2}\right)^{0,5 \cdot 2} = 1000 \left(1 + \frac{0{,}06}{2}\right)^2 = 1060{,}90 \text{ DM}.$$

Während bei jährlicher Verzinsung der Jahreszins 60,00 DM beträgt, liegt er bei halbjährlicher Verzinsung bei 60,90 DM.

(c) Gemäß Formel (1.5a) gilt bei $n = 5$, $m = 2$ und $i = 0{,}06$:

$$a_5 = 1000 \left(1 + \frac{0{,}06}{2}\right)^{5 \cdot 2} = 1343{,}92 \text{ DM}.$$

Bei jährlicher Verzinsung (siehe unter a)) beträgt der Endwert nur 1338 DM.

Damit steht sich der Investor bei unterjährlicher Verzinsung besser als bei jährlicher Verzinsung, denn er bekommt *häufiger Zinsen auf seine Zinsen*. Der Endwert kann bei unterjährlicher Verzinsung auch mit Hilfe von Jahreszinseszinstabellen ermittelt werden, indem man entsprechend mehr Perioden mit geringem Zinssatz zugrunde legt. So läßt sich Teil (c) des letzten Beispieles in ein *analoges* jährliches Verzinsungsproblem überführen, bei dem jährlich 3% Zinsen für 10 Perioden gutgeschrieben werden.

Beispiel
Wieviel beträgt das Startkapital von 1000 DM nach einem Jahr bei halbjährlicher, vierteljährlicher und monatlicher Verzinsung von 6% p.a.?

$$\text{Für } m = 2 \text{ gilt: } a_1 = 1000\left(1 + \frac{0{,}06}{2}\right)^2 = 1060{,}90,$$

$$\text{für } m = 4 \text{ gilt: } a_1 = 1000\left(1 + \frac{0{,}06}{4}\right)^4 = 1061{,}36,$$

$$\text{für } m = 12 \text{ gilt: } a_1 = 1000\left(1 + \frac{0{,}06}{12}\right)^{12} = 1061{,}68.$$

Gelegentlich wird als *effektiver Zinssatz* $\bar{r}$ der Zinssatz bei einmaliger Gutschrift pro Jahr bezeichnet, der dem *nominellen* Zinssatz i bei m-maliger Gutschrift pro Jahr entspricht.

$$1 + \bar{r} = \left(1 + \frac{i}{m}\right)^m,$$

$$\bar{r} = \left(1 + \frac{i}{m}\right)^m - 1.$$

Der effektive Zinssatz steigt bei konstantem nominellen Zinssatz mit steigendem m.

Die obige Endwertformel (1.5a) läßt sich nach dem Barwert a_0 zum Zeitpunkt t_0 auflösen. Somit erhält man die *Barwert*formel:

(1.6a) $$a_0 = a_n\left(1 + \frac{i}{m}\right)^{-n \cdot m}.$$

Zur Ableitung von Investitionskalkülen wird in der Literatur[41] mitunter eine *Momentanverzinsung* unterstellt, bei der $m \to \infty$. Daraus ergibt sich:

$$\lim_{m \to \infty}\left(1 + \frac{i}{m}\right)^m = e^i,$$
$$\text{mit } e = 2{,}71828\ldots$$

Im Fall der *Momentanverzinsung* beträgt der *Endwert*

(1.5b) $$a_n = a_0\, e^{ni}.$$

[41] Vgl. z. B. Schneider, Erich: Wirtschaftlichkeitsrechnung, 8. Aufl., 1973, S. 147 ff.

Der *Barwert* einer gegebenen Zahlung a_n im Zeitpunkt t_n ist:

$$a_0 = a_n \cdot e^{-ni}. \tag{1.6b}$$

Bei stetiger Verzinsung zum Zinsfuß i wächst das Anlagekapital schneller als bei jährlicher Verzinsung, da in jedem Moment Zinsen verzinst werden. In diesem Buch werden jedoch nur Fälle diskontinuierlicher Zahlungen betrachtet.

3. Barwert, Endwert und Annuität einer Zahlungsreihe

Der *Barwert* (B_0) einer *nachschüssigen Einzahlungsreihe* im Zeitpunkt t_0 ergibt sich als Summe der vom Zeitpunkt ihres Anfalls t auf t_0 abgezinsten einzelnen Einzahlungen (b_t):

$$B_0 = \sum_{t=1}^{n} b_t \cdot q^{-t}. \tag{1.7}$$

Der Barwert B_0 ist ein *äquivalenter* Ausdruck für die *gesamte Zahlungsreihe:*

$$B_0 \sim \{b_1, b_2, \ldots, b_n\}.$$

Beispiel

Ein Student soll von seinem Onkel in den nächsten 3 Jahren zu Silvester nacheinander 1000, 2000 und 3000 DM erhalten. Er fragt, ob er den Barwert erhalten könne. Der Student und der Onkel haben eine Geldanlagemöglichkeit zu 8%. Wie hoch ist der Barwert B_0?

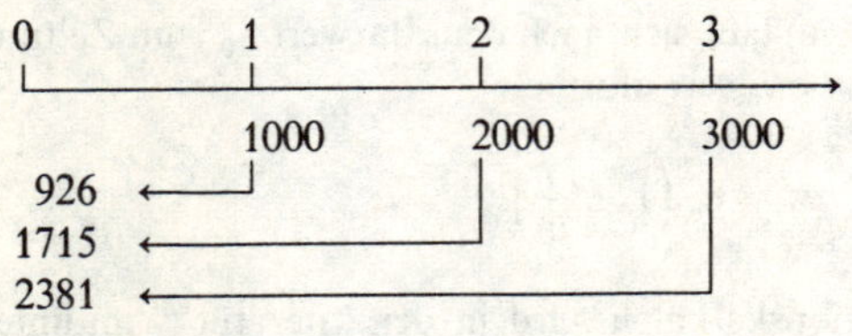

$B_0 =$ 5022 DM.

$$B_0 = \frac{1000}{1{,}08} + \frac{2000}{1{,}08^2} + \frac{3000}{1{,}08^3}$$

$$= 1000 \cdot 0{,}9259 + 2000 \cdot 0{,}8573 + 3000 \cdot 0{,}7938 = 5022 \text{ DM}.$$

Entsprechend gilt für den *Endwert* B_n einer nachschüssigen Einzahlungsreihe

$$B_n = \sum_{t=1}^{n} b_t \cdot q^{n-t}. \tag{1.8}$$

Jede Zahlung ist vom Zeitpunkt t bis zum Zeitpunkt n für die Restlaufzeit $(n-t)$ aufzuzinsen.

Im obigen Beispiel ergibt sich als Endwert

$$B_3 = 1000 \cdot 1{,}08^2 + 2000 \cdot 1{,}08 + 3000 = 6326 \text{ DM}.$$

Für *Auszahlungsreihen* gelten die Ableitungen des Barwertes und des Endwertes analog.

Rente oder *Annuität* heißt eine in gleichen Zeitabständen von gewöhnlich einem Jahr regelmäßig wiederkehrende, gleichhohe Zahlung.

Gegeben sei eine äquidistante, uniforme Einzahlungsreihe, bei der die Zahlungen $(b_t;\ t = 1, 2, \ldots, n)$ am Ende jedes Jahres erfolgen.

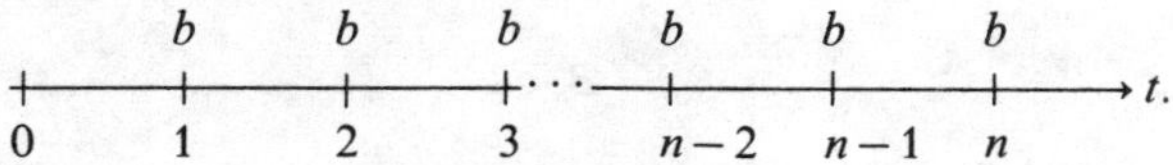

Die Zahlungen werden mit dem Zinssatz i pro ZE verzinst. Die Zinsen werden gutgeschrieben und mitverzinst. Gefragt sei nach dem Endwert B_n der Zahlungsreihe, über den man am Ende des n-ten Jahres verfügt. Zur Abkürzung wird gesetzt $i + 1 = q$.

$$\text{(a)} \qquad B_n = b + bq^1 + bq^2 + \cdots + bq^{n-1}.$$

$$\text{(b)} \qquad B_n q = \phantom{b +{}} bq^1 + bq^2 + \cdots + bq^{n-1} + bq^n.$$

Zieht man (a) von (b) ab, so erhält man:

$$\text{(b−a)} \quad B_n q - B_n = bq^n - b,$$

(1.8a)
$$B_n = b\left[\frac{q^n - 1}{(q-1)}\right] = b \cdot \frac{q^n - 1}{i}.$$

Der Ausdruck in der eckigen Klammer wird als *Rentenendwertfaktor* bezeichnet. Die Tabelle im Anhang enthält Faktoren für einige Zinssätze und Jahre.

Der reziproke Wert des Rentenendwertfaktors heißt *Rückwärtsverteilungsfaktor*. Mit diesem läßt sich die Höhe der Rentenzahlungen in jeder Periode bei gegebenem Endwert ermitteln. Aus Gleichung (1.8a) folgt:

(1.9)
$$b = B_n \cdot \frac{i}{q^n - 1}.$$

Beispiel

Jemand erhalte für 3 Jahre am Ende jeden Jahres 1000 DM, die er bei jährlicher Verzinsung von 6% anlegt. Wie hoch ist der Endwert?

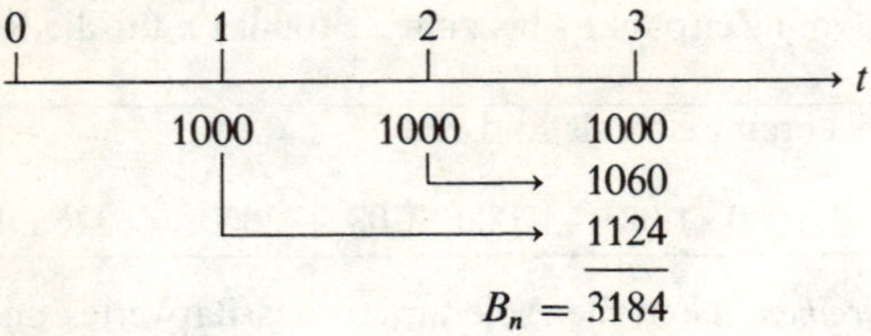

Oder gemäß (1.8 a) beträgt

$$B_n = 1000 \cdot 3{,}184 = 3184 \text{ DM}.$$

Durch *Abzinsung* errechnet man aus einem gegebenen Endwert (B_n) den *Barwert* B_0 der Zahlungsreihe nach (1.6) zu:

$$B_0 = B_n \cdot q^{-n},$$

und unter Benutzung von (1.8 a) ergibt sich

$$B_0 = b \cdot \left[\frac{q^n - 1}{iq^n}\right]. \tag{1.10}$$

Der eckige Klammerausdruck heißt *Diskontierungssummenfaktor* bzw. *Rentenbarwertfaktor*. Er läßt sich auch aus der Summe aller Abzinsungsfaktoren bis zum Jahre n ableiten. Das läßt sich anhand der Tabelle im Anhang leicht nachprüfen. Somit gilt

$$B_0 = b \sum_{t=1}^{n} q^{-t} = b \cdot \left[\frac{q^n - 1}{(q-1) \cdot q^n}\right].$$

Mithin kann man die Rentenbeträge erst zum Rentenendwert B_n aufzinsen und diesen dann insgesamt abzinsen oder sofort alle Rentenbeträge auf den Bezugszeitpunkt t_0 abzinsen.

Beispiel

Jemand erhalte eine jährliche, nachschüssige Rente von 1000 DM für die Zeitdauer von 3 Jahren. Er kann sein Geld zu 6% p.a. anlegen. Wie hoch ist der Barwert der Rente zum Zeitpunkt t_0? Der Barwert der Rente B_0 setzt sich aus den Barwerten der einzelnen Zahlungen zusammen:

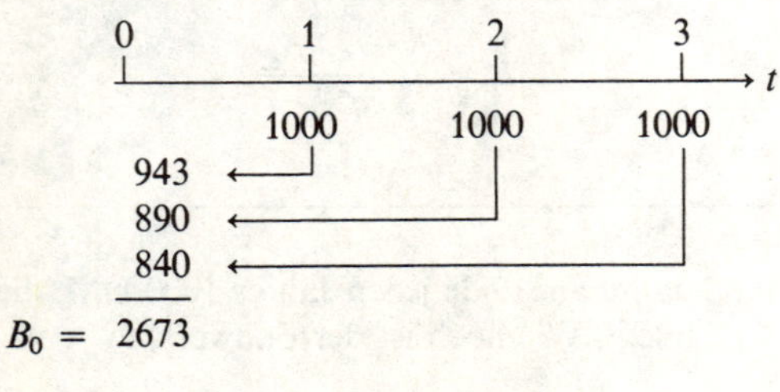

oder

$$B_0 = 1000 \sum_{t=1}^{3} 1{,}06^{-t} = 1000\,[1{,}06^{-1} + 1{,}06^{-2} + 1{,}06^{-3}]$$
$$= 1000 \cdot 2{,}673 = 2673 \text{ DM}.$$

Zum gleichen Ergebnis gelangt man, wenn man die Zahlungen zunächst bis n aufzinst und den Endwert B_n mit dem Abzinsungsfaktor auf t_0 abzinst:

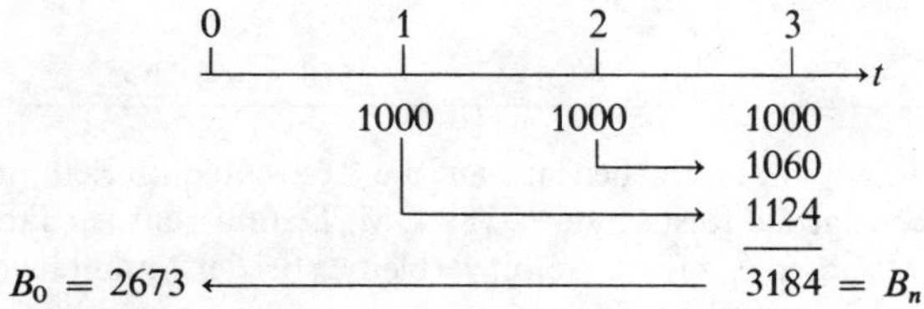

$$B_0 = 2673 = 3184 \cdot 1{,}06^{-3} \text{ DM}.$$

Mit Formel (1.10) läßt sich die Frage beantworten, wie hoch die jährliche Rente b bei gegebenem Anfangskapital B_0, Jahreszinssatz i und Rentendauer n ist.

Aus Gleichung (1.10) folgt

$$b = B_0 \left[\frac{i \cdot q^n}{q^n - 1}\right]. \tag{1.11}$$

Der Klammerausdruck wird auch als *Kapitalwiedergewinnungsfaktor* bezeichnet und ist der Kehrwert des Diskontierungssummenfaktors. Mit diesem Faktor wird ein Betrag B_0 unter Berücksichtigung eines gegebenen Zinssatzes (i) auf eine bestimmte Zahl (n) von Jahren gleichmäßig verteilt.

Die Rente setzt sich aus zwei Komponenten zusammen, einem *Zinsanteil,* berechnet auf das jeweils zu Beginn des Jahres noch gebundene Kapital, und einem *Tilgungsanteil* als Residualgröße.

Beispiel

Ein Kredit in Höhe von 100000 DM sei einschließlich Zinsen (10% p.a.) durch gleiche Zahlungen (b) in 3 Jahren zurückzuzahlen. Die Zinsen seien auf die Restschuld zu berechnen. a) Wie hoch ist die jährliche Zahlung? b) Stellen Sie den Tilgungsplan auf!

(a) Ermittlung der Annuität b:

Aus der Tabelle im Anhang ergibt sich für $n = 3$, $i = 10\%$ ein Kapitalwiedergewinnungsfaktor von 0,40211. Somit gilt gemäß Gleichung (1.11) für die Annuität:

$$b = 100000 \cdot 0{,}40211 = 40211 \text{ DM}.$$

(b) Tilgungsplan:

Zeitpunkt	Restschuld	jährliche Zahlung	Zinsenanteil	Tilgungsanteil
0	100000			
	− 30211			
1	69789	40211	10000	30211
	− 33232			
2	36557	40211	6979	33232
	− 36555			
3	2	40211	3656	36555

Die Zinsen im Zeitpunkt t ergeben sich auf die Restschuld im Zeitpunkt $t-1$. Im Zeitpunkt t_1 beträgt die Restschuld 69789 DM. Darauf sind am Jahresende 10% gleich 6979 DM Zinsen zu zahlen. Somit verbleiben bei der Annuität von 40211 DM noch 33232 DM Tilgungsanteil.

Mitunter werden Renten *vorschüssig* (am Anfang der Zeitabschnitte) gezahlt.

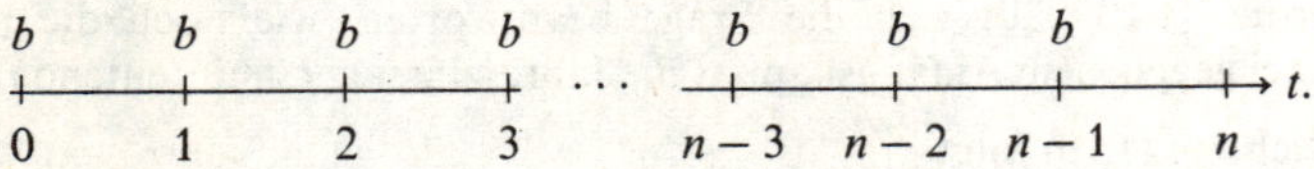

Der *Endwert* $\overline{B}_n$ der Zahlungsreihe im Zeitpunkt n ergibt sich dann als

$$\overline{B}_n = bq - bq^2 + bq^3 + \ldots + bq^{n-1} + bq^n$$
$$= q(b - bq - bq^2 + \ldots + bq^{n-2} + bq^{n-1}).$$

Der Ausdruck in Klammern entspricht dem Endwert bei nachschüssiger Rente B_n:

$$\overline{B}_n = q \cdot B_n,$$

(1.12) $$\overline{B}_n = q \cdot b \cdot \frac{q^n - 1}{i}.$$

Der Endwert bei vorschüssiger Rentenzahlung ist genau um den Aufzinsungsfaktor q für eine Periode größer als bei nachschüssigen Zahlungen. Für den *Barwert* $\overline{B}_0$ dieser Zahlungsreihe ergibt sich

(1.13) $$\overline{B}_0 = q \cdot b \cdot \frac{q^n - 1}{iq^n}.$$

Somit läßt sich Formel (1.13) auch bei Tabellen für nachschüssige Renten verwenden.

Beispiel
Berechnung des Barwertes einer vierperiodischen vorschüssigen Rentenzahlung in Höhe von 1000 DM ($i = 10\%$)

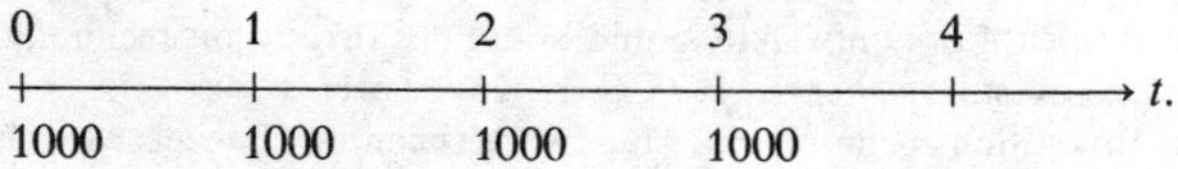

$$\overline{B}_0 = 1{,}1 \cdot 1000 \cdot \frac{1{,}1^4 - 1}{0{,}1 \cdot 1{,}1^4} = 1{,}1 \cdot 1000 \cdot 3{,}1699 = 3487 \text{ DM}.$$

Generell gilt $B_0 \leq \overline{B}_0$ bei allen Zinssätzen $i \geq 0$, wobei das Gleichheitszeichen nur im Falle $i = 0$ gilt.
Im Fall der *ewigen Rente* werden die Zahlungen zeitlich unbegrenzt ($n \to \infty$) geleistet.
Für *nachschüssige* ewige Renten gilt für den Barwert B_0:

$$B_0 = \lim_{n \to \infty} b \frac{q^n - 1}{iq^n}$$

und nach Divisionen im Zähler und Nenner durch q^n

$$B_0 = \lim_{n \to \infty} b \left[\frac{1 - \frac{1}{q^n}}{i} \right],$$

$$\text{wegen } \lim_{n \to \infty} \frac{1}{q^n} = 0 \text{ folgt}$$

(1.14) $$B_0 = \frac{b}{i}$$

und für die ewige Rente

(1.15) $$b = B_0 \cdot i.$$

Für eine *vorschüssige* ewige Rente gilt für den Barwert $\overline{B}_0$

(1.16) $$\overline{B}_0 = \frac{b}{i} \cdot q$$

und für die jährliche Rente

(1.17) $$b = \overline{B}_0 \cdot \frac{i}{q}.$$

Literaturempfehlungen zu § 1

Schneider, Erich: Wirtschaftlichkeitsrechnung, 8. Aufl., 1973, I. Kapitel § 1, VI. Kapitel (zu § 1 A), Anhang I (zu § 1 E).

Kern, Werner: Investitionsrechnung, 1974, S. 1–94 (zu § 1 A–C), S. 115–159 (zu § 1 D).

Albach, Horst: Einleitung – Entwicklung und Stand der Investitionsrechnung, in: Albach, Horst (Hrsg.): Investitionstheorie, 1975, S. 13–26 (zu § 1).

Rühli, Edwin: Investitionsrechnung, in: Handwörterbuch der Betriebswirtschaft, 4. Aufl., 1975, Sp. 2004–2018 (zu § 1 C, D).

Bierich, Marcus: Investitionsentscheidungen in der Praxis, in: Handwörterbuch der Finanzwirtschaft, 1976, Sp. 848–855 (zu § 1 B).

Drukarczyk, Jochen: Finanzierungstheorie, 1980, S. 27–57 (zu § 1 B 2).

Schneider, Dieter: Investition und Finanzierung, 5. Aufl., 1980, S. 145–176 (zu § 1 A, B, C).

Copeland, Thomas E.; Weston, J. Fred: Financial Theory and Corporate Policy, 2. Aufl., 1983, S. 3–16 (zu § 1 B 2).

Weston, J. Fred; Copeland, Thomas E.: Managerial Finance, 8. Aufl., 1986, Kapitel 5 (zu § 1 F).

Kruschwitz, Lutz: Investitionsrechnung, 3. Aufl., 1987, S. 31–43 (zu § 1 E).

Blohm, Hans; Lüder, Klaus: Investition, 6. Aufl., 1988, S. 52–54 und S. 156–173 (zu § 1 D, E).

Krawitz, Norbert: Statische Investitionsrechnung, in: Busse von Colbe, Walther (Hrsg.): Lexikon des Rechnungswesens, 1989, S. 448–450 (zu § 1 E).

Aufgaben zu § 1

1.1 Was versteht man unter dem Begriff „Investition"?

1.2 Was verstehen Sie unter einer Reinvestition?

(a) Ersatz eines abgenutzten Produktionsmittels durch ein neues gleichartiges?
(b) Beschaffung eines zweiten gleichartigen Produktionsmittels?
(c) Erweiterung der Kapazität?
(d) Finanzierung von Investitionen durch Eigenkapital?
(e) Die Beendigung einer Investition durch Abbruch oder Verkauf einer Anlage?

1.3 Welche der nachstehenden Aussagen sind richtig?
Warum sind die übrigen Aussagen nicht richtig?

(a) Ein Investitionsobjekt wird allein durch den Betrag beschrieben, der im Anfangszeitpunkt t_0 für dieses Objekt ausgegeben wird.
(b) Ein Investitionsobjekt ist stets eine Sachanlage.
(c) Eine Investition kann zu dem Zweck durchgeführt werden, künftig Einzahlungen durch den Besitz oder aus dem Verkauf des Investitionsgutes zu erzielen.
(d) Die Zahlungsreihe einer Investition erstreckt sich immer über mehrere Jahre.
(e) Die Zahlungsreihe einer Investition erstreckt sich immer über mehrere Zeitpunkte.

1.4 Was ist unter einem Interdependenzproblem zu verstehen?

1.5 Mit welchen Fragenkomplexen befaßt sich die Investitionsrechnung?

1.6 Ist eine Investitionsrechnung primär

(a) Planungsrechnung,
(b) Kontrollrechnung,
(c) Rechnung zur Erfolgsermittlung einer Unternehmung,
(d) Rechnung zur Ermittlung des Liquiditätsgrades,
(e) Rechnung zur Ermittlung der Preisuntergrenze?

1.7 Wodurch unterscheiden sich Investition und Finanzierung, und was haben sie gemeinsam?

1.8 Welche Bedeutung hat die Ungewißheit über die künftigen Zahlungen für den Investitionskalkül?

1.9 Zwei alternative Investitionsobjekte seien durch folgende Daten gekennzeichnet:

Zeitpunkt (t)	Investition A		Investition B	
	Zahlung	Gewinn	Zahlung	Gewinn
−1	−5000	—	—	—
0	−5000	—	−40000	—
1	2000	− 500	13000	3000
2	2000	− 500	13000	3000
3	9000	6500	13000	3000
4	−1000	−3500	7000	−3000

(a) Welches Objekt ist nach der Gewinnvergleichsrechnung vorzuziehen?
(b) Welches Objekt ist nach der Kapitalrentabilität günstiger?
(c) Bestimmen Sie die Amortisationsperiode ($\hat{n}$) und den Amortisationszeitpunkt (t_A) für beide Vorhaben!
(d) Sollte wegen der voraussichtlichen Verluste im 4. Jahr die Nutzungszeit auf 3 Perioden verkürzt werden?
(e) Wie beurteilen Sie die beiden Projekte bei Ansatz von kalkulatorischen Zinsen in Höhe von 5% pro Jahr?
(f) Welche Kritik läßt sich gegen die hier angewendeten Verfahren der Investitionsrechnung vorbringen?

1.10 (a) Ein Kapitalbetrag von 100 000 DM wird am 1. 1. 1990 zu 10 % Zinsen angelegt. Die Zinsen werden jeweils per 31. 12. dem Kapital zugeschlagen. Welche Höhe hat dieses am 31. 12. 1999?

(b) Der Gläubiger einer Forderung über 10000 DM, die in 5 Jahren fällig ist, bittet den Schuldner um sofortige Begleichung gegen Gewährung eines Abschlages. Der Gläubiger hat die Möglichkeit, das Geld zu 8% anzulegen. Zu welchem Abschlag wird er sich äußerstenfalls bereiterklären?

(c) Jemand möchte sein Kapital verdoppeln. Wie lange dauert dies, wenn er eine jährliche Verzinsung von 8% erwartet?

(d) Wie (c), aber vierteljährliche Verzinsung!

1.11 (a) Jemand soll 5 Jahre lang jährlich eine Rente von 10000 DM (15000 DM) am Ende jeden Jahres erhalten. Welchen Betrag könnte er bei einem Zinssatz von 8% zu Beginn der Laufzeit der Rente verlangen, wenn er die Rente auf einmal ausgezahlt haben möchte?

(b) Jemand kann wählen zwischen einer sofortigen Auszahlung von 100000 DM (200000 DM) oder einer nachschüssigen Rente von jährlich x DM. Die Verzinsung betrüge $i = 8\%$, die Laufzeit der Rente 10 Jahre. Berechnen Sie x!

(c) Jemand hat einen Anspruch von 100000 DM in 10 (8) Jahren. Er möchte diese Auszahlungen in eine vorschüssige jährliche Rente von x DM transformieren. Berechnen Sie x bei $i = 8\%$!

(d) Jemand hat 10 Jahre lang einen Anspruch auf eine nachschüssige jährliche Rente in Höhe von 8000 DM. Er möchte sich diese nach 10 Jahren in einem Betrag auszahlen lassen. Wie hoch ist dieser bei einer Verzinsung von $i = 8\%$ (10%)?

1.12 (a) In den letzten 10 Jahren seines Berufslebens spart ein Beamter jährlich einen Betrag von 3000 DM, um beim Eintritt in den Ruhestand für den Kauf eines Hauses einen Geldbetrag zur Verfügung zu haben. Er zahlt diesen Betrag, den er von seinem Weihnachtsgeld abzweigt, am Jahresende bei einer Bausparkasse ein. Wie groß ist dieser Geldbetrag, wenn eine Verzinsung von 10% erzielt wird?

(b) Welche Abfindungssumme muß der Bezieher einer nachschüssigen Unfallrente von jährlich 1000 DM als einmalige Abfindungssumme verlangen, wenn er mit einer jährlichen Verzinsung von 6% rechnet und die Rente ihm noch 12 Jahre zusteht?

(c) Einer alten Dame wird für ihr Haus ein Preis von 200000 DM geboten. Wie hoch müßte eine gleichwertige jährliche Leibrente sein, wenn die durchschnittliche Lebenserwartung für sie 10 Jahre und der Zinssatz 10% beträgt?

1.13 Der Student Otto X. kann zu Weihnachten zwischen zwei Geschenken von seiner Tante wählen. Das erste Geschenk besteht aus 3 jährlichen Zahlungen zum jeweiligen Jahresanfang in Höhe von 100, 200 und 300 DM. Das zweite Geschenk ist eine einmalige Zahlung von 630 DM zum Ende des zweiten Jahres, also in t_2.

(a) Wie hoch ist der Barwert B_0 zum Zeitpunkt t_0 jedes Geschenkes, wenn Otto zum Diskontieren folgende Zinssätze annimmt: 0%, 6%, 8%, 10%? Stellen Sie dies graphisch dar!

(b) Was würden Sie Otto empfehlen?

§ 2 Der Kapitalwert einer Investition

A. Grundlagen

1. Aufstellung vollständiger Finanzpläne

Der finanzielle Nutzen, den ein Wirtschaftssubjekt aus einem Investitionsobjekt zieht, kann in

— *möglichst hohen Entnahmen* („Einkommensstreben") oder
— *einem möglichst hohen Vermögensendwert* („Vermögensstreben")

bestehen[1]. Zum Vorteilsvergleich von Investitionsvorhaben muß eine dieser Zielgrößen exogen festgelegt, die andere maximiert werden.

Beispiel
Es soll zunächst ein einfaches Beispiel betrachtet werden, dem folgende Prämissen zugrunde liegen:

— Vorhandenes Anfangsvermögen: 1000 GE,
— Zielgröße sei der Vermögensendwert in t_3,
— keine Entnahmen vor t_3,
— der Investor habe in t_0 zwei voneinander unabhängige Investitionsmöglichkeiten mit den geschätzten Zahlungsreihen:
I_1: $\{-1000_0, 500_1, 500_2, 500_3\}$,
I_2: $\{-850_0, 450_1, 780_2\}$.

Ist das Anfangsvermögen auf 1000 GE beschränkt, und hat der Investor keine anderweitigen Möglichkeiten der Kapitalbeschaffung, sind für ihn beide Objekte nicht gleichzeitig durchführbar. Um zu einer Entscheidung im Sinne seiner Zielgröße zu gelangen, sind Zusatzinformationen über *Ergänzungsinvestitionen* notwendig, und zwar über die Verwendung

[1] Vgl. im einzelnen Schneider, Dieter: Investition und Finanzierung, 5. Aufl., 1980, S. 161 ff.

— der in t_0 bei I_2 nicht gebrauchten Mittel in Höhe von 150 GE,
— der während der Laufzeit beider Investitionen erzielten Einzahlungsüberschüsse,
— der aus I_2 erzielten Mittel in der Periode 3.

Dem Investor mögen als Ergänzungsinvestitionen zur Verfügung stehen:

— in t_0 bis t_3 Anlage als Festgeld zu 10% p.a. (Laufzeit 1 Jahr),
— in t_1 eine Sachinvestition mit folgender Zahlungsreihe:
I_3: $\{-500_1, 300_2, 350_3\}$,
— in t_2 eine Sachinvestition mit folgender Zahlungsreihe:
I_4: $\{-850_2, 960_3\}$.

Zur Entscheidungsfindung ist es sinnvoll, vollständige Finanzpläne derart aufzustellen, daß in t_0 bis t_2 keine Geldeinheiten übrig bleiben. Für den Investor ergeben sich folgende Alternativen, die etwas näher betrachtet werden sollen:

Alternative 1: I_1 mit Festgeldanlage

Tabelle 2.1

	t_0	t_1	t_2	t_3
Anfangsvermögen	+1000			
I_1	−1000	+500	+ 500	+ 500
Festgeld (10%)		−500	+ 550	
Festgeld (10%)			−1050	+1155
Endvermögen	0	0	0	+1655

Alternative 2: I_1 mit I_3 und Festgeldanlage

Tabelle 2.2

	t_0	t_1	t_2	t_3
Anfangsvermögen	+1000			
I_1	−1000	+500	+500	+500
I_3		−500	+300	+350
Festgeld (10%)			−800	+880
Endvermögen	0	0	0	+1730

Alternative 3: I_1 mit I_4 und Festgeldanlage

Tabelle 2.3

	t_0	t_1	t_2	t_3
Anfangsvermögen	+1000			
I_1	−1000	+500	+500	+500
Festgeld (10%)		−500	+550	
I_4			−850	+960
Festgeld (10%)			−200	+220
Endvermögen	0	0	0	+1680

Eine Kombination von I_1 mit I_3 und I_4 ist für den Investor nicht realisierbar, da die Aufnahme zusätzlicher Gelder ausgeschlossen war. Zur Durchführung von I_4 benötigte der Investor in t_2 850 GE, seine liquiden Mittel betragen demgegenüber aus den Einzahlungsüberschüssen von I_1 und I_3 in t_2 nur 800 GE.

Alternative 4: I_2 mit Festgeldanlage

Tabelle 2.4

	t_0	t_1	t_2	t_3
Anfangsvermögen	+1000			
I_2	− 850	+450	+ 780	
Festgeld (10%)	− 150	+165		
Festgeld (10%)		−615	+ 676,5	
Festgeld (10%)			−1456,5	+1602,15
Endvermögen	0	0	0	+1602,15

Alternative 5: I_2 mit I_3 und Festgeldanlage

Tabelle 2.5

	t_0	t_1	t_2	t_3
Anfangsvermögen	+1000			
I_2	− 850	+450	+ 780	
Festgeld (10%)	− 150	+165		
I_3		−500	+ 300	+ 350
Festgeld (10%)		−115	+ 126,5	
Festgeld (10%)			−1206,5	+1327,15
Endvermögen	0	0	0	+1677,15

Alternative 6: I_2 mit I_4 und Festgeldanlage

Tabelle 2.6

	t_0	t_1	t_2	t_3
Anfangsvermögen	+1000			
I_2	− 850	+450	+780	
Festgeld (10%)	− 150	+165		
Festgeld (10%)		−615	+676,5	
I_4			−850	+ 960
Festgeld (10%)			−606,5	+ 667,15
Endvermögen	0	0	0	+1627,15

Alternative 7: I_2, I_3 mit I_4 und Festgeldanlage

Tabelle 2.7

	t_0	t_1	t_2	t_3
Anfangsvermögen	+1000			
I_2	− 850	+450	+780	
Festgeld (10%)	− 150	+165		
I_3		−500	+300	+ 350
Festgeld (10%)		−115	+126,5	
I_4			−850	+ 960
Festgeld (10%)			−356,5	+ 392,15
Endvermögen	0	0	0	+1702,15

Aufgrund der vollständigen Finanzpläne erweist sich Alternative 2 mit einem Vermögensendwert von 1730 GE als die vorteilhafteste Strategie. Man kann nun die Vermögensendwerte durch Abzinsung um drei Jahre auch auf den Zeitpunkt t_0 beziehen. Man bezeichnet die Größen dann *nach Abzug der Investitionsausgabe in* t_0 von 1000 GE auch als *Kapitalwerte.* An der Reihenfolge der Vorteilhaftigkeit ändert sich durch die Abzinsung nichts, weil alle Endwerte mit demselben Faktor multipliziert werden.

Wichtiger als das Endergebnis sind an dieser Stelle jedoch die Erkenntnisse, daß
— die Vorteilhaftigkeit eines Investitionsvorhabens entscheidend von der Art der geplanten *Ergänzungsinvestitionen* abhängig ist und
— eine fundierte Entscheidung nie für einzelne Investitionen, sondern immer nur für *komplette Handlungsprogramme* möglich ist.

Probleme der Informationsbeschaffung und -verarbeitung machen es allerdings in der Realität häufig unmöglich, explizit alle Handlungsalternativen zu berücksichtigen. Deshalb beschränkt man sich auf *Partialmodelle* für einzelne Investitionsobjekte oder simultane Investitionsprogramme mehrerer Objekte. Dabei trifft man pauschale Annahmen über die Ergänzungsinvestitionen zur Verwendung der nicht für das einzelne Investitionsprogramm benötigten und der aus den einzelnen Investitionsobjekten erzielten Mittel. Ein solches Partialmodell stellt die *Kapitalwertmethode* dar, auf die im folgenden näher eingegangen wird.

2. Begriff des Kapitalwertes

Für die *finanzmathematischen Investitionskalküle* ist der *Kapitalwert einer Investition* ein Begriff von *zentraler* Bedeutung. Unter dem Kapitalwert einer Investition versteht man die Summe aller auf einen *Zeitpunkt* t = m ab- bzw. aufgezinsten Ein- und Auszahlungen, die mit der Investition verbunden sind. Der Kapitalwert repräsentiert die gesamte Zahlungsreihe durch einen Betrag. Der Kapitalwert ist mithin das *Äquivalent* für die Zahlungsreihe einer Investition, das der Investor genauso hoch einschätzt wie die Zahlungsreihe. Verschiedene Investitionsobjekte lassen sich daher über ihre Kapitalwerte miteinander vergleichen *(Vorteilsvergleich)*.

Welcher Zeitpunkt als Bezugspunkt gewählt wird, ist für den Vorteilsvergleich unerheblich, sofern nur für die zu vergleichenden Investitionen ein einheitlicher Bezugspunkt gewählt wird. Gewöhnlich wird jedoch der *Zeitpunkt* $t = 0$ *unmittelbar vor der ersten Zahlung* gewählt. In der Regel legt man eine *nachschüssige* Verzinsung zugrunde.

Definition des Kapitalwertes (C_0) einer Zahlungsreihe im Zeitpunkt 0:

(2.1) $$C_0 = -a_0 + \sum_{t=1}^{n} c_t \cdot q^{-t}$$

mit
a_0: = Anschaffungsauszahlung im Zeitpunkt 0 (hier zugleich: Bezugszeitpunkt),
c_t: = Überschuß der Einzahlungen (b_t) über die Auszahlungen (a_t) in der Periode t (jeweils kumuliert am Ende der Periode t),
q: = $(1 + i)$ mit i = Kalkulationszinsfuß,
n: = Nutzungsdauer des Investitionsobjektes mit $t = 1, 2, \ldots, n$.

Unter Berücksichtigung einer Einzahlung beim Verkauf im Zeitpunkt n (häufig als *Restwerterlös* R_n bezeichnet) gilt für den Kapitalwert:

(2.2) $$C_0 = -a_0 + \sum_{t=1}^{n} c_t \cdot q^{-t} + R_n \cdot q^{-n}.$$

Der Kapitalwert im Zeitpunkt $t = 0$ kann auch als *Barwert* aller *Zahlungsdifferenzen* eines Investitionsobjektes bezeichnet werden.

Für den Fall, daß der Kapitalwert auf einen nach 0 liegenden *Zeitpunkt* $t = m$ *bezogen* wird ($0 < m$), gilt

$$C_m = -a_0 \cdot q^m + \sum_{t=1}^{n} c_t \cdot q^{m-t} + R_n \cdot q^{m-n} = C_0 \cdot q^m \tag{2.3}$$

$$\text{für } 0 < m < n.$$

Also gilt für $t < m$ Aufzinsung und für $t > m$ Abzinsung. Ist $m = 0$, so stimmt (2.3) mit (2.2) überein.

Beispiel
Für das Investitionsobjekt

$$\mathrm{I}_1: \{-a_0 = -1000,\ c_1 = c_2 = 500,\ c_3 = 600,\ R_3 = 300\}$$

ergibt sich der Kapitalwert in $m = 2$:

$$C_2 = -1000 \cdot q^2 + 500 \cdot q^1 + 500 \cdot q^0 + 600 \cdot q^{-1} + 300 \cdot q^{-1}.$$

Für *konstante Einzahlungsüberschüsse* $c_1 = c_2 = \ldots = c_n = c$ geht der Ausdruck (2.1) über in

$$C_0 = -a_0 + c \cdot \frac{q^n - 1}{i \cdot q^n}\,^{2}. \tag{2.4}$$

Ausdruck (2.4) kann für die Wahl eines von $t = 0$ verschiedenen Bezugspunktes sowie für Berücksichtigung von Restverkaufserlösen entsprechend modifiziert werden.

3. *Prämissen*

Für die folgenden Überlegungen werden zur *Vereinfachung* folgende *Prämissen* eingeführt, die im weiteren Verlauf der Ausführungen zum Teil wieder aufgehoben werden:
In den Definitionsgleichungen (2.1) bis (2.4) des Kapitalwertes werden die Zahlungsgrößen a_0, c_t und R_n sowie die wirtschaftliche Nutzungsdauer n zunächst als sichere Größen angenommen. Die *Prämisse der Gewißheit* entspricht — wie in

[2] Die Ableitung des Quotienten erfolgt analog zur Ermittlung der Rentenbarwertformel, vgl. § 1 F 3, Ausdruck (1.10).

Paragraph 1 bereits erwähnt — nicht der Realität, sondern dient nur zur Vereinfachung.
Die *Finanzierungsseite* des Investitionsobjektes wird vorerst nicht explizit in den Kalkül aufgenommen, sondern nur implizit durch den Kalkulationszinsfuß i berücksichtigt.
Zur Vereinfachung wird als *weitere nicht realistische Prämisse* zunächst die *Annahme eines vollkommenen Kapitalmarktes* eingeführt, auf dem nur ein einziger Zinssatz für Kapitalaufnahme und -ausleihe existiert. Damit wird unterstellt, dem Investor stünden *unbeschränkte Finanzierungsmittel* zur Verfügung. Das Finanzierungsproblem wird damit ausgeschlossen.
Schließlich wird vereinfachend angenommen, daß der Zins über die Zeit hin konstant sei.

4. Kapitalwertfunktion

Ist die mit einem Investitionsobjekt verbundene Zahlungsreihe gegeben, so ist der Kapitalwert C_0 lediglich eine vom Kalkulationszinsfuß i abhängige Variable (Kapitalwertfunktion). Die Kapitalwertfunktion $(C_0(i))$ verläuft je nach der Struktur der Zahlungsreihe verschieden.

Beispiel
Es seien die Zahlungsreihen folgender Investitionen betrachtet[3]:

$$\begin{aligned} I_1 &: \{-2500,\ 1000,\ 1000,\ 1000\}, \\ I_2 &: \{+31\,250,\ -68\,750,\ +37\,700\}, \\ I_3 &: \{-31\,250,\ +68\,750,\ -37\,700\}. \end{aligned}$$

Bei einem Kalkulationszinsfuß von 0% ist der Kapitalwert gleich der Summe aller (ex definitione nicht diskontierten) zukünftigen Zahlungsbeträge. Mit steigendem Zinsfuß i schneidet $C_0(i)$ gewöhnlich die i-Achse. Diesen Schnittpunkt, bei dem $C_0(i) = 0$ ist, bezeichnet man als *internen Zinsfuß*. Der interne Zinsfuß ist in der Investitionstheorie und -praxis von solcher Bedeutung, daß er zu einem speziellen Auswahlkriterium von Alternativen wurde (siehe § 3). Neben den in Abbildung 2.1 dargestellten Verläufen sind jedoch noch andere Funktionsbilder denkbar.

Im folgenden werden insbesondere Investitionsobjekte betrachtet,

— deren Zahlungsreihe mit einer einzelnen Auszahlung oder mit mehreren Auszahlungen beginnt,
— auf die dann *nur noch Einzahlungsüberschüsse folgen,* und
— für die zumindest an der Stelle $i = 0$ der Kapitalwert $C_0(i = 0)$ positiv ist, die einfache Summe der Einzahlungen also höher ist als die der Auszahlungen *(Deckungskriterium).*

[3] Vgl. hierzu Schneider, Dieter: Investition und Finanzierung, 5. Aufl., 1980, S. 184ff.

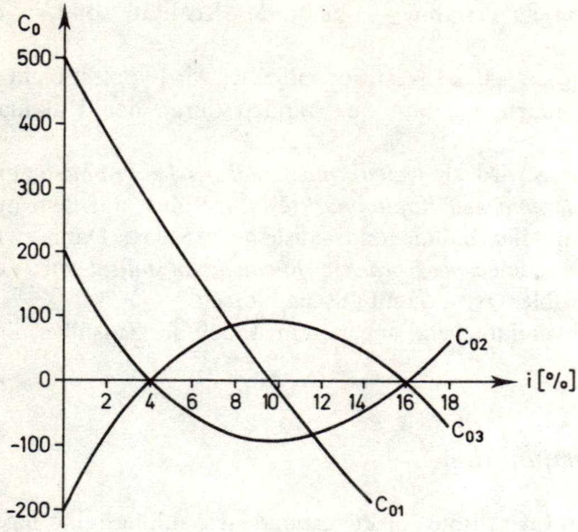

Abb. 2.1. Beispiele für Kapitalwertfunktionen

Dieser Typ von Zahlungsreihen ist für Investitionsobjekte in der Praxis häufig anzutreffen. Die Kapitalwertfunktionen solcher Objekte haben in der Regel den in Abbildung 2.2 dargestellten Verlauf (näheres s. § 3 B 3).

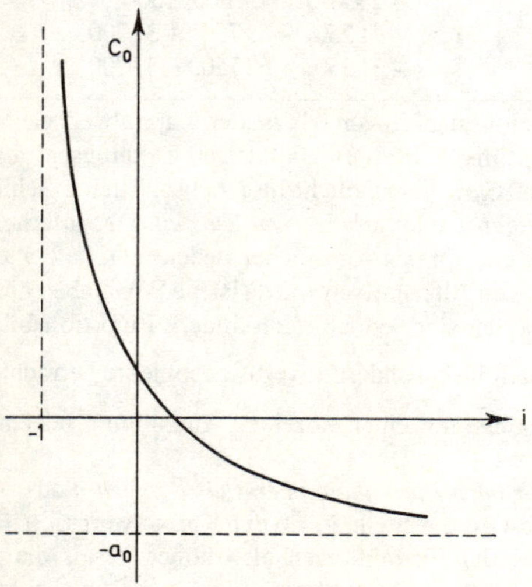

Abb. 2.2. Kapitalwertfunktion mit einer Anfangsauszahlung, einem einmaligen Vorzeichenwechsel und Ausgabendeckung

Die Kapitalwertfunktion nähert sich mit steigendem i asymptotisch der Größe $-a_0$ und im negativen Bereich von i mit fallendem i bis $i = -100\%$ dem Wert ∞. Für $i \rightarrow -1$ geht $q \rightarrow 0$ und damit $C_0 \rightarrow +\infty$. Ökonomisch bedeutsam ist der Teil der Kapitalwertfunktion, für den $i \geq 0$ und $C_0 \geq 0$ gilt. Ein negativer Zins bedeutet eine Kapitalaufbewahrungsgebühr (wie sie in der Schweiz zeitweise galt). Bei negativen Kapitalwerten überwiegt die Anschaffungsauszahlung den Barwert der Einnahmeüberschüsse.

B. Kriterium der Vorteilhaftigkeit

1. Akzeptanz einer Investition

Betrachtet sei ein Investitionsobjekt I: $\{-a_0, c_n\}$. Soll diese Investition akzeptabel sein, dann muß gelten

(2.5) $$a_0(1 + i)^n \leq c_n$$

bzw. $$a_0 \leq c_n \cdot (1 + i)^{-n}$$

bzw. $$0 \leq -a_0 + c_n(1 + i)^{-n};$$

andernfalls wäre es günstiger gewesen, a_0 am Kapitalmarkt zum Marktzins $i_m = i$ bis zum Zeitpunkt $t = n$ anzulegen. Somit lautet das Kriterium der *Akzeptanz* im Sinne von *Vorteilhaftigkeit* gegenüber der Anlage des Geldes zum Kalkulationszinsfuß

(2.6) $$C_0 > 0$$

und im Sinne der *Indifferenz* ($\sim$)

$$C_0 = 0$$

sowie zusammengefaßt

$$C_0 \geq 0.$$

Nach der Kapitalwertmethode wird also ein Investitionsobjekt I_j mit einer alternativen Geldanlage I_m zum Zinssatz i verglichen. Die Investition I_j lohnt sich dann, wenn sie nicht schlechter ist als die fiktive Vergleichsinvestition I_m. Die (oft nur implizit gedachte) Alternativanlage I_m hat einen internen Zinsfuß in Höhe des Zinses i und damit einen Kapitalwert von Null:

Für I_m: $\{-a_0, a_1 = a_0(1 + i_m)^1\}$ gilt bei einem Kalkulationszinsfuß $i = i_m$:

$$C_0 = -a_0 + a_0(1 + i_m)^1 (1 + i)^{-1} = 0.$$

2. Auswahl von alternativen Investitionen

Stehen — außer der Anlage zum Kalkulationszinsfuß i — mehrere alternative Investitionsobjekte I_j zur Verfügung, die isoliert betrachtet alle akzeptabel sind, d.h. $C_{0j} \geq 0$ gilt, so wird die Investition mit dem höchsten Kapitalwert bei gegebenem Kalkulationszinsfuß i gewählt *(Kapitalwertmaximierung)*.

Es gilt also die Entscheidungsregel:

$$\max_j \{C_{0j} \mid C_{0j} \geq 0\}. \tag{2.7}$$

Wie bereits erwähnt, kann der Kapitalwert auch auf einen anderen Zeitpunkt bezogen werden. Die Maximierung des sich aus einer Rechnung über mehrere Perioden hinweg ergebenden Kapitalwertes entspricht der Gewinnmaximierung bei Betrachtung einer Periode [4].

3. Wahl des Kalkulationszinsfußes

Die Veränderung des Kalkulationszinsfußes kann die *Rangfolge* der Kapitalwerte alternativer Investitionen verschieben. Mit steigendem Kalkulationszinsfuß wirken sich die weiter in der Zukunft liegenden Nettoeinzahlungen schwächer und die dicht am Investitionszeitpunkt liegenden Zahlungen (z.B. Anschaffungsausgabe) stärker auf den Kapitalwert aus. Die Zahl der akzeptablen Investitionen sinkt, wenn mit wachsendem i die C_{0j} einzelner Investitionen negativ werden.

Beispiel
Es seien zwei Investitionen betrachtet:

$$I_A: \{-1400, 500, 500, 500, 500\},$$
$$I_B: \{-1000, 700, 600\}.$$

Stellt man die Kapitalwerte beider Investitionsobjekte bei einmaliger Investition in Abhängigkeit vom Kalkulationszinsfuß im Zeitpunkt $t = 0$ dar, so ergibt sich folgendes (Tabelle 2.8 und Abb. 2.3):

Tabelle 2.8

C_{0j} \ i	0%	6%	10%	13%	16%	20%
C_A	600	333	185	87	0	−106
C_B	300	194	132	89	49	0

[4] Vgl. Band 2, 3. Aufl., § 3 B.

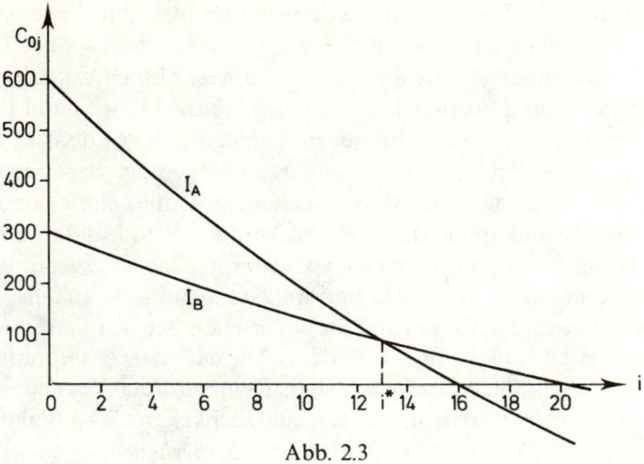

Abb. 2.3

Bei einem Kalkulationszinsfuß $i < i^*$ ist die Investition A, bei einem Zinsfuß $i > i^*$ die Investition B vorteilhafter. Bei $i = i^*$ ($\approx 13\%$) weisen beide Objekte den gleichen Kapitalwert auf. Dieser Kalkulationszinsfuß wird auch als *kritischer Kalkulationszinsfuß* bezeichnet, weil bei ihm im Investitionsvergleich nach dem Kapitalwertkriterium die Rangfolge der Objekte wechselt.

Unter der Annahme des *vollkommenen Kapitalmarktes* existiert kein Wahlproblem bei der Bestimmung des Kalkulationszinsfußes. Er ist ein *Marktdatum*. Das obige Beispiel zeigt also, wie zu entscheiden wäre, wenn auf dem Markt alternativ ein bestimmter Zinsfuß bestünde. In der Realität existiert aber kein *vollkommener Kapitalmarkt*. Vielmehr gibt es Teilmärkte mit unterschiedlichen Zinssätzen. Damit verdeutlicht das obige Beispiel die Bedeutung der Wahl des „richtigen" Zinsfußes. Der Kalkulationszinsfuß ist dann nicht als Marktdatum, sondern als *Entscheidungsvariable* aufzufassen.

Gewöhnlich versteht man den Kalkulationszinsfuß als die vom Investor geforderte *Mindestverzinsung*, die sich nach seinen durchschnittlichen innerbetrieblichen und außerbetrieblichen *alternativen Anlagemöglichkeiten* richtet. In diesem Sinne ist der Kalkulationszinsfuß ein *Opportunitätskostensatz*.

Insbesondere in der angelsächsischen Literatur werden auch die Kapitalkosten zur Bemessung des Kalkulationszinsfußes herangezogen[5].

Die *Art der Finanzierung* des Unternehmens wird dann mitberücksichtigt, wenn nach Eigen- und Fremdkapitalanteilen *gewichtete Kapitalkosten* benutzt werden

---

[5] Vgl. z. B. Weston, J. Fred; Copeland, Thomas E.: Managerial Finance, 8. Aufl., 1986, S. 101f.; Süchting, Joachim: Finanzmanagement, 5. Aufl., 1989, S. 345–375, 418–446. Zum Begriff der Kapitalkosten siehe z. B. Levy, Haim; Sarnat, Marshall: Capital Investment and Financial Decision, 3., Aufl., 1986, S. 408–422.

(siehe § 8 Abschnitt B). Die Höhe der *Kosten des Fremdkapitals* ergibt sich aus den Zinsen und Nebenkosten (z. B. Gebühren, Steuern, Provisionen, Disagio), die während der Nutzungszeit der Investition voraussichtlich zu zahlen sind. Die *Kosten des Eigenkapitals* werden aus den Gewinnauszahlungen und Emissionskosten abgeleitet, die für die Aufnahme neuen Eigenkapitals voraussichtlich zu leisten sind. Dabei ist zu beachten, daß Gewinnauszahlungen der Besteuerung unterliegen, Fremdkapitalkosten jedoch gewöhnlich nicht. Unternehmen finanzieren sich mit Fremd- und Eigenkapital, deren Anteile von Land zu Land und von Branche zu Branche verschieden sind, aber auch von den Finanzierungsgepflogenheiten des einzelnen Unternehmens abhängen und im Zeitablauf schwanken.
Die Höhe eines nach den Opportunitäts- oder nach den Kapitalkosten bemessenen Kalkulationszinsfußes wird von dem Ausmaß der Risikoprämien mitbestimmt, die in diesen Sätzen enthalten sind. Dem wird der Vorschlag gegenübergestellt, einen Zinssatz für *risikolose* Anlagemöglichkeiten als Kalkulationszinssatz zu wählen[6] und das Risiko der Investition über *Sicherheitsäquivalente* in den Zahlungsbeträgen[7] oder durch Einführung von Wahrscheinlichkeiten für die künftigen Zahlungen zu berücksichtigen (siehe § 5). Als risikofreie Anlagemöglichkeiten gelten insbesondere Staats- und Landesanleihen, bei denen das Unternehmensrisiko fehlt. Das Ausmaß der Geldentwertung kommt in diesen Zinssätzen jedoch tendenziell zum Ausdruck.
Im folgenden wird zunächst unter der Prämisse *sicherer Erwartungen* ein risikofreier gegebener Kalkulationszinsfuß unterstellt. Später wird dann für Investitionsrechnungen unter *Ungewißheit* (§ 5 und § 8) versucht, das Risiko durch Erwartungswerte und Streuung oder Risikonutzenwerte der Zielbeiträge (siehe § 5) oder mit einem aus Marktzinssätzen abgeleiteten Kalkulationszinssatz (siehe § 8) zu erfassen.

C. Ergänzungsinvestitionen

1. Begriff

Eine richtige Beurteilung und Auswahl von Einzelinvestitionen setzt — wie bereits erwähnt (siehe § 1 D 2) — Vergleichbarkeit der Objekte voraus. In der Regel unterscheiden sich die alternativen Projekte jedoch hinsichtlich der

— Höhe und zeitlichen Verteilung der *Einzahlungsüberschüsse* (c_t),
— Höhe der *Anschaffungsauszahlung* (a_0),
— Länge der *Nutzungsdauer* (n).

---

[6] So etwa Bierman, Harold, Jr.: Smidt, Seymour: The Capital Budgeting Decision, 6. Aufl., 1984, S. 22, 252 f.

[7] Vgl. Weston, J. Fred; Copeland, Thomas E.: Managerial Finance, 8. Aufl., 1986, S. 441 ff.

Außerdem ist der jeweilige *Ungewißheitsgrad* zu berücksichtigen, wovon jedoch zunächst abstrahiert wird.

Da die Investitionsrechnung mangels geeigneter Totalmodelle (s. § 1 C 4 u. § 2 A 1) auf *Partialmodellen* beruht, die nur einen Ausschnitt aus der gesamten Planung des Unternehmens abbilden, muß die Verbindung zu der Zahlungsreihe des gesamten Unternehmens durch die Einführung von *Prämissen* hergestellt werden, die an die Stelle expliziter Planungen treten.

Die Vergleichbarkeit wird im wesentlichen durch *fiktive Ergänzungsinvestionen* hergestellt. *Soweit im Kalkulationszeitpunkt keine Pläne über die Verwendung der im Zeitpunkt Null nicht benötigten Investitionsmittel und der künftigen Einnahmeüberschüsse sowie über den Ersatz von Anlagen nach Ablauf der Nutzungsdauer bestehen, wird für die Anwendung der einfachen Kapitalwertmethode unterstellt, daß der Kapitalwert der Ergänzungsinvestitionen Null ist. Er beeinflußt den Kapitalwertvergleich dann nicht.*

Beispiel

Der Zusammenhang der Kapitalwertmethode mit den zugrundegelegten vollständigen Finanzplänen sei an dem Zahlenbeispiel aus Abschnitt A1 erläutert. Die beiden Ausgangsinvestitionen waren durch folgende Zahlungsreihen gekennzeichnet:

$$I_1: \{-1000_0, 500_1, 500_2, 500_3\}$$
$$I_2: \{-850_0, 450_1, 780_2\}.$$

Bei einem Kalkulationszinsfuß von 10% ergeben sich für sie gemäß (2.1) Kapitalwerte von

$$C_{01} = -1000 + \frac{500}{1{,}1} + \frac{500}{1{,}1^2} + \frac{500}{1{,}1^3} = 243{,}43 \quad \text{und}$$

$$C_{02} = -850 + \frac{450}{1{,}1} + \frac{780}{1{,}1^2} = 203{,}72.$$

Dieses Ergebnis läßt sich als verkürzte Rechnung aus einem vollständigen Finanzplan deuten, bei dem alle Ergänzungsinvestitionen in einer Anlage zum Kalkulationszinssatz von 10% bestehen. Explizit dargestellt sind diese Finanzpläne in den Tabellen 2.1 und 2.4, dort führten sie zu einem Endwert von 1655 GE bzw. 1602,15 GE. Die dort angenommene Festgeldanlage als fiktive Ergänzungsinvestition gedeutet, liefert für die Kapitalwertmethode den Kalkulationszinsfuß. Mit Hilfe der Festgeldanlage wurde im Rahmen des Endvermögenvergleichs die Vergleichbarkeit von I_1 und I_2 hergestellt.

Analoges gilt für die Kapitalwertmethode, denn der Kapitalwert der Ergänzungsinvestition (hier der Festgeldanlage) ist Null; dies gilt z. B. für die unterschiedliche Anschaffungsauszahlung bei I_2:

$$C_{0E} = -150 + \frac{165}{1{,}1} = 0.$$

Demzufolge können auch die Endvermögenswerte von I_1 und I_2 unter Berücksichtigung der Anschaffungsauszahlungen in ihre Kapitalwerte überführt werden, indem sie mittels Verwendung des Zinsfußes der Festgeldanlage als Kalkulationszinsfuß auf t_0 abgezinst werden:

$$C_{01} = \frac{1655}{1{,}1^3} - 1000 = 243{,}43 \quad \text{und}$$

$$C_{02} = \frac{1602{,}15}{1{,}1^3} - 1000 = 203{,}72.$$

Die Berechnung des Kapitalwertes von 243,43 GE für I_1 spiegelt somit nur eine verkürzte Darstellungsweise wider, die die in Tab. 2.1 dargestellte Handlungsalternative repräsentiert. Dient der Zinsfuß der Festgeldanlage als Kalkulationszinsfuß, weil überschüssige Mittel stets zu diesem Zinssatz angelegt werden können, so führt der Kapitalwertvergleich zwischen I_1 und I_2 zu keinem unterschiedlichen Ergebnis wie der Endvermögensvergleich, weil — wie bereits ausgeführt — der Kapitalwert der Ergänzungsinvestitionen Null beträgt. Gibt es allerdings noch andere Anlagemöglichkeiten als die Festgeldanlage (siehe Investitionen I_3 und I_4 aus § 2 A 1), die eventuell nur eigens für I_1 oder I_2 gelten (z. B. speziell mit der Durchführung einer Investition verknüpfte Folgeinvestitionen), d. h. ist der Kapitalwert der möglichen Ergänzungsinvestitionen nicht Null, müssen diese weiteren Handlungsalternativen explizit berücksichtigt werden (siehe weitere Tabellen in § 2 A 1). Die Kapitalwertmethode als Partialmodell darf somit nicht isoliert gesehen werden, bzw. es müssen ihre Prämissen beachtet werden. Die Vernachlässigung anderer Handlungsalternativen kann zu Fehlinterpretationen führen. Besonders deutlich wird dies bei mehrperiodischen Investitionsprogrammentscheidungen mit voneinander abhängigen Objekten.

Auf die Bedeutung der *Ergänzungsinvestitionen* im Rahmen der Kapitalwertmethode soll im folgenden nochmals etwas näher eingegangen werden.

2. Wiederanlageprämisse für Einzahlungsüberschüsse

Der Kapitalwert (C_{0W}) aus der fiktiven Investition der Einzahlungsüberschüsse eines Investitionsobjektes ist immer dann Null, wenn sie zum *Kalkulationszinsfuß wiederangelegt* werden. Diese Wiederanlageprämisse ist sinnvoll, wenn der Kalkulationszinsfuß nach der durchschnittlichen Verzinsung von Alternativanlagen bemessen wird und anzunehmen ist, daß er sich in Zukunft nicht ändert.

Beispiel

Für $n = 2$ läßt sich wie folgt zeigen, daß $C_{0W} = 0$ ist, wenn die c_t zum Zinsfuß i wiederangelegt werden.

Der Kapitalwert C_0 einer Investition beträgt bei einem Kalkulationszinsfuß i:

$$C_0 = -a_0 + c_1(1+i)^{-1} + c_2(1+i)^{-2}.$$

Dem Unternehmen steht nach einem Jahr ein Einnahmeüberschuß von c_1 zur Verfügung, der bis zum Ende des Planungszeitraums in t_2 zum Kalkulationszinsfuß i reinvestiert wird.
Mit der Wiederanlageinvestition I_W im Zeitpunkt t_1,

$$I_W: \{-c_1; + c_1 \cdot q^1\},$$

ergibt die Gesamtinvestition I_G das Bild:

Tabelle 2.9

	t_0	t_1	t_2
I:	$-a_0$	c_1	c_2
I_W:		$-c_1$	$c_1 \cdot q^1$
I_G:	$-a_0$	0	$+c_2 + c_1 \cdot q^1$

Für die Wiederanlageinvestition I_W im Zeitpunkt t_1 gilt bei gegebenem Kalkulationszinsfuß i für den Kapitalwert C_{0W} im Zeitpunkt t_0:

$$C_{0W} = -c_1 \cdot q^{-1} + c_1 \cdot q^1 \cdot q^{-2} = -c_1 \cdot q^{-1} + c_1 \cdot q^{-1} = 0.$$

Somit hat die Wiederanlageinvestition mit ihrem Kapitalwert von Null keinen Einfluß auf den Kapitalwert der ursprünglichen Investition.

Mit der Prämisse, daß die Einnahmeüberschüsse zum Kalkulationszinsfuß angelegt werden, wird *derselbe Zinsfuß für die Ermittlung des Zinsertrages und die Diskontierung* benutzt. Das ist eine *hinreichende* Bedingung dafür, daß der Kapitalwert einer Investition Null ist. Der *Kapitalwert von Wiederanlageinvestitionen* ist damit *auch* dann *Null*, wenn die Ergänzungsinvestitionen zu einem anderen als dem Kalkulationszinsfuß angelegt und die Zinseinnahmen mit diesem Zinssatz auch abgezinst werden. Die Abweichung vom Kalkulationszinsfuß kann auf unterschiedlichen Ungewißheitsgraden der Ursprungs- und der Ergänzungsinvestition beruhen (siehe hierzu § 5).
Der Kapitalwert der Ergänzungsinvestition ist jedoch *ungleich Null,* wenn das Geld zu einem anderen als dem für die Abzinsung benutzten Zinsfuß angelegt wird. Erfolgt z.B. eine einjährige Wiederanlage des Einzahlungsüberschusses c_1 zu einem Zinsfuß i_W, dann gilt für den Kapitalwert der Ergänzungsinvestition I_W:

$$C_{0W} = -c_1 \cdot q^{-1} + c_1 \cdot q_W^1 \cdot q^{-2}.$$

Für $q_W > q$ gilt $C_{0W} > 0$, und für $q_W < q$ gilt $C_{0W} < 0$. Der Gesamtkapitalwert C_{0G} der Gesamtinvestition $I_G = I + I_W$ ergibt sich als

$$C_{0G} = C_0 + C_{0W}.$$

Das Akzeptanzkriterium ist auf die Gesamtinvestition anzuwenden:

$$C_{0G} \geq 0.$$

3. Ergänzungsinvestitionen bei unterschiedlichen Anschaffungsauszahlungen

Für einen sinnvollen Vergleich von zwei Investitionen ist vorauszusetzen, daß der Investor beide Investitionen auch finanzieren kann. Das bedeutet, daß er im Zeitpunkt Null über den größeren der beiden Anschaffungsauszahlungsbeträge verfügen kann. Das entspricht auch der Annahme eines *vollkommenen Kapitalmarktes*. Beim Vergleich mehrerer Investitionsmöglichkeiten mit Hilfe der Kapitalwertmethode wird die Tatsache unterschiedlicher Anschaffungsauszahlungen durch die Annahme neutralisiert, daß der Unternehmer überschüssige oder fehlende Beträge für beliebige Zeiträume zum Kalkulationszinsfuß anlegen oder aufnehmen kann und dies auch tatsächlich plant.

Beispiel

In dem in Abschnitt B 3 benutzten Beispiel der Investitionen

$$I_A: \{-1400_0, 500_1, 500_2, 500_3, 500_4\},$$
$$I_B: \{-1000_0, 700_1, 600_2\}$$

verzichtet der Investor mit der Wahl der Investition B auf die Investition A. Für den Differenzbetrag

$$a_{0X} = a_{0A} - a_{0B} = 400$$

ergibt sich die fiktive Ergänzungsinvestition

$$I_X: \{-400_0; (400 \cdot q^4)_4\},$$

falls der Investor für den Betrag a_{0X} keine andere Verwendung explizit plant.

Wenn die Ergänzungsinvestition den Vergleich zwischen A und B auf der Basis der Kapitalwerte nicht stören soll, muß der Kapitalwert der Ergänzungsinvestition X gleich Null sein. Das ist der Fall, wenn der Unternehmer die 400 GE zu i für die Dauer des Vergleichszeitraumes anlegt.

4. *Ergänzungsinvestitionen bei unterschiedlicher Nutzungsdauer*

Aussagen über die Vorteilhaftigkeit einer gegenüber einer anderen Investition lassen sich nur machen, wenn man sie auf den gleichen Zeitraum bezieht. Das läßt sich auf verschiedenen Wegen erreichen.

a) Einmalige Durchführung der Investitionsobjekte

Man unterstellt, daß die Nettoeinzahlungen der Investition mit der kürzeren Nutzungsdauer bis zum Ende der länger laufenden Investition sich zum Kalkulationszinsfuß verzinsen. Der Kapitalwert dieser Ergänzungsinvestition (Wiederanlageinvestition I_W) ist dann gleich Null.

Beispiel
Zur Veranschaulichung sei auf das letzte Beispiel zurückgegriffen. Bei der Wahl der Alternative B werden die Einzahlungsüberschüsse c_t fiktiv zu i bis zum Ende der Nutzungsdauer von A in t_4 angelegt (Tabelle 2.10):

Tabelle 2.10

	t_0	t_1	t_2	t_3	t_4
I_B:	−1000	700	600	0	0
I_W: {		−700			$700 \cdot q^3$
			−600		$600 \cdot q^2$

Der Kapitalwert der Ergänzungsinvestition C_{0W} ist auch in diesem Fall Null:

$$C_{0W} = -700 \cdot q^{-1} - 600 \cdot q^{-2} + 700 \cdot q^3 \cdot q^{-4} + 600 \cdot q^2 \cdot q^{-4} = 0.$$

b) Identische Wiederholung

Vergleichbarkeit bei unterschiedlichen Projektnutzungszeiten kann auch dadurch erreicht werden, daß jedes Objekt so oft wiederholt wird, bis die jeweiligen *Investitionsketten* gleichlang sind. Dabei vergrößert sich nun der Kapitalwert jeder Investitionskette mit der Anzahl der Wiederholungen, und demzufolge kann sich die Rangfolge gegenüber dem Vergleich bei einmaliger Investition ändern.

Beispiel
Es sei unterstellt, I_B werde einmalig in t_2 wiederholt. Damit ist die Investitionsdauer beider Objekte gleichlang. Für I_B ergibt sich dann folgende Zahlungsreihe:

$$I_{BK}: \{-1000_0, +700_1, +600_2, -1000_2, +700_3, +600_4\},$$
$$: \{-1000_0, +700_1, -400_2, +700_3, +600_4\}.$$

Das erste Kettenglied von I_{BK} hat den Kapitalwert $C_{0B}(i = 10\%) = 132$. Für das zweite Kettenglied ergibt sich der gleiche Kapitalwert für den Kalkulationszeitpunkt t_2; auf t_0 bezogen ergibt sich $132 \cdot q^{-2}$.
Für die gesamte Kette beträgt der Kapitalwert

$$C_{0BK} = 132 + 132 \cdot 1{,}1^{-2} = 241.$$

Somit wird, wenn von einer Wiederholung der Investition B auszugehen ist, I_{BK} der Alternative A vorgezogen, deren Kapitalwert $C_{0A} = 185$ beträgt. Ohne Wiederholung von B gilt dagegen

$$I_A \succ I_B \text{ (bei } i = 10\%).$$

Allgemein ergibt sich als Kapitalwert C_{0K} für m-malige identische Wiederholung des ursprünglichen Investitionsvorhabens[8]:

$$C_{0K} = C_0 + C_0 \cdot \frac{1}{q^n} + C_0 \cdot \frac{1}{q^{2n}} + C_0 \cdot \frac{1}{q^{3n}} + \ldots + C_0 \frac{1}{q^{(m-1)n}}$$

$$(2.8) \qquad = C_0 \frac{q^n - \dfrac{1}{q^{(m-1)n}}}{q^n - 1}.$$

Man könnte auch — mangels anderweitiger Pläne — eine unendliche identische Wiederholung der ursprünglichen Investition für alle alternativen Investitionsvorhaben I_j unterstellen und deren Kapitalwerte C_{0jK} vergleichen.

Dann ergibt sich für $m \to \infty$[9]:

$$(2.9) \qquad C_{0K} = C_0 \left[\frac{q^n}{q^n - 1}\right].$$

Hierbei ist der Klammerausdruck gleich dem durch i dividierten Kapitalwiedergewinnungsfaktor.
Für die ursprünglichen Investitionen des Beispiels ergeben sich folgende Kapitalwerte für die unendliche Investitionskette:

$$C_{0AK} = 185 \cdot 3{,}1547 = 583{,}62,$$
$$C_{0BK} = 132 \cdot 5{,}7619 = 760{,}57.$$

[8] $C_{0K} = C_0 + C_0 q^{-n} + C_0 q^{-2n} + \cdots + C_0 q^{-(m-2)n} + C_0 q^{-(m-1)n}$,
$C_{0K} \cdot q^n = C_0 q^n + C_0 + C_0 q^{-n} + C_0 q^{-2n} + \cdots + C_0 q^{-(m-2)n}$,
$C_{0K} \cdot q^n - C_{0K} = C_0 q^n - C_0 q^{-(m-1)n}$,
$C_{0K} = C_0 \dfrac{q^n - \dfrac{1}{q^{(m-1)n}}}{q^n - 1}$ (= Barwert einer endlichen Investitionskette).

[9] Da $\lim\limits_{m \to \infty} \dfrac{1}{q^{(m-1)\cdot n}} = 0$, folgt aus der letzten Zeile der letzten Fußnote Ausdruck (2.9).

Welche der beiden Prämissen — Kapitalwert der Ergänzungsinvestition gleich Null oder identische Wiederholung — beim Vergleich von *Investitionsobjekten mit unterschiedlicher Nutzungsdauer* vorzuziehen ist, hängt davon ab, ob die erste oder die zweite Prämisse realitätsnäher ist. Bei fehlenden Plänen für die Zeit nach Ende der kürzeren Nutzungsdauer mag das schwer zu entscheiden sein. Die erste Prämisse ist in jedem Fall die vorsichtigere.

5. *Differenzinvestitionen*

Wenn *zwei* alternative Investitionsobjekte vorteilhafter als die Anlage des Geldes zum Kalkulationszinsfuß sind, also $C_{0j} > 0$ gilt, so kann man sich für die Auswahl auf die Betrachtung der Differenzen (*Differenzinvestition*)[10] beschränken.

Für die Kapitalwertmethode gilt:

(2.10) $$C_X = C_{A-B} = -a_{0A} + a_{0B} + \sum_{t=1}^{n} \frac{c_{tA} - c_{tB}}{q^t}.$$

Beispiel

Für das zuletzt benutzte Beispiel bei einmaliger Investition

$$\begin{aligned} I_A &: \{-1400_0, 500_1, 500_2, 500_3, 500_4\}, \\ I_B &: \{-1000_0, 700_1, 600_2, 0_3, 0_4\}, \\ I_{A-B} &: \{-400_0, -200_1, -100_2, 500_3, 500_4\} \end{aligned}$$

und $i = 10\%$ ergibt sich

$$C_X = C_A - C_B = C_{A-B} = 53;$$

$$\text{für } C_{A-B} > 0 \text{ folgt } C_A > C_B \text{ und damit } I_A \succ I_B.$$

Die Formulierung des Kalküls in Zahlungsdifferenzen ist besonders dann zweckmäßig, wenn ein Teil der Zahlungen bei beiden Objekten untereinander gleich ist. Die Differenzmethode enthebt aber nicht der Notwendigkeit, eine möglichst wirklichkeitsnahe Annahme über die Verwendung der nicht benötigten Beträge zu Beginn und im Verlauf der Investitionsdauer zu treffen.

D. *Umformung des Kapitalwertes zur Annuität*

Der Kapitalwert läßt sich gleichmäßig auf die Investitionsdauer verteilen, indem man ihn mit dem Kapitalwiedergewinnungsfaktor multipliziert. Daraus ergibt sich die *Kapitalwertannuität* c^* für eine Investition:

---

[10] Vgl. Stichwort X-Investition, in: Lücke, Wolfgang (Hrsg.): Investitionslexikon, 1975, S. 383–386.

(2.11)
$$c^* = C_0 \cdot \frac{iq^n}{q^n - 1}.$$

Im Fall $c_t = c$ (für $t = 1, 2, \ldots, n$) gibt die Annuität den konstanten jährlichen Einnahmeüberschuß c, vermindert um die durchschnittliche kalkulatorische Verzinsung und Tilgung der Investitionsausgabe a_0 (Kapitalwiedergewinnung), an[11]:

(2.12)
$$c^* = c - a_0 \cdot \frac{i \cdot q^n}{q^n - 1}.$$

Annuitäten erhält man demnach aus der Transformation einer nicht-uniformen, endlichen oder unendlichen Zahlungsreihe in eine uniforme, äquidistante, endliche oder unendliche Zahlungsreihe.
Unter Berücksichtigung eines Restverkaufserlöses R_n ergibt sich für die Annuität:

(2.12 a)
$$c^* = c + R_n \cdot \frac{i}{q^n - 1} - a_0 \cdot \frac{i \cdot q^n}{q^n - 1}.$$

Das *Kriterium der Akzeptanz* (Mindestforderung) läßt sich als Annuität wie folgt formulieren:

(2.13)
$$c_j^* \geq 0.$$

Für die Wahl unter mehreren alternativen Investitionsobjekten gilt die *Entscheidungsregel:*

(2.14)
$$\max_j \{c_j^* \mid c_j^* \geq 0\}.$$

Mithin wird die Investition mit dem höchsten durchschnittlichen jährlichen „Übergewinn" im Sinne des Geldbetrages, um den der jährliche Einzahlungsüberschuß den zur Deckung von Tilgung und Verzinsung der Anfangsauszahlung erforderlichen Betrag übersteigt, bevorzugt.
Die Annuität ist *kein selbständiges Vorteilhaftigkeitskriterium.* Die Reihenfolge in der Vorteilhaftigkeit mehrerer Investitionsobjekte ändert sich gegenüber der nach dem Kapitalwertkriterium ermittelten Reihenfolge nicht, wenn für den Vergleich eine *einheitliche Investitionsdauer* ($n_1 = n_2 = \ldots = n_m$) zugrunde gelegt wird.

---

[11] Da $C_0 = -a_0 + c \cdot \frac{q^n - 1}{i \cdot q^n}$, folgt für die Annuität:

$$c^* = \left[-a_0 + c \cdot \frac{q^n - 1}{i \cdot q^n}\right] \frac{i \cdot q^n}{q^n - 1}$$
$$= -a_0 \cdot \frac{i \cdot q^n}{q^n - 1} + c.$$

E. Berücksichtigung der Fremdkapitalfinanzierung

Entscheidungen mit Hilfe der Kapitalwertmethode ermöglichen auch die explizite Berücksichtigung der Kreditfinanzierung von Investitionsobjekten. Ein für die Finanzierung einer bestimmten Investition erforderlicher Kreditbetrag sowie seine Verzinsung und Tilgung werden dem entsprechenden Investitionsobjekt für die Dauer der Inanspruchnahme zugeordnet und in den Investitionskalkül einbezogen. Für die Fremdfinanzierungsmaßnahme wird — analog zum Investitionsobjekt — eine Zahlungsreihe aufgestellt, bestehend aus Kreditaufnahme, Zinszahlungen und Tilgungsbeträgen. Der Kalkulationszinssatz i wird dann unabhängig vom Zinssatz für Fremdkapital i_F gewählt. Je nachdem, ob

$$i_F \gtreqless i$$

gilt, und je nach Struktur der Zahlungsreihe hinsichtlich

— Laufzeit des Kredits,
— Tilgungsmodus,
— Höhe des Kreditbetrages

ergibt sich ein unterschiedlicher Einfluß auf den Kapitalwert (und internen Zinsfuß) der betrachteten Sachinvestition.

1. Tilgung in einem Betrag

Beispiel
Einem Investor stehen folgende zwei alternative Investitionen zur Verfügung:

$$I_1: \{-600_0, 200_1, 200_2, 200_3, 200_4, 200_5\} \quad \text{mit} \quad C_{01}(i = 8\%) = 198{,}6,$$

$$I_2: \{-1200_0, 300_1, 300_2, 500_3, 500_4, 100_5, 100_6\} \quad \text{mit} \quad C_{02}(i = 8\%) = 230{,}5.$$

Für die angegebenen Kapitalwerte wurde die Finanzierungsform noch nicht berücksichtigt. Dem Investor stehen nur 600 GE eigene Mittel zur Verfügung; aber er kann einen Bankkredit zu $i_F = 10\%$ aufnehmen, der frühestens nach 4 Jahren in einem Betrag zu tilgen ist. Zinszahlungen erfolgen jährlich. Überschüssige Geldbeträge können zum Kalkulationszins von $i = 8\%$ angelegt werden.

Welches Investitionsobjekt ist nun zu wählen? I_1 kann aus Eigenmitteln finanziert werden. Für die Durchführung von I_2 ist ein Kredit von 600 GE erforderlich. Für die Finanzierungsmaßnahme I_{2F} kann folgende Zahlungsreihe aufgestellt werden, wobei Tilgung nach 4 Jahren unterstellt wird:

$$I_{2F}: \{+600_0, -60_1, -60_2, -60_3, -660_4\}.$$

Daraus folgt bei $i = 8\%$ ein Kapitalwert von

$$C_{02F} = +600 - 60 \cdot \text{RBF}_{n=4}^{8\%} - 600 \cdot 0{,}7350 = -39{,}7.$$

Bei Tilgung nach Ablauf der Nutzungsdauer des Investitionsobjektes würde der Kredit folgenden Kapitalwert aufweisen:

$$C_{02F} = +600 - 60 \cdot \text{RBF}_{n=6}^{8\%} - 600 \cdot 0{,}6302 = -55{,}5.$$

Spätere Kredittilgung ist in diesem Fall ungünstiger, da $i_F > i$ ist.

Die Kreditfinanzierung mit einer Tilgung nach vier Jahren mindert den Kapitalwert C_{02G} auf:

$$C_{02} + C_{02F} = 230{,}5 - 39{,}7 = 190{,}8.$$

Unter Berücksichtigung der für I_2 erforderlichen Fremdfinanzierung ändert sich die Präferenzfolge in $I_1 \succ I_2$ wegen $C_{01} > C_{02} + C_{02F}$.

Für das Gesamtobjekt $I_{2G} = I_2 + I_{2F}$ läßt sich die Zahlungsreihe auch saldiert darstellen. Wenn nach vier Jahren getilgt wird, gilt:

$$I_{2G}: \{-600_0, 240_1, 240_2, 440_3, -160_4, 100_5, 100_6\}.$$

Die Berechnung von C_{02G} ($i = 8\%$) ergibt gleichfalls 190,8 GE.

2. *Tilgung in Raten*

Wenn Einzahlungsüberschüsse nur zu einem geringeren Zinssatz angelegt werden können als das Fremdkapital kostet, ist es günstig, den Kredit so schnell wie möglich zu tilgen, wenn dies die Kreditbedingungen und die Liquidität des Unternehmens zulassen.

Beispiel

Verwendet man die Überschüsse der Perioden 1 und 2 von je 300 GE zur Verzinsung und Tilgung, so bleibt in der 3. Periode noch eine Auszahlung (X), die durch eine Zinsstaffelrechnung oder unter Benutzung der Rentenbarwertformel für die beiden Beträge durch folgende Gleichung (für einen Zinsfuß von 10%) bestimmt werden kann:

$$600 - 300\,\frac{(1 + 0{,}10)^2 - 1}{0{,}10\,(1 + 0{,}10)^2} - X\,\frac{1}{(1 + 0{,}10)^3} = 0,$$

$$X = 79{,}2 \cdot 1{,}1^3 = 105{,}4.$$

Die Finanzinvestition läßt sich danach wie folgt beschreiben:

$$I_{2F}: \{+600, \; -300, \; -300, \; -105{,}4\}.$$

Ihr Kapitalwert beträgt bei dem Kapitalisierungszinsfuß von 8%:

$$C_{02F} = 600 - 300 \frac{(1 + 0{,}08)^2 - 1}{0{,}08\,(1 + 0{,}08)^2} - 105{,}4 \cdot 1{,}08^{-3},$$

$$C_{02F} = -\ 18{,}6.$$

Der Kapitalwert der Investition I_{2G} beträgt jetzt $C_{02G} = 230{,}5 - 18{,}6 = 211{,}9$. Damit wird I_2 wieder vorteilhafter als I_1, da $C_{02G} > C_{01}$.

Wenn der Fremdkapitalzins i_F kleiner ist als der Kalkulationszinsfuß i, sind fremde Mittel billiger als eigene. Es lohnt sich, so spät wie möglich zu tilgen.

F. Berücksichtigung von Steuern

1. Gewinnunabhängige Steuern

Bisher wurden Auszahlungen für Steuern nicht ausdrücklich erwähnt[12]. Sofern es sich um *gewinnunabhängige Steuern*, insbesondere um Steuern auf *Produktionsfaktoren* wie z.B. um Grundsteuer, Kfz-Steuer, Gewerbekapitalsteuer, sowie um Steuern auf *Betriebsleistungen,* wie z.B. um die vom Hersteller zu zahlende Verbrauchsteuer, handelt[13], lassen sie sich den Betriebsausgaben zurechnen oder als Kürzungen der Einzahlungen (z.B. bei Verbrauchsteuern) auffassen. Diese Steuerarten erfordern somit keine Änderungen des Investitionskalküls.

2. Gewinnabhängige Steuern

Steuern auf die Jahresergebnisse des Unternehmens (Gewinnsteuern), wie Einkommensteuer (ESt), Körperschaftsteuer (KSt) und Gewerbeertragsteuer (GewESt),

---

[12] Siehe zur Frage der Notwendigkeit zur Berücksichtigung von Steuern z. B. Kern, Werner: Analyse von Steuerwirkungen in investitionstheoretischen Kalkülen, in: Zeitschrift für betriebswirtschaftliche Forschung, 37. Jg., 1985, S. 867–881; Georgi, Andreas A.: Analyse der Notwendigkeit einer Berücksichtigung von Steuern in der Investitionsplanung, in: Zeitschrift für betriebswirtschaftliche Forschung, 37. Jg., 1985, S. 891–911.

[13] Zur Übersicht über die Steuerarten aus betriebswirtschaftlicher Sicht siehe Schneider, Dieter: Grundzüge der Unternehmensbesteuerung, 4. Aufl., 1985, S. 105–227.

basieren nicht auf Einnahmeüberschüssen, sondern auf den Gewinnen lt. Steuerbilanz. Diese Steuerzahlungen können für solche Investitionsobjekte in den Kalkül einbezogen werden, denen Erträge und Aufwendungen zugerechnet werden können. Diese Steuern knüpfen grundsätzlich an den Überschuß (Gewinn) der „Betriebseinnahmen" über die „Betriebsausgaben" im Sinne der steuerlichen Gewinnermittlungsvorschriften an, der aus dem Investitionsvorhaben erwartet wird. Nach dem in Deutschland geltenden *Grundsatz der Maßgeblichkeit der Handelsbilanz für die Steuerbilanz* können die „Betriebseinnahmen" den Erträgen und die „Betriebsausgaben" den Aufwendungen prinzipiell gleichgesetzt werden. In der Praxis ist für die steuerliche Gewinnermittlung jedoch eine Fülle von Sondervorschriften zu beachten, nach denen bestimmte Aufwandarten steuerlich nicht als Gewinnminderung angesetzt werden dürfen[14] oder Erträge nicht voll oder nicht sofort der Besteuerung unterliegen.
Da in der Einzelperiode zum Teil

— Einzahlungen ≠ Erträge und
— Auszahlungen ≠ Aufwendungen

sind, muß die *zeitliche Differenz* der Größen bei Schätzungen der künftigen Gewinnsteuern beachtet werden. Die wichtigsten *Gründe* für zeitliche Differenzen von *Auszahlungen und Aufwendungen* sind bei der Ermittlung der Gewinnsteuern der Ansatz von

— Abschreibungen (statt Investitionsauszahlungen),
— Zuführungen zu langfristigen Rückstellungen (statt der entsprechenden Zahlungen),
— Materialverbrauch (statt Materialeinkauf).

Auf der Ertragsseite kann die zeitliche Diskrepanz zwischen Entstehung einer Forderung als Erlös und dem Eingang der Zahlung bedeutsam sein, insbesondere bei langfristigen Zahlungszielen.
Die Berücksichtigung von Gewinnsteuern ist insbesondere bei Investitionskalkülen erforderlich, die sich auf

— ganze Unternehmen (z. B. Bewertung von Unternehmen bei der Untersuchung, ob der Erwerb eines Unternehmens oder die Errichtung eines neuen Betriebes günstiger ist),
— Betriebsteile mit zurechenbaren Umsätzen,
— alternative Sachanlagen mit unterschiedlichen Abschreibungen,
— alternative Investitionsobjekte mit unterschiedlicher Steuerbelastung (z. B. weil die Objekte in verschiedenen Ländern liegen)

erstrecken. Die Vernachlässigung von Gewinnsteuern im Investitionskalkül kann zu einer falschen Beurteilung der Vorteilhaftigkeit führen. Das ist besonders dann

[14] Siehe z. B. § 10 KStG, § 4 EStG, § 7 GewStG; siehe auch Schneider, Dieter: Grundzüge der Unternehmensbesteuerung, 4. Aufl., 1985, S. 109ff., S. 143ff., S. 165ff.

zu beachten, wenn — wie es in manchen Unternehmen anzutreffen ist — die Verantwortung für Investitionsentscheidungen und Besteuerung organisatorisch getrennt sind. Im folgenden werden daher einige Grundüberlegungen zum Einfluß der Gewinnbesteuerung auf Investitionskalküle angestellt, wobei gegenüber der Realität von sehr einfachen Annahmen ausgegangen wird[15].

a) Änderungen der Zahlungsreihe und des Kalkulationszinsfußes

Im folgenden seien beispielhaft nur die Absetzungen für Abnutzung von Sachanlagen (AfA) betrachtet. Unterstellt man *proportionale* Gewinnsteuern, wie die Körperschaftsteuer, mit dem Steuersatz s, so ändert sich unter Berücksichtigung der steuerlichen *Abschreibungen* in jeder Periode die Zahlungsreihe. Unter der vereinfachenden Annahme, daß alle übrigen Aufwendungen zugleich Auszahlungen und alle Erträge zugleich Einzahlungen sind und diese auch steuerlich anerkannt werden, ergeben sich der Gewinn sowie der Einnahmeüberschuß (cash-flow) eines Investitionsobjektes nach Steuern wie folgt:

Einnahmeüberschuß (cash-flow) vor Steuern	c_t	
Absetzung für Abnutzung (Abschreibung)	$-\,d_t$	
steuerpflichtiger Gewinn	$c_t - d_t$	(> 0)
Steuerschuld	$-\,s\,(c_t - d_t)$	
Gewinn nach Steuern	$c_t - d_t - s\,(c_t - d_t)$	
Abschreibung	$+\,d_t$	
Einnahmeüberschuß (cash-flow) nach Steuern	$c_t - s\,(c_t - d_t)$	

Die Investition läßt sich dann durch folgende Zahlungsreihe beschreiben:

$$I_s\colon \{-\,a_0,\, c_1 - s\,(c_1 - d_1),\, c_2 - s\,(c_2 - d_2),\, \ldots\, c_n - s\,(c_n - d_n)\}.$$

Gegenüber einem Investitionskalkül ohne Ansatz von Gewinnsteuern *ändern sich die periodischen Nettoeinzahlungen* um die sofort zu zahlende Steuerschuld $s\,(c_t - d_t)$, *wenn das Investitionsobjekt Gewinn abwirft bzw. sofortiger Verlustausgleich* mit Gewinnen aus anderen Unternehmensbereichen möglich ist. Mit der letzten Annahme geht der Kalkül zwar über das einzelne Objekt hinaus, für den Vorteilsvergleich ist das jedoch erforderlich. Außerdem ist unterstellt, daß die Steuern nicht auf die Größe c_t vor Steuern aufgeschlagen werden können. Im folgenden werden die gewinnabhängigen Steuern nur pauschal mit einem festen Prozentsatz von der Größe $c_t - d_t$ berücksichtigt. In der Realität sind die häufig sehr komplizierten und differenzierten steuerlichen Vorschriften für den Investitionskalkül genau zu beachten[16].

---

[15] Im einzelnen siehe z. B. Mellwig, Winfried: Investition und Besteuerung, 1985.

[16] Vgl. Schneider, Dieter: Investition und Finanzierung, 5. Aufl., 1980, S. 248–349.

Wie wirken sich nun die Gewinnsteuern auf den *Kalkulationszinsfuß* i aus? Da i die Verzinsung einer Vergleichsinvestition repräsentiert, muß man fragen, ob diese Vergleichsinvestition gewinnsteuerpflichtig ist oder nicht. Unterliegen die Nettoeinzahlungen der Vergleichsinvestition der Gewinnsteuer, so ist von den Nettoeinzahlungen aus der Alternativanlage zum Zinssatz i ein Anteil von $s \cdot i$ an Gewinnsteuern zu entrichten. Somit verbleibt ein *Nettozinssatz* von

$$i_s = i - s \cdot i = (1 - s)\, i .$$

Der *Kapitalwert* (C_{0s}) einer Investition bei *Beachtung von Gewinnsteuern* läßt sich dann wie folgt definieren:

(2.15) $$C_{0s} = -a_0 + \sum_{t=1}^{n} [c_t - s\,(c_t - d_t)]\, q_s^{-t} .$$

Dabei bedeuten

s: = proportionaler Gewinnsteuersatz,

d_t: = Abschreibungsbetrag in der Periode t mit $\sum_{t=1}^{n} d_t = a_0$,

q_s: = Abzinsungsfaktor unter Berücksichtigung der Gewinnsteuer: $1 + (1 - s)\, i$.

Einerseits bewirkt die Verringerung der periodischen Nettoeinnahmen eine Verminderung, andererseits die Senkung des Kalkulationszinsfußes eine Erhöhung des Kapitalwertes. Die Einflüsse kompensieren sich also zum Teil. Das Ausmaß hängt ab von der Struktur der Zahlungsreihen, der Abschreibungsmethode, dem Steuersatz und dem Kalkulationszinsfuß.

Beispiel
Ein Investitionsobjekt

$$I_A\colon \{-2000_0, 500_1, 500_2, \ldots, 500_8\}$$

wird linear abgeschrieben. Es ist ein proportionaler Gewinnsteuersatz $s = 40\%$ und ein Kalkulationszinsfuß $i = 10\%$ zugrunde zu legen. Wie hoch ist der Kapitalwert C_{0s}, wenn die Zinsen aus der Kapitalanlage zum Kalkulationszinsfuß i in gleicher Weise steuerpflichtig sind?

Jährlicher Abschreibungsbetrag: $d_t = \frac{a_0}{n} = \frac{2000}{8} = 250$ GE,

Einzahlungsüberschuß nach Steuern: $c_{ts} = 500 - 0{,}4\,(500 - 250) = 400$ GE,

Zahlungsreihe: $I_{As}\colon \{-2000_0, 400_1, 400_2, \ldots, 400_8\}$,

Kalkulationszinsfuß: $i_s = (1 - 0{,}4) \cdot i = 6\%$,

Kapitalwert: $C_{0s} = -2000 + 400 \cdot \text{RBF}^{6\%}_{8\,\text{Jahre}} = 484$ GE.

Die Investition ist wegen $C_{0s} > 0$ akzeptabel.

b) Einfluß der Abschreibungsmethode auf den Kapitalwert

Die Unternehmen haben gewisse Wahlrechte bei der Bestimmung der Abschreibungsmethode[17]. Es ist günstig, die steuerlichen Gewinne der nächsten Perioden durch Vorverlegung der AfA zu senken und damit die Steuerzahlungen in die Zukunft zu verschieben. Dadurch sinkt der Barwert der Steuerzahlungen. Es entsteht ein Zinsgewinn. Je höher in den ersten Nutzungsjahren abgeschrieben werden kann, desto höher ist — ausreichende Gewinne des Gesamtunternehmens vorausgesetzt — der Zinsgewinn und damit der Kapitalwert der Investition.

Beispiel

Für das letzte Beispiel ergeben sich im Falle der Sofortabschreibung und des Verlustausgleiches:

Abschreibung im ersten Jahr: $d_1 = a_0$,

Cash-flow nach Steuern: $c_{1s} = 500 - 0{,}4\,(500 - 2000) = 1100$,

$c_{ts} = 500 - 0{,}4 \cdot 500 = 300$ mit $t = 2, 3, ..8$,

Zahlungsreihe: I_{As}: $\{-2000_0, 1100_1, 300_2, ..., 300_8\}$,

Kapitalwert: $C_{0s}\,(i_s = 0{,}06) = 618$ GE.

Die Sofortabschreibung läßt den Kapitalwert um 134 GE steigen.

Für den Fall der gem. § 7 *Abs. 2 EStG 1988 steuerlich maximal zulässigen geometrisch-degressiven Abschreibung* und bei *einem Übergang auf die gleichbleibende AfA* (§ 7 Abs. 3 EStG) im 6. Jahr ergibt sich bei Unterstellung eines *Verlustausgleichs* im ersten Jahr (siehe Abschnitt 2a)):

Tabelle 2.11

Jahr	Abschreibungsbetrag	Einnahmeüberschuß nach Steuern
1	$0{,}3 \cdot 2000 = 600$	$500 - 0{,}4\,(500 - 600) = 540$
2	$0{,}3 \cdot 1400 = 420$	$500 - 0{,}4\,(500 - 420) = 468$
3	$0{,}3 \cdot 980 = 294$	$500 - 0{,}4\,(500 - 294) = 418$
4	$0{,}3 \cdot 686 = 206$	$500 - 0{,}4\,(500 - 206) = 382$
5	$0{,}3 \cdot 480 = 144$	$500 - 0{,}4\,(500 - 144) = 358$
6 . . . 8	$0{,}3\overline{3} \cdot 336 = 112$	$500 - 0{,}4\,(500 - 112) = 345$

Zahlungsreihe: I_{As}: $\{-2000_0, 540_1, 468_2, 418_3, 382_4, 358_5, 345_6, ..., 345_8\}$,

Kapitalwert: $C_{0s}(i_s = 6\%) = 536$ GE.

[17] Vgl. zu den verschiedenen Verfahren beispielsweise Wöhe, Günther: Einführung in die Allgemeine Betriebswirtschaftslehre, 16. Aufl., 1986, S. 972–983.

Diese steuerlich zulässige gemischt degressiv-lineare Abschreibung ist also vorteilhafter als lineare Abschreibung, da größere Abschreibungsbeträge vorverlagert werden und so den Barwert der Einzahlungsüberschüsse erhöhen, aber ungünstiger als die — im allgemeinen nur für geringwertige Wirtschaftsgüter zulässige — Sofortabschreibung. Nicht immer ist die Vorverlegung von Abschreibungen günstig, wie im Falle bereits eingetretener Verluste oder wenn Rücksicht auf den Handelsbilanzausweis von Gewinnen genommen werden muß[18].

c) Variation des Gewinnsteuersatzes

Steigende Gewinnsteuersätze mindern in der Regel die Vorteilhaftigkeit (d.h. den Kapitalwert) eines Investitionsobjektes. Dies gilt unter der Annahme linearer AfA und steuerpflichtiger Vergleichsinvestitionen zumindest so lange, wie in keinem Jahr ein Verlust im Sinne des EStG auftritt.

Beispiel

Die Investition I_A: $\{-1400, 500, 500, 500, 500\}$ werde linear abgeschrieben, d.h. $d_t = a_0 : n = 350$. Die steuerpflichtige Vergleichsinvestition hat eine Rendite vor Steuern in Höhe von $i = 10\%$. Der Einzahlungsüberschuß nach Steuern c_{ts} beträgt $500 - s\,(500 - 350)$. Bei alternativen Gewinnsteuersätzen s ergibt sich ein Kapitalwert C_{0s}:

$$
\begin{aligned}
C_{0s}\,(s = 0\%, i_s = i = 10\%) &= 185,\\
C_{0s}\,(s = 20\%, i_s = 8\%) &= 157,\\
C_{0s}\,(s = 40\%, i_s = 6\%) &= 125,\\
C_{0s}\,(s = 100\%, i_s = 0\%) &= 0.
\end{aligned}
$$

In besonderen Fällen kann jedoch die Vorteilhaftigkeit mit steigenden Steuersätzen begrenzt zunehmen *(Steuerparadoxon)* und sich dadurch die Rangfolge ändern[19]. Dies tritt insbesondere bei Ausnutzung investitionsfördernder Maßnahmen ein, z.B. eines Verlustrücktrages, sofortigen Verlustausgleichs, einer Investitionszulage und von Sonderabschreibungsmöglichkeiten.

Erzielt der Investor Gewinne aus anderen Objekten, so kann er zeitweilige steuerliche Verluste einer geplanten Investition kompensieren. Dieser *sofortige Verlustausgleich* träte auch dann auf, wenn die Steuerbehörde den Verlust in der Höhe „Verlust mal Steuersatz" subventionieren würde, was jedoch in der Bundesrepublik z.B. nicht geschieht.

---

[18] Vgl. Schneider, Dieter: Investition und Finanzierung, 5. Aufl., 1980, S. 286–288.

[19] Näher untersucht werden diese Bedingungen von Schneider, Dieter: Investition und Finanzierung, 5. Aufl., 1980, S. 275–283; s. auch Schneider, Helmut: Steuern und Investition, in: Handwörterbuch der Finanzwirtschaft, 1976, Sp. 1684–1695.

Beispiel
Eine Sachinvestition I: $\{-3000_0, 1600_1, 0_2, 2050_3\}$ wird in drei Jahren linear abgeschrieben: $d_t = 1000$. Die Vergleichsinvestition ist zu 10% verzinslich und steuerpflichtig. Bei einem Steuersatz von 0% ergibt sich ein Kapitalwert von $C_0\,(i = 10\%) = -5$ GE. Bei einem Steuersatz von 40% und sofortigem Verlustausgleich wegen Kompensationsmöglichkeiten ergeben sich folgende Zahlungen:

Tabelle 2.12

	t_1	t_2	t_3
Nettoeinzahlung vor Steuern	1600	0	2050
Steuerpflichtiger Gewinn	600	−1000	1050
Steuerschuld	240	− 400	420
Nettoeinzahlung nach Steuern	1360	+ 400	1630

Der Kapitalwert $C_0\,(i_s = 6\%)$ beträgt +8 GE.

Bei isolierten Objekten hat der Investor keine Verlustkompensationsmöglichkeit. Steuerlich ist zunächst ein Verlust bei Ermittlung des Gesamtbetrages der Einkünfte eines Jahres bis maximal 10 Mio. DM mit dem Ergebnis der vorletzten oder gegebenenfalls letzten Vorperiode aufzurechnen (*Verlustrücktrag* gem. § 10 d EStG 1990). Evtl. dann noch nicht abgedeckte Verluste konnten bisher bis zu 5 Jahren, dürfen aber ab 1990 unbeschränkt vorgetragen werden *(Verlustvortrag)*; bei neuen Projekten treten insbesondere in der Anlaufperiode Verluste auf; bei fehlendem Verlustausgleich kommt nur ein Verlustvortrag in Frage.

Beispiel
Für die Investition im vorangegangenen Beispiel beträgt bei einem Steuersatz von 40% im ersten Jahr die Steuerschuld $s\,(c_1 - d_1) = 0{,}4\,(1600 - 1000) = 240$. Der Cash-Flow nach Steuern ist $c - s\,(c_1 - d_1) = 1360$ GE.

In t_2 entsteht ein Verlust in Höhe $d_2 = 1000$ GE, wovon 600 GE nach t_1 zurückgerechnet werden können; somit hätte die Steuer in t_1 $0{,}4 \cdot (1600 - 1000 - 600) = 0$ betragen sollen. Die in t_1 zuviel gezahlte Steuer wird in t_2 unverzinst zurückgezahlt; daher gibt es in t_2 einen positiven Cash-Flow in Höhe von 240 GE. In t_3 beträgt die Steuerschuld $s \cdot (2050 - 1000 - 400) = 0{,}4 \cdot 650 = 260$ GE und somit der Cash-Flow nach Steuern $2050 - 260 = 1790$ GE. Somit ergibt sich folgende Zahlungsreihe:

$$I_S\colon \{-3000_0, 1360_1, 240_2, 1790_3\},$$

Kapitalwert: $$C_{0s}(i_s = 6\%) = 0.$$

Für $s = 70\%$ ergibt sich ein Kapitalwert $C_{0s}\,(i_s = 3\%) = +1$ GE.

Hiermit wird klar, daß manche Investitionen erst dann akzeptabel werden, wenn der Gewinnsteuersatz ausreichend hoch ist bzw. Verlustkompensationsmöglichkeiten bestehen, weil erst dann der Zinsgewinn auf die verlagerten Steuerzahlungen hinreichend hoch wird.

G. Leasing oder Kreditkauf

Mitunter stehen Unternehmen vor der Frage, einen Anlagegegenstand, z. B. Fabrikationshallen, Maschinen oder Kraftfahrzeuge, zu kaufen oder sich für eine Mindestzeit die Nutzungsmöglichkeit durch einen Leasingvertrag zu sichern[20]. In Theorie und Praxis werden Modellrechnungen vorgenommen, die aufbauend auf der Kapitalwertmethode unter Berücksichtigung der Finanzierung und steuerlicher Aspekte eine Entscheidungshilfe liefern sollen. Gewöhnlich wird als Alternative zum Leasing ein Kauf unter Aufnahme eines Kredites unterstellt.
Von besonderer Bedeutung ist bei einem Vorteilhaftigkeitsvergleich die Frage der *steuerlichen Zurechnung des Leasinggutes;* wobei die Gestaltung des Leasingvertrages bestimmt, ob der Leasingnehmer oder der Leasinggeber das Leasingobjekt in seiner Bilanz zu aktivieren hat. Als Alternative zum Kredikauf kommt insbesondere das sogenannte *Finanzierungsleasing* in Betracht. Es ist nach dem Leasingerlaß des Bundesministers der Finanzen dann anzunehmen, wenn[21]

— der Vertrag über eine bestimmte Zeit abgeschlossen wird, während der der Vertrag bei vertragsmäßiger Erfüllung von beiden Vertragsparteien nicht gekündigt werden kann (Grundmietzeit (GMZ)), und
— der Leasingnehmer mit den in der Grundmietzeit zu entrichtenden Raten mindestens die Anschaffungs- oder Herstellungskosten sowie alle Nebenkosten einschließlich der Finanzierungskosten des Leasinggebers deckt.

Für die ertragsteuerliche Behandlung von Leasingverträgen über bewegliche Wirtschaftsgüter gilt nach dem *Leasingerlaß* zusammenfassend:

[20] Zur Definition des Leasing siehe z. B. Hilke, W.; Zinke, D.: Steuerliche Zurechnung von Wirtschaftsgütern bei Mobilien-Leasing-Verträgen, in: Das Wirtschaftsstudium, 12. Jg., 1983, S. 164.

[21] Siehe Schreiben des Bundesministers der Finanzen vom 19. 4. 1971 – IV B/2 – S 2170 – 31/71 (Leasingerlaß).

Tabelle 2.13

	Bilanzierung beim Leasinggeber	Bilanzierung beim Leasingnehmer
1. Leasingvertrag ohne Optionsrecht	40% der betriebsgewöhnlichen Nutzungsdauer des Leasinggegenstandes ≤ GMZ ≤ 90% der betriebsgewöhnlichen Nutzungsdauer	GMZ < 40% der Nutzungsdauer GMZ > 90% der Nutzungsdauer
2. Leasingvertrag mit *Kauf*option	40% ≤ GMZ ≤ 90% und Kaufpreis ≥ Buchwert bei linearer AfA oder dem niedrigeren gemeinen Wert	wie bei 1. oder wenn 40% ≤ GMZ ≤ 90% und Kaufpreis < Buchwert bei linearer AfA oder dem niedrigeren gemeinen Wert
3. Leasingvertrag mit *Miet*verlängerungsoption	40% ≤ GMZ ≤ 90% und Anschlußmiete ≥ lineare AfA	wie bei 1. oder wenn 40% ≤ GMZ ≤ 90% und Anschlußmiete < lineare AfA

Auf die Regelung der ertragsteuerlichen Behandlung von *Vollamortisationsverträgen* beim Finanzierungsleasing reagierte die Praxis mit der Entwicklung von sogenannten Teilamortisationsverträgen, deren steuerliche Konsequenzen dann wiederum vom Bundesminister der Finanzen im Schreiben vom 22. 12. 1975 (*Teilamortisationserlaß*) festgelegt wurden[22]. Beim *Teilamortisationsvertrag* deckt der Leasinggeber seine Gesamtkosten im Gegensatz zum Vollamortisationsvertrag erst nach der Grundmietzeit (z.B. durch Andienungsrecht, Aufteilung des Mehrerlöses, Schlußzahlung des Leasingnehmers)[23]. In beiden Fällen werden jedoch letztlich durch den Leasingnehmer die Gesamtkosten des Leasinggebers getragen (es sei denn, der Leasinggeber hat beim Teilamortisationsvertrag anderweitige Veräußerungsmöglichkeiten des Leasingobjektes). Diese Erkenntnis erscheint wichtig, da sich sonst die Alternative des Kaufs des Objektes durch den potentiellen Leasingnehmer nicht stellen würde. Die Frage der Vorteilhaftigkeit von Leasing oder Kauf resultiert aus den mit beiden Alternativen verbundenen unterschiedlichen Zahlungsströmen, bedingt vor allem durch steuerliche Effekte.

Aufgabe einer *Modellrechnung* sollte es daher sein, möglichst umfassend alle mit einer Alternative verbundenen Zahlungen zu erfassen. Ein Vergleich von Leasing

[22] Siehe Schreiben des Bundesministers der Finanzen vom 22. 12. 1975 – IV B 2 – S 2170 – 161/75.

[23] Vgl. Hilke, W.; Zinke, D.: Steuerliche Zurechnung von Wirtschaftsgütern bei Mobilien-Leasing-Verträgen, in: Das Wirtschaftsstudium, 12. Jg., 1983, S. 166f.

oder Kauf kann darüber hinaus nur dann sinnvoll sein, wenn die der Rechnung zugrundegelegten Prämissen für beide Alternativen einheitlich gewählt werden[24].

Beispiel

Daten für eine Vergleichsrechnung:

Anschaffungsausgaben für das Investitionsobjekt:	100 000 DM
Abschreibungszeit (laut amtlicher AfA-Tabelle):	5 Jahre
Steuersätze[25]	
— Gewerbeertragsteuermeßzahl:	5%
— Gewerbekapitalsteuermeßzahl:	0,2%
— Gewerbesteuerhebesatz:	350%
— Körperschaftsteuersatz:	50 %
Kalkulationszinsfuß (z. B. Eigenkapitalrendite der investierenden Unternehmung) nach Steuern:	10%

Es besteht die Möglichkeit, dieses Investitionsobjekt zu leasen oder zu kaufen:

Leasingkonditionen:

Grundmietzeit:	54 Monate (entspricht 90% der betriebsgewöhnlichen Nutzungsdauer)
Monatliche Miete (zahlbar am Jahresende):	2400 DM

Nach Ablauf der Grundmietzeit wird ein Kauf des Leasingobjektes seitens des Leasingnehmers zu 10 000 DM (linearer Restbuchwert) mit Abschreibung im darauffolgenden Halbjahr unterstellt:

Konditionen bei Kauf:

Bankkredit:	70% (70 000 DM)
Vorhandene Barmittel:	30% (30 000 DM)
Zinssatz:	8% p. a.
Tilgung:	In gleichen Jahresraten am Jahresende
Laufzeit:	5 Jahre
Abschreibung:	Gleichbleibend über 5 Jahre.

Der nachfolgenden Vergleichsrechnung liegen außerdem zunächst folgende Prämissen zugrunde:

— Steuerliche Zurechenbarkeit des Leasingobjektes beim Leasinggeber,
— gleiche Nutzungszeiträume bei Leasing und Kauf,

---

[24] Im einzelnen siehe hierzu z. B. Haberstock, Lothar: Kredit-Kauf oder Leasing? Ein Vorteilhaftigkeitsvergleich unter Berücksichtigung der steuerlichen Auswirkungen, in: Steuerberater-Jahrbuch 1982/83, S. 443–509; Kovac, Josef: Die Entscheidung über Leasing oder Kreditkauf maschineller Anlagegüter, 1982; Mellwig, Lothar: Investition und Besteuerung, 1985, S. 211–288.

[25] Siehe §§ 11, 13, 16 GewStG v. 1978 i. d. F. v. 1983; § 23 KStG 1989.

— keine Berücksichtigung der Vermögensteuer, da die Tilgung der Abschreibung gleicht und angenommen wird, daß das Eigenkapital des Unternehmens insgesamt bei beiden Alternativen gleich ist,
— Unterstellung eines sofortigen Verlustausgleichs, d. h. Beträge, die die Bemessungsgrundlage einer Steuerart mindern, führen in der gleichen Periode zu einer zahlungswirksamen Steuerersparnis,
— da es sich beim Alternativenvergleich Leasing oder Kreditkauf im Verhältnis zur übrigen Geschäftstätigkeit um eine Grenzüberlegung handelt, werden bei den Steuerberechnungen Freibeträge, Freigrenzen oder Rundungsvorschriften außer acht gelassen[26],
— die mit dem Investitionsobjekt verbundenen Erträge sind unabhängig davon, ob das Objekt geleast oder gekauft wird und betragen 35000 DM jährlich.

Der Vergleich beider Alternativen ergibt einen höheren Barwert bei Leasing gegenüber Kauf von 1918 DM. Da die Mietzahlungen beim Leasing die Bemessungsgrundlage der Gewerbeertragsteuer stärker mindern als dies durch die Abschreibungen beim Kauf der Fall ist, ergibt sich hierdurch ein Steuervorteil der Leasingalternative (Summe GewESt-Zahlungen bei Kauf 10949 DM, bei Leasing 5270 DM). Auch die Gewerbekapitalsteuer und die Körperschaftsteuer lassen den Leasingvorteil plausibel erscheinen (siehe Tabellen 2.14 und 2.15).
Es ist jedoch zu prüfen, ob durch die gesetzten Prämissen Verzerrungen aufgetreten sind, so daß bei anderen Annahmen der Leasingvorteil nicht mehr auftritt. So kann beispielsweise bei einem Kauf des Objektes statt der linearen Abschreibung die *degressive AfA* (30% vom Buchwert) mit anschließendem Übergang zur linearen AfA angewandt werden (siehe Tabelle 2.16). Durch die degressive Abschreibung mindert sich nicht nur die Gewerbekapitalsteuer, sondern es werden auch andere Aufwendungen zeitlich vorverlagert, so daß sich zwar nicht absolut aber doch durch die zeitliche Verschiebung auch bei der Gewerbeertrag- und Körperschaftsteuer positive Zinseffekte ergeben. Allein durch Beachtung der Möglichkeit der degressiven Abschreibung sinkt der Leasingvorteil von 1918 DM auf 1047 DM. Außerdem wurde bisher ein Eigenkapitalanteil von 30% unterstellt. Da die Eigenkapitalkosten bei dem hier gewählten Kalkulationszinssatz von 10% über den Fremdkapitalkosten von 8% liegen und zudem nicht steuerlich abzugsfähig sind, verschlechtert ein hoher Eigenkapitalanteil systematisch die Kaufalternative.
Leasinggesellschaften rechtfertigen eine Mischfinanzierung im allgemeinen mit dem Argument, daß Banken niemals einen Investitionsgegenstand zu 100% beleihen und daß beim traditionellen Kauf eine Unternehmung zur Aufrechterhaltung einer bestimmten Kapitalstruktur stets einen gewissen Prozentsatz der Kaufpreissumme eigenfinanzieren müsse; Leasing stelle dagegen eine *100%ige*

---

[26] Vgl. Haberstock, Lothar: Kredit-Kauf oder Leasing? Ein Vorteilhaftigkeitsvergleich unter Berücksichtigung der steuerlichen Auswirkungen, in: Steuerberater-Jahrbuch 1982/83, S. 472.

Tabelle 2.14 Modellrechnung für die Leasingalternative

	Ertrag (1)	Miete (2)	AfA (3)	Gewerbeertragsteuer (4) 14,89% von (1)–(2)–(3)	KSt (5) 50 % von (1)–(2)–(3)–(4)	Nettoeinzahlung (6) (1)–(2)–(4)–(5)	EK-Auszahlung (7)	Barwertfaktor (8)	Barwert Nettoeinzahl. (9)
Ende Jahr 1	35 000	28 800	–	923	3 038,5	3 038,5		0,9091	2 762
Ende Jahr 2	35 000	28 800	–	923	3 038,5	3 038,5		0,8264	2 511
Ende Jahr 3	35 000	28 800	–	923	3 038,5	3 038,5		0,7513	2 283
Ende Jahr 4	35 000	28 800	–	923	3 038,5	3 038,5		0,6830	2 075
Ende Grundmietzeit							10 000	0,6512	– 6 512
Ende Jahr 5	35 000	14 400	10 000	1578	4 511	14 511		0,6209	9 010
$\sum$	175 000	129 600	10 000	5270	16 665	26 665	10 000		12 129

Tabelle 2.15 Modellrechnung für die Kaufalternative

	Ertrag (1)	Tilgung (2)	Afa (3)	Gewerbe-kapital-steuer (4) 0,7% auf zusätzl. FK	Gewerbe-ertragsteuer (5) 14,89% von (1)–(3)–(4)	Zinsen FK (6)	Gewinn vor KSt (7) (1)–(3)–(4) –(5)–(6)	KSt. (8) 50 % v. (7)	Nettoein-zahlung (9) (1)–(2)–(4) –(5)–(6)–(8)	Barwert-faktor (10)	Barwert Nettoein-zahlung (11)
EK-Einsatz											– 30 000
Ende Jahr 1	35 000	14 000	20 000	490	2 161	5 600	6 749	3 374,5	9 974,5	0,9091	9 068
Ende Jahr 2	35 000	14 000	20 000	392	2 175	4 480	7 953	3 976,5	9 976,5	0,8264	8 245
Ende Jahr 3	35 000	14 000	20 000	294	2 190	3 360	9 156	4 578	10 578	0,7513	7 947
Ende Jahr 4	35 000	14 000	20 000	196	2 204	2 240	10 360	5 180	11 180	0,6830	7 636
Ende Jahr 5	35 000	14 000	20 000	98	2 219	1 120	11 563	5 781,5	11 781,5	0,6209	7 315
Σ	175 000	70 000	100 000	1470	10 949	16 800	45 781	22 890,5	53 490,5		10 211

Die Vergleichsrechnung führt zu folgendem Ergebnis:

Barwert Nettoeinzahlung bei Leasing:	12 129 DM
Barwert Nettoeinzahlung bei Kauf:	10 211 DM
Differenz zugunsten des Leasing	1 918 DM

Tabelle 2.16 Kauf und degressive statt lineare AfA

	Ertrag (1)	Tilgung (2)	AfA (3)	Gewerbe-kapitalst. (4)	Gewerbe-ertragst. (5)	Zinsen FK (6)	Gewinn vor KSt (7)	KSt (8)	Netto-einz. (9)	Barwert-faktor (10)	Barwert Nettoeinz. (11)
EK-Einsatz											−30 000
Ende Jahr 1	35 000	14 000	30 000	490	672	5 600	−1762	−881	15 119	0,9091	13 745
Ende Jahr 2	35 000	14 000	21 000	343	2 034	4 480	7 143	3 571,5	10 571,5	0,8264	8 736
Ende Jahr 3	35 000	14 000	16 333	240	2 744	3 360	12 323	6 161,5	8 494,5	0,7513	6 382
Ende Jahr 4	35 000	14 000	16 333	160	2 756	2 240	13 511	6 755,5	9 088,5	0,6830	6 207
Ende Jahr 5	35 000	14 000	16 333	80	2 768	1 120	14 699	7 349,5	9 682,5	0,6209	6 012
Σ	175 000	70 000	99 999	1313	10 974	16 800	45 914	22 957	52 956		11 082

Barwert Nettoeinzahlung Leasing:	12 129 DM
Barwert Nettoeinzahlung Kauf:	11 082 DM
Leasingvorteil	1 047 DM

Fremdfinanzierung dar[27]. Dieser Argumentation ist jedoch entgegenzuhalten, daß für ein *einzelnes* Investitionsobjekt durchaus ein Kredit in voller Höhe des Anschaffungswertes aufgenommen werden kann, zudem berücksichtigen Banken bei späteren Kreditvergabeentscheidungen auch Leasingverpflichtungen einer Unternehmung, so daß ein Vergleich zwischen Leasing und Kauf bei voller Fremdfinanzierung sinnvoller erscheint als die Annahme einer Mischfinanzierung[28]. Die modifizierte Modellrechnung zeigt, daß sich unter dieser Betrachtungsweise der Leasingvorteil in einen Leasingnachteil verwandelt. Der Barwert der Nettoeinzahlungen bei Kauf übersteigt nun den Barwert bei Leasing um 3120 DM (siehe Tabelle 2.17).

Das Beispiel zeigt, daß die Ergebnisse des Alternativenvergleichs stark von den gesetzten Prämissen, besonders steuerlicher Art, und dem Kalkulationszinssatz abhängen. *Eine korrekte Modellrechnung sollte Besonderheiten bei einzelnen Steuerarten soweit wie möglich berücksichtigen*[29]. Jedoch läßt sich dafür kein generelles Schema entwickeln, da steuerliche Konsequenzen von Investitionsgegenstand zu Investitionsgegenstand und von Investor zu Investor unterschiedlich sein können. Nur eine *differenzierte steuerliche Betrachtung* gewährleistet aber, daß nicht unzulässige Vereinfachungen die eine oder andere Alternative (Kauf oder Leasing) benachteiligen. Tabelle 2.18 zeigt, in welcher Weise die Berücksichtigung folgender bisher vernachlässigter steuerlicher Vorschriften das Ergebnis der Modellrechnung beeinflußt, im vorliegenden Beispiel letztlich zugunsten der Kreditkaufalternative:

— Die Berücksichtigung des sogenannten *Anhaltewertes* gemäß Abschnitt 52(3) VStR führt zu einer Erhöhung der Bemessungsgrundlage der Gewerbekapitalsteuer gegenüber dem Ausgangsfall.
— Die Berücksichtigung der *Vermögensteuer* wird erforderlich, wenn Tilgung und steuerliche Abschreibung (AfA) nicht übereinstimmen; damit ergibt sich ein Steuervorteil bei degressiver AfA für den Kauf.
— Berücksichtigt man, daß die *Hinzurechnungspflicht der Dauerschulden und Dauerschuldzinsen* bei der Gewerbekapital- und Gewerbeertragsteuer ab 1984 nur noch 50% beträgt, wird die Kreditkaufalternative gegenüber einer 100%igen Hinzurechnungspflicht begünstigt.
— Eine Verschiebung der Vorteilhaftigkeit kann daraus folgen, daß für die Berechnung der Gewerbekapitalsteuer und der Vermögensteuer die Verhältnisse zu *Beginn des Kalenderjahres* (§ 12 Abs. 5 GewStG und § 5 Abs. 1 VStG) maßgebend sind.

---

[27] Siehe hierzu Büschgen, Hans E.: Kritische Auseinandersetzung mit Finanz-Leasing, in: Die Bank, 21. Jg., 1981, S. 213.

[28] So auch Haberstock, Lothar: Kredit-Kauf oder Leasing? Ein Vorteilhaftigkeitsvergleich unter Berücksichtigung der steuerlichen Auswirkungen, in: Steuerberater-Jahrbuch 1982/83, S. 452f.

[29] Vgl. auch Mellwig, Winfried: Besteuerung und Kauf/Leasing-Entscheidung, in: Zeitschrift für betriebswirtschaftliche Forschung, 35. Jg., 1983, S. 782–800.

Tabelle 2.17 Kauf, degressive AfA und 100% Fremdfinanzierung

	Ertrag (1)	Tilgung (2)	Afa (3)	Gewerbe-kapitalst. (4)	Gewerbe-ertragst. (5)	Zinsen FK (6)	Gewinn vor KSt (7)	KSt (8)	Netto-einz. (9)	Barwert-faktor (10)	Barwert Nettoeinz. (11)
EK-Einsatz											0
Ende Jahr 1	35 000	20 000	30 000	700	640	8 000	−4 340	−2 170	7 830	0,9091	7 118
Ende Jahr 2	35 000	20 000	21 000	490	2 012	6 400	5 098	2 549	3 549	0,8264	2 933
Ende Jahr 3	35 000	20 000	16 333	343	2 728	4 800	10 796	5 398	1 731	0,7513	1 301
Ende Jahr 4	35 000	20 000	16 333	229	2 745	3 200	12 493	6 246,5	2 579,5	0,6830	1 762
Ende Jahr 5	35 000	20 000	16 333	114	2 763	1 600	14 190	7 085	3 438	0,6209	2 135
$\sum$	175 000	100 000	99 999	1876	10 888	24 000	38 237	19 108,5	19 127,5		15 249

Barwert Nettoeinzahlung bei Leasing:	12 129 DM
Barwert Nettoeinzahlung bei Kauf:	15 249 DM
Leasing„nachteil“	3 120 DM

Tabelle 2.18 Kauf und differenziertere steuerliche Betrachtung

	Ertrag (1)	FK-bestand (2)	Tilgung (3)	Zinsen FK (4)	AfA (5)	steuerl. Buchwert (6)	VSt (7) 0,6% × (Sp 6–Sp 2) × 0,75 des Vorjahres	Gewerbe-kapitalst. (8) 0,7% × (Sp 6–0,5 Sp 2) des Vorjahres	Gewerbe-ertragst. (9) 14,89% × (Sp 1–0,5 Sp 4–Sp 5–Sp 8)	KSt (10) 0,56 × (Sp 1 –Sp 4–Sp 5 –Sp 8–Sp 9)	Netto-einzahl. (11) Sp 1–Sp 3 –Sp 4–Sp 7 –Sp 8–Sp 9 –Sp 10	Barwert-faktor (12)	Barwert Nettoeinz. (13)
EK-Einsatz													0
Ende Jahr 1	35 000	80 000	20 000	8 000	30 000	70 000	0	0	149	–1 574,5	8 802,5	0,9091	8 002
Ende Jahr 2	35 000	60 000	20 000	6 400	21 000	49 000	–45	210	1577	2 906,5	3 951,5	0,8264	3 266
Ende Jahr 3	35 000	40 000	20 000	4 800	16 333	32 667	–50	133	2402	9 666	2 049	0,7513	1 539
Ende Jahr 4	35 000	20 000	20 000	3 200	16 333	30 000	–33	89	2528	6 425	2 791	0,6830	1 906
Ende Jahr 5	35 000	0	20 000	1 600	16 333	30 000	45	140	2640	7 143,5	3 431,5	0,6209	2 131
∑	175 000		100 000	24 000	99 999		–83	572	9296	20 566,5	21 025,5		16 844

Barwert Nettoeinzahlung bei Leasing:	12 129 DM
Barwert Nettoeinzahlung bei Kauf:	16 844 DM
Leasing„nachteil“	4 751 DM

— Die seit 1984 geltende Regelung, daß das Betriebsvermögen bei der Ermittlung des Gesamtvermögens zur Bemessung der Vermögensteuer nur zu 75% angesetzt wird (§ 117 a Abs. 1 BewG), begünstigt die Kreditkaufalternative.

Die angeführten Vergleichsrechnungen haben gezeigt, daß generelle Aussagen über die Vorteilhaftigkeit von Leasing oder Kauf kaum gemacht werden können. Auch Leasinggesellschaften räumen ein, daß veröffentlichte Modellrechnungen im Regelfall Verallgemeinerungen sind, die aufgrund der Vielzahl der Faktoren je nach Prämissenwahl sowohl die konventionelle Finanzierung als auch die Leasingalternative günstiger erscheinen lassen können.
Zu berücksichtigen sind vor allem auch nicht oder nur *schwer quantifizierbare Faktoren*, wie z. B. die häufig bessere Kenntnis des Marktes für gebrauchte Anlagen durch Leasinggeber, die nicht explizit in eine Modellrechnung eingehen, die jedoch je nach subjektiver Gewichtung die endgültige Entscheidung zugunsten von Leasing oder Kauf beeinflussen können[30]. Mitunter sind auch Bilanzstrukturüberlegungen von Bedeutung.

H. Berücksichtigung von Preis- und Wechselkursänderungen

In einer Welt variierender Preise und mangelnder Preisniveaustabilität stellt sich die Frage, ob und wenn ja, inwieweit Preis- und Wechselkursänderungen die Ermittlung von Kapitalwerten und somit die Vorteilhaftigkeit einer Investition beeinflussen.

1. Gleichmäßige Preisänderungen aller in das Modell eingehenden Größen

Geht man davon aus, daß eine einheitliche Inflationsrate (p) oder Deflationsrate sowohl für die Güter der Beschaffungsseite als auch der Absatzseite gilt, und schlägt sich diese Inflationsrate auch im Kapitalmarktzins nieder, so ergibt sich für den Kapitalwertkalkül:

$$(2.16) \qquad C_0 = -a_0 + \sum_{t=1}^{n} \frac{b_t(1+p)^t - a_t(1+p)^t}{(1+i)^t \cdot (1+p)^t}.$$

Der Faktor $(1+p)$ läßt sich herauskürzen, so daß wieder gilt:

$$(2.1\,a) \qquad C_0 = -a_0 + \sum_{t=1}^{n} (b_t - a_t) \cdot (1+i)^{-t}.$$

---

[30] Siehe hierzu z. B. Haberstock, Lothar: Kredit-Kauf oder Leasing? Ein Vorteilhaftigkeitsvergleich unter Berücksichtigung der steuerlichen Auswirkungen, in: Steuerberater-Jahrbuch 1982/83, S. 500–503.

Sowohl in den Reihen der Auszahlungen (a_t) als auch der Einzahlungen (b_t) sowie im Kalkulationszinsfuß ist die Inflationsrate (p) berücksichtigt. Unter der vereinfachten Prämisse einer allgemeingültigen Rate der Preisänderung ist mithin eine explizite Berücksichtigung der Inflation im Kapitalwertkalkül *nicht* erforderlich[31]. In der Praxis wird daher die Investitionsrechnung nicht selten auf der Basis der im Kalkulationszeitpunkt geltenden Preise aufgemacht und unterstellt, daß Erhöhungen der Faktorpreise auf die Verkaufspreise überwälzt werden.

2. *Unterschiedliche Preisänderungen der in das Modell eingehenden Größen*

Gewöhnlich unterscheiden sich die Preisänderungsraten der Einzahlungen ($p_{b\tau}$) von denen der Auszahlungen ($p_{a\tau}$). Außerdem können sie wie die allgemeine jährliche Inflationsrate (p_τ) im Zeitablauf variieren oder zu unterschiedlichen Zeitpunkten einsetzen[32].

Der *reale* Kapitalwert (C_0^r) errechnet sich unter Berücksichtigung des realen Zinssatzes (i_r) dann wie folgt:

$$(2.17) \qquad C_0^r = -a_0 + \sum_{t=1}^{n} \frac{\prod_{\tau=1}^{t} b_t(1 + p_{b\tau}) - \prod_{\tau=1}^{t} a_t(1 + p_{a\tau})}{\prod_{\tau=1}^{t} (1 + p_\tau)(1 + i_r)^t}.$$

Bei differenzierten Preisänderungen ist somit eine explizite Berücksichtigung der Inflation im Kalkül notwendig. Jedoch können die Inflationsraten und deren Einfluß auf den Kalkulationszinssatz nur unter großer Unsicherheit prognostiziert werden. Werden die einzelnen Preisänderungsraten und die allgemeine Inflationsrate im Zeitablauf als konstant angenommen, so gilt:

$$\prod_{\tau=1}^{t} (1 + p_{b\tau}) = (1 + p_b)^t$$

$$\wedge \prod_{\tau=1}^{t} (1 + p_{a\tau}) = (1 + p_a)^t$$

$$\wedge \prod_{\tau=1}^{t} (1 + p_\tau) = (1 + p)^t.$$

---

31 Vgl. im einzelnen hierzu Schneider, Dieter: Investition und Finanzierung, 5. Aufl., 1980, S. 308–312.

32 Siehe hierzu z. B. Cooley, Philip L.; Roenfeldt, Rodney L.; Chew, It-Koeng: Capital Budgeting Procedures under Inflation, in: Financial Management, Winter 1975, S. 18–27.

Formel (2.17) vereinfacht sich dann zu:

$$C_0^r = -a_o + \sum_{t=1}^{n} \frac{(1+p_b)^t \cdot b_t - (1+p_a)^t \cdot a_t}{(1+p)^t \cdot (1+i_r)^t}. \tag{2.18}$$

Aus der Formel (2.18) ist ersichtlich, daß bei der Berechnung des realen Kapitalwertes grundsätzlich zwei Vorgehensweisen möglich sind:

— Entweder deflationiert man zunächst die nominellen Zahlungsreihen mit $(1 + p)^t$ und diskontiert die sich dann ergebenden *realen* Zahlungsreihen mit dem *realen* Diskontierungsfaktor $(1 + i_r)^t$,
— oder man geht von nominellen Zahlungsreihen aus und verwendet einen inflationsadjustierten Zinssatz (nomineller Zinssatz):

$$i_n = (1 + p) \cdot (1 + i_r) - 1. \tag{2.19}$$

Formel (2.19) kann auch dafür verwendet werden, einen nominellen Zinsfuß (i_n) in einen realen Zinsfuß zu transformieren, z. B. einen aufgrund nomineller Zahlungsreihen ermittelten „nominellen" internen Zinsfuß in einen realen:

$$i_n = (1 + p) \cdot (1 + i_r) - 1$$

$$i_r = \frac{i_n + 1}{1 + p} - 1. \tag{2.20}$$

Voraussetzung für diese Transformation ist freilich, daß die Inflationsrate über alle Perioden hinweg konstant ist. Sofern die allgemeine Inflationsrate voraussichtlich von Periode zu Periode schwankt, führt eine pauschale Korrektur des Kalkulationszinsfußes zu Verzerrungen. In diesem Fall ist es angebrachter trotz der Prognoseunsicherheit nach (2.17) zu verfahren.

Beispiel[33]

(1) Ohne Berücksichtigung von Preis- und Geldwertänderungen:
— Gewinnsteuersatz s = 50%
— lineare Abschreibung
— Kalkulationszinsfuß nach Steuern $i_s = 5\%$
— Laufzeit des Investitionsobjektes $n = 5$ Jahre
— Zahlungen sind auf der Preisbasis von t_0 in Mio GE geschätzt.

[33] Ein ähnliches Beispiel findet sich bei Weston, J. Fred; Copeland, Thomas E.: Managerial Finance, 8. Aufl., 1986, S. 153–155.

Tabelle 2.19

	t_0	t_1	t_2	t_3	t_4	t_5
a_t	60	24	34	44	54	64
b_t		40	50	60	70	80
c_t		16	16	16	16	16
$(1-s)c_t$		8	8	8	8	8
d_t		12	12	12	12	12
$s \cdot d_t$		6	6	6	6	6
$(1-s)c_t + s \cdot d_t = c_{ts}$		14	14	14	14	14

Der Kapitalwert beträgt $C_{os} = -60 + 14 \cdot RBF^{5\%}_{5\,\text{Jahre}} = 0{,}61$ Mio GE.

(2) Mit Berücksichtigung von Preis- und Geldwertänderungen:

— Erwartete Preisänderung der Auszahlungen $p_a = 8\%$ in jedem Jahr,

— erwartete Preisänderung der Einzahlungen $p_b = 7\%$ in jedem Jahr,

— erwarteter nomineller Zinsfuß nach Steuern $i_{ns} = 11\%$.

— Berücksichtigt man die Besteuerung, so ist darauf zu achten, daß auch in einer inflationären Welt die steuermindernden Abschreibungen sich gewöhnlich nach den Anschaffungskosten und nicht nach den eventuell gestiegenen Wiederbeschaffungspreisen richten (Problem der „Scheingewinnbesteuerung"). Für den modifizierten Kapitalwertkalkül gilt demnach unter Berücksichtigung von Steuern:

$$C^r_{os} = -a_0 + \sum_{t=1}^{n} \frac{(1-s)\,[b_t(1+p_b)^t - a_t(1+p_a)^t] + s \cdot d_t}{(1+i_{ns})^t} \tag{2.21}$$

Tabelle 2.20

	t_0	t_1	t_2	t_3	t_4	t_5
$a_t \cdot (1+p_a)^t$	60	25,92	39,66	55,43	73,47	94,04
$b_t \cdot (1+p_b)^t$		42,8	57,25	73,5	91,76	112,2
c^n_t		16,88	17,59	18,07	18,29	18,16
$(1-s) \cdot c^n_t$		8,44	8,8	9,04	9,15	9,08
d_t		12	12	12	12	12
$s \cdot d_t$		6	6	6	6	6
$(1-s) \cdot c^n_t + s \cdot d_t = c^n_{ts}$		14,44	14,8	15,04	15,15	15,08

Der Kapitalwert beträgt nun $C^r_{os} = -60 + \sum_{t=1}^{5} c^n_{ts} \cdot 1{,}11^{-t} = -5{,}05$ Mio GE.

Obwohl sich die Einzahlungsüberschüsse nach Steuern (c_{ts}^{n}) nominell erhöht haben, wird der reale Kapitalwert der Investition aufgrund des ebenfalls nominell höheren Kalkulationszinsfußes negativ. Das Beispiel zeigt somit, daß ein ursprünglich vorteilhaftes Projekt infolge von Preis- und Geldwertänderungen, gemessen am *realen* Kapitalwert, *weniger* vorteilhaft oder gar absolut *un*vorteilhaft werden kann.
Spiegelt der Kalkulationszinsfuß, der in der ersten Variante des Beispiels 5% nach Steuern betrug, die geforderte reale Mindestverzinsung wider, so gilt für den nominellen Kalkulationszinsfuß, sofern dieser für einen Inflationsausgleich sorgen soll, gemäß Formel (2.19)

$$i_{ns} = (1 + i_{rs}) \cdot (1 + p) - 1. \tag{2.22}$$

Dem Beispiel liegt etwa eine 6%ige allgemeine jährliche Inflationsrate zugrunde, so daß i_{ns} genaugenommen (1 + 0,05) · (1 + 0,06) − 1 = 0,113 = 11,3% betragen müßte. Zwischen Realzins und Nominalzins besteht gemäß Formel (2.22) aufgrund der Zinseszinseffekte kein additiver, sondern ein multiplikativer Zusammenhang (*Fisher-Effekt*). Aus Vereinfachungsgründen wird dieser Unterschied aber zumeist vernachlässigt und der reale Marktzins vor allem in der Praxis bei Berücksichtigung von Preis- und Geldwertänderungen in den Investitionskalkülen im Regelfall additiv um die Inflationsrate erhöht.

3. *Wechselkursänderungen*

Wird die Investitionsentscheidung nicht nur auf den nationalen Raum beschränkt, sondern werden Investitionen eines Konzerns mit *Tochtergesellschaften im Ausland* einbezogen, so treten zusätzliche Probleme auf, so z. B.

— *ausländische Steuerbestimmungen*,
— Finanzmittelbeschaffung auf *ausländischen Kapitalmärkten*,
— *politische Risiken* (z. B. Enteignung, Transferbeschränkungen),
— Unterschiede zwischen den bei der ausländischen Tochtergesellschaft anfallenden Einzahlungsüberschüssen und den der Obergesellschaft zufließenden finanziellen Mittel, z. B. infolge von *Gewinnthesaurierungen* im Ausland oder zusätzlicher *Steuern beim Transfer*,
— zusätzliche Schwierigkeiten der *Prognose* zukünftiger Preis- und Absatzentwicklungen aufgrund mangelnder Kenntnis des Auslandsmarktes,
— *Wechselkursänderungen*[34].

[34] Siehe hierzu z. B. Rodriguez, Rita M.; Carter, E. Eugene: International Financial Management, 3. Aufl., 1984, S. 425–614; Eiteman, David K.; Stonehill, Arthur I.. Multinational Business Finance, 3. Aufl., 1982, S. 245–394; Shapiro, Alan C.: International Capital Budgeting, in: International Financial Management, hrsg. von Lessard, Donald R., 2. Aufl., 1985, S. 548-569; Mrotzek, Rüdiger: Bewertung direkter Auslandsinvestitionen mit Hilfe betrieblicher Investitionskalküle, 1989, S. 71-140.

Damit ergibt sich die Frage, ob bei der Bewertung eines ausländischen Investitionsobjektes der *Standpunkt der Obergesellschaft oder der der Tochtergesellschaft* eingenommen werden sollte. Wird eine Auslandsinvestition vom Standpunkt der investierenden inländischen Obergesellschaft beurteilt, so müssen die in ausländischen Währungseinheiten gemessenen erwarteten Einzahlungsüberschüsse in heimische Währung umgerechnet werden. Wird mit einer *Änderung des Wechselkurses* im Zeitablauf gerechnet, z. B. aufgrund voraussichtlich unterschiedlicher Inflationsraten, so sollte dies im Investitionskalkül bei der Kapitalwertberechnung erfaßt werden. Die in der Heimatwährung ausgedrückten Zahlungen können dann mit dem nominalen Marktzinssatz dieser Währung abgezinst werden. Aktionäre der Obergesellschaft eines international tätigen Konzerns, die in verschiedenen Ländern ihren Sitz haben, können unter Umständen dem gleichen Auslandsinvestitionsprojekt unterschiedliche Kapitalwerte zuordnen[35]. In der einfachsten Form lautet der unter expliziter Berücksichtigung des Wechselkurses (WK) modifizierte Kapitalwertkalkül wie folgt:

$$C_0 = -\,a_0 \cdot WK_0 + \sum_{t=1}^{n} \frac{c_t \cdot WK_t}{(1+i)^t}; \tag{2.23}$$

dabei sind a_0 und c_t in ausländischen Währungseinheiten ausgedrückt; c_t und i stellen Nominalgrößen dar. Wird die Gültigkeit der *Kaufkraftparitätentheorie* unterstellt, so gilt unter der Prämisse konstanter jährlicher *Inflationsraten* für den Wechselkurs zum Zeitpunkt t:

$$WK_t = WK_0 \cdot \frac{(1 + p_{\text{Inl.}})^t}{(1 + p_{\text{Ausl.}})^t}, \tag{2.24}$$

wobei $p_{\text{Inl.}}$ die inländische und $p_{\text{Ausl.}}$ die Inflationsrate im Lande der ausländischen Tochtergesellschaft ausdrückt. Erfolgen sämtliche Auszahlungen (z. B. Materialeinkäufe) und Einzahlungen (z. B. Umsatzerlöse) der ausländischen Tochtergesellschaft in ausländischer Währung, so bezieht sich das Wechselkursrisiko nur auf den Überschußbetrag. Denkbar sind aber auch Zahlungen in verschiedenen Währungen, z. B. in heimischer Währung für Vormateriallieferungen der Muttergesellschaft an die ausländische Tochter und Zahlungen in ausländischer Währung, z. B. von Dividenden an die Muttergesellschaft, die Wechselkursänderungen unterworfen sind. Dann ist eine differenzierte Betrachtung notwendig, in der die Zahlungsreihen nach Währungen aufgespalten werden. *Eine Nichtberücksichtigung von Preis- und Wechselkursändeurngen könnte den Investitionskalkül verfälschen.*

---

[35] Vgl. Stehle, Richard: Quantitative Ansätze zur Beurteilung ausländischer Investitionsprojekte, in: Internationalisierung der Unternehmung als Problem der Betriebswirtschaftslehre, hrsg. von Lück, W.; Trommsdorff, V., 1982, S. 481.

Beispiel

Eine Unternehmung (*U*) im Land *D* erwägt im Ausland (*A*) eine Tochtergesellschaft (*T*) zu gründen. Der Planungshorizont beträgt 4 Jahre, da nach dieser Zeit mit einer Nationalisierung der Tochtergesellschaft gerechnet wird, die Entschädigung der Regierung in *A* aber voraussichtlich der Anschaffungsauszahlung entspricht. Unter der Annahme, daß die Abschreibungsbeträge während der 4 Jahre reinvestiert werden müssen und die Gewinne nach Steuern im Lande *A* am jeweiligen Jahresende nach *D* transferiert werden, entsprechen die Gewinne nach Steuern den Einzahlungsüberschüssen für *U* vor Steuern in *D* aus diesem Projekt. *U* rechnet bei einem gegenwärtigen Kurs von 10 : 1, nach t_1 mit einer jährlichen Abwertung der Währung des Landes *A* (*LW*) von durchschnittlich 10%. Der Realzinssatz vor Steuern (i_r) beträgt in beiden Ländern rund 5%. Die 10%ige Abwertung beruht auf einer unterschiedlichen allgemeinen Inflationsrate in D von 5% und in A von 16,67% (vgl. Formel 2.24). Der nominelle Marktzinssatz vor Steuern (i_n) wird voraussichtlich in *D* dann 10% und in *A* rund 22% betragen.
T setzt ihre Produkte sowohl in *A* als auch in Drittländern ab und verwendet zum Teil heimische, zum Teil importierte Rohmaterialien; die Kauf- und Verkaufkontrakte werden in *LW* fakturiert. *U* erwartet, daß die Stückkosten der Rohmaterialien im Lande *A* nach t_1 jährlich um 8% steigen werden, die importierten Rohmaterialien um 10%, die Lohnstückkosten um 4% sowie fixe Ausgaben um 5%. Außerdem rechnet *U* damit, daß die Absatzpreise in *A* und die Exportpreise nach t_1 jährlich um 5% erhöht werden können und aufgrund dieser Preisentwicklung der Inlands- und der Exportabsatz jährlich um 5000 bzw. 10 000 Mengeneinheiten (ME) gesteigert werden kann. Unter diesen Annahmen werden Erlöse, Kosten und Gewinne gemäß Tabelle 2.21 prognostiziert[36]:
Obwohl der in LW gemessene Einzahlungsüberschuß (Tab. 2.21, Zeile 24) von t_1 bis t_4 ansteigt, sinkt aufgrund der Wechselkursänderung der die Obergesellschaft primär interessierende operative DM-Einzahlungsüberschuß in t_3 auf 148,25 TDM und t_4 auf 143,07 TDM (Tab. 2.21, Zeile 25). Er sinkt jedoch um weniger als 10%, wie es die 10%ige Abwertung vielleicht vermuten ließe, da die Gewinnsteigerung in *A* den Abwertungseffekt teilweise ausgleicht, in t_2 sogar überkompensiert.
Ohne Berücksichtigung von Preis- und Wechselkursänderungen (d. h. konstanter Einzahlungsüberschuß von 150 TDM über 4 Jahre mit einer Schlußzahlung von 2000 TDM) würde sich aus Sicht von *T* und *U* bei einem Kalkulationszinssatz von ($i_s = 0{,}05 - 0{,}5 \cdot 0{,}05 =$) 2,5% nach Steuern für das Projekt ein Kapitalwert von 376 TDM errechnen. Werden jedoch die Preis- und Wechselkursänderungen berücksichtigt, so muß dem Kapitalwertkalkül aus Sicht von *T* die sich aus Tabelle 2.21, Zeile 24 und aus Sicht von *U* sich aus Zeile 25 ergebende Zahlungsreihe zugrunde gelegt werden. Hinzu kommt, daß sich aufgrund der Inflation die

[36] Siehe hierzu ein ähnliches Beispiel bei Shapiro, Alan C.: Capital Budgeting for the Multinational Corporation, in: International Financial Management, hrsg. von Lessard, Donald R., 1979, S. 573f.

Zinssätze ändern werden, und zwar werden annahmegemäß die Marktzinssätze nach Steuern nach t_1 in A $i_{ns,A} = 11\%$ und in D $i_{ns,D} = 5\%$ betragen. Hieraus folgt für den Kapitalwert der Tochtergesellschaft *aus Sicht des lokalen Managements in A* unter Ansatz einer Abzinsung mit 2,5% für die erste Periode:

$$C_{oA} = -20\,000 + \left(1500 + \frac{1675}{1{,}11} + \frac{1830{,}25}{1{,}11^2} + \frac{21\,959{,}8}{1{,}11^3}\right) \cdot \frac{1}{1{,}025}$$
$$= 50 \text{ (TLW)}.$$

Aus Sicht von U mit Sitz in D ergibt sich ein Kapitalwert von:

$$C_{oD} = -2000 + \left(150 + \frac{150{,}75}{1{,}05} + \frac{148{,}25}{1{,}05^2} + \frac{1603{,}07}{1{,}05^3}\right) \cdot \frac{1}{1{,}025} = -231{,}4 \text{ (TDM)}.$$

Nach dem Akzeptanzkriterium würde die Errichtung der Tochtergesellschaft aus Sicht von U abgelehnt werden, während der Kapitalwert aus Sicht von T positiv ist. Beachtet werden muß jedoch noch, daß U aus dem Beteiligungsabgang in t_4 einen Verlust in Höhe von $(2000 - 20\,000 \cdot 0{,}073 =)$ 540 TDM erleidet (Anschaffungsauszahlung für das Projekt 2000 TDM bei einer umgerechneten Entschädigung von 1460 TDM), der bei sofortigem Verlustausgleich zu einer Steuerminderung von 270 TDM führt, so daß

$$C_{oD} = -231{,}4 + \frac{270}{1{,}05^3} \cdot \frac{1}{1{,}025} = -3{,}85 \text{ TDM}$$

beträgt.

Zwar nähert sich der Kapitalwert aus Sicht von U der kritischen Grenze von Null, ist aber immer noch negativ und liegt beträchtlich unter den 376 TDM, die als Kapitalwert unter Voraussetzung von Preisniveaustabilität errechnet wurden.

In diesem Beispiel wurde von einfachen Annahmen ausgegangen. Komplexer wird das Problem, wenn *zeitliche Unterschiede* zwischen dem Anfall der Erträge und den entsprechenden Einnahmen bzw. Aufwendungen und Ausgaben zu beachten sind, wenn *Ungewißheit* hinsichtlich der Erträge und Aufwendungen in *LW* und zukünftigen Wechselkursentwicklung herrscht oder wenn Transferbeschränkungen auftreten, bzw. kein vollkommener internationaler Kapitalmarkt, sondern *segmentierte Kapitalmärkte* unterstellt werden. In dem Fall blockierter Mittel müssen Annahmen über die Wiederanlage der Einzahlungsüberschüsse im Investitionsland bis zu dem Zeitpunkt, in dem sie transferiert werden können, getroffen werden, wobei die ausländische Zinsentwicklung eine bedeutende Rolle spielt.

Wenn die *Obergesellschaft* aus *Zulieferungen* an oder *Bezügen* von der zu gründenden Tochtergesellschaft, aus *Lizenzen* oder *Beratung zusätzliche Nettoeinnahmen* erwartet, so sind diese in den Kalkül aus ihrer Sicht einzubeziehen.

Generell sind *alle Veränderungen künftiger Zahlungen des Gesamtunternehmens gegenüber Dritten*, die aus Errichtung, Betrieb und Liquidation der Tochtergesell-

Tabelle 2.21

1		t_0	t_1	t_2	t_3	t_4
2		1 LW = 0,1 DM	Ausgangssituation ohne Preis- und Wechselkursänderungen (Preisniveaustabilität) 1 LW = 0,1 DM	1 LW = 0,09 DM	1 LW = 0,081 DM	1 LW = 0,073 DM
3	Absatz (in Mengeneinheiten)					
4	Inland		100000	105000	110000	115000
5	Export		100000	110000	120000	130000
6	Preis (LW)		100,–	105,–	110,25	115,76
7	Bruttoerlös (TLW)		20000	22575	25357,5	28361,2
8	Kosten					
9	Rohmaterial (je Mengeneinheit)					
10	Inland		25,–	27,–	29,16	31,49
11	Import		20,–	22,–	24,2	26,62
12	Lohnstückkosten		25,–	26,–	27,04	28,12
13	gesamte variable Stückkosten (LW)		70,–	75,–	80,4	86,23

14	variable Gesamtkosten (TLW)		14 000	16 125	18 492	21 126,35
15	fixe Ausgaben (TLW)		2 000	2 100	2 205	2 315,25
16	Abschreibungen (TLW)		1 000	1 000	1 000	1 000
17	Gesamtkosten (TLW)		17 000	19 225	21 697	24 441,6
18	Gewinn vor Steuern (TLW)		3 000	3 350	3 660,5	3 919,6
19	Steuern (50%)		1 500	1 675	1 830,25	1 959,8
20	Gewinn nach Steuern (TLW)		1 500	1 675	1 830,25	1 959,8
21	Anschaffungsauszahlung (TLW)	20 000	–	–	–	–
22 23	Veräußerungserlös (Entschädigung für Enteignung in TLW)	–	–	–	–	20 000
24	Einzahlungsüberschuß (TLW)	– 20 000	+ 1500	+ 1675	+ 1830,25	{ 20 000,– 1 959,80
25	Einzahlungsüberschuß (TDM)	– 2 000	+ 150	+ 150,75	+ 148,25	{ 1 460,– 143,07

schaft erwartet werden, in einem Investitionskalkül zur Beurteilung der Akzeptanz oder Vorteilhaftigkeit eines solchen Investitionsvorhaben zu berücksichtigen, wobei gegebenenfalls vermutete Transferhemmnisse zu beachten sind[37].

I. Kritik an der Kapitalwertmethode

Bei der Auswahl von Investitionsobjekten nach der Kapitalwertmethode wird unterstellt, daß sich der Investor nur an der einfachen Zielsetzung der *Kapitalwertmaximierung* orientiert. *Nebenbedingungen* wie z.B. Sicherung der Liquidität, Beschränkungen des Beschaffungs-, Absatz- und Finanzbereichs werden nicht explizit berücksichtigt. Freilich schlagen sich ihre Auswirkungen in der Höhe der geschätzten Zahlungen nieder.

Unterstellt wird ferner die *sichere Voraussicht* der künftigen Zahlungen. Diese Prämisse ist jedoch nicht notwendig. In § 5 wird gezeigt, daß durch *Korrekturfaktoren* insbesondere für die geschätzten Zahlungen oder Einführung von *Wahrscheinlichkeitsverteilungen* für unsichere Größen die Kapitalwertmethode so *modifiziert* werden kann, daß sie auch bei *unsicheren Erwartungen verwendbar* ist.

Das bisher diskutierte Entscheidungsmodell auf der Basis des Kapitalwertes ist ein *Partialmodell*, in dem jede Investition isoliert betrachtet wird. Die implizite Unterstellung, daß alle (fiktiven) Ergänzungsinvestitionen einen Kapitalwert von Null haben, ermöglicht es, *Einzelinvestitionen* zu analysieren. Bei expliziter Wiederanlage zu einem Zinsfuß $i_w \neq i$ wird gedanklich bereits die ursprüngliche Investition mit den erforderlichen Ergänzungsinvestitionen zu einem *Investitionsprogramm* kombiniert.

Ein *Produktions-* oder *Absatzverbund* sowie ein Risikoausgleich wurden bisher nicht im Kapitalwertmodell abgebildet. Dies kann jedoch, wie in § 6 und § 7 gezeigt werden soll, durch Erweiterung des Ansatzes geschehen.

Literaturempfehlungen zu § 2

Philippatos, George: Financial Management, 1973, Kapitel 8 und 9 (zu § 2 B 3).
Schneider, Erich: Wirtschaftlichkeitsrechnung, 8. Aufl., 1973, II. Kapitel.
Moxter, Adolf: Die Bestimmung des Kalkulationszinsfußes bei Investitionsentscheidungen,

---

[37] Siehe hierzu Busse von Colbe, Walther: Zur finanziellen Steuerung und Kontrolle im internationalen Konzern mit Hilfe von Bilanzen, in: Führungsprobleme industrieller Unternehmungen, Festschrift für Friedrich Thomée, 1980, S. 257–278, und insbesondere Gebhardt, Günther: Finanzielle Planung und Kontrolle bei internationaler Unternehmungstätigkeit, 1986.

in: Zeitschrift für handelswissenschaftliche Forschung, 13. Jg., 1961, S. 186–200; wiederabgedruckt in: Schmidt, Ralf-Bodo (Hrsg.): Unternehmungsinvestition, 1975, S. 165–179 und in: Albach, Horst (Hrsg.): Investitionstheorie, 1975, S. 140–154 (zu § 2 B 3).

Schneider, Dieter: Investition und Finanzierung, 5. Aufl., 1980, S. 223–240 (zu § 2 B, C), S. 248–331 (zu § 2 F).

Copeland, Thomas E.; Weston J. Fred: Financial Theory and Corporate Policy, 2. Aufl., 1983, Kapitel 2.

Biermann, Harold, Jr.; Smidt, Seymour: The Capital Budgeting Decision, 6. Aufl., 1984, Kapitel 4 und 9.

Mellwig, Winfried: Investition und Besteuerung, 1985 (zu § 2 F und G).

Shapiro, Alan C.: Multinational Financial Management, 2ed., 1986, Kapitel 3 (zu § 2 H 3).

Van Horne, James C.: Financial Management and Policy, 7th. ed., 1986, Kapitel 5.

Weston, J. Fred; Copeland, Thomas E.: Managerial Finance, 8. Aufl., 1986, Kapitel 6, 7 und 32.

Jacob, Herbert: Investitionsrechnung, in: Allgemeine Betriebswirtschaftslehre, hrsg. von H. Jacob, 5. Aufl., 1988, S. 613–728.

Eisenführ, Franz: Kalkulationszinsfuß, in: Busse von Colbe, Walther (Hrsg.): Lexikon des Rechnungswesens, 1989, S. 262–265 (zu § 2 B 3).

Kruschwitz, Lutz: Dynamische Investitionsrechnung unter Sicherheit, in: Busse von Colbe, Walther (Hrsg.): Lexikon des Rechnungswesens, 1989, S. 127–130.

Süchting, Joachim: Finanzmanagement, 5. Aufl., 1989, S. 144–152 (zu § 2 G).

Aufgaben zu § 2

2.1 Ein Unternehmer habe eine Investitionsmöglichkeit I_1, die zu folgenden Zahlungen in Geldeinheiten (GE) am Jahresende führt:

Zeitpunkt	t_0	t_1	t_2
Auszahlungen	3380	2000	6000
Einzahlungen		4000	8000

Der Kalkulationszinsfuß ist für die Investition mit $i = 8\%$ anzusetzen.

(a) Berechnen Sie den Barwert der Auszahlungsreihe und den Barwert der Einzahlungsreihe für t_0!

(b) Beurteilen Sie die Vorteilhaftigkeit der Investition nach der Kapitalwertmethode!

(c) Berechnen Sie den Kapitalwert im Zeitpunkt t_1!

(d) Berechnen Sie C_0 für alternative Kalkulationszinsfüße ($i = 0\%$, 6%, 10%, ∞) und stellen Sie $C_0(i)$ graphisch dar!

(e) Wie bezeichnet man die Nullstelle der $C_0(i)$-Funktion?

(f) Wie verändert sich Ihr Ergebnis unter (b), wenn Einzahlungsüberschüsse auf dem Markt zu $i = 6\%$ (10%) wieder angelegt werden können, der Kalkulationszinsfuß $i = 8\%$ jedoch als Mindestverzinsungsanspruch unverändert bleiben soll?

(g) Wie verändert sich Ihr Ergebnis unter (b), wenn Einzahlungsüberschüsse nicht wiederangelegt, sondern gehortet werden?
(h) Berechnen Sie die Kapitalwert-Annuität (c^*) für $i = 8\%$!

2.2 Ein Unternehmer überlegt sich, ob er für seine Ersparnisse von 200000 DM ein Mietshaus erwerben soll. Dieses Haus würde nach grober Schätzung durchschnittliche Nettoeinzahlungen von 20000 DM jährlich in den ersten 10 Jahren einbringen; für die spätere Zukunft werden nur noch 10000 DM jährlich erwartet. Die Lebensdauer des Hauses wird mit 50 Jahren veranschlagt. Als einzige Alternative für den Hauskauf zieht der Unternehmer die Anlage des Geldes in 6%-igen Pfandbriefen in Betracht. Würden Sie zum Erwerb des Hauses raten?
Welchen Preis sollte der Unternehmer für das Haus höchstens zahlen, wenn der Preis erst ausgehandelt werden muß?

2.3 Die Investition eines Betrages von 10000 DM führt in den folgenden 5 Jahren zu folgenden Einzahlungsüberschüssen:

Jahr	DM
1	5000
2	4000
3	3000
4	1000
5	1000

Berechnen Sie unter Verwendung eines Kalkulationszinsfußes von 8% den Kapitalwert der Investition, wenn sie

(a) einmal durchgeführt wird,
(b) dreimal hintereinander durchgeführt wird,
(c) ad infinitum wiederholt wird,
(d) zweimal in t_0 durchgeführt wird!

2.4 Zeigen Sie, daß langfristige Investitionen „zinsempfindlicher" sind als kurzfristige! Gehen Sie von folgenden Beispielsinvestitionen aus:

$$I_2: \{-3380, 0, 4090\},$$
$$I_3: \{-1690, 169, 169, 169, \dots \text{ewig}\}.$$

2.5. Vergleichen Sie die in Aufgabe 2.1 und 2.4 dargestellten, alternativen Investitionsobjekte I_1, I_2, I_3 nach der Kapitalwertmethode! Legen Sie einen Kalkulationszinsfuß $i = 8\%$ zugrunde!

(a) Wie lautet die Präferenzreihenfolge bei impliziter Wiederanlageprämisse?

(b) Was wird unter (a) im Hinblick auf die Ergänzungsinvestition angenommen? Zeigen Sie es an einem Beispiel!

(c) Ändert sich das Ergebnis, wenn Sie 3380 DM anlegen wollen und Investition I_3 zweimal durchgeführt werden kann?

(d) Ermitteln Sie die Kapitalwerte von I_1 und I_2 bei identischer, unendlicher Wiederholung der Investition! Wie lautet unter dieser Annahme die Präferenzreihenfolge?

2.6 Ein Unternehmer hat drei Investitionsmöglichkeiten zur Verfügung, die durch folgende Zahlungen gekennzeichnet sind (negative Zahlen bedeuten Auszahlungen, positive Zahlen Einzahlungen):

Zeitpunkt	Investition		
	I_1	I_2	I_3
0	−1000	−100	−100
1	+ 200	+ 50	+ 30
2	+ 200	+150	+ 30
3	+1200	—	+ 30
4	—	—	+ 30
.	.	.	.
.	.	.	.
.	.	.	.
∞	—	—	+ 30

Um investieren zu können, muß der Unternehmer Kredit aufnehmen, der mit 10% p. a. zu verzinsen ist; diesen Satz wählt er daher als Kalkulationszinsfuß. Maximale Kredithöhe ist 1000.

(a) Wie lautet der jeweilige Kapitalwert und die Präferenzfolge bei einmaliger Investition?

(b) Welche Kapitalwerte und welche Präferenzfolge ergeben sich bei voller Ausschöpfung des Kreditspielraumes und wiederholter Investition?

2.7 Jemand hat 80000 DM und möchte sie anlegen. Folgende Investitions*alternativen* stehen ihm im jetzigen Zeitpunkt zur Verfügung:

(1) Darlehen an eine Gesellschaft in Höhe von 60000 DM. Der Betrag soll durch fünf Raten von 15000 DM in den folgenden fünf Jahren zurückgezahlt und verzinst werden.

(2) Kauf von ewigen Rentenpapieren bis maximal 80000 DM mit 6% jährlicher Verzinsung.

(3) Darlehen an einen Tennisclub in Höhe von 40000 DM, das in den folgenden drei Jahren in drei gleichen Raten unter Einschluß von 10% Zinsen zurückgezahlt werden soll.

(4) Kreditgewährung an einen guten Freund, der für Grundstücksgeschäfte genau 50000 DM benötigt und verspricht, in 10 Jahren 200000 DM zurückzuzahlen.

(a) Welches ist der relevante Kalkulationszinsfuß?

(b) Beurteilen Sie die 4 Alternativen nach:
— der Kapitalwertmethode,
— der Annuitätenmethode,
— der Amortisationsdauer!

2.8 Es wird erwogen, die Produktion eines Gutes aufzunehmen, das pro Mengeneinheit einen Preis von 14 DM erzielen und Auszahlungen für variable Kosten von 4 DM verursachen würde.

(a) Unter welchen Umständen ist die Produktion lohnend, wenn dazu eine Maschine für 5000 DM angeschafft werden muß, die 10 Jahre genutzt werden kann und jährlich im Durchschnitt 400 DM Auszahlungen für Wartungs- und Reparaturkosten verursacht (Kalkulationszinsfuß: 6%)?

(b) Wie lautet das Ergebnis unter (a), wenn eine zweite Investitionsalternative I_2 zur Verfügung steht, die durch den folgenden Zahlungsstrom gekennzeichnet ist:

$$I_2: \{-2000, 800, 800, 800, 800\}.$$

2.9 Ein 67jähriger Rentner zahlt für seine Wohnung DM 3600 vorschüssige Miete pro Jahr. Ihm wird eine andere Wohnung angeboten, in der er gegen eine einmalige Zahlung von DM 25720,20 bis zu seinem Lebensende wohnen kann. Um diese Summe zu zahlen, müßte er in gleicher Höhe Kredit aufnehmen. Dieser Kredit kostet 10% p. a. vorschüssige Zinsen. Was würden Sie raten?

2.10 Ein Tankstellenpächter plant die Anschaffung einer Auto-Wasch-Straße zum Preise von 300000,— DM. Sein Pachtvertrag für die Tankstelle läuft in vier Jahren ab. Wegen der schnellen technischen Entwicklung von Auto-Wasch-Straßen rechnet er nicht damit, in 4 Jahren noch einen Resterlös zu erzielen. Die jährlichen Einzahlungsüberschüsse der Auto-Wasch-Straße schätzt er auf 100000,— DM. Die Anlage ist zur Hälfte sofort und der Rest nach einem Jahr zu bezahlen. Der dafür benötigte Kredit wird mit 10% verzinst. Verfügbares Eigenkapital ist nicht vorhanden. Die Einzahlungsüberschüsse können zu 6% angelegt werden.
Dem Pächter werden zwei alternative Tilgungsmodalitäten angeboten:

(a) Der Kredit ist am Ende der Anlagennutzungsdauer in einem Betrag zurückzuzahlen. Zinsen sind jährlich zu zahlen.

(b) Der aufgenommene Kredit ist innerhalb von 4 Jahren möglichst schnell in Raten zurückzuzahlen.

Würden Sie dem Pächter zu der Anschaffung raten, und welche Tilgungsform würden Sie wählen?

2.11 Zwei Investitionsalternativen sind folgendermaßen gekennzeichnet:

t	0	1	2	3	4	5
I_1	−900	400	400	400	400	400
I_2	−2000	700	700	700	700	700

Dem Investor stehen Eigenmittel in Höhe von 400 TDM zur Verfügung, die er auch auf dem Kapitalmarkt mit 10% Rendite anlegen könnte. Zur Finanzierung der Investition stellt ihm seine Hausbank zwei Kreditformen zur Verfügung:

1. einen Kontokorrentkredit bis maximal 500 TDM, für den jährlich 12% Sollzinsen von dem ausstehenden Kreditbetrag zu zahlen sind, und
2. einen zusätzlichen Kredit bis maximal 1600 TDM, der in drei gleichen Jahresraten (incl. 14% Zinsen) zu tilgen ist (Kapitalwiedergewinnungsfaktor $KWF_{14\%}^{n=3} = 0{,}4307$).

Beurteilen Sie die Vorteilhaftigkeit der Investitionen nach der Kapitalwertmethode unter Berücksichtigung der günstigsten Finanzierungsform!

2.12 Zwei einmalige, alternative Investitionen seien wie folgt gekennzeichnet:

t	0	1	2	3	4	5
Investition 1	−900	400	400	400	400	400
Investition 2	−2000	700	700	700	700	700

(a) Welche der beiden Investitionen erscheint nach dem Kapitalwertkriterium vorteilhafter, wenn die Unternehmensleitung mit 10%, d.h. der auf dem Kapitalmarkt erzielbaren Verzinsung, kalkuliert und Gewinnsteuern nicht berücksichtigt werden?

(b) Prüfen Sie, ob sich die Vorteilhaftigkeit in Abhängigkeit von proportionalen Gewinnsteuern ändert, wenn die Investitionsobjekte steuerlich nicht abgeschrieben werden können!

(c) Wie lautet das Ergebnis, wenn eine Gewinnsteuer von 40% erhoben wird? Die Anschaffungsausgabe wird steuerlich in 5 Jahren gleichbleibend abgeschrieben. Die Zinserträge auf dem Kapitalmarkt seien steuerfrei.

(d) Wie hängt bei (c) die relative Vorteilhaftigkeit vom Gewinnsteuersatz ab?

(e) Wie lautet die Entscheidung, wenn auch die Zinserträge auf dem Kapitalmarkt dem gleichen Gewinnsteuersatz von 40% unterliegen?

2.13 Ein Einzelhändler kann im Rahmen einer Geschäftserweiterung eine Investition tätigen, die durch folgende Zahlungsreihe beschrieben werden kann:

Anschaffungsauszahlung
$a_0 = -240000$ DM.
Einzahlungsüberschüsse im Zeitpunkt
t_1: 50000 DM,
t_2: 50000 DM,

dann 10 Jahre lang jährlich 25 000 DM. Nach Ende des 12. Jahres kann noch ein Resterlös von 30 000 DM erzielt werden.

(a) Würden Sie dem Unternehmer zu dieser Investition raten, wenn er alternativ 8% Zinsen auf dem Kapitalmarkt erzielen könnte?
Begründen Sie Ihr Gutachten mit Hilfe der Kapitalwertmethode!

(b) Der durchschnittliche Gewinnsteuersatz des Händlers beträgt 25%. Die Anlage wird gleichbleibend über 12 Jahre abgeschrieben.
Wie wäre die Investition unter Berücksichtigung dieses Steuersatzes zu beurteilen?

(c) Angenommen, von den erforderlichen 240000 DM müßten 100000 DM fremdfinanziert werden durch einen Kredit, der im Laufe von 3 Jahren durch gleichhohe Annuitäten (Zinsen + Tilgungszahlungen) abgetragen werden soll. Die Kreditzinsen betragen 10%. Würden Sie in diesem Falle die Investition empfehlen, wenn auch die Fremdkapitalzinsen steuerlich wirksam werden?
Wie hoch ist der Kapitalwert?

2.14 Ein Unternehmen der Kettenbranche entwickelte in den letzten Jahren ein neues *Kettenschloß*, welches patentrechtlich geschützt wurde. Jedoch ist sich die Unternehmensleitung noch nicht darüber klar, ob sie schon in diesem Jahr mit dem Bau der Anlage zur Serienproduktion jener Kettenschlösser beginnen soll, oder zunächst eine Erweiterungsinvestition in der Sparte „*Hobelketten*" durchführen soll.

Der *Neubau der Produktionsanlage* zur Serienproduktion jener Kettenschlösser dauert zwei Jahre. Im ersten Jahr (t_0) müßten 200 000 DM investiert werden, im zweiten 100 000 DM. Mit der Produktion selbst könnte erst in t_2 begonnen werden. Die Planungsabteilung geht von einer 10-jährigen wirtschaftlichen Nutzungsdauer der Anlage aus, die auch steuerlich anerkannt ist. Unabhängig von der Anzahl (x_t) der produzierten Schlösser in den einzelnen Perioden werden im ersten Produktionsjahr voraussichtlich fixe Auszahlungen in Höhe von 10 000 DM anfallen, ab dem zweiten Produktionsjahr 15 000 DM. Dafür fällt der variable Anteil der Auszahlungen, der mit der Produktion eines Schlosses verbunden ist, von 90 DM im ersten Produktionsjahr auf 88 DM in den folgenden. Der Verkaufspreis des Schlosses wird auf 100 DM pro Stück veranschlagt. Die Planungsabteilung kalkuliert ihre

Investitionsobjekte mit einem Zinsfuß von 10% p. a. und legt einen Gewinnsteuersatz von 40% zugrunde.
Für die *Erweiterungsinvestition* in der Sparte „Hobelketten" wurde ein Kapitalwert von 50 000 DM vor Steuern und einer von 40 000 DM nach Steuern ermittelt. Diese Werte wurden für den Zeitpunkt t_1 berechnet.

(a) Stellen Sie die Zahlungsreihe der neu zu errichtenden Produktionsanlage auf! Gewinnsteuern sind zunächst nicht zu berücksichtigen.
(b) Wie hoch muß der Absatz x_2 in t_2 und durchschnittlich im Zeitraum t_3 bis t_{11} ($\bar{x}$) mindestens sein, wenn es wirtschaftlich sinnvoll sein soll, den Bau der neuen Produktionsanlage zu beginnen, anstatt die Erweiterungsinvestition durchzuführen?
(c) Welche Zahlungsreihe ergibt sich für die neue Produktionsanlage unter der Berücksichtigung des Gewinnsteuersatzes von 40% bei linearer Abschreibung und der Annahme, daß der Durchschnittsabsatz ($\bar{x}$) in allen Perioden 10 000 Stück beträgt?
(d) Wie hoch ist der Kapitalwert im Zeitpunkt t_1 unter den Annahmen von (*c*)?
(e) Wie hoch muß der Durchschnittsabsatz ($\bar{x}$) mindestens sein, wenn unter Beachtung von Gewinnsteuern und des entsprechenden Kalkulationszinsfußes eine Kapitalrückflußzeit von 8 Jahren nicht überschritten werden soll? Welchen Sinn hat diese Überlegung?
(f) Unter den Voraussetzungen von (*c*) soll untersucht werden, wie sich bei Realisierung der neuen Produktionsanlage eine Fremdfinanzierung des zweiten Teiles (100 000 DM) der Anschaffungsausgabe in t_1 auswirkt. Von der Hausbank liegt ein Angebot über einen Kredit vor, der in einem Betrage nach vier Jahren zurückzuzahlen ist. Die Zinsen betragen 12% p. a.. Wie ändert sich der Kapitalwert der neu zu errichtenden Produktionsanlage (unter Beachtung von 40% Gewinnsteuern für den Bezugszeitpunkt t_1)?

2.15 Ein Unternehmen hat zwei sich gegenseitig ausschließende Investitionsmöglichkeiten zur Verfügung, die durch folgende Zahlungen gekennzeichnet sind:

Investition A (Zahlungen ausgedrückt in Werten zum Jahresende t)

Jahresende	0	1	2	3	4	5
Anschaffungsausgaben:	1250					
laufende Einnahmen:		1000	1000	1000	1000	1000
laufende Ausgaben:						
Lohnausgaben		400	400	400	400	400
Energieausgaben		150	150	150	150	150
Rohmaterialausgaben		100	100	100	100	100
		650	650	650	650	650

Investition B (Zahlungen ausgedrückt in Werten zum Jahresende t)

Jahresende	0	1	2	3	4	5
Anschaffungsausgaben:	2000					
laufende Einnahmen:		1000	1000	1000	1000	1000
laufende Ausgaben:						
Lohnausgaben		326	326	326	326	326
Energieausgaben		50	50	50	50	50
Rohmaterialausgaben		100	100	100	100	100
		476	476	476	476	476

(a) Berechnen Sie die Kapitalwerte beider Investitionen! Der Kalkulationszinsfuß beträgt 7%.

(b) Gehen Sie davon aus, daß nach dem Jahresende 1 die Einnahmen und Ausgaben unterschiedlich zunehmen, und zwar:

Einnahmen:	9	Prozent pro Jahr,
Lohnausgaben:	12	Prozent pro Jahr,
Energieausgaben:	10	Prozent pro Jahr,
Rohmaterial:	4,5	Prozent pro Jahr.

(b_1) Berechnen Sie die nominellen Kapitalwerte der Investitionen!

(b_2) Vorausgesetzt, daß die Inflationsrate nach dem Jahresende 1 7,5% pro Jahr beträgt, berechnen Sie die realen Kapitalwerte beider Investitionen!

(c) Inwieweit beeinflussen die oben genannten relativen Preisänderungen und die Inflation die relative Vorteilhaftigkeit der Investitionen?

2.16 Zwei zur Auswahl stehende Investitionsalternativen A und B sind durch folgende Zahlungsreihen (Mio. DM) gekennzeichnet:

Investition A:

Zeitpunkt t:	0	1	2	3
Anschaffungsausgabe a_0:	5			
Laufende Einnahmen b_t:		10	10	10
Laufende Ausgaben a_t:		5	5	5

Investition B:

Zeitpunkt t:	0	1	2	3
Anschaffungsausgabe a_0:	7,5			
Laufende Einnahmen b_t:		10	10	10
Laufende Ausgaben a_t:		4	4	4

Beide Zahlungsreihen sowie die geforderte Mindestverzinsung von $i = 10\%$ basieren auf der Annahme einer Konstanz (gegenüber $t = 0$) sämtlicher relevanter Preise.

Von steuerlichen Aspekten sei zur Vereinfachung abgesehen.

(a) Berechnen Sie den *Kapitalwert* beider Investitionen.
Welche der beiden *Investitionsalternativen* ist nach dem Kapitalwertkriterium *vorzuziehen*?

(b) Ermitteln Sie die *modifizierten Zahlungsreihen* von Investition A und B für den Fall, daß die laufenden Einnahmen (b_t) bzw. Ausgaben (a_t) infolge von Preissteigerungen nach $t = 1$ um 9 bzw. 10 Prozent pro Jahr zunehmen.

(c) Berechnen Sie für Aufgabe (b) den *realen Kapitalwert* beider Investitionen unter der Voraussetzung, daß ab $t = 1$ eine jährliche allgemeine Inflationsrate von 8 Prozent herrscht.
Welche der beiden *Investitionsalternativen* ist nach dem Kapitalwertkriterium unter diesen Umständen *vorzuziehen*?

(d) Beurteilen Sie *fallunterscheidend* und unter Bezugnahme auf das *obige Beispiel* folgende Behauptungen:

(d_1) Die *Deflationierung* der Zahlungsreihe einer Investition kann durch Ansatz eines geeignet gewählten *inflationsadjustierten Kalkulationszinsfußes ersetzt* werden.

(d_2) *Preis- und Geldwertschwankungen* können in Investitionsrechnungen *vernachlässigt* werden (d. h. eine Planung unter der Annahme konstanter Preise ist zulässig), weil die Elemente der Zahlungsreihen einerseits preisinduziert erhöht, andererseits aber zur Ermittlung realer Werte entsprechend deflationiert werden.

2.17 Die nachstehende Übersicht gibt die Daten einer geplanten Investition wieder:

0	1	2	3	...	9	10	t
−25 000	5000	5000	5000	...	5000	5000	c_t

(d. h. $c_t = 5000$ für $t = 1, \ldots, 10$)
$i = 10\%$
(t: = Zeitindex, c_t: = Einzahlungsüberschuß der Periode t, i: = geforderte Mindestverzinsung).

Alle Daten basieren auf der Annahme einer Konstanz (gegenüber $t = 0$) sämtlicher relevanter Preise. Da Zweifel an der Berechtigung dieser Prämisse bestehen, soll durch Alternativrechnungen der Einfluß von Preis- und Geldwertänderungen auf den Investitionskalkül abgeschätzt werden. Dabei sei der Einfachheit halber von steuerlichen Überlegungen abgesehen.

Folgende Fälle sollen im einzelnen analysiert werden (y_t: = Wachstumsrate der Einzahlungsüberschüsse infolge relativer Preisänderungen in Periode t; p: = allgemeine jährliche Inflationsrate):

Fall I: $y_t = p = 0\%$ für $t = 1, \ldots, 10$ (oben dargestellter Ausgangsfall)

Fall II: $y_1 = -3\%$; $y_2 = y_3 = -4\%$; $y_4 = -5\%$; $y_5 = -6\%$; $y_6 = -7\%$; $y_7 = -8\%$; $y_8 = -10\%$; $y_9 = -13\%$; $y_{10} = -16\%$; $p = 5\%$

Fall IIIa: $y_t = 3\%$ für $t = 1, \ldots, 10$; $p = 6\%$

Fall IIIb: $y_t = 10\%$ für $t = 1, \ldots, 10$; $p = 6\%$
Fall IV: $y_t = p = 5\%$ für $t = 1, \ldots, 10$.

(a) Ermitteln Sie für die Fälle II bis IV unter Beachtung der angegebenen Prozentsätze für y_t die zugehörigen nominellen Zahlungsreihen der Investition. Leiten Sie sodann die entsprechenden realen Zahlungsreihen her, indem Sie die nominellen Zahlungsreihen mit den angegebenen Prozentsätzen für p deflationieren. Bei der Ermittlung aller dieser Zahlungsreihen ist auf den jeweils nächstliegenden ganzzahligen Wert zu runden. Berechnen Sie schließlich unter Angabe des jeweiligen formalen Ansatzes für alle Fälle I bis IV den Kapitalwert, für die Fälle II bis IV sowohl auf nomineller als auch auf realer Basis.

(b) Diskutieren Sie für die Fälle II bis IV die Auswirkungen der Preis- und Geldwertänderungen auf den Investitionskalkül. Wie ändert sich insbesondere die Vorteilhaftigkeit des Investitionsobjektes (absolut und gegenüber dem Ausgangsfall)? — Wie lassen sich negative Wachstumsraten y_t (wie im Fall II) erklären?

(c) Zeigen Sie formelmäßig, daß die unter (a) ermittelten realen Kapitalwerte auch ausgehend von den nominellen Zahlungsreihen errechnet werden können. Wie ist zu diesem Zweck der Diskontierungsfaktor $(1 + i)^t$ zu modifizieren? Überprüfen Sie Ihre Aussagen auch numerisch!

2.18[38] Die Zebra Corporation (Zebracorp) in Texas liefert monatlich 5000 Einheiten des Produktes Switchy zum Preis von je \$ 2 nach Palma, einer Provinzhauptstadt in Mexiko, von der aus die weitere Distribution des Produktes erfolgt. Bei Switchy handelt es sich um ein Relais, das in der in Aufbau befindlichen Maschinenbauindustrie Mexikos eingesetzt wird. Die variablen Herstell- und Transportkosten zur Stadt Palma betragen \$ 1 pro Einheit.

Der Minister für wirtschaftliche Entwicklung und Zusammenarbeit Mexikos unterbreitet dem Management der Zebracorp den Vorschlag, eine Produktionsstätte in Palma zu errichten. Als Gegenleistung für einen Zollschutz gegenüber den Mitbewerbern aus Drittländern und den USA soll sich die Zebracorp damit einverstanden erklären, die in Palma hergestellten Produkte zum Preis von \$ 1.80 pro Einheit zu verkaufen, Rohmaterialien — soweit möglich — von mexikanischen Zulieferern zu beziehen und die Leitung der Produktionsstätte mexikanischen Managern zu übertragen. Die Kosten für die mexikanischen Rohmaterialien und Arbeitskräfte betragen \$ 0.50 pro Einheit. \$ 0.30 pro Einheit fallen für Materialien an, die von Zebracorp bezogen werden müssen, da sie in Mexiko nicht verfügbar sind. Der Muttergesellschaft entstehen für die Materialien Kosten in Höhe von \$

[38] Siehe zu der folgenden Übungsaufgabe das Beispiel bei Rodriguez, Rita M.; Carter, E. Eugene: International Financial Management, 3. Aufl., 1984, S. 438ff.

0.20 pro Einheit. Die Produktionsanlagen und das Umlaufvermögen mit Ausnahme der Kassenbestände in Palma müssen nach 5 Jahren an den mexikanischen Staat zum symbolischen Preis von $ 1 übertragen werden. Die Geschäftsleitung der Zebracorp glaubt, monatlich 10 000 Einheiten des in Palma hergestellten Produktes verkaufen zu können. Die Planungsabteilung der Zebracorp hat errechnet, daß sich das Investitionsvolumen für eine Tochtergesellschaft in Palma auf ca. US $ 300 000 beläuft. Davon entfallen ca. $ 50 000 auf zusätzliches Umlaufvermögen, für dessen Finanzierung die mexikanische Staatsbank einen Peso-Kredit von 6% p. a. zur Verfügung stellt, der von Zebracorp in Anspruch genommen und in 5 gleichen Jahresraten getilgt werden muß. Zebracorp rechnet mit einem kalkulatorischen Zinssatz von 16% vor Steuern. Der Steuersatz in Mexiko und Texas beträgt 50%. Mit Mexiko besteht ein Doppelbesteuerungsabkommen, wonach die mexikanischen Gewinnsteuern auf die US-amerikanischen voll angerechnet werden. Der Minister garantiert Zebracorp, daß die Gewinne der Tochter keinen Gewinntransferbeschränkungen unterliegen, dafür aber die Zinszahlung von 6% p. a. gleichbleibend auf den aufgenommenen Kreditbetrag in Höhe von $ 50 000 berechnet wird. Das von der Zebracorp aufgebrachte Investitionsvolumen in Höhe von $ 250 000 soll über 5 Jahre abgeschrieben werden.

(a) Sollte Zebracorp den Vorschlag des Ministers annehmen? Ermitteln Sie hierfür den Kapitalwert des Projektes!
(b) Der Minister teilt dem Vorstandsvorsitzenden der Zebracorp in einem streng vertraulichen Brief mit, daß ein Konkurrent der Zebracorp an dem Vorschlag, eine Produktionsstätte in Palma zu errichten, stark interessiert ist. Dies würde bedeuten, daß Zebracorp ihr jetziges Absatzvolumen von 5000 Einheiten monatlich verlieren würde. Ändert diese Mitteilung die Entscheidung der Zebracorp?
(c) Wenn die Produktionsstätte in Palma errichtet würde, könnte Zebracorp dorthin gebrauchte Maschinen aus ihren Produktionsstätten in USA exportieren. Die Anschaffungskosten dieser Maschinen betrugen in den USA $ 100 000 und wären bei der Installation in der mexikanischen Produktionsstätte auf $ 40 000 in der Steuerbilanz abgeschrieben. Der Marktwert der gebrauchten Maschinen in Mexiko beträgt $ 60 000–70 000. Die Frachtkosten für den Transport der Maschinen von Texas nach Palma belaufen sich auf ca. $ 5000 und werden von Zebracorp übernommen. Lt. Doppelbesteuerungsabkommen besteht ein Wahlrecht, die Maschinen zum Buchwert oder zum Marktpreis zu übertragen. Welchen Preis sollte Zebracorp ihrer Tochter für die Maschinen berechnen? Wirkt sich die Lieferung der gebrauchten Maschinen auf die Vorteilhaftigkeit des Palma-Projektes aus, wenn davon ausgegangen wird, daß die Tochter ansonsten die Maschinen für $ 100 000 neu kaufen müßte?
(d) Im weiteren Verlauf der Verhandlungen über das Palma-Projekt teilt der

mexikanische Minister für wirtschaftliche Zusammenarbeit der Geschäftsleitung der Zebracorp mit, die mexikanische Regierung erwäge, wegen der augenblicklichen Zahlungsbilanzprobleme den Gewinntransfer mexikanischer Tochtergesellschaften zu ihren ausländischen Müttern zu unterbrechen. Ausländische Muttergesellschaften sollen die Gewinne ihren mexikanischen Töchtern 5 Jahre als unverzinslichen Kredit zur Verfügung stellen. Nach Ablauf dieser Zeit dürfen die angesammelten Gewinne transferiert werden. Die Planungsabteilung der Zebracorp rechnet daraufhin mit einer durchschnittlichen jährlichen Abwertung des Pesos von 4–5% nach dem 1. Jahr. Die angesammelten Gewinne könnten zu einer Reduzierung mexikanischer Kredite benutzt werden, die zur Finanzierung eines Teils des Umlaufvermögens des Palma-Projektes aufgenommen wurden.

Würden Sie unter diesen Umständen das Palma-Projekt zur Durchführung empfehlen? Gehen Sie in Ihrer Lösung davon aus, daß die Zebracorp mit dem Verlust ihres jetzigen Absatzvolumens von 5000 Einheiten monatlich rechnet, wenn sie das Projekt nicht durchführt.

§ 3 Der interne Zinsfuß einer Investition

A. Begriff des internen Zinsfußes

Ein weiterer wichtiger Begriff finanzmathematischer Investitionskalküle ist der des internen Zinsfußes einer Investition. Er ist auf der Basis von Zahlungsreihen und unter Ansatz von Zinseszinsen wie folgt definiert:
Der interne Zinsfuß r einer Investition ist derjenige Zinsfuß, bei dessen Anwendung als Kalkulationszinsfuß der Kapitalwert der Investition gleich Null ist:

$$C_0 = -a_0 + \sum_{t=1}^{n} c_t \cdot (1 + r)^{-t} = 0. \tag{3.1}$$

Anders ausgedrückt: Der interne Zinsfuß ist jener kritische Zinsfuß, bei dem der Barwert der Auszahlungen gleich dem Barwert der Einzahlungen wird:

$$\sum_{t=0}^{n} a_t (1 + \mathrm{r})^{-t} = \sum_{t=0}^{n} b_t (1 + r)^{-t}. \tag{3.2}$$

Stellt man den Kapitalwert einer Investition als Funktion des Kapitalisierungszinsfußes dar, so ist — wie in § 2A4 schon erwähnt — der interne Zinsfuß r derjenige, bei dem die Kurve die i-Achse schneidet. Da die Bestimmungsgleichung (3.1) für r ein Polynom n-ten Grades ist, können maximal n verschiedene Lösungen (Nullstellen) für r existieren.

B. Ermittlung des internen Zinsfußes

1. Eindeutige Lösungen

Zur Ermittlung des internen Zinsfußes läßt sich eine Gleichung n-ten Grades näherungsweise graphisch oder algebraisch mit erträglichem Rechenaufwand

lösen, sofern überhaupt eine reelle Lösung existiert[1]. Es sind auch spezielle Tafeln zur Ermittlung interner Zinsfüße aufgestellt worden.
In einigen Spezialfällen ist die Ermittlung einfach und führt zu eindeutigen Lösungen:

Fall 1
Die Investition wird durch eine Auszahlung a_0 und einen Einzahlungsüberschuß c_n beschrieben:

$$-a_0 + c_n \cdot (1+r)^{-n} = 0. \tag{3.3}$$

Diese Gleichung kann man durch Radizieren nach r auflösen:

$$r = \pm \sqrt[n]{\frac{c_n}{a_0}} - 1 \text{ (für gerade } n\text{)}, \tag{3.4}$$

$$r = + \sqrt[n]{\frac{c_n}{a_0}} - 1 \text{ (für ungerade } n\text{)}.$$

Näherungsweise läßt sich r auch durch Benutzung von Tafeln für $(1 + r)^{-n}$ ermitteln.
Fall 1 ergibt sich z.B. bei *Spekulationsgeschäften*, die im Kauf eines Gegenstandes und Verkauf nach n Perioden bestehen, ohne daß in der Zwischenzeit weitere Zahlungen anfallen.
Für den Unterfall mit nur einer Periode ($n = 1$) folgt aus

$$-a_0 + c_1 (1+r)^{-1} = 0,$$

$$\mathrm{r} = \frac{c_1 - a_0}{a_0}. \tag{3.5}$$

Der Ausdruck für r gibt die Rentabilität des eingesetzten Kapitals an. Für den Einperiodenfall ist der interne Zinsfuß also als *Kapitalrentabilität* zu deuten.

Fall 2
Die Investition wird durch eine Anschaffungsauszahlung im Zeitpunkt 0 und eine endliche Reihe uniformer Einzahlungsüberschüsse (c) beschrieben.
Aus

$$-a_0 + c\,\frac{(1+r)^n - 1}{r(1+r)^n} = 0 \tag{3.6}$$

[1] Vgl. Stichwort Interner Zinsfuß, Berechnung, in: Lücke, Wolfgang (Hrsg.): Investitionslexikon, 1975, S. 138ff.

folgt

$$\frac{c}{a_0} = \frac{r(1+r)^n}{(1+r)^n - 1}. \tag{3.7}$$

Unter Benutzung von Tabellen für den Kapitalwiedergewinnungsfaktor läßt sich der interne Zinsfuß annähernd bestimmen.
Fall 2 tritt bei *Finanzanlageinvestitionen* häufig auf.

Fall 3
Die Investition I: $\{-a_0, c_1, c_2, \ldots c_n + R_n\}$ habe konstante Einzahlungsüberschüsse $c_1 = c_2 = \ldots = c_n$, und in der letzten Periode falle durch Verkauf der Anlage eine zusätzliche Zahlung R_n in Höhe von a_0 an. Dann gilt wegen $C_0 = 0$

$$a_0 = c\,\frac{(1+r)^n - 1}{r \cdot (1+r)^n} + \frac{R_n}{(1+r)^n}. \tag{3.8}$$

Multipliziert man beide Seiten mit $(1+r)^n$, so ergibt sich nach Subtraktion von R_n

$$a_0 \cdot (1+r)^n - R_n = c \cdot \frac{(1+r)^n - 1}{r}.$$

Da $a_0 = R_n$, folgt

$$a_0[(1+r)^n - 1] = c \cdot \frac{(1+r)^n - 1}{r},$$

$$a_0 = c \cdot \frac{(1+r)^n - 1}{r[(1+r)^n - 1]}$$

und durch Auflösen nach r

$$r = \frac{c}{a_0}. \tag{3.9}$$

Fall 4
Zum gleichen Ergebnis gelangt man, wenn c eine unendliche nachschüssige Rente ist[2]:

$$r = \frac{c}{a_0}. \tag{3.9}$$

---

[2] Für den Rentenbarwertfaktor gilt $\lim\limits_{n\to\infty} \frac{q^n - 1}{r \cdot q^n} = \frac{1}{r}$.

$$C_0 = -a_0 + c\left[\lim_{n\to\infty} \frac{q^n - 1}{r \cdot q^n}\right] = 0,$$

$$C_0 = -a_0 + \frac{c}{r} = 0,$$

$$r = \frac{c}{a_0}.$$

Fall 5

Eine Zahlungsreihe mit $n = 2$ ergibt eine *quadratische Gleichung* für r:

$$- a_0 + c_1 \cdot \frac{1}{(1 + r)^1} + c_2 \frac{1}{(1 + r)^2} = 0.$$

Sie läßt sich nach r auflösen:

$$r = -1 + \frac{c_1}{2a_0} \pm \frac{1}{2a_0} \sqrt[2]{4a_0 \cdot c_2 + c_1^2}. \tag{3.10}$$

Sofern $-a_0 < 0$ und $c_1,\ c_2 > 0$ gelten, existieren je ein positiver Zinssatz und ein negativer Zinssatz, der aber dann keine ökonomische Bedeutung hat, wenn die Summe der Einzahlungen höher als die der Auszahlungen ist.

2. *Mehrdeutige Lösungen*

Bei anderen Zahlungsreihen, vor allem solchen, in denen das Vorzeichen *mehrfach* wechselt, ist eine eindeutige Bestimmung des internen Zinsfußes häufig nicht möglich. Investitionsobjekte mit solchen Zahlungsreihen kommen in der Praxis durchaus vor.

Eine Investition beginnt mit einer Einzahlung, wenn der Abnehmer eines Gutes eine Vorauszahlung leistet. Eine Investition endet mit einer Auszahlung, wenn Auszahlungen für Abbruch oder Rekultivierung entstehen, die die Umsatzeinnahmen und Restwerterlöse der letzten Periode überschreiten oder wie bei Bergschäden erst nach Ende der Einnahmen aus dem Verkauf anfallen.

Beispiel[3]

$$I\colon \{-5000,\ +19500,\ -26950,\ +15405,\ -2970\}$$

hat folgende interne Zinsfüße:

$$r_1 = -60\%,$$
$$r_2 = -10\%,$$
$$r_3 = +10\%,$$
$$r_4 = +50\%.$$

[3] Das Beispiel ist entnommen aus Heister, Matthias: Rentabilitätsanalyse von Investitionen, 1962, S. 95.

Die Summe der Auszahlungen mit

$$-5000 - 26950 - 2970 = -34920$$

ist absolut etwas höher als die Summe der Einzahlungen mit

$$+19500 + 15405 = +34905,$$

d.h. der Kapitalwert beim Zinssatz 0 beträgt − 15. Daraus läßt sich schließen, daß die Funktion des Kapitalwertes in Abhängigkeit vom Zinssatz

$$C_0 = -5000 + 19500 \cdot (1+i)^{-1} - 26950\,(1+i)^{-2} + 15405\,(1+i)^{-3} - 2970\,(1+i)^{-4}$$

tendenziell folgenden Verlauf mit $n = 4$ Nullstellen hat[4].

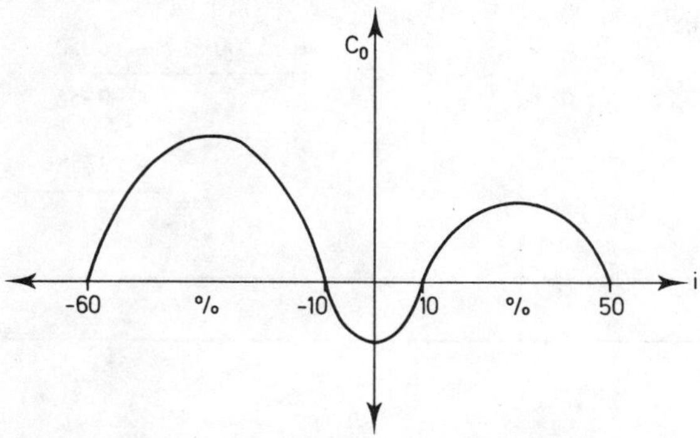

Abb. 3.1. Kapitalwertfunktion mit mehreren Nullstellen

Ökonomisch läßt sich ein mehrdeutiger interner Zinsfuß dadurch erklären, daß man die Zinssätze alternativ als Verzinsung der Anfangsauszahlung interpretiert, indem man die Verzinsung der fortgeschriebenen Einnahmeüberschüsse und -defizite zum jeweiligen Satz unterstellt[5].

---

[4] Kapitalwert bei $i = 20\%$:

$$C_0(i = 0{,}2) = -5000 + 19500 \cdot 0{,}833 - 26950 \cdot 0{,}694 + 15405 \cdot 0{,}579 - 2970 \cdot 0{,}482 = 28;$$

Kapitalwert bei $i = 30\%$:

$$C_0(i = 0{,}3) = -5000 + 15000 - 15946 + 7011 - 1039 = 26.$$

[5] Ausführlich dazu siehe Schneider, Dieter: Investition und Finanzierung, 5. Aufl., 1980, S. 182–194.

Die nachstehende Rechnung zeigt, daß bei einer Anlage und Aufnahme von Geld zu jeweils $r_3 = 10\%$ sich in t_4 ein Endwert von 7320 ergibt, der genau einer Verzinsung von $a_0 = 5000$ über 4 Perioden zu 10% entspricht. Entsprechendes gilt auch für die übrigen drei Ausprägungen des mehrdeutigen internen Zinsfußes. Ökonomisch relevant ist diejenige Ausprägung des internen Zinsfußes, die dem voraussichtlichen Zinssatz für Anlage und Aufnahme von Geld entspricht.

Tabelle 3.1

	t_0	t_1	t_2	t_3	t_4
ursprüngliche Zahlungsreihe	− 5000	+ 19500	− 26950	+ 15405	− 2970
Wiederanlage von c_1		− 19500	+ 21450		
Saldo in t_2			− 5500		
Kreditaufnahme in t_2			+ 5500	− 6050	
Saldo in t_3				+ 9355	
Wiederanlage in t_3				− 9355	+ 10290
Endwert in t_4					+ 7320

3. *Normalinvestitionen*

Typisch für die Zahlungsreihen der vermutlich meisten Investitionsobjekte sind *drei Eigenschaften:*

(a) Wegen der Anschaffungsausgaben *beginnt die Zahlungsreihe mit Nettoauszahlungen* in der ersten Periode oder den ersten Perioden.

(b) Nach den Auszahlungen folgen *nur noch Einzahlungsüberschüsse*. Das Vorzeichen der Zahlungen wechselt also nur einmal. Aus den beiden Eigenschaften ergeben sich folgende Zahlungsreihen:

$$I_1: \{-a_0, c_1, c_2, \ldots, c_n\}$$

oder

$$I_2: \{-a_0, -a_1, \ldots, -a_k, c_{k+1}, c_{k+2}, \ldots, c_n\}.$$

Bei diesen Zahlungsreihen liegt das *Zeitzentrum der Auszahlungen vor dem Zeitzentrum der Einzahlungsüberschüsse („Vorzeitigkeit der Auszahlungen")*[6]. *Zeitzentrum* einer Zahlungsreihe ist der mittlere Zahlungstermin z, auf den bezogen der Wert der Zahlungen bei einem gegebenen Zinsfuß i gleich der einfachen Summe der Zahlungen ist[7]. Für Auszahlungen gilt:

$$(3.11) \qquad \sum_{t=0}^{n} a_t \cdot q^{(z-t)} = \sum_{t=0}^{n} a_t \quad \text{mit} \quad q = (1 + i).$$

Daraus folgt

$$(3.12) \qquad q^z = \sum_{t=0}^{n} a_t \Big/ \sum_{t=0}^{n} a_t \cdot q^{-t}.$$

Durch Logarithmieren läßt sich der Zeitpunkt $t = z$ ermitteln. Die Bestimmung des Zeitzentrums $t = z$ hängt also von der Höhe des Kalkulationszinsfußes i ab. Unabhängig vom Kalkulationszinsfuß läßt sich das Zeitzentrum t_{za} der Auszahlungen durch die *Boulding'sche Näherungslösung* errechnen:

$$(3.13) \qquad t_{za} = \frac{0 \cdot a_0 + 1a_1 + 2a_2 + \cdots + n \cdot a_n}{a_0 + a_1 + \cdots + a_n} = \frac{\sum_{t=0}^{n} t \cdot a_t}{\sum_{t=0}^{n} a_t}.$$

(c) Investitionen, deren Zahlungsreihen diese Eigenschaften (a) und (b) aufweisen, sind ökonomisch aber nur sinnvoll, wenn die Summe der Einzahlungen größer als die der Auszahlungen ist *(Deckungskriterium)*:

$$(3.14) \qquad \sum_{t=0}^{n} a_t < \sum_{t=0}^{n} b_t.$$

Investitionen, deren Zahlungsreihen alle drei Merkmale aufweisen, werden als *Normalinvestitionen* bezeichnet.

Normalinvestitionen haben *stets nur einen positiven internen Zinsfuß*[8]. Dieser allein ist für die Normalinvestitionen relevant; negative Zinsfüße haben

[6] Vorzeitigkeit der Auszahlungen kann allerdings auch bei mehrmaligem Vorzeichenwechsel vorliegen, z. B.:

$$I: \{-100, 130, -5\}.$$

[7] Vgl. Stichworte Zeitzentrum und Boulding'sche Näherungslösung, in: Lücke, Wolfgang (Hrsg.): Investitionslexikon, 1975, S. 390 und 32 f.

[8] Vgl. Kilger, Wolfgang: Zur Kritik am internen Zinsfuß, in: Zeitschrift für Betriebswirtschaft, 35. Jg., 1965, S. 791 ff.

dann als Maß der Vorteilhaftigkeit keine Bedeutung. Die unter B.1 behandelten Fälle sind dann Normalinvestitionen, wenn sie das Deckungskriterium erfüllen.

Die Existenz eines einzigen positiven internen Zinsfußes einer Normalinvestition läßt sich für den Fall, daß zu Beginn lediglich eine einzige Auszahlung auftritt, wie folgt zeigen. Alle Kapitalwertfunktionen solcher Zahlungsreihen haben folgende Form:

$$C_0(i) = -a_0 + \sum_{t=1}^{n} \frac{c_t}{(1+i)^t}. \tag{3.15}$$

Graphisch ergibt sich der in Abbildung 2.2 dargestellte Verlauf.
Die erste Ableitung dieser Kapitalwertfunktionen nach i gibt den Anstieg der Kapitalwertfunktionen in Abhängigkeit von i an.

$$\frac{dC_0}{di} = -\sum_{t=1}^{n} \frac{t\,c_t}{(1+i)^{t+1}}. \tag{3.16}$$

Da c_t und t positiv sind, ist die Steigung der Kapitalwertfunktionen negativ, solange $i > -1$ (d.h. $i > -100\%$) ist. Sofern außerdem ein Gesamteinzahlungsüberschuß vorliegt, weisen die Kapitalwertfunktionen einen positiven Abschnitt auf der Ordinate auf. Mithin schneiden sie nur einmal die positive Richtung der i-Achse und nähern sich mit zunehmendem i der Geraden $-a_0$ und für $i \rightarrow -1$ dem Wert ∞ (siehe Abb. 2.2 in § 2 A 4).
Bei Normalinvestitionen mit Zahlungsreihen von mehr als zwei Einzahlungsüberschüssen ($n > 2$) läßt sich der interne Zinsfuß mit Hilfe der *regula falsi* bestimmen: Man bestimmt durch Probieren mit verschiedenen Kalkulationszinsfüßen je einen Kapitalwert, der dicht oberhalb und unterhalb von Null liegt, und ermittelt den internen Zinsfuß durch Interpolieren[9].
Investitionen mit Anfangseinzahlungen und Schlußauszahlungen lassen sich in *Normalinvestitionen* transformieren, wenn man annimmt, daß die Anfangseinzahlung bis zur Leistung der Anschaffungsauszahlung — bzw. die für die Schlußauszahlung notwendigen Beträge der letzten Einzahlungen — zu einem gegebenen Zinssatz i angelegt werden[10]. Die Investition

$$I\colon \{b_{-1}, -a_0, c_1, \ldots, c_n, -a_{n+1}\}$$

---

[9] Vgl. Stichwort Interner Zinsfuß, Berechnung, in: Lücke, Wolfgang (Hrsg.): Investitionslexikon, 1975, S. 139.

[10] Vgl. Kilger, Wolfgang: Zur Kritik am internen Zinsfuß, in: Zeitschrift für Betriebswirtschaft, 35. Jg., 1965, S. 795. Hier wird für die Anzahlung bzw. Schlußauszahlung eine explizite Anlage unterstellt.

wird transformiert in:

$$I: \{b_{-1} \cdot q, \, -a_0, c_1, \ldots, c_n, \, -a_{n+1} \cdot q^{-1}\}.$$

Für

$$b_{-1} \cdot q - a_0 = -\tilde{a}_0 \quad \text{und} \quad c_n - a_{n+1} \cdot q^{-1} = \tilde{c}_n$$

erhalten wir die Zahlungsreihe

$$I: \{-\tilde{a}_0, c_1, \ldots, \tilde{c}_n\},$$

die bei Erfüllung des Deckungskriteriums auch die beiden anderen oben genannten Eigenschaften einer Normalinvestition aufweist. Der interne Zinsfuß der transformierten Normalinvestition ist jedoch nicht mit dem oder einem internen Zinsfuß der ursprünglichen Zahlungsreihe identisch.

C. Kriterium der Vorteilhaftigkeit

1. Akzeptanz einer Investition

Zur Bestimmung der Akzeptanz einer Investition wird nach der internen Zinsfußmethode die Verzinsung r einer Investition einem *Vergleichszinsfuß* i gegenübergestellt. Als Akzeptanzkriterium für ein einzelnes Investitionsobjekt j gilt dann im Falle von *Normalinvestitionen* für das positive r_j:

$$r_j \geq i.$$

Der Vergleichszinsfuß i entspricht dem Kalkulationszinsfuß der Kapitalwertmethode. Somit läßt sich die Vergleichsgröße als Kapitalmarktzins, Opportunitätsrendite oder Mindestverzinsungsanspruch interpretieren. Die Vorteilhaftigkeit einer Investition ist mithin — wie bei Anwendung der Kapitalwertmethode — von der Wahl des Vergleichszinsfußes i abhängig. Ist das Kriterium $r_j \geq i$ erfüllt, so ist das Objekt akzeptabel, weil die Verzinsung nicht geringer ist als bei der nicht näher bestimmten Anlage zum Zinsfuß i. Geht man von einem sicheren Zinssatz i, aber einem ungewissen r_j der Investition j aus, so muß der Investor prüfen, ob der Überschuß des internen Zinsfußes r_j über den Kalkulationszinsfuß i ausreicht, diese Ungewißheit auszugleichen. Diese Regel läßt sich analog auch bei einer ungewissen Vergleichsinvestitionsrendite i anwenden.

Hinsichtlich der Akzeptanz einzelner Investitionsobjekte führen die Kapitalwert- und die interne Zinsfußmethode bei *Normalinvestitionen* stets zum gleichen

Ergebnis; bei anderen Investitionstypen können die Ergebnisse differieren. Das sei an Abbildung 3.2 gezeigt.

Nach der Kapitalwertmethode gelten alle Investitionen als akzeptabel, die $C_0 \geq 0$ erfüllen. Sofern die Kapitalwertfunktion für den gegebenen Kalkulationszinsfuß i^0 einen nicht negativen Wert hat, wird das Objekt akzeptiert (z.B. I_A, I_B), andernfalls wegen eines negativen C_0-Wertes abgelehnt (I_C und I_D).

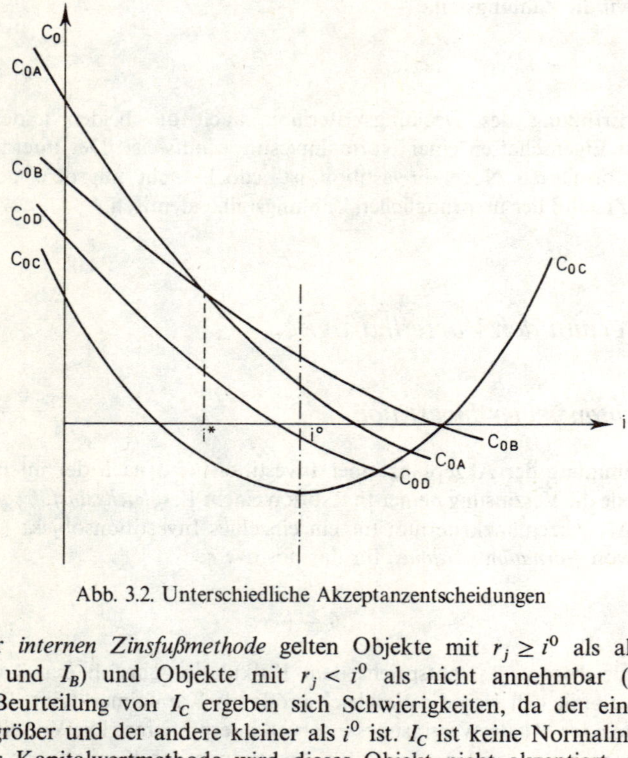

Abb. 3.2. Unterschiedliche Akzeptanzentscheidungen

Nach der *internen Zinsfußmethode* gelten Objekte mit $r_j \geq i^0$ als akzeptabel (z.B. I_A und I_B) und Objekte mit $r_j < i^0$ als nicht annehmbar (z.B. I_D). Bei der Beurteilung von I_C ergeben sich Schwierigkeiten, da der eine interne Zinsfuß größer und der andere kleiner als i^0 ist. I_C ist keine Normalinvestition. Nach der Kapitalwertmethode wird dieses Objekt nicht akzeptiert, nach der Methode des internen Zinsfußes hängt das Ergebnis davon ab, welcher Zins für die Wiederanlage realistisch erscheint und daher mit i^0 verglichen werden kann (siehe hierzu B 2).

2. *Auswahl von alternativen Investitionen*

Bei mehreren akzeptablen alternativen Investitionsobjekten wird nach der einfachen Methode des internen Zinsfußes die Investition mit dem größten internen Zinsfuß r ausgewählt. Das *Entscheidungskriterium* lautet:

$$\max_j \{r_j | r_j \geq i\}.$$

Diese Entscheidungsregel *kann* allerdings zu Entscheidungen führen, die dem Gewinnstreben in Form der Kapitalwertmaximierung widersprechen, da die relative Größe r_j anstelle der absoluten Größe C_{0j} maximiert wird und die implizite Wiederanlageprämisse anders als bei der Kapitalwertmethode ist.

Ein *Widerspruch* zwischen der Kapitalwert- und der internen Zinsfußmethode über die Rangfolge von I_A und I_B ergibt sich dann, wenn die Kapitalwertfunktionen sich im positiven Quadranten des C_0/i-Diagramms schneiden und der vorgegebene Kalkulationszinsfuß i^0 kleiner als der kritische Zinsfuß i^* ist (siehe Abb. 2.3 und 3.2). In dem Beispiel gilt nach dem Kapitalwertkriterium für $i^0 < i^*$ die Präferenzfolge $I_A \succ I_B$ wegen $C_{0A} > C_{0B}$. Nach der internen Zinsfußmethode ergibt sich jedoch $r_B > r_A$ und $I_B \succ I_A$. Für $i^0 > i^*$ führen beide Methoden zum gleichen Resultat (siehe Abb. 3.2).

Widersprüche in der Rangfolgebildung nach den Methoden lassen sich aus unterschiedlichen Annahmen über die Ergänzungsinvestitionen erklären (siehe D).

Kapitalwert- und interne Zinsfußmethode führen bei Auswahl von alternativen Methoden dann zum *gleichen Ergebnis,* wenn der interne Zinsfuß i^D der *Differenzinvestition* ($I^D = I_A$) - I_B im Vergleich zum Kalkulationszinsfuß i betrachtet wird: Die Zahlungen der Investition mit der zunächst geringen Kapitalbindung sind dabei von den Zahlungen mit der zunächst höheren Kapitalbindung abzuziehen. Das Vorteilhaftigkeitskriterium lautet $i^D > i$.[11] Es ist eindeutig, wenn I^D eine Normalinvestition ist[12].

D. *Ergänzungsinvestitionen*

1. *Implizite Wiederanlageprämisse nach der einfachen internen Zinsfußmethode*

Nach der einfachen internen Zinsfußmethode wird bei der Auswahl alternativer Projekte implizit unterstellt, daß *alle Ergänzungsinvestitionen zum jeweiligen internen Zinsfuß r* der ursprünglichen Investition vorgenommen werden. Somit ist der Kapitalwert dieser Ergänzungsinvestitionen (C_{0W}) gleich Null, da $r = i$. Bei der Analyse der Kapitalwertmethode hatten wir die Bedingung $C_{0W} = 0$ für die Kapitalwertmaximierung bereits abgeleitet (§ 2 C). Für die Auswahl eines Investitionsobjektes nach der Kapitalwertmethode gilt jedoch ein einheitlicher Zinsfuß i, nach der einfachen Methode des internen Zinsfußes wird dagegen für jede Investition ein anderer Zins für die Wiederanlage unterstellt. Diese Prämisse ist realitätsfremd, da nicht ersichtlich ist, weshalb die Höhe der Verzinsung bei der Wiederanlage von Einnahmeüberschüssen alternativer Investitionen in einem Unternehmen vom internen Zinsfuß der ursprünglichen Investi-

---

11 Siehe hierzu Schneider, Erich: Wirtschaftlichkeitsrechnung, 8. Aufl., 1973, S. 45; Brüggerhoff, Jürgen: Interner Zinsfuß, in: Busse von Colbe, Walther (Hrsg.): Lexikon des Rechnungswesens, 1989, S. 234–236.

12 Zu einer eingehenden Analyse siehe Norström, Carl J.: A Modification of the Internal Rate of Return Method, in: Statsøkonomisk Tidsskrift, 1971, S. 221–227.

tion abhängen soll. Dieser Einwand gilt insbesondere dann, wenn mehrere Investitionen mit unterschiedlichen internen Zinsfüßen realisiert werden. Daher wird die Methode in Abschnitt 2 modifiziert. Zunächst sollen die Mängel der einfachen Methode des internen Zinsfußes noch im einzelnen gezeigt werden.

a) Wiederanlageprämisse für Einzahlungsüberschüsse

Bei der internen Zinsfußmethode wird für den Vorteilsvergleich alternativer Projekte mit unterschiedlichen Einzahlungsüberschüssen implizit die Reinvestition der Einzahlungsüberschüsse zum internen Zinsfuß bis zum Nutzungsdauerende unterstellt. Dann repräsentiert r die *Rendite des eingesetzten Kapitals* a_0.

Beispiel

$$I_C: \{-10000_0, 3741_1, 3741_2, 3741_3\} \quad \text{mit} \quad r_C = 6\%,$$

$$I_D: \{-10000_0, 0_1, 0_2, 11910_3\} \quad \text{mit} \quad r_D = 6\%.$$

Die Alternativen haben gleiche Anschaffungsauszahlungen, Nutzungsdauern und Renditen. Würden c_1 und c_2 nicht zu 6% reinvestiert, sondern als Barbestand gehalten, so stünden in $t = 3$ insgesamt nur 11223 GE zur Verfügung. Dann böte jedoch I_D einen höheren Endwert.
Nur wenn sich c_1 und c_2 mit 6% verzinsen, ergibt sich mit 11910 der gleiche Endwert wie bei I_D.

b) Ergänzungsinvestitionen bei unterschiedlichen Anschaffungsauszahlungen

Ähnlich wie bei der Kapitalwertmethode ist für den Vorteilsvergleich zwischen den Objekten A und B zu unterstellen, daß der Investor über einen Geldbetrag in Höhe der größeren Anschaffungsauszahlung verfügt und er bei Wahl der kapitalintensiveren Investition nicht nur auf die andere Investition, sondern auch auf die Ergänzungsinvestition I_X mit $a_{0X} = a_{0A} - a_{0B}$ verzichtet. Zur Veranschaulichung wird wieder auf das Beispiel von § 2 B 3 (S. 52) zurückgegriffen:

Beispiel

$$I_A: \{-1400_0, 500_1, 500_2, 500_3, 500_4\} \quad \text{mit} \quad r_A = 16\%,$$

$$I_B: \{-1000_0, 700_1, 600_2\} \quad \text{mit} \quad r_B = 20\%.$$

Wegen der unterschiedlichen Auszahlungshöhen ist eine fiktive Ergänzungsinvestition

$$I_X: \{-400_0, (400 \cdot (1 + i_m)^4)_4\}$$

zu berücksichtigen, die sich zu i_m verzinst. Wenn die Ergänzungsinvestition den Vorteilsvergleich nicht beeinflussen soll, muß gelten

$$C_{0X} = -400 + 400 \cdot (1 + i_m)^4 \cdot (1 + i)^{-4} = 0.$$

Für die Gesamtinvestition

$$I_G = I_B + I_X: \{-1400_0, 700_1, 600_2, (400 \cdot q_m^4)_4\}$$

gilt $C_{0G} = 0$ und $r_G = 20\%$ nur dann, wenn der interne Zins der Ergänzungsinvestition $r_X = 20\%$ ist. Der Betrag a_{0X} muß also fiktiv zu $r_X = i_m$ angelegt und der Zinsertrag mit $i = r_X$ diskontiert werden.

Soll also die Ergänzungsinvestition wegen ungleicher Anschaffungsauszahlungen bei alternativen Projekten die Wahl nach dem internen Zinsfußkriterium nicht beeinflussen, so muß die Verzinsung r_X von I_X gleich der der ursprünglichen Investition I_B sein. Hierdurch wird unterstellt, es gäbe ein drittes Investitionsobjekt I_X, bzw. das Investitionsprogramm $I_G = I_B + I_X$, mit der internen Verzinsung $r = 20\%$. Die ursprüngliche Alternativenwahl I_A oder I_B war unvollständig definiert. Steht dem Investor ein gegebener, vollständig zu investierender Anfangsbetrag zur Verfügung, dann ist der interne Zinsfuß einer Einzelinvestition keine „interne" Größe, denn es muß eine weitere Geldanlage zu r_B außerhalb des ursprünglich betrachteten, weniger kapitalintensiven Objektes möglich und vorgesehen sein[13]. Ob diese Prämisse den realen Verhältnissen der Entscheidungssituation entspricht, ist im Einzelfall zu prüfen. Trifft sie nicht zu, so ist der Vorteilsvergleich in dieser Form fehlerhaft.

c) Ergänzungsinvestitionen bei unterschiedlichen Nutzungsdauern

Im Zahlenbeispiel unter b) unterscheiden sich die Investitionsobjekte auch durch die Länge der Nutzungsdauer. Wie bei Erörterung der Kapitalwertmethode bereits erwähnt, muß für den Vorteilsvergleich eine gleichlange Dauer für beide Projekte zugrunde gelegt werden. Das kann auch für die Methode des internen Zinsfußes entweder dadurch erreicht werden, daß Ergänzungsinvestitionen auch für die Einzahlungsüberschüsse der kürzer laufenden Objekte bis zum Ende des Betrachtungszeitraumes (hier t_4) zum internen Zinsfuß r_B mit dem Kapitalwert Null unterstellt werden, oder aber es muß eine Investition (evtl. beide) fiktiv wiederholt werden, bis eine gleichlange Gesamtlaufzeit eintritt. In beiden Fällen bleiben die internen Zinsfüße r_A und r_B unverändert. Die Kapitalwerte ändern sich jedoch, wie in § 2 C 3 gezeigt wurde. Bei einmaliger Investition gilt nach der Kapitalwertmethode $I_A \succ I_B$, aber nach der Methode des internen Zinsfußes $I_B \succ I_A$. Unter der Wiederholungsprämisse führen beide Methoden zur gleichen Präferenzfolge.

13 Vgl. Hirshleifer, Jack: On the theory of optimal investment decision, in: Journal of Political Economy, 1958, S. 349.

2. *Explizite Wiederanlageprämisse nach der modifizierten internen Zinsfußmethode*

Die unrealistische implizite Wiederanlageprämisse zum jeweiligen internen Zinsfuß läßt sich durch eine explizite Prämisse ersetzen. Analog zur Kapitalwertmethode wird unterstellt, daß Einnahmeüberschüsse bis zum Ende der Planungsperiode zum *Kalkulationszinsfuß i angelegt werden.* Diese Modifikation der internen Zinsfußmethode geht auf Baldwin zurück[14], der als Kalkulationszinsfuß die *durchschnittliche Unternehmensrentabilität* verwendet.
Zunächst sei die Ermittlung des modifizierten internen Zinsfußes $\hat{r}$ für ein einzelnes Objekt gezeigt.
Die Rückflüsse[15] werden zur *durchschnittlichen Unternehmensrentabilität* $\bar{r}$ bis zum Ende der Nutzungszeit n im Unternehmen reinvestiert. Als Endwert der Rückflüsse ergibt sich gemäß (1.8):

(3.17) $$B_n = \sum_{t=1}^{n} c_t (1 + \bar{r})^{n-t}.$$

Andererseits wird der Barwert der Investitions*anschaffungs*auszahlungen ermittelt, die den Einzahlungsüberschüssen vorgelagert sind[16].

(3.18) $$\sum_{t=0}^{n} a_t (1 + \bar{r})^{-t}.$$

Nun wird der interne Zinsfuß $\hat{r}$ gesucht, der den Barwert des Rückflußendwertes dem Anschaffungsauszahlungsbarwert gleichsetzt:

(3.19) $$C_0 = -\sum_{t=0}^{n} a_t (1 + \bar{r})^{-t} + \left[\sum_{t=1}^{n} c_t (1 + \bar{r})^{n-t}\right] \cdot [1 + \hat{r}]^{-n} = 0.$$

Geht man von einer einmaligen Anschaffungsauszahlung a_0 aus, so vereinfacht sich die Gleichung zu:

(3.20) $$C_0 = -a_0 + \left[\sum_{t=1}^{n} c_t (1 + \bar{r})^{n-t}\right] \cdot (1 + \hat{r})^{-n} = 0,$$

---

[14] Baldwin, R. H.: How to Assess Investment Proposals, in: Harvard Business Review, Vol. 37 (1959) No. 3, S. 98ff., s. auch Stichwort Baldwin-Methode, in: Lücke, Wolfgang (Hrsg.): Investitionslexikon, 1975, S. 21f., und Blohm, Hans; Lüder, Klaus: Investition, 6. Aufl., 1988, S. 114–116.

[15] Baldwin läßt offen, ob hiermit die saldierte Größe Einzahlungsüberschüsse c_t oder die einfachen Einzahlungen b_t gemeint sind. Geht man von den *unsaldierten* Ein- und Auszahlungen aus, so ergibt sich für eine einzelne Investition ein *anderer interner Zins* als bei der Saldierung, wenn man nicht gleich hohe Anfangszahlungen berücksichtigt.

[16] Eventuelle spätere Anschaffungsauszahlungen werden somit nicht mit den in den gleichen Perioden anfallenden Einzahlungsüberschüssen saldiert.

und der modifizierte interne Zins *(Kapitalwertzins)* ergibt sich als

$$(3.21) \qquad \hat{r} = \sqrt[n]{\frac{\sum_{t=1}^{n} c_t (1+\bar{r})^{n-t}}{a_0}} - 1.$$

Als *Akzeptanzkriterium* gilt:

$$\hat{r}_j \geq \bar{r}.$$

Als *Auswahlkriterium* gilt:

$$\max_j \{\hat{r}_j | \hat{r}_j \geq \bar{r}\}.$$

Im Falle späterer Anschaffungsauszahlungen hängt $\hat{r}$ davon ab, ob a_t mit c_t saldiert wird oder auf t_0 abgezinst wird.

Der Ansatz der Durchschnittsrendite $\bar{r}$ ist nur dann sinnvoll, wenn anzunehmen ist, daß sie für die Zukunft gilt. Jedoch kann man *anstelle von $\bar{r}$ auch den Kalkulationszinsfuß i* oder die expliziten Verzinsungsmöglichkeiten setzen.

Bei der Auswahl von Objekten mit *unterschiedlichen Nutzungsdauern n_j* und unterschiedlichen *Anfangsauszahlungen a_{0j}* muß für alle Objekte eine einheitliche Anschaffungsauszahlung und Nutzungsdauer über entsprechende *Ergänzungsinvestitionen* gebildet werden[17].
Dann ergibt sich nach der modifizierten Methode des internen Zinsfußes die gleiche Reihenfolge der Investitionsobjekte *j* wie nach dem *Kapitalwert*. Das läßt sich wie folgt zeigen:
Betrachtet werden zwei Investitionsobjekte I_A und I_B mit unterschiedlichen Anschaffungsauszahlungen (a_{0A} und a_{0B}) und unterschiedlichen Laufzeiten (n_A und n_B). Es gelte: $n_A < n_B$ und $a_{0A} < a_{0B}$. Unter Berücksichtigung der Ergänzungsinvestition ($a_{0X} = a_{0B} - a_{0A}$) berechnet sich der modifizierte interne Zins $\hat{r}_A$ zu:

$$(3.22) \qquad \hat{r}_A = \sqrt[n]{\frac{\sum_{t=1}^{n} (c_{tA} \cdot q^{n-t}) + a_{0X} \cdot q^n}{a_{0A} + a_{0X}}} - 1.$$

Dabei sei $n_B = n$. Für den Kapitalwert der Investition I_A, verbunden mit der Ergänzungsinvestition I_X, erhält man:

$$(3.23) \qquad C_{0A} + C_{0X} = -a_{0A} - a_{0X} + \frac{\sum_{t=1}^{n} c_{tA} \cdot q^{n-t}}{q^n} + \frac{a_{0X} \cdot q^n}{q^n}.$$

17 Auf diesen Aspekt wird in der Literatur nicht eingegangen.

Formt man 3.23 um zu:

$$(3.24) \qquad \sum_{t=1}^{n} (c_{tA} \cdot q^{n-t}) + a_{0X} \cdot q^n = (a_{0A} + a_{0X})q^n + (C_{0A} + C_{0X})q^n$$

und setzt die rechte Seite in 3.22 ein, so erhält man:

$$\hat{r}_A = \sqrt[n]{\frac{q^n\,[(a_{0A} + a_{0X}) + (C_{0A} + C_{0X})]}{a_{0A} + a_{0X}}} - 1.$$

Daraus folgt:

$$(3.25) \qquad \hat{r}_A = q\,\sqrt[n]{\frac{C_{0A} + C_{0X}}{a_{0A} + a_{0X}} + 1} - 1.$$

Analog zu 3.25 berechnet sich $\hat{r}$ für Investition B:

$$(3.26) \qquad \hat{r}_B = q\,\sqrt[n]{\frac{C_{0B}}{a_{0B}} + 1} - 1.$$

Unter Berücksichtigung der Beziehung $a_{0A} + a_{0X} = a_{0B}$ ergibt der Vergleich von 3.25 und 3.26:

$$\hat{r}_A \gtrless \hat{r}_B \Leftrightarrow (C_{0A} + C_{0X}) \gtrless C_{0B}.$$

Beispiel
Unter Verwendung des Zahlenbeispiels aus § 2 B 3b) (S. 116)

$$I_A: \{-1400_0, 500_1, 500_2, 500_3, 500_4\}.$$

$$I_B: \{-1000_0, 700_1, 600_2\},$$

ergeben sich für $\bar{r} = i = 10\%$ folgende Werte:

Modifizierter interner Zins: *Kapitalwert:*

$$\hat{r}_A = \sqrt[4]{\frac{2321}{1400}} - 1 = 13{,}5\%, \qquad C_{0A} = 184{,}95.$$

$$\hat{r}_B = \sqrt[4]{\frac{2243}{1400}} - 1 = 12{,}5\%, \qquad C_{0B} = 132{,}23,$$

Modifizierte interne Zinsfußmethode und Kapitalwertmethode führen somit beide zum Ergebnis $I_A \succ I_B$. Ohne Berücksichtigung entsprechender Ergänzungsinvestitionen ergäbe sich hingegen:

$$\hat{r}_A = \sqrt[4]{\frac{2320{,}5}{1400}} = 13{,}5\%, \qquad C_{0A} = 184{,}95.$$

$$\hat{r}_B = \sqrt[2]{\frac{1370}{1000}} - 1 = 17\%, \qquad C_{0B} = 132{,}23,$$

Diese Variante des modifizierten internen Zinsfußes führt zum Ergebnis $I_B \succ I_A$. Nach der Kapitalwertmethode erhält man dagegen die Präferenzfolge $I_A \succ I_B$.

Mit dem modifizierten internen Zinsfuß wird die Zielgröße als „Rendite" ausgedrückt. Das entspricht eher dem praxisüblichen Denken. Die meist irreale Prämisse der Methode des internen Zinsfußes, daß die Einzahlungsüberschüsse zum internen Zins der Ursprungsinvestition angelegt werden, wird vermieden. In der Praxis ist die Methode erst vereinzelt anzutreffen.

E. Interner Zinsfuß, Kapitalrentabilität und Amortisationszeit

1. Einfacher interner Zinsfuß und Kapitalrentabilität

Für manche Typen von Zahlungsreihen führt die Auswahl von Investitionsobjekten nach dem internen Zinsfuß zum gleichen Ergebnis wie die Auswahl nach der Kapitalrentabilität. Dann bedeutet die Verwendung der Kapitalrentabilität gemäß Ausdruck (1.2) eine Vereinfachung des Kalküls gegenüber (3.1). In der Praxis tritt für die Auswahl alternativer Investitionsobjekte offenbar nicht selten der Fall auf, daß für sie

— *konstante Durchschnittsgewinne* während der Nutzungsdauer geplant werden,
— mit *gleichbleibender Abschreibung* gerechnet und
— der *Restwert* (R_n) mit *Null* veranschlagt wird.

Stimmen im übrigen die Einnahmen mit den Erlösen und die Betriebsausgaben mit den Kosten überein, so wird die Kapitalrentabilität $\bar{r}_j$ für *gleiche Nutzungsdauern* der Anlage definiert durch

$$\bar{r}_j = \frac{c_j - \frac{1}{n}a_{0j}}{\frac{1}{2}a_{0j}} \qquad (3.27)$$

und der interne Zinsfuß durch

$$(3.6) \qquad -a_{0j} + c_j \frac{(1 + r_j)^n - 1}{r_j(1 + r_j)^n} = 0.$$

Für diesen Fall gilt dann, daß unabhängig von der absoluten Höhe von c und a_0 die Reihenfolge der Objekte nach der Kapitalrentabilität die gleiche ist wie die nach dem internen Zinsfuß. Das läßt sich wie folgt zeigen: Der Ausdruck (3.27) läßt sich umformen zu:

$$(3.27\text{a}) \qquad \frac{c_j}{a_{0j}} = \frac{1}{2}\bar{r}_j + \frac{1}{n}$$

und Ausdruck (3.6) zu

$$(3.6\text{a}) \qquad \frac{c_j}{a_{0j}} = \frac{r_j(1 + r_j)^n}{(1 + r_j)^n - 1}.$$

Aus (3.27a) und (3.6a) folgen:

$$(3.27\text{b}) \qquad \frac{r_j(1 + r_j)^n}{(1 + r_j)^n - 1} = \frac{1}{2}\bar{r}_j + \frac{1}{n}.$$

$$(3.27\text{c}) \qquad \bar{r}_j = 2\frac{r_j(1 + r_j)^n}{(1 + r_j)^n - 1} - \frac{2}{n}.$$

Aus der Beziehung (3.27 b) ist zu ersehen, daß für ein konstantes n folgendes gilt:

Wenn $r_1 < r_2 < \cdots < r_m$, dann $\bar{r}_1 < \bar{r}_2 < \cdots < \bar{r}_m$;

denn der in (3.27 b) links stehende Kapitalwiedergewinnungsfaktor steigt mit wachsendem r_j monoton und der rechts stehende Term mit wachsendem $\bar{r}_j$ von $\frac{1}{n}$ aus linear. Anders ausgedrückt: Die Rentabilität wächst für ein konstantes n gemäß (3.27 c) monoton mit dem internen Zinsfuß, wobei stets $r_j < \bar{r}_j$ gilt.

Beispiel

$$I_A : \{-1400_0;\ +500_1;\ +500_2;\ +500_3;\ +500_4\},$$

$$I_B : \{-2000_0;\ +700_1;\ +700_2;\ +700_3;\ +700_4\}.$$

Daraus ergeben sich folgende interne Zinsfüße:

$$r_A \approx 16\% \quad \text{und} \quad r_B \approx 15\%.$$

Die Kapitalrentabilität beträgt:

$$\bar{r}_A = \frac{500\text{–}350}{700} = 21{,}4\%,$$

$$\bar{r}_B = \frac{700\text{–}500}{1000} = 20\%.$$

Die Kapitalrendite zeigt also die gleiche Reihenfolge wie der einfache interne Zins. Dagegen ist zu beachten, daß die Kapitalwertmethode in diesem Beispiel die umgekehrte Reihenfolge anzeigt ($C_{0A} = 185$ und $C_{0B} = 219$).

Für *unterschiedliche Nutzungszeiten* trifft die Aussage gleicher Reihenfolge der Objekte nach r_j und $\bar{r}_j$ nur eingeschränkt zu. Zumindest für $4 \leq n \leq 10$ und für $0{,}05 \leq \bar{r} \leq 0{,}25$ gilt sie jedoch weiterhin. Dabei wird vorausgesetzt, daß die Renditen auf volle Prozentsätze berechnet werden. Innnerhalb der für maschinelle Anlagen üblichen Nutzungszeiten und Renditesätze kann unter den oben genannten Prämissen also die Kapitalrentabilität an Stelle des internen Zinsfußes zur Auswahl der Investitionsobjekte verwendet werden, ohne daß die Reihenfolge der *Vorteilhaftigkeit* sich ändert. Ähnliches gilt für Investitionsobjekte mit längeren Nutzungszeiten, aber geringeren Renditen.

2. Modifizierter interner Zinsfuß und Kapitalrentabilität

Zu einem ähnlichen Ergebnis gelangt man unter den unter 1. genannten Prämissen auch für den modifizierten internen Zinsfuß. Dann ist jedoch sowohl die Rendite $\bar{r}$ als auch der modifizierte interne Zinsfuß $\hat{r}$ auf den individuellen Anschaffungsbetrag a_{0j} (ohne Berücksichtigung von Ergänzungsinvestitionen) zu beziehen. Für eine *gleiche Nutzungsdauer* der Anlagen ist die Reihenfolge der Investitionsobjekte nach $\bar{r}_j$ und $\hat{r}_j$ dann die gleiche. Der Ausdruck für den modifizierten internen Zinsfuß ändert sich von (3.20) unter Benutzung von (1.8 a) zu:

$$-\,a_0 + c_j \frac{(1+i)^n - 1}{i} \cdot (1+\hat{r})^{-n} = 0. \tag{3.28 a}$$

Setzt man für c_j den Ausdruck 3.27 a ein, so erhält man für $\hat{r}$ statt (3.21):

$$\hat{r}_j = \sqrt[n]{\left(\frac{1}{2}\bar{r}_j + \frac{1}{n}\right) \cdot \frac{(1+i)^n - 1}{i}} - 1. \tag{3.28 b}$$

Für gegebene i und n hängt $\hat{r}_j$ allein von $\bar{r}_j$ ab. Für zwei Investitionen gilt dann

$$\frac{(1+\hat{r}_1)^n}{(1+\hat{r}_2)^n} = \frac{n \cdot \bar{r}_1 + 2}{n \cdot \bar{r}_2 + 2}. \tag{3.28 c}$$

Auch für den modifizierten internen Zins gilt also:

Wenn $\hat{r}_1 < \hat{r}_2 < \cdots < \hat{r}_m$, dann $\bar{r}_1 < \bar{r}_2 < \cdots < \bar{r}_m$;

denn zwischen der linken und der rechten Seite von (3.28 c) besteht eine eindeutige positive Beziehung. Aus (3.28 b) ist zu ersehen, daß $\hat{r}_j$ für gegebene n und i mit wachsendem $\bar{r}_j$ monoton steigt. Eine allgemeine Aussage über das Größenverhältnis zwischen $\bar{r}$ und $\hat{r}$ ist nicht möglich. Für *unterschiedliche Nutzungsfristen* führen die Kriterien $\bar{r}$ und $\hat{r}$ in der Regel zu unterschiedlichen Reihenfolgen.

Beispiel
Für die im obigen Beispiel erwähnten Investitionen ergeben sich folgende modifizierte interne Zinssätze:

$$\hat{r}_A = 13{,}5\% \quad \text{(ohne Ergänzungsinvestition)},$$

$$\hat{r}_B = 12{,}9\%.$$

Die Reihenfolge stimmt also mit der nach der Kapitalrentabilität überein.

Das ändert sich allerdings, wenn bei I_A eine Ergänzungsinvestition betrachtet wird. Dann errechnet sich $\hat{r}_A = 12{,}5\%$, so daß die modifizierte interne Zinsfußmethode zur gleichen Reihenfolge führt wie die Kapitalwertmethode.

3. *Einfacher interner Zinsfuß und Amortisationszeit*

Unter den unter 1. genannten Prämissen führen bei *gleicher Nutzungsdauer* der einfache interne Zins r und die Amortisationszeit t_A zur gleichen Reihenfolge der Investitionsobjekte, unabhängig von der absoluten Höhe von a_{0j} und c_j.

Das läßt sich wie folgt zeigen. Aus (3.7) folgt:

(3.29) $$\frac{(1 + r_j)^n - 1}{r_j (1 + r_j)^n} = \frac{a_{0j}}{c_j}.$$

Im Fall konstanter Einzahlungsüberschüsse bestimmt sich gemäß § 1 E 4 die Amortisationszeit als:

(1.4a) $$t_A = \frac{a_{0j}}{c_j}.$$

Ein Vergleich der rechten Seiten von (3.29) und 1.4a) zeigt, daß der in (3.29) auf der linken Seite stehende Rentenbarwertfaktor (RBF) durch denselben Ausdruck bestimmt wird wie die Amortisationszeit.

Es gilt also die Beziehung:

Wenn $RBF_1 > RBF_2 > \ldots > RBF_m$, dann $t_{A1} > t_{A2} > \ldots, > t_{Am}$.

Bei gleicher Nutzungszeit der Anlagen besteht aber zwischen dem Rentenbarwertfaktor und dem einfachen internen Zins eine eindeutige negative Beziehung, so daß gilt:

Wenn $r_1 < r_2 < \ldots, < r_m$, dann $t_{A1} > t_{A2} \ldots, > t_{Am}$.

Mithin kann unter den angegebenen Prämissen die Amortisationsdauer anstelle des internen Zinsfußes als Auswahlkriterium benutzt werden.
Für *unterschiedliche Nutzungsdauern* ist diese eindeutige Beziehung nicht mehr aufrechtzuerhalten.

Beispiel
Für die unter E 1 erwähnten Investitionen I_A und I_B belaufen sich die Amortisationszeiten auf

$$t_{AA} = 2{,}8 \text{ und } t_{AB} = 2{,}857 \text{ Jahre.}$$

Auch die Methode der Amortisationszeit bevorzugt I_A und führt zum selben Ergebnis wie der einfache interne Zins.

4. *Modifizierter interner Zinsfuß und Amortisationszeit*

Unter denselben Prämissen führen auch der modifizierte interne Zins und die Amortisationszeit bei *gleichen Nutzungszeiten* zur gleichen Reihenfolge der Vorteilhaftigkeit der Investitionsobjekte.
Der modifizierte interne Zins bestimmt sich unter Benutzung der Rentenendwertformel (1.8 a) zu:

$$0 = -a_{0j} + c_j \cdot \frac{(1+i)^n - 1}{i} \cdot \frac{1}{(1+\hat{r}_j)^n}\ .$$

Daraus folgt:

$$\frac{a_{0j}}{c_j} = \frac{(1+i)^n - 1}{i} \cdot \frac{1}{(1+\hat{r}_j)^n}. \tag{3.30}$$

Für einen gegebenen Kalkulationszinsfuß i liefert der Vergleich von (1.4a) und (3.30):
Wenn $t_{A1} > t_{A2} > \cdots > t_{Am}$, dann $\hat{r}_1 < \hat{r}_2 < \cdots < \hat{r}_m$,
so daß auch hier ersatzweise die Amortisationszeit als Auswahlkriterium benutzt werden kann.

Beispiel
Für das obige Beispiel ziehen sowohl die Methode des modifizierten internen Zinses ohne Ergänzungsinvestition als auch die Amortisationszeit die Investition I_A der Investition I_B vor (vgl. die Ergebnisse unter E 2 bzw. E 3).

Wie im vorherigen Abschnitt führen auch hier *unterschiedliche Nutzungsfristen* zu keinen eindeutigen Beziehungen.

F. Kritik an der einfachen internen Zinsfußmethode

Die *Aussagefähigkeit* der internen Zinsfußmethode wird in der betriebswirtschaftlichen Literatur sehr unterschiedlich beurteilt[18]. Hierbei ist die Eigenschaft als *Akzeptanzkriterium* $r_j > i$ unstrittig. Hingegen wird die *Eignung der einfachen internen Zinsfußmethode zur Rangfolgebildung* wegen der irrealen impliziten Wiederanlageprämisse überwiegend scharf kritisiert[19]. Die Schwierigkeiten bei der Ermittlung eines geeigneten Vergleichszinsfußes *i* sind hingegen die gleichen wie bei der Kapitalwertmethode.
Die isolierte Verwendung einer Rentabilitätskennziffer (relative Größe) führt nicht immer zur Vermögensmaximierung (absolute Größe). Denn nach der Methode des *internen Zinsfußes* wird die Vorteilhaftigkeit von Normalinvestitionen relativ zum Kapitaleinsatz gemessen und mithin nicht beachtet, wieviel Kapital eingesetzt wird. Daher erscheint eine kleine hochrentable Investition günstiger als eine größere, aber weniger rentable.
Schwierigkeiten bei der *Ermittlung der internen Zinsfüße* kann man nicht als Kritikpunkt gelten lassen, denn die Kapitalwertfunktion läßt sich mit den entsprechenden Nullstellen graphisch darstellen, sofern wenigstens eine Nullstelle existiert. Gewöhnlich läßt sich für Investitionsobjekte, deren Zahlungsreihe nicht die Form der Normalinvestition aufweist und deren interner Zinsfuß mehrdeutig ist, näherungsweise der interne Zinsfuß durch Umformung der Zahlungsreihe eindeutig ermitteln.
Insgesamt ist zumindest die *direkte Anwendung* der einfachen Methode des internen Zinsfußes der *Kapitalwertmethode* für die *Rangfolgebildung* von Investitionsalternativen aus folgendem Grund unterlegen: Die *Wiederanlageprämisse der internen Zinsfußmethode* – Anlage von Einzahlungsüberschüssen zum internen Zinsfuß – ist für die Entscheidung über alternative Investitionsobjekte und erst recht über Investitionsprogramme in sich *widersprüchlich und unrealistisch*. Deshalb wird im folgenden die *Kapitalwertmethode* zur Erweiterung des Investitionskalküls benutzt. Allerdings lassen sich die Nachteile der einfachen internen Zinsfußmethode durch Be-

[18] Vgl. Biergans, Enno: Investitionsrechnung, 1973, S. 190–211, und die dort zitierte Literatur.

[19] Vgl. Haberstock, Lothar; Dellmann, Klaus: Kapitalwert und Internern Zinsfuß als Kriterien zur Beurteilung der Vorteilhaftigkeit von Investitionsprojekten, in: Kostenrechnungs-Praxis, 1971, S. 195–206.

trachtung des *internen Zinsfußes der Differenzinvestition* oder durch die *Modifikation* der Wiederanlageprämisse auch vermeiden.

In der *Praxis* ist die einfache Methode des internen Zinsfußes noch etwa ebenso verbreitet wie die Kapitalwertmethode. Ein Grund ist offenbar darin zu suchen, daß ein Prozentsatz als Vorteilkriterium einprägsamer ist als die absolute Größe des Kapitalwertes. Nach *empirischen Untersuchungen* ist der Anteil der Unternehmen, die die interne Zinsfußmethode verwenden, von 42,9 % (1974) auf 58,9 % (1988) gestiegen; die Kapitalwertmethode wurde 1988 von 59,4 % der Unternehmen verwendet, während 1974 dies nur 21,2 % taten[20].

Literaturempfehlungen zu § 3

Baldwin, Robert H.: How to Assess Investment Proposals, in: Harvard Business Review, 1959, No. 3, S. 98–104 (zu § 3 D 2).

Kilger, Wolfgang: Zur Kritik am internen Zinsfuß, in: Zeitschrift für Betriebswirtschaft, 35. Jg., 1965, S. 765–798.

Biergans, Enno: Investitionsrechnung, 1973, S. 190–211 (zu § 3 E).

Meyer, Hans: Die interne Verzinsung, in: Plus, 1974, Heft 7, S. 49–56, Heft 8, S. 55–61, Heft 9, S. 49, 50, 57–61 (zu § 3 A, B).

Schneider, Dieter: Investition und Finanzierung, 5. Aufl., 1980, S. 182–200.

Biermann, Harold Jr.; Smidt, Seymour: The Capital Budgeting Decision, 6. Aufl., 1984, Kapitel 3.

Kruschwitz, Lutz: Investitionsrechnung, 3. Aufl., 1987, S. 85–93.

Blohm, Hans; Lüder, Klaus: Investition, 6. Aufl., 1988, S. 90–119.

Aufgaben zu § 3

3.1 Unter dem internen Zinsfuß einer Investition wird der Zinsfuß verstanden,

(a) den der Investor mindestens für die Verzinsung seines eingesetzten Kapitals ansetzen möchte;

(b) bei dem der auf den Zeitpunkt Null bezogene Gegenwartswert sämtlicher Aus- und Einzahlungen gleich Null ist;

(c) der in der Regel aus Marktzins und Risikoaufschlag berechnet wird;

(d) bei dem Auszahlungs- und Einzahlungsreihe einander äquivalent sind;

(e) der bei Berechnung des Kapitalwertes einer Investition verwendet wird.

Untersuchen Sie die Richtigkeit der Aussagen.

3.2 Prüfen Sie folgende Aussagen:

Eine Investition ist bei Fehlen von finanziellen Restriktionen immer dann akzeptabel,

---

20 Vgl. Wehrle-Streif, Uwe: Empirische Untersuchung zur Investitionrechnung, 1989, S. 65.

(a) wenn die Anschaffungsauszahlung den Kassenbestand nicht überschreitet,
(b) wenn der interne Zinsfuß über dem Kalkulationszinsfuß liegt,
(c) wenn der Kapitalwert größer als Null ist,
(d) wenn die Summe der Einzahlungen die Anschaffungsauszahlung übersteigt.
(e) Keine der Aussagen ist richtig.

3.3 Prüfen Sie kritisch folgende Aussagen über Ergänzungsinvestitionen!

(a) Für die Verzinsung der Zahlungsreihen der Ergänzungsinvestitionen wird bei der Kapitalwertmethode der interne Zinsfuß angesetzt.
(b) Der Kapitalwert einer Ergänzungsinvestition ist stets Null und kann deshalb vernachlässigt werden.
(c) Bei der Beurteilung der Vorteilhaftigkeit von Investitionen nach der Kapitalwertmethode nimmt man an, daß die Zahlungsreihen der Ergänzungsinvestitionen mindestens zum Kalkulationszinsfuß angelegt werden.
(d) Die Ergänzungsinvestitionen können vernachlässigt werden, wenn man annimmt, daß die Auszahlungsüberschüsse zum Kalkulationszins angelegt werden könnten.

3.4 (a) Was ist eine Normalinvestition?
(b) Was versteht man unter dem Zeitzentrum einer Zahlungsreihe?
(c) Prüfen Sie die „Normalität“ folgender Zahlungsreihen nach. Geben Sie an, warum es sich u. U. nicht um eine Normalinvestition handelt!

$$I_1: \{-5000, +19500, -26950, +15405, -2970\},$$
$$I_2: \{+5, -10, +10\},$$
$$I_3: \{-100, +130, -5\},$$
$$I_4: \{-100, +80, +33\},$$
$$I_5: \{+100, -30, -30\},$$
$$I_6: \{+20000, -44000, +24170\}.$$

3.5 Gegeben sei die Investition $I: \{-3170, 1000, 1000, 1000, 1000\}$.
Die geplante Mindestverzinsung betrage 6%.

(a) Ist die Investition nach dem internen Zinsfußkriterium akzeptabel?
(b) Wie verzinst sich das Anfangskapital? Zeigen Sie es rechnerisch!
(c) Wie verzinst sich das durchschnittlich gebundene Kapital? Zeigen Sie es rechnerisch!
(d) Welcher Unterschied besteht bei b) und c) hinsichtlich der Wiederanlage von Einzahlungsüberschüssen?

3.6 (a) Berechnen Sie bei I_1 aus Aufgabe 2.1 den internen Zinsfuß r_1! Ist die Investition akzeptabel?
(b) Wie ändert sich r_1 und die Vorteilhaftigkeit, wenn Einzahlungsüberschüsse nur zu $i_m = 0\%$, 6% bzw. 8% angelegt werden können?

3.7 Die Anschaffungssumme einer Maschine betrage 15000. Die Lebenszeit werde auf fünf Jahre geschätzt. Am Ende jeden Jahres fallen folgende Zahlungen an:

Jahr	Auszahlungen	Einzahlungen
1	2000	1000
2	2000	6000
3	2500	10000
4	2500	10000
5	2500	8000

Der Kalkulationszinsfuß ist für die Investition mit $i = 10\%$ anzusetzen.

Beurteilen Sie die Akzeptanz der Investition nach der internen Zinsfußmethode. Überlegen Sie sich vorher, ob zur Feststellung der Akzeptanz die genaue Kenntnis des internen Zinsfußes erforderlich ist, wenn Sie bereits wissen, daß $C_0(i = 10\%) > 0$ gilt.

3.8 Führen Sie bei den Investitionen I_1, I_2, I_3 aus Aufgabe 2.1, 2.4 und 2.5 einen Vergleich nach dem Kriterium des einfachen internen Zinsfußes durch. Folgen Sie der Fragestellung gemäß Aufgabe 2.5!
Zusatzfrage (e): Worin unterscheiden sich hier Kapitalwertmethode und interne Zinsfußmethode?

3.9 (a) Wie lautet im Falle der Aufgabe 2.6 die Rangfolge nach dem Kriterium des einfachen und des modifizierten internen Zinsfußes?
(b) Wie ändert sich die Rangfolge, wenn man gleich hohe Anschaffungsauszahlungen bzw. identische Wiederholung unterstellen würde?
(c) Vergleichen Sie die Ergebnisse mit denen der Aufgabe 2.6!

3.10 Beurteilen Sie die Investitionsvorhaben der Aufgabe 2.7 nach der einfachen und der modifizierten internen Zinsfußmethode. Treffen Sie — falls notwendig — zusätzliche Annahmen!

3.11 Der Investor S. Aldo will wissen, ob es bei der modifizierten internen Zinsfußmethode egal ist, ob man spätere Anschaffungsauszahlungen a_t mit den Einzahlungsüberschüssen verrechnet. Untersuchen Sie diese Auswirkung der Saldierung anhand der folgenden Investition, wenn Sie eine langfristige Durchschnittsrendite von $\bar{r} = 10\%$ zugrunde legen können:

$$I: \begin{Bmatrix} a_t: & -500_0, & -1100_1, & 0_2, & 0_3 \\ c_t: & 0_0, & 1100_1, & 909_2, & 331_3 \end{Bmatrix}.$$

3.12 Einem Investor stehen zwei Investitionsobjekte zur Verfügung:

$$I_A: \{-10000, 5000, 5000, 5000\},$$

$$I_B: \{-3000, -1100, 2000, 2000, 2000, 2000\}.$$

(a) Ermitteln Sie den modifizierten internen Zinsfuß (Baldwin-Methode), wobei die Durchschnittsrendite $\bar{r} = 10\%$ beträgt!

(b) Untersuchen Sie, ob sich die Präferenzfolge ändert, wenn bei I_B auch für die Anschaffungsauszahlungen a_0 und a_1 eine Ergänzungsinvestition in Höhe von 6000 (nicht) durchgeführt wird!

(c) Wie hoch ist der Kapitalwert (C_0) beider Objekte bei $i = 10\%$?

3.13 Im Rahmen einer anstehenden Betriebserweiterung stehen zwei alternative Investitionsobjekte zur Auswahl, die sich durch folgende Zahlungsreihen abbilden lassen:

Investition 1: Anschaffungsauszahlungen 24 Mio DM, jährliche Nettoeinnahmen 7 Mio DM, Restwert in t_6 4 Mio DM.

Investition 2: Anschaffungsauszahlung 10 Mio DM; die Nettoeinnahmen betragen in t_1 8 Mio DM und vermindern sich während der 3-jährigen Nutzungsdauer — aufgrund zunehmend steigender Ausgaben — jedes Jahr um 25% des Betrages der Vorperiode. Ein Restwert fällt nicht an.

Aufgrund des allgemein sehr hohen Zinsniveaus liege der Kalkulationszins bei 12%.

(a) Berechnen Sie die Kapitalwerte der beiden Alternativen!

(b) Welche Anlage würden Sie nach diesem Kriterium vorziehen? Begründen Sie Ihre Wahl.

(c) Das Problem sei wie folgt modifiziert: Zur Finanzierung stehen dem Unternehmen 12 Mio DM aus der Innenfinanzierung zur Verfügung. Für I_2 kann es ein zinssubventioniertes Darlehen bis zu 15 Mio DM aufnehmen, das zu 4% zu verzinsen und nach 3 Jahren in einem Betrag zu tilgen ist. Welche Investition empfehlen Sie?

(d) Berechnen Sie die internen Zinsfüße beider Investitionen.

(e) Nennen Sie die Prämissen für die Auswahl zwischen alternativen Investitionen nach dem Kapitalwert und dem internen Zinsfuß.

(f) Vergleichen Sie die Vorteilhaftigkeit der Investitionen nach der Methode von Baldwin und beurteilen Sie diese Methode im Vergleich zur Kapitalwert- und internen Zinsfußmethode.

3.14 Berechnen Sie aufgrund der Daten der Aufgabe 2.17 und der für 2.17 (a) zu ermittelnden realen Zahlungsreihen für die Fälle I bis IV die internen Zinsfüße auf nominaler und realer Basis. Läßt sich für die errechneten nominellen und realen internen Zinsfüße eine allgemeingültige Beziehung angeben? Wenn ja, wie lautet die Umrechnungsformel? Überprüfen Sie die Formel auch numerisch!

§ 4 Nutzungsdauer und Ersatzzeitpunkt von Investitionsobjekten

A. Bestimmung der Nutzungsdauer für geplante Investitionen

Für die bisher dargestellten Verfahren der Investitionsrechnung, die vor der Anschaffungsauszahlung durchgeführt werden, wurde die Kenntnis des mit der Investition verbundenen Zahlungsstromes vorausgesetzt. Damit liegt auch die Länge *n* dieses Zahlungsstromes, auch Nutzungsdauer genannt, als zeitliche Distanz zwischen der ersten und der letzten Zahlung fest. In der Regel ist die betriebliche Nutzungsdauer jedoch kein Datum, sondern ein Entscheidungsproblem. Insbesondere

— ein *Ansteigen von Instandhaltungs- und Reparaturausgaben* durch technischen Verschleiß,
— ein *Sinken der Einnahmen* infolge sinkender Absatzpreise oder -mengen und
— eine *Zunahme der Ausgaben für absatzpolitische Maßnahmen (Marketingaktivitäten)*

lassen die *geplanten* Einzahlungsüberschüsse c_t im Laufe der Zeit gewöhnlich schrumpfen. Obwohl das Investitionsobjekt *technisch noch tauglich* sein mag, läßt es sich dann *nicht mehr wirtschaftlich* nutzen. Dann gilt

$$n_{\text{opt}} < n_{\max}.$$

Die *wirtschaftlich* optimale Nutzungsdauer (n_{opt}) ist kürzer als die technisch höchst mögliche ($n_{\max}$). Dem Investor stellt sich somit bereits vor der Anschaffung die Frage nach der optimalen Nutzungsdauer. Diese Nutzungsdauerschätzung beruht auf sehr *ungewissen Informationen* über die Zukunftsentwicklung. Auch nach Anschaffung und Inbetriebnahme eines Investitionsobjektes können unerwartete Nachfrageverschiebungen auf dem Absatzmarkt, plötzliche Entwicklung neuer wirtschaftlicherer Technologien, überraschend schnell steigende Ausgaben für Betrieb und Instandhaltung, neue Gesetzesvorschriften, z. B. über Reinigung des Abwassers und Emission von Schadstoffen, jedoch Abweichungen zwischen geplanten und tatsächlichen Zahlungsströmen verursachen. Dann stellt sich erneut die Frage nach seiner Wirtschaftlichkeit im Rahmen einer *Kontrollrechnung* aufgrund *neuer Informationen.* Soll ein Investitionsprojekt früher oder später als im ursprünglichen Kalkül vorgesehen beendet oder eine Anlage durch eine neue Anlage ersetzt werden? Für ein vorhandenes Investitionsobjekt ist somit der *optimale Ersatzzeitpunkt* immer dann erneut zu bestimmen, wenn Anlaß zu der Vermutung besteht, daß die ursprünglich festgelegte Nutzungsdauer nicht mehr als optimal anzusehen ist. Dieses Ersatzproblem setzt für die Ersatzanlage ebenfalls eine Schätzung der optimalen Nutzungsdauer wiederum unter Ungewißheit voraus.

Die Frage der Ersatzbeschaffung läßt sich somit in zwei Teilbereiche aufspalten, und zwar in die Frage, wie lang die optimale Nutzungsdauer eines erst geplanten Investitionsprojektes sein soll, und in die Frage, wann ein bereits begonnenes Investitionsprojekt durch eine neuartige Anlage ersetzt werden soll. Da man die Frage nach der *optimalen Nutzungsdauer* vor Durchführung der Investition zu stellen hat, wird sie auch als *ex ante-Entscheidung* bezeichnet, während die Frage des *optimalen Ersatzzeitpunktes* als *ex post-Entscheidung* charakterisiert wird[1]. Die folgenden Ausführungen befassen sich zunächst mit der Bestimmung der *optimalen Nutzungsdauer;* im Abschnitt B wird dann die Ermittlung des optimalen *Ersatzzeitpunktes* für vorhandene Anlagen untersucht. Trotz des unterschiedlichen ökonomischen Hintergrundes werden beide Entscheidungen mit formal ähnlichen Investitionskalkülen gelöst.

1. Einmalige Investition

a) Kapitalwertmethode

Es sei geplant, ein Investitionsobjekt am Ende seiner betrieblichen Nutzungsdauer *nicht* durch ein gleichartiges oder technisch verändertes Objekt *zu ersetzen.* Wenn die unabhängige Variable (n) eine diskrete Variable ist, gilt: Die optimale Nutzungsdauer eines Investitionsobjektes ist dann erreicht, wenn der Kapitalwert des Objektes als Funktion der Nutzungszeit ein Maximum erreicht.

Definition des Kapitalwertes in Abhängigkeit von der *Nutzungsdauer* (n) im Fall *diskreter Werte* für n bei konstantem Zinsfuß — *zunächst ohne Berücksichtigung von Gewinnsteuern* —:

$$(4.1) \qquad C_0(n) = -a_0 + \sum_{t=1}^{n} (b_t - a_t)\frac{1}{q^t} + R_n\frac{1}{q^n}.$$

Entscheidungsregel:

$$\max_n \{C_0(n)\} \qquad (n = 1, 2, \ldots, n_{\max}).$$

[1] Vgl. Kruschwitz, Lutz: Investitionsrechnung, 3. Aufl., 1987, S. 143f.

Die Unterstellung eines zeitlich konstanten Kalkulationszinsfußes $i_t = i_m$ kann dadurch begründet werden, daß auf einem vollkommenen Kapitalmarkt alle zukunftsbezogenen Informationen im Gleichgewichtszins i_m reflektiert sind.

Die folgenden Bestimmungsgrößen des Kapitalwertes seien im Hinblick auf ihre *Zeitabhängigkeit* untersucht:

(1) Anschaffungsauszahlung a_0
Die Anschaffungsauszahlung a_0 fällt im Kalkulationszeitpunkt an. Sie ist daher *nutzungszeitunabhängig* und wirkt als eine negative Konstante auf den Kapitalwert ein. Auch im Falle zeitlich verteilter Anschaffungsauszahlungen liegen diese ex ante vertraglich fest und sind unabhängig von der betrieblichen Nutzungszeit.

(2) Betriebs- und Instandhaltungsauszahlungen a_t
Meistens *steigen* diese Auszahlungen a_t *im Laufe der Zeit. Höherer Verschleiß* bedingt auch höheren Einsatz von Verbrauchsfaktoren. Abnutzungserscheinungen und Fehlproduktion versucht man durch vorbeugende Instandhaltungsmaßnahmen zu senken. Bei stabilen Faktorpreisen können die Auszahlungen zunächst sinken, bis das Aggregat „eingefahren“ ist, dann über einen längeren Zeitraum konstant sein und schließlich wegen der Verschleißerscheinungen ansteigen. Diese mengengerüstbezogenen Schätzungen sind noch durch Schätzungen von *Faktorpreisänderungen* zu ergänzen. Somit stellt a_t eine aggregierte Größe von vielen Auszahlungsarten mit Ausnahme von Anschaffungsauszahlungen und Gewinnsteuern dar.

(3) Einzahlungen b_t
In den Einzahlungen b_t spiegeln sich die Verhältnisse auf dem Absatzmarkt wider. Auch sie können im Zeitablauf steigen, sinken, konstant bleiben oder in der Tendenz wechseln. Bei Spezialmaschinen für nur wenige Erzeugnisarten wird man bei Produktveralterung von sinkenden Einzahlungen aus Verkaufserlösen ausgehen. Bei Ansteigen der Ausschußquote (Fehlproduktion) infolge eines Verschleißes der Anlage sinken ebenfalls die Erlöse aus verkaufsfähigen Mengen. Häufig werden daher *sinkende Einzahlungen* b_t angesetzt werden müssen.

(4) Restwerterlös R_n
Wird das Investitionsobjekt vom Investor verkauft, so erhält er dafür eine Einzahlung, z.B. den Schrotterlös, abzüglich eventueller Auszahlungen für Abbruchkosten. Es ist davon auszugehen, daß für eine technisch brauchbare *Anlage* $R_n < R_{n-1}$ gilt; denn der Käufer ist bereit, für eine jüngere (und weniger gebrauchte) Anlage mehr zu zahlen als für eine ältere. R_n sinkt daher in der Regel mit zunehmender Nutzungszeit n.

Für den trivialen Fall $R_n = 0$ für alle $n = 1, \ldots, n_{\max}$ lohnt es sich, die Investition so lange zu nutzen, wie $c_t > 0$, wenn *alle* späteren Einzahlungsüberschüsse $c_{t+1}, \ldots \leq 0$ sind. Damit ist die optimale Nutzungsdauer festgestellt.

Für den Fall positiver Resterlöse $R_n > 0$ läßt sich der maximale Kapitalwert durch Alternativrechnungen mit unterschiedlichen n bestimmen.

b) Grenzwertkalkül

Die optimale Nutzungsdauer läßt sich statt durch Maximierung des Kapitalwertes in Abhängigkeit von n gemäß (4.1) auch durch eine *Grenzbetrachtung* in bezug auf die Nutzungsdauer ermitteln. Dies ist jedoch kein anderes Verfahren; es läßt sich vielmehr aus der Kapitalwertmethode ableiten. Hinreichende Voraussetzung für akzeptable, mit der Kapitalwertmethode konforme Ergebnisse sind bei einer Grenzbetrachtung *monoton sinkende Grenzeinzahlungsüberschüsse.* Unter dieser Annahme lohnt sich bei einer einmaligen Investition der Weiterbetrieb einer Anlage um eine Periode so lange, wie die Grenzeinzahlungsüberschüsse positiv sind. Bei *diskreter Variation der Nutzungsdauer* (n) ist der Grenzeinzahlungsüberschuß definiert als

$$c'_n = (b_n - a_n) + (R_n - R_{n-1}) - R_{n-1} \cdot i. \tag{4.2}$$

Die Nutzungsdauerverlängerung um eine weitere Periode ist sinnvoll, solange die Bedingung

$$c'_n = (b_n - a_n) + (R_n - R_{n-1}) - R_{n-1} \cdot i \geq 0$$

erfüllt ist. Diese Bedingung läßt sich aus der Kapitalwertmaximierung wie folgt ableiten: Es seien die Kapitalwerte für $C_0(n)$ und $C_0(n-1)$ betrachtet:

$$\begin{aligned} C_0(n) &= -a_0 + \sum_{t=1}^{n} c_t \cdot q^{-t} + R_n \cdot q^{-n} \\ &= \left[-a_0 + \sum_{t=1}^{n-1} c_t \cdot q^{-t}\right] + c_n \cdot q^{-n} + R_n \cdot q^{-n}, \\ C_0(n-1) &= \left[-a_0 + \sum_{t=1}^{n-1} c_t \cdot q^{-t}\right] + R_{n-1} \cdot q^{-(n-1)}. \end{aligned}$$

Da in der Gleichung für $C_0(n)$ der Ausdruck in der eckigen Klammer dem Kapitalwert $C_0(n-1)$ abzüglich $R_{n-1} \cdot q^{-(n-1)}$ entspricht, gilt für $C_0(n)$

$$\begin{aligned} C_0(n) &= C_0(n-1) + c_n \cdot q^{-n} + R_n \cdot q^{-n} - R_{n-1} \cdot q^{-(n-1)} \\ &= C_0(n-1) + c_n \cdot q^{-n} + R_n \cdot q^{-n} - R_{n-1} \cdot q^{-n} \cdot (1+i) \\ &= C_0(n-1) + c_n \cdot q^{-n} + (R_n - R_{n-1}) \cdot q^{-n} - R_{n-1} \cdot i \cdot q^{-n}. \end{aligned}$$

Ein Weiterbetrieb lohnt sich nur dann, wenn

$$C_0(n) \geq C_0(n-1).$$

Wegen $C_0(n) - C_0(n-1) \geq 0$ muß dann die Bedingung

$$c_n \cdot q^{-n} + (R_n - R_{n-1}) \cdot q^{-n} - R_{n-1} \cdot i \cdot q^{-n} \geq 0$$

gelten. Nach Multiplikation mit q^n folgt

(4.2 a) $$c_n + (R_n - R_{n-1}) - R_{n-1} \cdot i \geq 0.$$

Wegen $R_n < R_{n-1}$ ist $(R_n - R_{n-1}) < 0$, was die *Minderung des Restwerterlöses* in der zusätzlichen Nutzungsperiode darstellt. Die Verminderung des Restwerterlöses ist keine Auszahlung; der Weiterbetrieb der Anlage um eine Zeiteinheit bedeutet jedoch den Verzicht auf eine Einzahlung aus dem Verkauf der alten Anlage für diese Zeiteinheit. Nach Ablauf der Zeiteinheit kann diese Einzahlung nicht in voller Höhe nachgeholt werden, weil der Restwerterlös dann geringer ist; diese Minderung ist also ein endgültiger Einzahlungsverzicht, der wie eine Auszahlung zu behandeln ist.

Ferner ist auch der Verzicht auf die *Verzinsung* $i \cdot R_{n-1}$ des Restwerterlöses ein *Einzahlungsverzicht*. Gliedert man c_n in $b_n - a_n$ auf, dann ist die optimale Nutzungsdauer n_{opt} erreicht, bevor die auf die Zeit bezogenen Grenzauszahlungen höher werden als die Grenzeinzahlungen b_n je Periode:

(4.3) $$a_n - (R_n - R_{n-1}) + R_{n-1} \cdot i \leq b_n.$$

Hierbei sei eine Investition unterstellt, bei der die Grenzauszahlungen auch für alle Zeitpunkte $t > n_{opt}$ immer größer als die Grenzeinzahlungen sind. Andernfalls ist das *globale* Kapitalwertmaximum zu bestimmen.

Im Falle kontinuierlicher Zahlungsströme ist das Kapitalwertmaximum erreicht, wenn Grenzauszahlungen gleich Grenzeinzahlungen sind, der Grenzkapitalwert also gleich Null ist.

Die Bedingung (4.2 a) kann umformuliert werden in:

(4.4) $$\frac{c_n + (R_n - R_{n-1})}{R_{n-1}} \geq i.$$

Der Bruch stellt eine zeitliche Grenzrendite bezogen auf das gebundene Kapital R_{n-1} dar. Im Kapitalwertmaximum ist die zeitliche Grenzrendite gleich dem Kalkulationszinsfuß i. Nach Ablauf der optimalen Nutzungsdauer ist es vorteilhafter, das gebundene Kapital auf dem Kapitalmarkt anzulegen.

Beispiel

Eine Investition sei durch folgende Zahlungen (in TDM)

$$I: \quad \{-2000_0, 880_1, 880_2, 680_3, 500_4, 380_5\}$$

sowie durch die Reihe der alternativen Restwerterlöse (in TDM)

$$R_n: \quad \{-, 1600_1, 1200_2, 800_3, 400_4, 0_5\}$$

gekennzeichnet, wobei die optimale Nutzungsdauer nicht festliegt, sondern nach (4.2) zu bestimmen ist ($i = 10\%$). Daraus läßt sich Tabelle 4.1 aufstellen. Da vom fünften Jahr ab die Grenzeinzahlungsüberschüsse (Zeile 6) nicht mehr positiv sind, lohnt es sich, die Nutzungsdauer auf 4 Perioden zu begrenzen, d.h. $n_{\text{opt}} = 4$.

Tabelle 4.1

t	0	1	2	3	4	5
1 R_n	(2000)	1600	1200	800	400	0
2 Einzahlungsüberschuß c_t	−2000	880	880	680	500	380
− Grenzausgaben:						
3 $R_n - R_{n-1}$		−400	−400	−400	−400	−400
4 $R_{n-1} \cdot i$		−200	−160	−120	− 80	− 40
5 Grenzeinzahlungsüberschuß ((2) + (3) + (4))		280	320	160	20	− 60
6 Barwert des Grenzeinzahlungsüberschusses		255	264	120	14	− 37
7 Kapitalwert $C_0(n)$		255	519	639	653	616

Durch Ermittlung der Barwerte der Grenzeinzahlungsüberschüsse und ihrer Kumulation wird das Kapitalwertmaximum (Zeile 7) mit 653 TDM bestimmt. Dies führt zum gleichen Ergebnis wie die unmittelbare Anwendung der Ausgangsgleichung:

$$(4.1) \qquad C_0(n) = -a_0 + \sum_{t=1}^{n} c_t \cdot q^{-t} + R_n \cdot q^{-n}.$$

Müssen *gewinnabhängige Steuern* berücksichtigt werden, so ist für das Investitionsobjekt die steuerlich zulässige (minimale) Abschreibungszeit zu bestimmen. Sie ergibt sich für viele Gegenstände aus den AfA-Tabellen der Einkommensteuer-Richtlinien. Dann kann nach Festlegung der Abschreibungsmethode der jährliche Abschreibungsbetrag festgestellt werden.

Hierbei ist jedoch zu beachten, daß ein *realisierter Gewinn* bei einem Überschuß des Restwerterlöses über den Restbuchwert *gewinnsteuerpflichtig* ist. Ein realisierter

Verlust führt zur Steuerersparnis, wenn ein Verlustausgleich möglich ist. Der Restwerterlös R_{sn} nach Steuern ergibt sich als

$$\begin{aligned} R_{sn} &= R_n - s(R_n - BW_n) \\ &= R_n(1 - s) + s \cdot BW_n \end{aligned}$$

mit $BW_n: =$ Restbuchwert im Verkaufszeitpunkt,
$s: =$ Gewinnsteuersatz,
$R_n: =$ Restwerterlös vor Steuern.

Gegebenenfalls ist auch der Kalkulationszinsfuß i um die Steuern zu berichtigen: $i_s = (1 - s)\, i$, wenn die Vergleichsinvestition gewinnsteuerpflichtig ist.

Nach Berechnung der Nettoeinzahlung nach Steuern kann dann durch den Grenzwertkalkül die optimale Nutzungsdauer wie oben dargestellt bestimmt werden.

2. *Investitionsketten*

a) *Einmalige Wiederholung*

Für die Investitionsplanung wird nun angenommen, die erste Investition (A) werde nach Ablauf ihrer betrieblichen Nutzungszeit ersetzt. Das Ende der Nutzung des ersten Investitionsobjektes ($n_{E,A}$) fällt daher mit dem Beginn der Nutzungsdauer des Ersatzobjektes zusammen, so daß sich eine *Investitionskette* ergibt. Für das Ersatzobjekt wird, falls keine anderen Informationen vorliegen, jeweils unterstellt, daß es die gleiche Anschaffungsausgabe und den gleichen Kapitalwert habe wie das erste Glied der Kette („identische Wiederholung"). Physische Identität oder gleichartige Zahlungsströme sind nicht erforderlich[2].

Die Kapitalwertmaximierung muß dann für die *gesamte* Investitionskette vorgenommen werden. Der Kapitalwert einer zweigliedrigen Kette (C_{0K}) ergibt sich aus der Summe der Barwerte beider Objektkapitalwerte:

(4.5) $$C_{0K} = C_{0A} + C_{n_A B} \cdot q^{-n_A}$$

mit

$C_{nAB}: =$ Kapitalwert für das identische Objekt B im Zeitpunkt n_A.

Welchen Einfluß hat die Wiederholung der Investition für die Bestimmung der Nutzungsdauer? Während im Falle der einmaligen Investition die optimale Nutzungsdauer dann erreicht ist, wenn der Grenzeinzahlungsüberschuß negativ wird

[2] Vgl. Schneider, Dieter: Investition und Finanzierung, 5. Aufl., 1980, S. 236.

und somit die Anlage des Resterlöses zum Zinsfuß i lohnender wird, hat bei *einmaliger* Wiederholung der Investor die Gelegenheit, einen Kapitalwertzuwachs durch rechtzeitige Nutzung der Ersatzanlage zu erzielen. Bei freier Wahl der Nutzungsdauer wird der rationale Investor sich für die Nutzungsdauer $n_A \in \{1, \ldots, n_{\max}\}$ entscheiden, bei deren Erreichen der zeitliche Grenzeinzahlungsüberschuß der ersten Anlage A gleich der Verzinsung des Kapitalwertes der Ersatzanlage B ist. Bei jährlichen Ersatzzeitpunkten darf die zu ersetzende Anlage nur so lange genutzt werden, wie ihre Grenzeinzahlungsüberschüsse die Verzinsung des Kapitalwertes der Nachfolgeanlage B nicht unterschreiten:

$$c_{n_A} + (R_{n_A} - R_{n_A-1}) - R_{n_A-1} \cdot i \geq C_B \cdot i. \tag{4.6}$$

Der Investor verzichtet mit dem Weiterbetrieb der Anlage A um ein Jahr auf die Nutzung der Nachfolgeanlage B in dieser Zeit. Dieser Nutzungsverzicht drückt sich in den Zinsen auf den Kapitalwert des Objektes B aus. Das läßt sich wie folgt zeigen:

Bei Verschiebung des Ersatzes um eine Periode von n auf $n + 1$ darf durch die Veränderung keine Verringerung des Kapitalwertes der Kette entstehen. Daher sind die Kapitalwerte der Investitionsketten in n und in $n + 1$ miteinander zu vergleichen. Bei *Ersatz* in n durch *eine Anlage mit gleicher Zahlungsreihe* gilt

$$C_{nK} = c_n + R_n + C_B \tag{4.7 a}$$

und bei Ersatz in $n + 1$

$$C_{n+1,K} = c_n (1 + i) + c_{n+1} + R_{n+1} + C_B. \tag{4.7 b}$$

Bezieht man (4.7 a) auch auf den Zeitpunkt $n + 1$ und bildet die Differenz (4.7 b) — (4.7 a), so ergibt sich als Differenz der Kapitalwerte:

$$\begin{aligned} C_{n+1,K} - C_{nK}(1 + i) &= c_n(1 + i) + c_{n+1} + R_{n+1} + C_B \\ &\quad - c_n(1 + i) - R_n(1 + i) - C_B(1 + i) \\ &= c_{n+1} + R_{n+1} - R_n - R_n \cdot i + C_B - C_B - C_B \cdot i \\ &= c_{n+1} + (R_{n+1} - R_n) - R_n \cdot i - C_B \cdot i. \end{aligned} \tag{4.7 c}$$

Setzt man die Differenz der Kapitalwerte gleich Null, so folgt der Ausdruck (4.6) in Gleichungsform, jedoch um eine Periode verschoben:

$$c_{n+1} + (R_{n+1} - R_n) - R_n \cdot i = C_B \cdot i. \tag{4.6 a}$$

Beispiel

Prüft man für das Beispiel der Tabelle 4.1 die Bedingung (4.6), so ergibt sich für $n_{E,A} = 3$:

$$160 \geq 639 \cdot 0{,}1.$$

Für $n_{E,A} = 4$ ist die Bedingung mit

$$20 \ngeq 653 \cdot 0{,}1$$

nicht mehr erfüllt. Somit beträgt die optimale Nutzungsdauer der Anlage A ($n_{E,A,opt}$) 3 Jahre.

Als maximaler Kapitalwert der zweigliedrigen Investitionskette ergibt sich

$$C_{0K} = 639 + 653 \cdot q^{-3} = 1130 \text{ TDM}.$$

Wenn der Grenzeinzahlungsüberschuß mit wachsender Nutzungsdauer fällt, wird die Anlage A tendenziell früher ersetzt als bei einmaliger Investition, weil die Grenzeinzahlungsüberschüsse den kritischen Wert $C_B \cdot i$ früher erreichen als den Wert Null.

Für das letzte Beispiel ergab sich durch Auswertung der Tabelle 4.1 ohne Ersatz eine optimale Nutzungsdauer von $n = 4$. Bei einmaliger Wiederholung muß nach der Bedingung (4.6) Anlage A zu dem Zeitpunkt ersetzt werden, der unmittelbar vor dem Zeitpunkt liegt, zu dem die Grenzeinzahlungsüberschüsse die Zinsen auf C_B erstmals unterschreiten. In $t = 4$ ist der Überschuß 20. Folglich muß schon in $t = 3$ ersetzt werden. Die Nutzungsdauer der Erstanlage A ist also um ein Jahr kürzer als die der einzigen Folgeanlage.

Abbildung 4.1 zeigt die Grenzeinzahlungsüberschüsse aus Tabelle 4.1 und die Verzinsung von C_B. Die Anlage A wird nur drei Jahre ($n_{E,A}$), die Ersatzanlage hingegen 4 Jahre (n_B) genutzt, bis der Grenzeinzahlungsüberschuß auf Null sinkt.

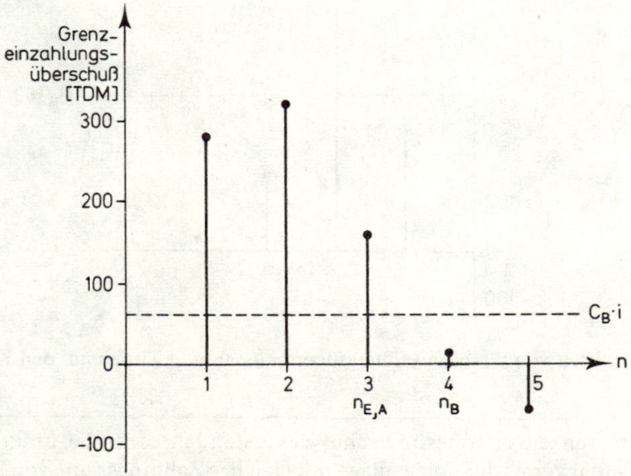

Abb. 4.1. Vergleich von Grenzeinzahlungsüberschüssen und Zinsen auf den Kapitalwert.

Die Grenzeinzahlungsüberschüsse der Anlage *A* steigen von t_1 auf t_2 und sinken erst nach dem zweiten Jahr monoton. Damit ist die Voraussetzung des *monotonen* Verlaufs der Nettozahlungen für den Grenzwertkalkül nicht erfüllt. Dies kann bei einer formalen Anwendung der Bedingung (4.6) zu Fehlschlüssen führen.

Angenommen, in dem Beispiel aus Tabelle 4.1 betrüge der Einzahlungsüberschuß im zweiten Jahr statt 880 TDM 4000 TDM. Dann würde gemäß Tabelle 4.2 gelten:

Tabelle 4.2

	t	0	1	2	3	4	5
1	R_n	(2000)	1600	1200	800	400	0
2	Einzahlungsüberschuß	−2000	880	4000	680	500	380
	− Grenzausgaben:						
3	$R_n - R_{n-1}$		−400	− 400	− 400	− 400	− 400
4	$R_{n-1} \cdot i$		−200	− 160	− 120	− 80	− 40
5	Grenzeinzahlungsüberschuß		280	3440	160	20	− 60
6	Barwert des Grenzeinzahlungsüberschusses		255	2843	120	14	− 37
7	Kapitalwert		255	3098	3218	3232	3195

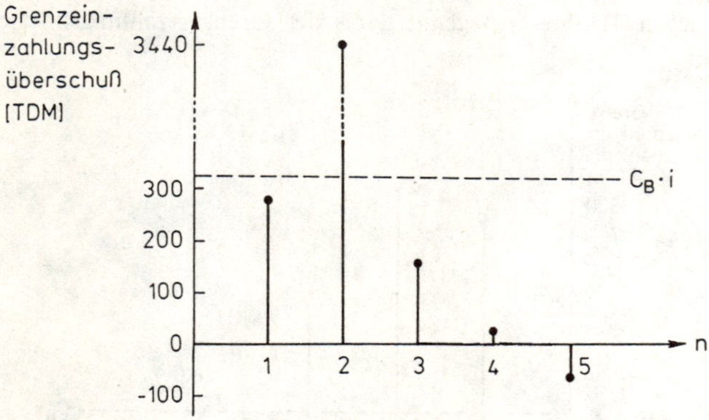

Abb. 4.2. Vergleich von Grenzeinzahlungsüberschüssen und Zinsen auf den Kapitalwert

Obwohl der Grenzeinzahlungsüberschuß des ersten Jahres mit 280 unter der Verzinsung des Kapitalwertes der Folgeanlage mit gleicher Zahlungsreihe von $3232 \cdot 0{,}1 = 323{,}2$ TDM liegt, ist der optimale Ersatzzeitpunkt aufgrund des hohen

Grenzeinzahlungsüberschusses im zweiten Jahr erst nach 2 Jahren erreicht, weil der Kapitalwert der Kette in diesem Fall sein Maximum erreicht:

$$C_{oK} = 3098 + 3232 \cdot q^{-2} = 5769 \text{ TDM.}$$

Ein isolierter Vergleich der Grenzeinzahlungsüberschüsse mit der Verzinsung des Kapitalwertes der Ersatzanlage zu Beginn jeder Periode gemäß Formel (4.6) reicht nicht aus, da die Grenzeinzahlungsüberschüsse die Verzinsung des Kapitalwertes der Ersatzanlage zunächst nicht erreichen, dann übersteigen und erst dann wieder bis unter die Verzinsung sinken und sogar negativ werden. Noch unübersichtlicher wird das Nutzungsdauerproblem, wenn die Grenzeinzahlungsüberschüsse im Zeitlauf stärker variieren, evtl. zwischenzeitlich sogar negativ werden, dann aber wieder ansteigen. In diesem Fall versagen einfache Grenzbetrachtungen, bzw. müssen nun auch die Grenzeinzahlungsüberschüsse späterer Perioden mit in die Analyse einbezogen werden[3]. Dann ist es einfacher, durch explizite Ermittlung der Kapitalwerte der Investitionskett für unterschiedliche Ersatzteitpunkte der ersten Anlage direkt als Kapitalwertmaximum zu bestimmen. In der Praxis tritt die Problematik allerdings seltener auf, da monoton sinkende Grenzeinzahlungsüberschüsse im Regelfall als realistisch anzunehmen sind, wenn man von Anlagen mit Großreparaturen im Abstand mehrerer Jahre absieht.

b) Unendliche Wiederholung

Hat eine Investitionskette mehr als zwei Glieder, so sind für die Ermittlung der optimalen Nutzungsdauer $n_{E.\,\text{opt}}$ sämtliche Kapitalwerte der Ersatzanlagen in dem Kalkül zu beachten. Das sei an dem Grenzfall einer unendlichen identischen Wiederholung gezeigt. Dann hat jede Anlage gleich viele Nachfolger, nämlich unendlich viele. In diesem Falle sind *alle individuellen Nutzungszeiten gleichlang*. Für jedes Glied ist der partielle Kapitalwert, bezogen auf den Nutzungsbeginn jeder Anlage, gleich, d. h. $C_{0A}(n) = C_{n\,\text{opt}\,B}(n)$ ... Da alle partiellen Kapitalwerte und Nutzungsdauern n gleich sind, kann die Indizierung $A, B, \ldots$ wegfallen. Somit ergibt sich als Summe aller Kapitalwerte der unendlichen Investitionskette I_K

(4.8) $$C_{0K} = C_0(n) + C_0(n) \cdot q^{-n} + C_0(n) \cdot q^{-2n} + \ldots$$

(4.9 a) $$C_{0K} = \frac{C_0(n)}{1 - \dfrac{1}{q^n}}.$$

Nach Erweiterung des Bruches mit q^n folgt:

(4.9 b) $$C_{0K} = C_0(n) \frac{q^n}{q^n - 1},$$

[3] Vgl. Kruschwitz, Lutz: Investitionsrechnung, 3. Aufl., 1987, S. 146ff.

wobei sich der Bruch auch als Kapitalwiedergewinnungsfaktor *KWF*, dividiert durch den Zinssatz *i*, darstellen läßt:

$$C_{0K} = \frac{C_0(n) \cdot KWF}{i} = \frac{c^*(n)}{i}. \tag{4.10}$$

Der Kapitalwert bei unendlicher Wiederholung erweist sich somit als Barwert einer ewigen Rente in Höhe der Annuität $c^*(n)$ auf den Kapitalwert $C_0(n)$. Durch Umformung

$$c^*(n) = C_{0K} \cdot i$$

zeigt sich, daß die Annuität gleich den Zinsen auf den Kapitalwert der Kette ist, bzw. auf die Kapitalwerte aller Nachfolger. Der Barwert C_{0K} dieser Annuität bzw. Rente ist dann maximal, wenn die Annuität $c^*(n)$ maximal ist.

Das Nutzungsdaueroptimum läßt sich demnach über einen *Annuitätenkalkül* ermitteln. Die Annuität gemäß (2.11) in Abhängigkeit von der Nutzungsdauer $c^*(n)$ ist definiert als (siehe § 2 D):

$$c^*(n) = \left[-a_0 + \sum_{t=1}^{n} c_t \cdot q^{-t} + R_n \cdot q^{-n} \right] \frac{i\, q^n}{q^n - 1}. \tag{4.11}$$

Die maximale Annuität $c^*_{\max}(n)$ bestimmt die optimale Nutzungsdauer $n_{E,\text{opt}}$:

$$\max_n \{c^*(n)\} \qquad \text{mit} \quad n = 1, 2, \ldots, n_{\max}.$$

Für $n > n_{E,\text{opt}}$ sind die Grenzeinzahlungsüberschüsse in bezug auf die Zeit kleiner als die maximalen durchschnittlichen Einzahlungsüberschüsse $c^*(n_{\text{opt}})$ in bezug auf die Zeit. Würde die Nutzungszeit kontinuierlich variiert, so läge $n_{E,\text{opt}}$ im Schnittpunkt von Annuitäts- und Grenzeinzahlungsüberschußkurve, bzw. im Maximum der Annuitätskurve (Abb. 4.3)[4].

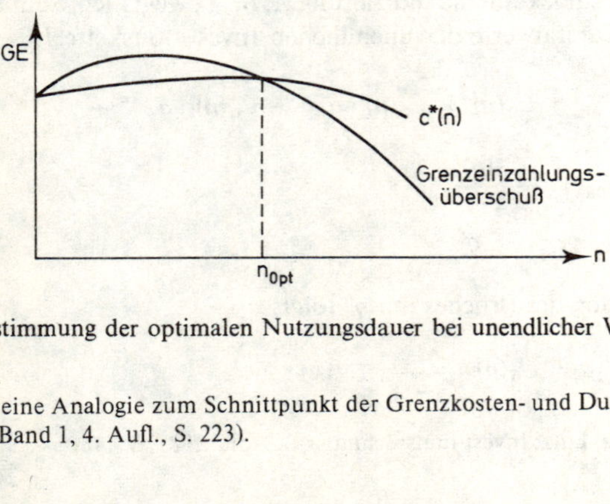

Abb. 4.3. Bestimmung der optimalen Nutzungsdauer bei unendlicher Wiederholung

---

[4] Hier besteht eine Analogie zum Schnittpunkt der Grenzkosten- und Durchschnittskostenkurve (siehe Band 1, 4. Aufl., S. 223).

Beispiel

Gesucht sei die optimale Nutzungsdauer $n_{E,\,opt}$ für das in der Tabelle 4.1 dargestellte Investitionsobjekt, wenn unendlich häufige Wiederholungen unterstellt werden. Tabelle 4.3 enthält die alternativen Kapitalwerte $C_0(n)$, die bereits in Tabelle 4.1 errechnet wurden, die Kapitalwiedergewinnungsfaktoren für $n = 1$ bis $n = 5$ bei $i = 10\%$ und die Annuitäten $c^*(n)$.

Tabelle 4.3

n	1	2	3	4	5
$C_0(n)$	255	519	639	653	616
$KWF_n^{10\%}$	1,1000	0,5762	0,4021	0,3155	0,2638
$c^*(n)$	281	299	257	206	163

Die Multiplikation des Kapitalwertes mit dem entsprechenden Kapitalwiedergewinnungsfaktor für 10% ergibt die alternativen Annuitäten. Wegen $c^*_{max} = c^*(2) = 299$ ist es optimal, am Ende jeder zweiten Periode eine neue Anlage zu beschaffen. Der Kapitalwert $C_{0K}(n = 2)$ der unendlichen Investitionskette beträgt

$$C_{0K}(n_{E,\,opt} = 2) = 299 \cdot \frac{1}{0{,}1} = 2990 \text{ TDM}.$$

Die wirtschaftliche Nutzungsdauer ist demnach am längsten, wenn eine Investition nicht identisch wiederholt wird, und am kürzesten, wenn sie unendlich oft identisch wiederholt wird.

Lassen sich dem Investitionsobjekt Einzahlungen nicht zurechnen, so wird die optimale Nutzungsdauer durch die Ermittlung der *minimalen Auszahlungsannuität* $a^*(n_{opt})$ in analoger Vorgehensweise gefunden. Hierbei muß immer ein *unendlich häufiger Ersatz* der Anlage unterstellt werden, denn ohne Ersatz ist allein auf Basis der Auszahlungen ein Ende der Nutzungsdauer ökonomisch nicht ableitbar[5].

B. Optimaler Ersatzzeitpunkt

Während des Gebrauchs der Anlage kann sich herausstellen, daß ein früherer (oder späterer) Ersatz der Anlage vorteilhafter ist, als ursprünglich ermittelt wurde. Das kann vor allem durch das Erscheinen modernerer Anlagen auf dem Markt der Investitionsgüter begründet sein. In diesem Falle muß geprüft werden, ob es vorteilhaft ist, eine *vorhandene*, noch gebrauchsfähige Anlage vor Ende ihrer

[5] Vgl. Schneider, Dieter: Investition und Finanzierung, 5. Aufl., 1980, S. 240.

geplanten optimalen Nutzungsdauer durch eine modernere zu ersetzen. Die alte Anlage wird dann verkauft oder verschrottet, das Unternehmen aber weitergeführt. Nur der Zeitpunkt des Ersatzes der Anlage ist noch unbestimmt. Die vorgesehene Ersatzanlage ist nicht mit dem bisher verwendeten Typ identisch. Das Auswahlproblem der Nachfolgeanlage sei aber bereits gelöst.
Der Investor hat sich zwischen folgenden beiden Alternativen zu entscheiden:

— Ersatz der alten Anlage zum gegenwärtigen Zeitpunkt oder
— Weiterbetrieb um eine Nutzungsperiode, nach deren Ablauf erneut beide Alternativen zu prüfen sind.

1. Grenzeinzahlungskalkül

a) Allgemeiner Ansatz

Für die Ersatzanlage sollen einfachheitshalber *unendlich viele, identische Wiederholungen* angenommen werden. Im Abschnitt A 2.b wurde für diesen Fall festgestellt, daß das Kapitalwertmaximum der Investitionskette dann erreicht ist, wenn die Annuität $c^*(n)$, die den Zinsen $i \cdot C_{0K}$ auf den Kapitalwert C_{0K} der Investitionskette I_K gleicht, am höchsten ist.
Wird die alte Anlage um ein Jahr weiterbenutzt, so verzichtet man einerseits auf die Zinsen in Höhe von c^*_{neu} aus der neuen Investitionskette, andererseits gewinnt man aber noch den Grenzeinzahlungsüberschuß $c'_{\text{alt},t}$ aus der alten Anlage. Beide Größen beziehen sich vom Zeitpunkt $t = 0$ aus gesehen auf $t = 1$. Hierbei ist

$$c'_{\text{alt},t} = b_t - a_t + (R_t - R_{t-1}) - i \cdot R_{t-1}. \tag{4.9}$$

Es sind also die Kapitalwerte folgender Zahlungsströme zu vergleichen:

$$I_{\text{sofortiger Ersatz}}: \{c^*_{\text{neu},1}, c^*_{\text{neu},2}, \ldots, c^*_{\text{neu},t}, \ldots, c^*_{\text{neu},\infty}\},$$

$$I_{\text{Ersatz in } t_1}: \quad \{c'_{\text{alt},1}, c^*_{\text{neu},2}, \ldots, c^*_{\text{neu},t}, \ldots, c^*_{\text{neu},\infty}\},$$

$$I_{\text{Ersatz in } t_2}: \quad \{c'_{\text{alt},1}, c'_{\text{alt},2}, c^*_{\text{neu},3}, \ldots, c^*_{\text{neu},\infty}\}.$$

Damit wird das *Kapitalwertmaximum* bestimmt:

$$\max_n \{C_0(n)\} \quad \text{mit}$$

$$C_0(n) = \sum_{t=1}^{n} c'_{\text{alt},t} \cdot q^{-t} + \frac{c^*_{\text{neu}}(n_{\text{opt}})}{i} \cdot q^{-n}. \tag{4.12}$$

Hierbei gibt der Ausdruck $\frac{c^*_{neu}(n_{opt})}{i} q^{-n}$ den Barwert der Ersatzkette an, wenn die alte Anlage im Zeitpunkt n ersetzt wird. Der Barwert sinkt, je weiter der Ersatzzeitpunkt hinausgeschoben wird, d.h. je größer n wird.

Unterstellt man nun *monoton sinkende* Grenzeinzahlungsüberschüsse $c'_{alt,t}$ während der möglichen Restnutzungsdauer, so brauchen nur die Grenzeinzahlungsüberschüsse $c'_{alt,t}$ der alten Anlage mit der Annuität $c^*_{neu}(n_{opt})$ der neuen Anlage verglichen zu werden. Sobald

$$c^*_{neu} > c'_{alt,t}$$

gilt, lohnt sich sofortiger Ersatz. c^*_{neu} ist die Annuität der unmittelbar nachfolgenden Ersatzanlage, deren Ermittlung im vorigen Abschnitt gezeigt wurde.

Wird die Monotoniebedingung nicht erfüllt, dann reicht dieser Vergleich — wie für das modifizierte Beispiel der Tabelle 4.2 gezeigt — nicht aus. Man muß das Kapitalwertmaximum gemäß (4.1) bestimmen.

Wenn sich die *Einzahlungen b_t durch die Ersatzanlage nicht verändern,* reicht es, nur Auszahlungen zu betrachten. Das Ziel ist, den absoluten *Kapitalwert der Auszahlungen zu minimieren.*

Beispiel

Wann sollte nach diesem Kriterium eine alte Anlage mit den Daten laut Tabelle 4.4 während einer maximalen Restnutzungsdauer von 3 Jahren durch eine neue Anlage ersetzt werden, für die gilt:

$$a_{o,\,neu} = 368;\ a_{t,\,neu} = 60 \text{ und } n_{neu} = 10?$$

Da die Anlage spätestens in $t = 3$ ersetzt werden muß, genügt eine Betrachtung der nächsten drei Perioden. Für die Anlage beträgt der erzielbare Resterlös im Kalkulationszeitpunkt t_0 80 GE. Der jeweilige Resterlös R_t zu Ende der Periode t und Betriebsausgaben a_t werden für die technisch mögliche Restnutzungszeit von maximal 3 Jahren wie folgt geschätzt:

Tabelle 4.4

t	R_t	a_t	$R_t - R_{t-1}$	$i \cdot R_{t-1}$ für $i = 6\%$	a'_t	a^*_{neu}
0	80	–	–	–	–	–
1	50	70	−30	4,8	104,8	110
2	20	80	−30	3,0	113,0	110
3	0	100	−20	1,2	121,2	110

Danach ergeben sich folgende Handlungsalternativen

S_0: Sofortersatz:

$$C_0(S_0) = -80 + 110 \cdot 0{,}9434 + 110 \cdot 0{,}89 + 110 \cdot 0{,}8396 = 214{,}0,$$

S_1: Ersatz nach einem Jahr:

$$C_0(S_1) = -80 + 104{,}8 \cdot 0{,}9434 + 110 \cdot 0{,}89 + 110 \cdot 0{,}8396 = 209{,}1,$$

S_2: Ersatz nach zwei Jahren:

$$C_0(S_2) = -80 + 104{,}8 \cdot 0{,}9434 + 113 \cdot 0{,}89 + 110 \cdot 0{,}8396 = 211{,}8,$$

S_3: Ersatz nach drei Jahren:

$$C_0(S_3) = -80 + 104{,}8 \cdot 0{,}9434 + 113 \cdot 0{,}89 + 121{,}2 \cdot 0{,}8396 = 221{,}2.$$

Die Grenzauszahlungen a_t' in bezug auf die Zeit sind in der vorletzten Spalte dargestellt. Sie steigen monoton an. Für die neue Anlage wurde die minimale Annuität $a^*_{\text{neu}} = 110$ berechnet. Sie setzt sich aus durchschnittlichen Betriebsauszahlungen von 60 und einer Annuität für den Anschaffungswert (Kapitaldienst) von 50 zusammen. Man sieht aus der Tabelle, daß in t_2 die alte Anlage unwirtschaftlich würde, daher ist sie bereits in t_1 zu ersetzen, falls keine Datenänderungen auftreten. Zu diesem Zeitpunkt erreicht $C_0(S_i)$ sein Minimum.

b) Kalkulatorischer Restwert

Der Ersatzzeitpunkt läßt sich im Falle vom Ersatz unabhängiger Einzahlungen und nichtfallender Grenzauszahlungen auch aus dem Vergleich des kalkulatorischen Restwertes (KR_t) im Zeitpunkt t mit dem erzielbaren Resterlös R_t im Zeitpunkt t ermitteln. Mit *kalkulatorischem Restwert* wird hier die *diskontierte Ersparnis* bezeichnet, die durch Weiterverwendung der alten Anlage bis zum optimalen Ersatzzeitpunkt gegenüber dem sofortigen Ersatz der Anlage erzielt wird. In der Kostenrechnung wird unter kalkulatorischem Restwert dagegen der Anschaffungs- oder Wiederbeschaffungsneuwert einer Anlage abzüglich der bis zum Bewertungszeitpunkt kumulierten kalkulatorischen Abschreibungen verstanden.

Der kalkulatorische Restwert (KR_0) im Zeitpunkt 0 wird für die Bestimmung des Ersatzzeitpunktes wie folgt definiert:

$$(4.13) \qquad KR_0 = \sum_{t=1}^{n_{\text{alt, opt}}} (a^*_{\text{neu}} - a_{\text{alt},t}) \cdot q^{-t} + R_{n,\text{alt, opt}} \cdot q^{-n,\text{alt, opt}}.$$

Beispiel

Im obigen Beispiel beträgt der kalkulatorische Restwert KR_0 bei Weiterbetrieb um ein Jahr bis zum optimalen Ersatzzeitpunkt:

$$KR_0 = (110 - 70 + 50) \cdot q^{-1} = 84{,}9 \text{ GE}.$$

Der kalkulatorische Restwert ist also um 4,9 GE höher als der erzielbare Resterlös in $t = 0$. Würde man in $t = 1$ den entsprechenden Vergleich anstellen, so ergäbe sich:

$$KR_1 = (110 - 80 + 20) \cdot q^{-1} = 47{,}17 \text{ GE}.$$

Der erzielbare Resterlös ist um 2,83 GE höher als der kalkulatorische Restwert; ein Weiterbetrieb lohnt sich nicht, was auch der Grenzwertkalkül ergeben hatte.

c) Modernisierung vorhandener Anlagen

Mitunter hängt die Frage, ob eine Anlage weiterbetrieben oder ersetzt werden soll, davon ab, ob die Anlage durch eine Großreparatur oder durch eine technische Veränderung (Umbau) oder Ergänzung an den Stand der Produktionstechnik angepaßt werden soll. Diese Auszahlung (a_M) kann der laufenden Periode t dann nicht in voller Höhe zugerechnet werden, da infolge der Modernisierung die jährlichen Betriebsausgaben der alten Anlage nach der Modernisierung geringer sein werden als ohne sie.

Beispiel

Im obigen Beispiel sei eine Modernisierung erwogen, die zwar zu einer Auszahlung $a_M = 20$ führt, aber auch die Betriebsauszahlungen $a_{M,t}$ in den Folgeperioden senkt. Es sei hier davon abgesehen, daß sich durch die Modernisierung die Restwerte ändern. Andernfalls müßte das ebenfalls berücksichtigt werden. Somit ergibt sich der folgende neue Plan:

Tabelle 4.5

t	R_t	$a_{M,t}$	a_M	$R_t - R_{t-1}$	$i \cdot R_{t-1}$ $i = 6\%$	$a'_{M,t}$	$a'_t - a'_{M,t}$
0	80	–	20	–	–	–	–
1	50	65	–	–30	4,8	99,8	5
2	20	68	–	–30	3,0	101,0	12
3	0	90	–	–20	1,2	111,2	10

Für den Betrieb ergeben sich vier weitere Handlungsalternativen:

$S_{0,M}$: Modernisierung in t_0 und Sofortersatz,
$S_{1,M}$: Modernisierung in t_0 und Ersatz nach einem Jahr,
$S_{2,M}$: Modernisierung in t_0 und Ersatz nach zwei Jahren,
$S_{3,M}$: Modernisierung in t_0 und Ersatz nach drei Jahren.

Betrachtet man die Verminderung der Grenzauszahlungen $a'_t - a'_{M,t}$ in t_1 bis t_3, so erscheint die Modernisierung $S_{3,M}$ und der Weiterbetrieb über 3 Jahre vorteilhaft gegenüber dem Weiterbetrieb ohne Modernisierung (S_3):

$$a_M < \sum_{t=1}^{3} (a'_t - a'_{M,t}) \cdot q^{-t}$$

bzw.

$$C_{0M}(S_{3,M}) = -20 + 23{,}8 = 3{,}8.$$

Dagegen sind $C_{0M}(S_{2,M})$ und $C_{0M}(S_{1,M})$ negativ. Ungünstig ist auch $S_{0,M}$.

Somit müssen noch die Strategien S_1 und $S_{3,M}$ verglichen werden. Hierbei brauchen nur die Kapitalwerte der Auszahlungen für die ersten drei Perioden betrachtet zu werden, denn anschließend sind alle jährlichen Auszahlungen gleich in Höhe von a^*_{neu}.

$$C_0\,(S_{3,M}) = \sum_{t=1}^{3} a_{M,t} \cdot q^{-t} + a_M = 217{,}4,$$

$$C_0(S_1) \quad = a_1 \cdot q^{-1} - R_1 \cdot q^{-1} + a^*_{\text{neu}}\, q^{-2} + a^*_{\text{neu}}\, q^{-3} = 209{,}12.$$

Wegen des niedrigeren Kapitalwertes ist Strategie S_1 vorzuziehen, bei der die Anlage nach einem Jahr ersetzt wird. Die Modernisierung lohnt sich nicht.

d) Berücksichtigung proportionaler Gewinnsteuern

Unterstellt man, daß die Grenzeinzahlungsüberschüsse in bezug auf die Zeit bei der alten Anlage *monoton sinken*, so läßt sich das Kriterium (4.12) analog bei proportionaler Gewinnbesteuerung anwenden. Eine Anlage ist zu ersetzen, bevor die durchschnittlichen jährlichen Einzahlungen $c^*_{\text{neu},s}$ der neuen Anlage die Grenzeinzahlungen c'_{ts} in bezug auf die Zeit bei der alten Anlage übersteigen:

$$c^*_{\text{neu},s} > c'_{ts} \tag{4.14}$$

mit

$$c^*_{\text{neu},s} = \left\{ -a_{0,\text{neu}} + \sum_{t=1}^{n} [c_{\text{neu},t} - s(c_{\text{neu},t} - d_{\text{neu},t})] \cdot q_s^{-t} \right\} \cdot \frac{i_s \cdot q_s^n}{q_s^n - 1} \tag{4.15}$$

und

$$\begin{aligned} c'_{ts} = {} & c_t - s(c_t - d_t) && (= \text{Nettoeinzahlung in } t) \\ & - \{[R_{t-1} - s(R_{t-1} - BW_{t-1})] - [R_t - s(R_t - BW_t)]\} \\ & && (= \text{versteuerte Restwerterlösminderung}) \\ & - i_s\,[R_{t-1} - s(R_{t-1} - BW_{t-1})] \\ & && (= \text{Zinsentgang für den versteuerten Restwerterlös}), \end{aligned} \tag{4.16}$$

wobei $BW_t = a_0 - \sum_{\tau=1}^{t} d_\tau$ (: = Buchwert der alten Anlage in t) ist.

Die *Einführung von Gewinnsteuern* kann den optimalen Ersatzzeitpunkt verschieben, wegen

— der Änderung des Kalkulationszinssatzes,
— der Verminderung der Nettoeinzahlungen durch Steuerzahlungen und
— der steuerwirksamen Buchgewinne (-verluste).

Betrachtet man den *Buchwert* BW_{t-1} als Parameter — bei Konstanz aller übrigen Variablen —, so sinkt mit steigendem Buchwert der Wert für c'_{ts}. Somit ist eine Tendenz zum früheren Ersatz der Anlage vorhanden. Dieses Ergebnis widerspricht der verbreiteten Ansicht, daß hohe Buchwerte den Ersatz noch brauchbarer Anlagen hemmen. Durch Umformung des Ausdrucks für c'_{ts} erhält man[6]:

$$(4.17) \qquad c'_{ts} = (1 - s)\,[c_t - (R_{t-1} - R_t) - i_s R_{t-1}] - i_s \cdot s \cdot BW_{t-1}.$$

Im Ausdruck (4.17) enthält nur das letzte Glied den Buchwert im Entscheidungszeitpunkt $t - 1$. Dieser Abzugsposten gibt den von den Steuern auf den Buchwert abhängigen Zinsentgang (oder die Steuern auf die Verzinsung des Buchwertes) an. Dieser Posten und damit die Wirkung des Buchwertes auf den Ersatzzeitpunkt ist in der Regel gering. Bei Fehlinvestitionen mit geringem c_t, hohen Restwerterlösen und hohen Restwerterlösminderungen kann das in eckigen Klammern gesetzte Glied in (4.17) gegen Null gehen oder sogar negativ werden; dann wirkt ein hoher Buchwert stärker auf eine Vorverlegung des Ersatzzeitpunktes im Vergleich zu einem geringen Buchwert.

Eine *Erhöhung der steuerlichen Abschreibungssätze* vermindert die Buchwerte und verlängert somit tendenziell die Nutzungsdauer der vorhandenen Anlage. Werden allerdings auch die Abschreibungssätze der neuen Anlage entsprechend heraufgesetzt, wird diese Wirkung weitgehend kompensiert.

2. *Durchschnittsausgabenkalkül*

In der Praxis wird der Ersatzkalkül häufig unter sehr *vereinfachten Annahmen* durchgeführt[7]. Die *Betriebsausgaben* $\bar{a}$ werden für die alte Anlage während ihrer

[6] Aus (4.16) folgt:
$c'_{ts} = c_t - sc_t + sd_t + R_t - sR_t + sBW_t - R_{t-1} + sR_{t-1} - sBW_{t-1} - i_s R_{t-1} + i_s \cdot sR_{t-1} - i_s \cdot sBW_{t-1}$.
Da $[sBW_t + sd_t - sBW_{t-1}] = 0$, folgt:
$c'_{ts} = (c_t - sc_t) + (R_t - sR_t) - (R_{t-1} - sR_{t-1}) - (i_s R_{t-1} - i_s \cdot sR_{t-1}) - i_s \cdot sBW_{t-1}$
und nach Ausklammern von $(1 - s)$ ergibt sich (4.17).

[7] Vgl. Schnieder, Erich: Wirtschaftlichkeitsrechnung, 8. Aufl., 1973, S. 99–110.

technisch möglichen Restnutzungszeit $\bar{n}$ in Höhe des Durchschnittes als *konstant* unterstellt; außerdem wird angenommen, daß der Restwerterlös R_0 der alten Anlage im Kalkulationszeitpunkt t_0 bis zum Ende dieser Restnutzungszeit $\bar{n}$ auf Null absinkt. Als Kriterium für die Vorteilhaftigkeit des Ersatzes gilt dann

$$a^*(\bar{n}) = \bar{a} + R_0 \frac{iq^{\bar{n}}}{q^{\bar{n}} - 1} > a^*_{\text{neu}}. \tag{4.18}$$

Diese Rechnung kann jedoch zu einem zu zeitigen Ersatz führen, wenn die Grenzausgaben a'_t der alten Anlage stetig steigen. Das veranschaulicht die Abbildung 4.4.

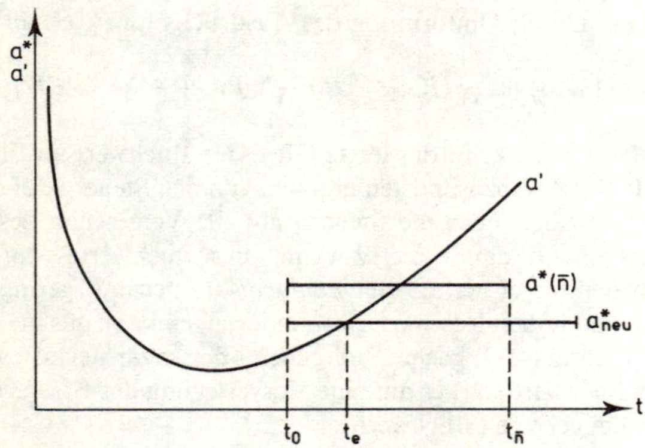

Abb. 4.4

Bei der Kalkulation im Zeitpunkt t_0 erscheinen die durchschnittlichen Ausgaben für die alte Anlage in Höhe von $a^*(\bar{n})$ höher als die der moderneren in Höhe von a^*_{neu}, obgleich sich bei genauer Rechnung herausgestellt hätte, daß die Anlage nicht schon im Zeitpunkt t_0, sondern erst im Zeitpunkt t_e zu ersetzen wäre.

Dieser Fehler ergäbe sich auch im letzten Zahlenbeispiel gemäß Tabelle 4.4, wenn man die Betriebsausgaben der alten Anlage mit dem arithmetischen Mittel in Höhe von 83,3 GE ansetzte und der Ausgabenannuität gemäß (4.18) gegenüberstellte:

$$83{,}3 + 80 \cdot 0{,}374 = 113{,}3 > 110.$$

Das hieße sofortiger Ersatz.

Literaturempfehlungen zu § 4

Schneider, Dieter: Die wirtschaftliche Nutzungsdauer von Anlagegütern als Bestimmungsgrund der Abschreibungen, 1961, § 1 D, § 5, § 17, § 28.

Moxter, Adolf: Zur Bestimmung der optimalen Nutzungsdauer von Anlagegegenständen, in: Moxter, A. — Schneider, D. — Wittmann, W. (Hrsg.): Produktionstheorie und Produktionsplanung, 1966, S. 75–105.

Massé, Pierre: Investitionskriterien, 1968, 2. Kapitel.

Schneider, Erich: Wirtschaftlichkeitsrechnung, 8. Aufl., 1973, III A Kap. § 1.

Kern, Werner: Investitionsrechnung, 1974, S. 203–242.

Stöber, Kurt: Optimale Nutzungsdauer und steuerliche Investitionsbegünstigungen, 1975, S. 50–73.

Swoboda, Peter: Entscheidungen über Ersatzinvestitionen, in: Das Wirtschaftsstudium, 1973, S. 55–60 und S. 106–112, abgedruckt in: Lüder, Klaus (Hrsg.): Investitionsplanung, 1977, S. 106–118.

Schneider, Dieter: Investition und Finanzierung, 5. Aufl., 1980, S. 236–243.

Hax, Herbert: Investitionstheorie, 5. Aufl., 1985, S. 44–61.

Kruschwitz, Lutz: Investitionsrechnung, 3. Aufl., 1987, S. 143–168.

Blohm, Hans; Lüder, Klaus: Investition, 6. Aufl., 1988, S. 65–75.

Jacob, Herbert: Investitionsrechnung, in: Jacob, Herbert (Hrsg.): Allgemeine Betriebswirtschaftslehre, 5. Aufl., 1988, S. 613–728.

Aufgaben zu § 4

4.1 Die X-AG hat am 2. 1. 90 für 8000 GE einen neuen Gabelstapler beschafft, der sich voraussichtlich 4 Jahre nutzen läßt und dann keinen Schrottwert mehr hat. Der jeweils zum Jahresende realisierbare Restwerterlös läßt sich der folgenden Tabelle entnehmen:

n	t_1	t_2	t_3	t_4
R_n	5000 GE	2500 GE	600 GE	0 GE

Während die Auszahlungen für den Gerätebetrieb im ersten Jahr 4000 GE betragen und in den Folgejahren um jährlich 30% ansteigen, können die zurechenbaren Einzahlungen mit 9000 GE p. a. als konstant angenommen werden. Die Unternehmensleitung hat eine alternative Mittelverwendungsmöglichkeit, die eine Rendite von 10% erbringt.

(a) Wie lang ist die ökonomisch sinnvolle Nutzungsdauer, wenn der Gabelstapler nicht ersetzt werden soll?

(b) Wie würde die Entscheidung lauten bei einmaliger identischer Wiederholung der Investition?

(c) Ergibt sich ein anderes Resultat bei unendlicher identischer Wiederholung?

4.2 Eine Unternehmung plant die Anschaffung einer Anlage zum Preis von 2000 TDM. Um die Frage nach der Vorteilhaftigkeit der Anlage beantworten zu können, soll die optimale Nutzungsdauer der Anlage bestimmt werden. Dabei geht die Unternehmensleitung davon aus, jede angeschaffte Anlage nach Ablauf ihrer optimalen Lebensdauer durch eine gleichartige zu ersetzen. Soll die Anlage nach einem, zwei, drei oder erst nach vier Jahren ersetzt werden, wenn dem Kalkül folgende Daten zugrunde liegen:

	t_1	t_2	t_3	t_4
Betriebsausgaben in TDM	600	700	900	1100
Restwert in TDM	1400	900	400	0

Kalkulationszinssatz 10%

4.3 Eine Maschine A, deren erzielbarer Restwert in t_0 10000 DM beträgt, hat noch eine geschätzte maximale Lebensdauer von drei Jahren. Diese Anlage wurde vor 4 Jahren zu einem Preis von 50000 DM angeschafft. Pro Jahr wurde eine Abschreibung von 5000 DM vorgenommen. Der Restwert der Anlage A wird in t_3 auf 1000 DM veranschlagt. Die Betriebs- und Instandhaltungskosten werden für jedes Jahr auf 30000 DM angesetzt.

Es wird die Anschaffung einer neuen Anlage B zum Preis von 100000 DM erwogen, deren jährliche Betriebs- und Instandhaltungskosten für die gleiche Produktion auf 50000 DM geschätzt werden. Die Lebensdauer wird auf 8 Jahre veranschlagt und der Restwert nach 8 Jahren auf 5000 DM angesetzt.
Es soll untersucht werden, ob es vorteilhaft ist, die alte Anlage sofort durch die neue zu ersetzen oder mit dem Ersatz bis zum Ende der veranschlagten Lebenszeit der alten Anlage zu warten. Der Kalkulationszinsfuß sei 10% p.a.

4.4 Einem Unternehmer stellt sich das Entscheidungsproblem, zu welchem Zeitpunkt er eine noch maximal 5 Jahre nutzbare Anlage durch eine neue ersetzen soll. Verkauft er sie bereits zum gegenwärtigen Termin t_0, so kann er mit einem Resterlös von 2000 GE rechnen. Beläßt er sie dagegen im Produktionsprozeß, dann ergeben sich jeweils für das Ende der Perioden 1 bis 5 folgende Zahlungen und Restbuchwerte:

t	Betriebsausgaben	Resterlös	Restbuchwert
1	200	1600	600
2	600	1200	400
3	1000	800	200
4	1400	400	0
5	1800	0	0
t_0			800

Der Unternehmer rechnet mit einem Kalkulationszinsfuß von 10% nach Steuern. Der Gewinnsteuersatz beträgt 60%.

(a) Eine als Ersatz in Frage kommende neue Anlage hat einen Anschaffungswert von 3000 GE und verursacht jährliche Betriebsausgaben von 800 GE. Ihre Nutzungsdauer wird auf 10 Jahre geschätzt. Wann sollte die alte Anlage ersetzt werden?

(b) Berechnen Sie den kalkulatorischen Restwert der Anlage im Zeitpunkt 0 und ermitteln Sie seinen kritischen Wert, unterhalb dessen der Weiterbetrieb sich nicht mehr lohnt!

(c) Stellen Sie die Auswirkungen dar, die eine Reparatur der alten Anlage in t_1 (erforderliche Auszahlung: 1000 GE) hat, wenn dadurch die jährlichen Ausgaben um 25% sinken! Entwickeln Sie eine Entscheidung für das Ersatzproblem und diskutieren Sie Ihr Ergebnis!

4.5 Eine in einem Betrieb vorhandene Anlage kann höchstens noch vier Jahre genutzt werden. Beim Verkauf im Zeitpunkt 0 würde noch ein Resterlös von 1800 GE erzielt werden. Für das Ende der Perioden 1 bis 4 werden folgende Zahlungen erwartet:

Perioden	Betriebsausgaben	Resterlös
1	600	1200
2	800	700
3	900	300
4	1000	0

Kalkulationszinsfuß 10%

(a) Nach wieviel Jahren soll die alte Anlage ersetzt werden, wenn die funktionsgleiche Ersatzanlage eine Ausgabenannuität von 1450 GE verursacht?

(b) Wie hoch ist der kalkulatorische Restwert der Anlage im Zeitpunkt 0? Wie hoch muß der kalkulatorische Restwert mindestens sein, damit sich ein Weiterbetrieb lohnt?

(c) Welche Überlegungen sind anzustellen, wenn durch eine Modernisierung im Zeitpunkt 0 in Höhe von 500 GE nur die Betriebsausgaben in jedem Jahr um 100 GE sinken?

4.6 Ein Lastkraftwagen ist beschädigt worden und der Unternehmer überlegt, ob er ihn sofort verkaufen oder nach Reparatur weiter benutzen soll. Bei sofortigem Verkauf könnte er 20000 DM erlösen. Bei Weiterbetrieb fallen 5000 DM Reparaturkosten an. Darüber hinaus ist in den folgenden Jahren mit steigenden Betriebsausgaben und sinkenden Verkaufserlösen für das Fahrzeug zu rechnen:

Weiterbetrieb um . . . Jahre	Betriebsausgaben DM	Restverkaufswert DM
1	20000	12000
2	22000	8000
3	24000	5000

Der in Frage kommende neue Lkw, der in jedem Fall nach Ausscheiden des alten angeschafft werden soll, kostet 50000 DM. Er hat eine optimale Nutzungsdauer von fünf Jahren und verursacht durchschnittlich 20000 DM Betriebsausgaben im Jahr. Am Ende seiner Nutzung kann man noch mit einem Verkaufserlös von 5000 DM rechnen.
Der Unternehmer führt nur Investitionen durch, von denen er sich mindestens 10% Verzinsung verspricht.

(a) Ermitteln Sie die Ausgaben-Annuität (a^*_{neu}) des neuen Lkw unter Einschluß des Anschaffungspreises und des Restverkaufswertes!

(b) Bestimmen Sie die optimale Restnutzungsdauer des alten Wagens unter Verwendung des Konzepts der Grenzausgaben in bezug auf die Zeit (a'_{alt})!

4.7 Ein mit Gewinn arbeitendes Unternehmen kann eine Anlage, die jährlich 8000 DM Betriebsausgaben verursacht, durch eine moderne ersetzen, die nur 4000 DM verbraucht. Die neue Anlage kostet 36000 DM und hat eine Nutzungsdauer von 12 Jahren. Wird sie heute nicht angeschafft, so kann man die alte Anlage aus technischen Gründen erst nach 5 Jahren ersetzen. Spätestens zu diesem Zeitpunkt soll die moderne Anlage auf jeden Fall gekauft werden. Die alte Anlage steht z.Z. noch mit 20000 DM zu Buch. Sie würde heute einen Verkaufserlös von 2000 DM erbringen; in 5 Jahren betrüge er vermutlich 0 DM.

Lohnt sich der Sofortersatz oder der Weiterbetrieb der vorhandenen Anlage um 5 Jahre? Beantworten Sie diese Frage

(a) ohne Berücksichtigung von Gewinnsteuern und bei Berechnung kalkulatorischer Zinsen von 10% p.a.,

(b) unter Berücksichtigung von 40% Gewinnsteuer. Der Kalkulationszinssatz betrage jetzt 6% p.a.; der Buchwert der alten Anlage werde ebenso wie der Anschaffungswert der neuen Anlage in gleichen Jahresbeträgen über die Nutzungsdauer steuerlich abgeschrieben.

(c) Würde es die Entscheidung zu (a) und (b) beeinflussen, wenn der heutige Buchwert der alten Anlage höher oder niedriger wäre?

(d) Wie hoch dürften die Investitionsausgaben für die neue Anlage höchstens sein, wenn sich der Sofortersatz lohnen soll?

(e) Wie ist zu kalkulieren, wenn die Betriebsausgaben der alten Anlage voraussichtlich von 6000 DM im nächsten Jahr jeweils um 1000 DM pro Jahr bis auf 10000 DM nach 5 Jahren steigen werden und die Anlage jeweils am Ende eines Jahres ersetzt werden kann? Der Restwert der alten Anlage vermindert sich von 2000 DM je Jahr um 400 DM.

§ 5 Berücksichtigung der Ungewißheit bei Einzelinvestitionen

A. Problemstellung

Die zu einem Zahlungsstrom aggregierten Preis- und Mengenkomponenten einer geplanten Investition repräsentieren soziales und wirtschaftliches Verhalten von Mitarbeitern, Kunden, Lieferanten und Konkurrenten, Rechtsetzung und Verwaltungspraxis, z. B. bei der Abgabenerhebung oder dem Umweltschutz, sowie verschiedene technologische Bedingungen, die vom Investor nur teilweise genau vorhergesehen und quantifiziert werden können. Der Investor hat dann mit *mehreren alternativen Datenkonstellationen* zu rechnen. Die *Zahlungsreihe* einer Investition läßt sich damit nicht genau auf einen Zahlungsbetrag je Periode festlegen. Vielmehr existieren mehrere mögliche *(mehrwertige)* Realisationen. Die Investitionsentscheidung findet dann unter *Ungewißheit* statt[1].
Die Ungewißheit kann sich auch auf die *Nutzungsdauer* des Investitionsobjektes erstrecken. Dies ist nicht notwendigerweise durch den Langfristcharakter mancher Investitionen bedingt, sondern kann z. B. auf Informationsmangel über Konkurrenz- und Nachfrageverhalten beruhen, die auch bei Investitionen von kurzer Nutzungsdauer auftreten können.
In der Literatur wird häufig bei Ungewißheitssituationen zwischen *Risiko und Unsicherheit im engeren Sinne* unterschieden[2]. *Für Unsicherheit im engeren Sinne* wird unterstellt, der Investor habe keinerlei Kenntnisse über die Eintrittswahrscheinlichkeiten der verschiedenen Datenkonstellationen. Für diese Situationen werden spieltheoretisch abgeleitete Entscheidungsregeln, wie das Minimax-, das Minimax-Regret- oder das Hodges-Lehmann-Kriterium empfohlen. Auf die spieltheoretischen Ansätze wird hier nicht eingegangen, da sie dem Verhalten von Unternehmen bei Investitionsentscheidungen nur selten entsprechen dürften. Bei einer Entscheidung unter *Risiko* lassen sich dagegen den verschiedenen Datenkonstellationen explizit *Eintrittswahrscheinlichkeiten* zuordnen oder die mehrwertigen Zahlungserwartungen durch *Sicherheitsäquivalente* ersetzen. Die Ermittlung der Wahrscheinlichkeitsverteilungen ist in der Praxis schwierig. Sie können auf

[1] Vgl. auch Band 1, 4. Aufl., S. 35.
[2] Vgl. z. B. Schneeweiß, Hans: Entscheidungskriterien bei Risiko, 1967, S. 12.

statistischen Untersuchungen *(objektive Wahrscheinlichkeiten)* oder auf subjektiven Glaubwürdigkeitsvorstellungen *(subjektive Wahrscheinlichkeiten)* beruhen. Ungewisse Inputgrößen des Investitionskalküls bewirken eine ungewisse (mehrwertige) Zielgröße „Kapitalwert". Dabei muß die Ungewißheit nicht explizit im Investitionskalkül berücksichtigt werden. *Man kann auch allein besonders wahrscheinlich gehaltene Datenkonstellationen zugrunde legen* und so mit quasi-sicheren Erwartungen rechnen. Dies scheint in der Praxis weit verbreitet zu sein, wobei dann häufig ergänzend Sensitivitätsanalysen angestellt werden[3].
Soll das Risiko in der Investitionsrechnung berücksichtigt werden, stehen somit folgende Verfahren zur Verfügung:

(1) *Korrekturverfahren:* Erwartete Inputgrößen (Kalkulationszinsfuß, Zahlungen oder Nutzungsdauer) werden durch Risikozu- und Risikoabschläge korrigiert; aus den korrigierten Größen *(Sicherheitsäquivalente)* wird eine einwertige Zielgröße (Kapitalwert) in der bisher beschriebenen Weise ermittelt.
(2) *Sensitivitätsanalyse:* Messung der *Empfindlichkeit* des Kapitalwertes (oder einer anderen Zielgröße) gegenüber einer Variation einzelner ungewisser Inputgrößen. Die Ermittlung *kritischer Werte* einzelner Inputgrößen ist eine einfache Form der Sensitivitätsanalyse.
(3) Ermittlung von Präferenzwerten zur Beurteilung alternativer Investitionen auf der Grundlage von *Erwartungswerten (μ-Prinzip), Erwartungswerten und Streuungen (μ-σ-Prinzip) und Risikonutzenwerten (Bernoulliprinzip).*
(4) *Risikoanalyse:* Ermittlung der Wahrscheinlichkeitsverteilung der Zielgröße (z.B. des Kapitalwertes) auf *analytischem* Wege oder durch *Simulation* und Auswertung dieser Wahrscheinlichkeitsverteilungen.

In § 5 werden isolierte Einzelinvestitionen betrachtet. Ein etwa bestehender Risikoverbund zwischen den Investitionen der Unternehmung wird nicht beachtet. Dieser *Risikoverbund* (Portfolioeffekt) wird aber bei *Programmentscheidungen* relevant, sofern dann die Zielgrößen der Einzelprojekte nicht vollständig positiv korreliert sind (siehe § 7).
Ferner wird von einem *gegebenen Informationsstand* des Entscheidenden ausgegangen. Damit wird die Frage ausgeklammert, ob es vorteilhafter ist, sich sofort für ein Investitionsobjekt zu entscheiden oder diese Sachentscheidung aufzuschieben, weitere Informationen einzuholen und unter Inkaufnahme von Informationsausgaben erst später, aber unter wahrscheinlich geringerer Ungewißheit die Sachentscheidung zu treffen[4].
Auch wenn die Ungewißheit über künftige Datenkonstellationen im Investitionskalkül berücksichtigt wird, so bedeutet das nicht, daß damit eine Gewähr dafür bestünde, alle Investitionsentscheidungen „richtig" zu treffen. Die *Ungewißheit*

---

[3] Vgl. Hax, Herbert: Finanzierungs- und Investitionstheorie, in: Koch, Helmut (Hrsg.): Neuere Entwicklungen in der Unternehmenstheorie, 1982, S. 50f.
[4] Siehe hierzu Mag, Wolfgang: Entscheidung und Information, 1977, S. 125ff.

kann zwar *rechenbar* gemacht, aber *nicht beseitigt* werden. Infolge falscher Schätzung der künftigen Ein- und Auszahlungen oder falscher Ansätze ihrer Eintrittswahrscheinlichkeiten brauchen die erwarteten Überschüsse nicht einzutreten. Fehlinvestitionen sind damit nicht ausgeschlossen und tatsächlich in der Realität nicht selten vorzufinden. Die Wahrscheinlichkeit des Eintritts solcher Fehlschläge kann aber durch verbesserte Kalküle vermindert werden.
Empirische Untersuchungen von *Fehlinvestitionen* zeigen, daß die Ursachen von Mißerfolgen insbesondere bei Erweiterungs- und Diversifikationsinvestitionen vornehmlich in falscher Einschätzung der Marktlage (falsche Prognosen der Verkaufsmengen und -preise sowie der Zahlungstermine und Kapazitätsauslastung), in unerwarteten zusätzlichen Investitionen sowie in Schwierigkeiten bei der Bereitstellung von Personal gesehen werden; dabei lassen sich diese Ursachen häufig auf Verzerrung der Investitionsvorschläge und -beurteilung einzelner Interessenten im Unternehmen oder eine allgemeine Euphorie, z. B. für neue Techniken, zurückführen. Eine nicht hinreichende Abstimmung zwischen Strategien, Investitionsideen, Ressourcen und Planung kann als allgemeine Ursache von Fehlinvestitionen angesehen werden[5].

B. Korrekturverfahren

1. Korrektur des Kalkulationszinssatzes

Die in § 2 B 3 bereits angesprochene Wahl des Kalkulationszinsfußes ist unter der Prämisse der Ungewißheit eines der theoretisch schwierigsten und in der Literatur umstrittensten Probleme der Investitionsrechnung. In der Praxis wird das Problem häufig in der Weise gelöst, daß der Kapitalmarktzins für risikolose Geldanlage (z. B. in Bundesanleihen) um einen subjektiven Risikozuschlag erhöht wird.
Der Kalkulationszinssatz i wird als aus zwei Komponenten bestehend angesehen: Einer Maßzahl für die Zeitpräferenz (siehe § 1 F 1) und einem Risikozuschlag, der mit steigendem Projektrisiko zunimmt (Abb. 5.1). Problematisch ist dabei, wie das Risiko einer Investition gemessen werden soll (siehe D 2).
Durch eine *Indifferenzkurve*, die gleiche Nutzenschätzung bei steigendem Risiko und steigendem Kalkulationszinsfuß angibt, läßt sich die Risikobereitschaft des Investors darstellen. Die Steigung der Risiko-Verzinsungs-Indifferenzkurve beruht auf subjektiven Wertungen von Risiken *(Risikoverhalten)*. Der Risikoaufschlag wird in der Praxis meist grob geschätzt. Je höher der Zinssatz gewählt wird, um so geringer ist der Kapitalwert. Sehr risikoreiche Objekte bleiben bei diesem

[5] Vgl. hierzu Honko, Jaakko: Eine Anatomie der Fehlinvestitionen, in: Zeitschrift für betriebswirtschaftliche Forschung, 35. Jg., 1983, 357–374.

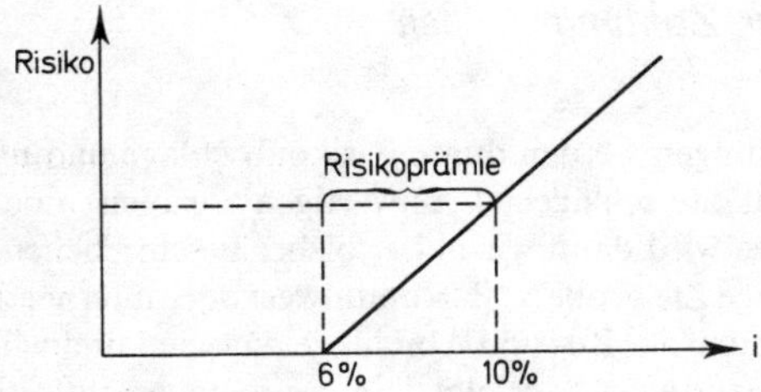

Abb. 5.1. Risiko-Verzinsungs-Indifferenzfunktion

Verfahren nur dann akzeptabel, wenn sie so hohe Einnahmeüberschüsse erwarten lassen, daß die Abzinsung mit dem erhöhten Zinssatz überkompensiert wird. Dieses Verfahren wird in der Literatur kritisch beurteilt[6]. Durch den Zinseszinseffekt steigt die *Risikogewichtung* in späteren Perioden, so daß steigendes Risiko impliziert wird. Betrachtet man das Verhältnis der Barwerte einer ungewissen Zahlung von 1 *GE* in der 1. und z. B. in der 10. Periode bei Diskontierung mit dem risikolosen Zinssatz von $i = 6\%$ bzw. einschließlich eines Risikoaufschlages mit $i = 10\%$, so ergibt sich folgendes:

$$1.\ \text{Periode:}\ \frac{1 \cdot 1{,}06^1}{1 \cdot 1{,}10^1} = 0{,}96; \qquad 10.\ \text{Periode:}\ \frac{1 \cdot 1{,}06^{10}}{1 \cdot 1{,}10^{10}} = 0{,}69.$$

Es zeigt sich, daß der Barwert im ersten Fall um 4%, im zweiten Fall aber um 31% sinkt. Langfristige Projekte werden stärker benachteiligt, selbst wenn spätere Zahlungen sicher sind. Ungewisse Anschaffungsauszahlungen a_0, die ja nicht diskontiert werden, sind gar nicht erfaßt. Da der Kalkulationszinssatz die Verzinsung alternativer Kapitalanlagen und der Einnahmeüberschüsse ausdrückt, ist eine Erhöhung des Zinssatzes nur in dem Ausmaß sinnvoll, wie der Investor Anlagemöglichkeiten zu diesem Zinssatz hat und sie auch wählen würde; andernfalls wäre die *Wiederanlageprämisse* der Kapitalwertmethode (§ 2 C 2) nicht mehr erfüllt. Der Kalkül enthielte dann widersprüchliche Annahmen. Eine theoretisch fundierte Variante des Risikoaufschlags zum risikolosen Zins liefert unter der Prämisse eines vollkommenen Kapitalmarktes das *Capital Asset Pricing Model* (siehe § 8 A).

Wegen der schematischen Wirkungsweise der Korrektur des Kalkulationszinssatzes und der Gefahr, implizite Widersprüche in den Kalkül zu bringen, ist die Korrektur der Zahlungsgrößen vorzuziehen. Dabei ist der gleiche Kalkulationszinsfuß anzuwenden wie bei Sicherheit.

---

[6] Vgl. z. B. Weston, J. Fred; Brigham, Eugene F.: Managerial Finance, 8. Aufl., 1986, S. 479ff.; Blohm, Hans; Lüder, Klaus: Investition, 6. Aufl., 1988, S. 220; Lumby, Stephen: Investment Appraisal, 2. Aufl., 1984, S. 174f.

2. Korrektur der Zahlungsgrößen

Ungewisse Einzahlungen werden durch Risikoabschläge und ungewisse Auszahlungen durch Risikoaufschläge zu einwertigen Größen modifiziert. Aus den korrigierten Größen wird dann wie in der bisher beschriebenen Weise (siehe §§ 2 und 3) eine einwertige Zielgröße (z. B. Kapitalwert oder interner Zinsfuß) ermittelt. Sofern die Bestimmung der Zu- und Abschläge pauschal und willkürlich — wie in der Praxis häufig anzutreffen — erfolgt, kann es zu ungerechtfertigten Benachteiligungen einzelner Investitionsalternativen kommen.

Theoretisch fundierter ist dagegen die Korrektur der Zahlungsgrößen, wenn die Ungewißheit dadurch berücksichtigt wird, daß an die Stelle der zunächst geschätzten Größen *Sicherheitsäquivalente*[7] gesetzt werden. Das Sicherheitsäquivalent substituiert somit die ungewisse Größe. Unter dem Sicherheitsäquivalent einer künftigen Einnahme im Zeitpunkt $t\,(\dot{b}_t)$ versteht man dabei eine sichere Einnahme, die jemand als gleichgut ($\sim$) empfindet wie eine zufallsabhängige Einnahme (b_t), die sich aus der Wahrscheinlichkeitsverteilung für alternative Einnahmen ($b_{t1}, b_{t2} \ldots, b_{tm}$) *ergibt:*

$$\dot{b}_t \sim \{w_1(b_{t1}), b_{t1};\ w_2(b_{t2}), b_{t2};\ \ldots;\ w_m(b_{tm}), b_{tm}\}.$$

Für das Konzept des Sicherheitsäquivalentes ist es nicht erforderlich, daß der Investor eine explizite Wahrscheinlichkeitsverteilung mit numerischen Werten für w_i bildet. Auch bei einer eher vagen Vorstellung über die Höhe, die die Einnahme annehmen kann, ist die Verwendung eines Sicherheitsäquivalentes möglich.

Wählt ein Investor als Sicherheitsäquivalent den *Erwartungswert* der Wahrscheinlichkeitsverteilung für die Einnahme

$$EW(b_t) = \sum_{i=1}^{m} b_{ti} \cdot w_i(b_{ti}), \tag{5.1}$$

so spricht man in diesem Zusammenhang auch von einer *risikoneutralen Einstellung* des Entscheiders:

Bei *Risikoneutralität* gilt: $\dot{b}_t = EW(b_t)$.

Jedoch findet man in der Realität häufig, daß Investoren in dem Sinne risikoscheu sind, daß sie einen Erwartungswert in Höhe von $EW(b_t)$ subjektiv geringer einschätzen als eine sichere Einzahlung von nominell gleicher Höhe. Ein Erwartungswert wird dann nur einer sicheren Einzahlung gleichgeschätzt, wenn er höher als sie ist:

Bei *Risikoaversion* gilt: $\dot{b}_t < EW(b_t)$.

---

[7] Vgl. Schneider, Dieter: Investition und Finanzierung, 5. Aufl., 1980, S. 99 und S. 120.

Wenn dies wohl auch der Normalfall ist, so existiert auch die Möglichkeit eines *risikofreudigen* Entscheiders:

Bei Risikofreude gilt: $\dot{b}_t > EW(b_t)$.

Beispiel
Der Absolvent eines wirtschaftswissenschaftlichen Studiums hat ein Stellenangebot eines großen Unternehmens mit einem durchschnittlichen Gehalt in den nächsten fünf Jahren in Höhe von brutto 70000 DM. Der Absolvent könnte auch in eine Steuerberaterpraxis eintreten, aus der er ein Einkommen von durchschnittlich entweder 120000 DM pro Jahr (mit $w = 60\%$) oder 40000 DM pro Jahr (mit $w = 40\%$) erwartet. Der Erwartungswert seines Einkommens als Steuerberater beläuft sich somit auf 88000 DM pro Jahr. Wenn der Absolvent das sichere Gehalt von 70000 DM/Jahr gleichhoch einschätzt wie die Wahrscheinlichkeitsverteilung des Einkommens als Steuerberater, d. h. das Sicherheitsäquivalent niedriger ist als der Erwartungswert, liegt Risikoaversion vor.

Ein Spezialfall der Korrektur der Zahlungsgrößen ist die rechnerische Verkürzung der in den Investitionskalkül eingehenden Nutzungsdauer. An die Stelle von n tritt dann $\dot{n}$. Die Zahlungen im Zeitraum $\dot{n} < t \leqslant n$ haben dann die Sicherheitsäquivalente von Null.

C. *Sensitivitätsanalyse*

1. *Begriff und Zweck eines kritischen Wertes*

Der Kapitalwertkalkül in der bisher dargestellten Form setzt voraus, daß ein Ungewißheits- und/oder Zurechnungsproblem nicht existiert. Zur Abschätzung der Sicherheit des Kalküls kann man für eine besonders *ungewisse Variable* bei Konstanz aller anderen Größen nach ihrem Einfluß auf die Höhe des Kapitalwertes fragen. Von besonderem Interesse ist der Wert der ungewissen Variablen, für den der Kapitalwert eines Investitionsobjektes einen bestimmten Wert (insbesondere den Wert Null) annimmt (*kritischer Wert*). Sinkt der Kapitalwert unter Null, so erfüllt das Objekt das Akzeptanzkriterium nicht mehr.

$$(5.2) \qquad C_0 = -a_0 + \sum_{t=1}^{n} (b_t - a_t) \cdot (1+i)^{-t} + R_n \cdot (1+i)^{-n} = 0.$$

Der Kapitalwert gemäß (5.2) hängt ab von den Größen a_0, b_t, a_t, R_n, i und n, wobei berücksichtigt werden muß, daß die Aus- und Einzahlungsbeträge a_t und b_t aggregierte Größen sind, die sich in Mengen- und Preiskomponenten oder einzelne Zahlungsgruppen aufspalten lassen. Wird der Kapitalwert einer Investition z. B.

schon bei einer geringen Erhöhung von a_0 oder einer kleinen Verringerung von b_t, n oder R_n Null oder negativ, so ist eine besonders sorgfältige Überprüfung der geschätzten Zahlungsreihe geboten.
Eine Berechnung von kritischen Werten oder Wertkombinationen läßt zumindest folgende Aussage zu:

(1) Wird der Kapitalwert mit *zunehmender Größe der betrachteten Variablen größer* (z. B. b_t), so gilt der kritische Wert als Untergrenze für die betreffende Variable; wird umgekehrt der Kapitalwert mit *zunehmender Größe der Variablen kleiner* (z. B. a_0; a_t), so gilt der ermittelte Wert als *Obergrenze.*
(2) Ein Investitionsobjekt ist um so leichter zu akzeptieren, je mehr der kritische Wert der ungewissen Variablen von einem pessimistischen Schätzwert in günstiger Richtung abweicht, z. B. die kritische Nutzungsdauer kürzer als eine bereits vorsichtig geschätzte ist.

2. Ermittlung kritischer Werte

Im Rahmen einer Sensitivitätsanalyse wird die Empfindlichkeit einer Zielgröße gegenüber einer Variation einzelner ungewisser Inputgrößen gemessen. Die Ermittlung kritischer Werte ist eine einfache Form der Sensitivitätsanalyse.

Beispiel (1. Teil)
Gegeben sei eine Investition A mit folgender geschätzter Zahlungsreihe:

$$I_A: \{-5000_0, 1200_1, 1200_2, \ldots, 1200_8\}.$$

Unter der Annahme sicherer Daten errechnet sich für diese Investition bei einem Kalkulationszinsfuß von 6% ein Kapitalwert von 2452 *GE.* Der Investor zweifelt jedoch die Höhe der Einzahlungsüberschüsse an und fragt sich, welchen kritischen Wert ($\hat{c}$) sie annehmen können, damit die Investition bei Konstanz der anderen Einflußgrößen gerade noch das Akzeptanzkriterium erfüllt:

$$C_{0A} = -5000 + \hat{c} \cdot RBF_8^{6\%} = 0$$
$$\hat{c} = 805\ GE.$$

Solange die Einzahlungsüberschüsse den Wert von 805 *GE* überschreiten, ist somit der Kapitalwert der Investition A positiv.
Die Ermittlung kritischer Werte kann auch bei einem Vorteilhaftigkeitsvergleich zwischen zwei Investitionen hilfreich sein. Als Alternative zur Investition A sei eine Investition B mit

$$I_B: \{-3000_0, 600_1, 800_2, 1000_3, 1200_4, 2400_5\}$$

betrachtet ($C_{0B} = 1862\ GE$ bei $i = 6\%$). Wie hoch ist nun der kritische Wert für die Einzahlungsüberschüsse der Investition A, bis zu dem I_A vorteilhafter als I_B ist?

$$C_{0A} = -5000 + \hat{c} \cdot RBF_8^{6\%} = C_{0B} = 1862$$
$$\hat{c} = 1105\ GE.$$

Solange $\hat{c} \geq 1105\ GE$ gilt, ist somit die Investition A der Investition B vorzuziehen.

Die Ermittlung kritischer Werte ist das am häufigsten in der *Praxis* verwendete Verfahren zur Risikoberücksichtigung bei Investitionen.

3. Amortisationsdauer als kritischer Wert

Häufig wird die *Nutzungsdauer* als eine besonders ungewisse Größe angesehen. Man bestimmt dann die *kritische Nutzungsdauer* $\hat{n}$ bei der der Kapitalwert Null wird.

(5.3)
$$C_0 = -a_0 + \sum_{t=1}^{\hat{n}} c_t \cdot (1+i)^{-t} = 0.$$

Beispiel (2. Teil)
Für Investition A gilt bei $c = 1200\ GE$ und $i = 6\%$:

$$C_{0A} = -5000 + 1200 \cdot RBF_{\hat{n}}^{6\%} = 0$$
$$\hat{n} \approx 5 \text{ Jahre.}$$

Es ist somit zu prüfen, ob eine hinreichend große Wahrscheinlichkeit dafür besteht, daß

$$c \geqslant 805\ GE, \text{ bzw.}$$
$$n \geqslant 5 \text{ Jahre}$$

sind. Bis zum Erreichen eines der beiden kritischen Werte gilt bei Eintritt des jeweils anderen ursprünglichen Wertes $C_{0A} \geqslant 0$.

Die Nutzungsdauer, die der Bedingung (5.3) genügt, wird auch als *Amortisations-* oder *Kapitalrückflußdauer* unter Berücksichtigung der kalkulatorischen Verzinsung bezeichnet.
Für kritische Werte werden mitunter *Ober- oder Untergrenzen* festgelegt. So wird in der Praxis — wie bereits in § 1 E 4 erwähnt — für die Kapitalrückflußzeit ohne oder mit Berücksichtigung kalkulatorischer Zinsen eine Höchstgrenze ($\hat{n}_{max}$) festgelegt, bei deren Überschreitung ein Investitionsobjekt nicht mehr akzeptiert wird.
Beim Vergleich alternativer Investitionen nach dem Kapitalwertkriterium (Kapitalwertmaximierung) kann eine Obergrenze für die *Rückflußdauer als Nebenbedingung* eingeführt werden:

(5.4)
$$C_{0j} = \max!$$
mit
$$\hat{n}_j \leqslant \hat{n}_{max}.$$

Die Berechnung der Amortisationsdauer ist eine in der *Praxis* besonders häufig angewandte Methode der Investitionsrechnung. Häufig wird sie auch in Kombination mit anderen Verfahren, insbesondere mit der internen Zinsfußmethode benutzt.
Der interne Zinsfuß, bei dem definitionsgemäß $C_0 = 0$ ist (siehe § 3 A), ist ein kritischer Wert für i.

4. Reagibilität einer Zielgröße

Die Sensitivitätsanalyse läßt sich auch in der Weise vornehmen, daß die Reagibilität einer Zielgröße auf prozentuale Veränderungen einzelner, voneinander unabhängiger Inputgrößen dargestellt wird. Dabei ergibt sich ein Bild, das einer *stilisierten Spinne* ähnelt (Abb. 5.2).

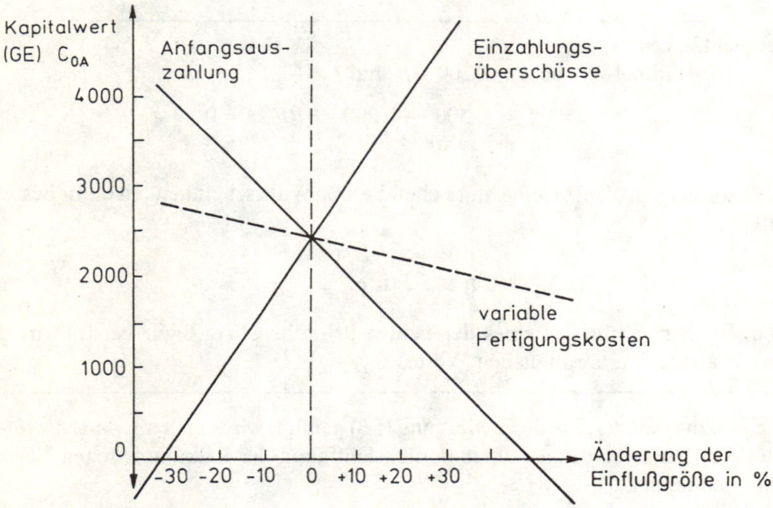

Abb. 5.2. Reagibilität des Kapitalwertes

Abb. 5.2 zeigt, wie — ausgehend von einer Konstanz der vorher geschätzten Einflußgrößen — eine Zielgröße oder Nebenbedingung, z. B. der Kapitalwert für ein geplantes Investitionsobjekt, variiert, wenn sich eine einzelne Einflußgröße um einen bestimmten Prozentsatz verändert. Während z. B. ein Absinken der Einzahlungsüberschüsse den Kapitalwert stark mindert, reagiert dieser auf Veränderungen der variablen Fertigungskosten relativ gering. Diese Darstellungsweise filtert gleichzeitig aus der Vielzahl der Einflußfaktoren die eigentlich entscheidungsrelevanten Variablen heraus. Da selbst größere prozentuale Veränderungen der variablen Fertigungskosten in diesem Beispiel die Zielgröße kaum beeinflussen, kann die Unternehmensleitung selbst bei großer Ungewißheit über die Höhe der Fertigungskosten ihr Hauptaugenmerk auf andere Inputgrößen des Investitionskalküls richten. Der Schnittpunkt der *Reaktionskurve* mit der Abszisse gibt den Abstand (in Prozent) zwischen dem geschätzten Wert und dem kritischen Wert, bei dem $C_0 = 0$ gilt, der betrachteten Inputgröße an.

D. Erwartungswerte, Streuungen und Risikonutzen als Entscheidungskriterien

1. Kapitalerwartungswert als alleiniges Entscheidungskriterium

Stehen mehrere Investitionsalternativen zur Auswahl, so kommt bei risikoneutraler Einstellung des Entscheiders analog zu (2.7) als Entscheidungskriterium die Maximierung des *Erwartungswertes* der diskreten Zufallsvariablen „Kapitalwert" (*Kapitalerwartungswert*) C_{0j} der Investitionen I_j im Frage:

$$\max_j \{EW(C_{0j}) \mid EW(C_{0j}) = \sum_{i=1}^{m} C_{0ji} \cdot w_{ji}(C_{0ji}) \geq 0\}. \tag{5.5}$$

Beispiel (3. Teil)

Für die in dem Beispiel unter C 2 genannte Investition *A* sei angenommen, daß der Einzahlungsüberschuß statt 1200 *GE* (c_{t1}) auch 1100 *GE* (c_{t2}) und die Nutzungsdauer 6 Jahre (n_2) statt 8 Jahre (n_1) betragen könne. Die Mehrwertigkeit der Erwartungen für Investition *B* drücke sich in alternativen Einzahlungsüberschüssen im 4. und 5. Jahr von nur 1000 *GE* (c_{42}) und 2000 *GE* (c_{52}) statt 1200 *GE* (c_{41}) und 2400 *GE* (c_{51}) aus. Für die Investition *A* gelten dabei die folgenden diskreten Wahrscheinlichkeitsverteilungen:

$$c_{t1} = 1200\ GE \text{ mit } w(c_{t1}) = 0{,}7,$$
$$c_{t2} = 1100\ GE \text{ mit } w(c_{t2}) = 0{,}3$$

und

$$n_1 = 8 \text{ Jahre mit } w(n_1) = 0{,}6,$$
$$n_2 = 6 \text{ Jahre mit } w(n_2) = 0{,}4.$$

Sind die Wahrscheinlichkeiten für den Einzahlungsüberschuß und die Nutzungsdauer voneinander unabhängig, so gibt es 4 Möglichkeiten für den Kapitalwert, mit folgenden *gemeinsamen Wahrscheinlichkeiten:*

$C_{0A1} = -5000 + 1200 \cdot RBF_{8}^{6\%} = 2452\ GE.$
$w(C_{0A1|c_{t1},n_1}) = 0{,}7 \cdot 0{,}6 = 0{,}42.$

$C_{0A2} = -5000 + 1200 \cdot RBF_{6}^{6\%} = 901\ GE.$
$w(C_{0A2|c_{t1},n_2}) = 0{,}7 \cdot 0{,}4 = 0{,}28.$

$C_{0A3} = -5000 + 1100 \cdot RBF_{8}^{6\%} = 1831\ GE.$
$w(C_{0A3|c_{t2},n_1}) = 0{,}3 \cdot 0{,}6 = 0{,}18.$

$C_{0A4} = -5000 + 1100 \cdot RBF_{6}^{6\%} = 409\ GE.$
$w(C_{0A4|c_{t2},n_2}) = 0{,}3 \cdot 0{,}4 = 0{,}12.$

Die nach steigenden Kapitalwerten geordnete Wahrscheinlichkeitsverteilung des Kapitalwertes C_{0A} lautet:

$$C_{0A}: \{0{,}12(409);\ 0{,}28(901);\ 0{,}18(1831);\ 0{,}42(2452)\}.$$

Für Investition B soll gelten:

Einzahlungsüberschuß am Ende des 4. Jahres:

$$c_{41} = 1200\ GE \text{ mit } w(c_{41}) = 0{,}6 \quad \text{und}$$
$$c_{42} = 1000\ GE \text{ mit } w(c_{42}) = 0{,}4.$$

Einzahlungsüberschuß am Ende des 5. Jahres:

$$c_{51} = 2400\ GE \text{ mit } w(c_{51}) = 0{,}5 \quad \text{und}$$
$$c_{52} = 2000\ GE \text{ mit } w(c_{52}) = 0{,}5.$$

Die Einzahlungsüberschüsse des 4. und 5. Jahres sollen ebenfalls unabhängig voneinander sein, so daß wiederum vier mögliche Kapitalwerte mit zugehörigen Wahrscheinlichkeiten auftreten können:

$$C_{0B1} = -3000 + \sum_{t=1}^{5} c_t \cdot 1{,}06^{-t} = 1862\ GE,$$

$$w(C_{0B1} | c_{41}, c_{51}) = 0{,}6 \cdot 0{,}5 = 0{,}30$$

und entsprechend für die anderen drei Kapitalwerte

$$C_{0B2} = 1703\ GE,\ w(C_{0B2} | c_{42}, c_{51}) = 0{,}20,$$
$$C_{0B3} = 1563\ GE,\ w(C_{0B3} | c_{41}, c_{52}) = 0{,}30,$$
$$C_{0B4} = 1404\ GE,\ w(C_{0B4} | c_{42}, c_{52}) = 0{,}20.$$

Die nach steigenden Kapitalwerten geordnete Wahrscheinlichkeitsverteilung des Kapitalwertes C_{0B} lautet:

$$C_{0B}: \{0{,}2(1404);\ 0{,}3(1563);\ 0{,}2(1703);\ 0{,}3(1862)\}.$$

Für die Kapitalerwartungswerte ergibt sich gemäß (5.5):

$$EW(C_{0A}) = 0{,}12 \cdot 409 + 0{,}28 \cdot 901 + 0{,}18 \cdot 1831 + 0{,}42 \cdot 2452$$
$$= 1661 \; GE.$$
$$EW(C_{0B}) = 0{,}2 \cdot 1404 + 0{,}3 \cdot 1563 + 0{,}2 \cdot 1703 + 0{,}3 \cdot 1862$$
$$= 1649 \; GE.$$

Nach der Entscheidungsregel $\max_j \{EW(C_{0j})\}$ gilt zwar weiterhin — wie bei Betrachtung der Ursprungsdaten — $I_A \succ I_B$, jedoch ist die Vorteilhaftigkeit von A gegenüber B fast verschwunden; die Differenz der Kapitalwerte kann im Bereich der Schätzungsungenauigkeit liegen.

Das alleinige Auswahlkriterium der Erwartungswertmaximierung vernachlässigt die Streuung der Zielgrößen um den Erwartungswert.
Der Entscheidungsträger nimmt den Erwartungswert als Sicherheitsäquivalent (siehe B 2). Abbildung 5.3 zeigt zwei Wahrscheinlichkeitsverteilungen mit gleichem Erwartungswert $EW(C_{0j}) = 5$, aber verschiedener Streuung. Diese unterschiedlichen Streuungen können durchaus einen Einfluß auf die Präferenzen des Entscheidungsträgers haben. Ebenfalls wird deutlich, daß der Erwartungswert bei diskreten Verteilungen eine *fiktive* Zahlungsgröße sein kann, die als gar nicht realisierbar angesehen wird.

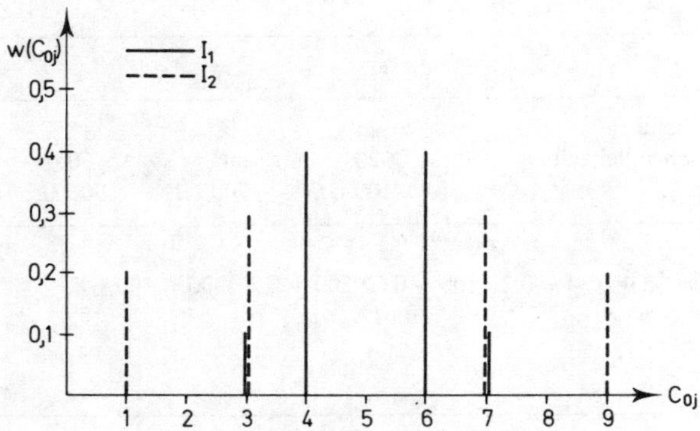

Abb. 5.3. Wahrscheinlichkeitsfunktionen

2. *Kapitalerwartungswert und Streuung der Kapitalwerte als kombiniertes Entscheidungskriterium*

Während der Entscheidung über die Rangfolge zweier Investitionsalternativen allein nach dem Kapitalerwartungswert nur ein Parameter zugrunde liegt und Risikoneutralität unterstellt wird, kann durch den Übergang auf zweiparametrige

Zielfunktionen dem Risiko in der Bestimmung von Präferenzwerten für einzelne Handlungsalternativen ausdrücklich Rechnung getragen werden. Das Risiko einer Investition wird gewöhnlich daran gemessen, wie stark die erwarteten alternativen Realisationen der Zufallsvariablen C_{0j} um den Erwartungswert $EW(C_{0j})$ streuen (vgl. Abb. 5.3), auch wenn ein „Verlust" nur dann eintritt, wenn der realisierte unter dem erwarteten Wert liegt. Im Risiko, das an der Streuung gemessen wird, ist also auch die „*Chance*" enthalten, größere Werte als den erwarteten Wert zu realisieren. Ein Maß für die Streuung ist die *Standardabweichung* σ (griech. sigma), die für die Streuung der Kapitalwerte um den Erwartungswert definiert ist als:

$$(5.6) \qquad \sigma_j = \sqrt{\sum_{i=1}^{m} [C_{0ji} - EW(C_{0j})]^2 \cdot w_{ji}(C_{0ji})}.$$

Je stärker die Realisationen C_{0ji} von dem Erwartungswert $EW(C_{0j})$ abweichen, als desto größer gilt das mit dem Streuungsmaß σ gemessene Risiko.

Beispiel

Der Kapitalwert einer Investition hängt ab von der Nachfrageentwicklung. Die möglichen Umweltzustände und ihr Einfluß auf den Kapitalwert sind wie folgt dargestellt:

Tabelle 5.1

Umweltzustand i	1	2	3
Nachfragewachstum	−5%	0%	+5%
Eintrittswahrscheinlichkeit w_i	20%	60%	20%
Kapitalwert C_{0i}	100 *GE*	200 *GE*	300 *GE*

Erwartungswert: $EW(C_0) = 0{,}2 \cdot 100 + 0{,}6 \cdot 200 + 0{,}2 \cdot 300 = 200\ GE.$

Standardabweichung σ*:*

Tabelle 5.2

$C_{0i} - EW(C_0)$	$[C_{0i} - EW(C_0)]^2$	$w_i \cdot [C_{0i} - EW(C_0)]^2$
100 − 200 = −100	10000	2000
200 − 200 = 0	0	0
300 − 200 = +100	10000	2000
$\sigma^2 = 4000$		$\sigma = \sqrt{4000} = \pm 63.$

Investitionsobjekte I_j werden somit durch ihren Erwartungswert $EW(C_{0j})$ und ihre Standardabweichung σ_j beschrieben. Gegebenenfalls können noch zusätzliche

Parameter, z. B. die Schiefe der Dichtefunktion, bestimmt werden. Diese Kennzahlen können in einem Koordinatensystem dargestellt werden.

Beispiel (4. Teil)

Für die unter C 2 vorgestellten Investitionen A und B wurden unter D 1 Kapitalerwartungswerte von $EW(C_{0A}) = 1661\ GE$ und $EW(C_{0B}) = 1649\ GE$ errechnet, so daß $I_A \succ I_B$ galt. Berücksichtigt man nun zusätzlich die Standardabweichung als Risikomaß, so ergibt sich für $\sigma_A = 786\ GE$ und für B $\sigma_B = 169\ GE$.

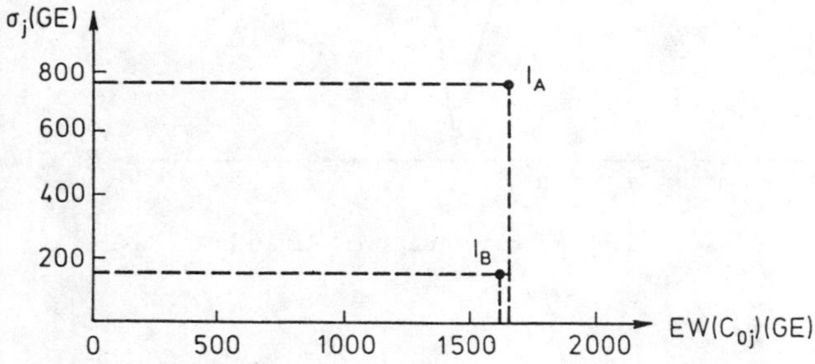

Abb. 5.4

Abb. 5.4 verdeutlicht, daß I_A zwar einen geringfügig höheren Kapitalerwartungswert als I_B aufweist, daß das mit I_A verbundene Risiko dafür aber erheblich größer ist. Vermutlich wird ein Investor die Investition B bevorzugen, da sie fast den gleichen Kapitalwert wie A, aber eine wesentlich geringere Streuung aufweist.

Die Einstellung zum Risiko entscheidet generell darüber, in welchem Verhältnis das Risikomaß (hier also die Standardabweichung) und der Kapitalerwartungswert für die Beurteilung der Vorteilhaftigkeit berücksichtigt werden.
Kann der Investor seine Präferenzfunktion $\phi(a_j) = f[\sigma_j, EW(C_{0j})]$ zur Bewertung der Handlungsalternativen in Abhängigkeit von σ_j und $EW(C_{0j})$ angeben ($\mu - \sigma$-Prinzip mit $\mu = EW(C_{0j})$), *können Indifferenzkurven* (Kurven aller Kombinationen von Erwartungswert und Streuung mit gleicher Wertschätzung für den Investor) in das Erwartungswert-Risiko-Feld (siehe Abb. 5.5) eingezeichnet werden.
Dargestellt sind mögliche Indifferenzkurven eines risikofreudigen (*a*), risikoindifferenten (*b*) bzw. risikoscheuen (*c*) Investors. Der Schnittpunkt einer Indifferenzkurve mit der Erwartungswertachse wird als *Sicherheitsäquivalent* $\dot{C}_0$ für das entsprechende Indifferenzniveau bezeichnet; der sichere (risikolose) Betrag $\dot{C}_0$ wird als gleichnützlich betrachtet wie jede durch σ und $EW(C_{0j}) = \mu$ charakterisierte Wahrscheinlichkeitsverteilung, die auf der durch $\dot{C}_0$ laufenden Indifferenzkurve liegt. Bei einem risikoscheuen Investor, für den der in Abb. 5.5 dargestellte Verlauf (*c*) der Indifferenzkurven gilt, ergibt sich demnach $\dot{C}_0 \sim I_3 \sim I_4 \succ I_1 \succ I_2$, während ein risikofreudiger Investor die Rangfolge $I_4 \succ I_3 \succ \dot{C}_0 \sim I_2 \succ I_1$ haben könnte.

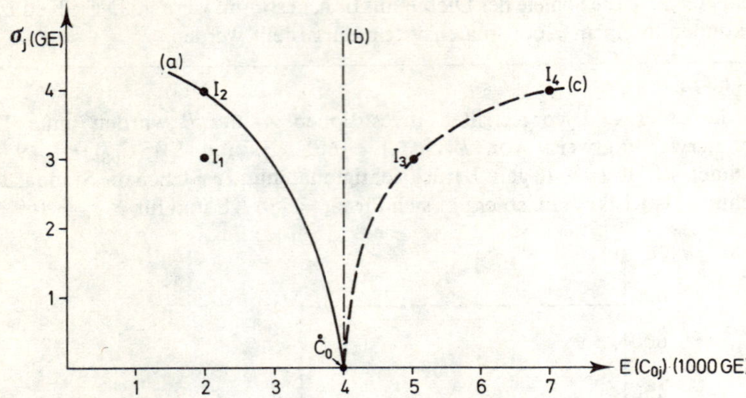

Abb. 5.5. Erwartungswert-Risiko-Feld

Ein risikoscheuer Investor ist somit nur bereit, ein höheres Risiko, gemessen durch die Standardabweichung, in Kauf zu nehmen, wenn damit ein höherer Kapitalerwartungswert verbunden ist. Für die Investitionen aus Abb. 5.4 bedeutet dies, daß bei Vorliegen entsprechender Risikoscheu sich die Vorteilhaftigkeit zugunsten von I_B verändert.

In der Literatur werden folgende Präferenzfunktionen genannt[8]:

$$\phi(\mu, \sigma) = \mu - \alpha \cdot \sigma \text{ und}$$
$$\phi(\mu, \sigma) = \mu - \alpha \cdot \sigma^2.$$

Sofern $\alpha > 0$ gilt, repräsentieren dieser Präferenzfunktionen eine risikoscheue Einstellung des Investors.

Beim $\mu - \sigma$-Prinzip liegt der Entscheidung nicht mehr die vollständige Wahrscheinlichkeitsverteilung einer Handlungsalternative zugrunde, sondern die Charakterisierung der Alternativen durch die zwei Parameter μ und σ. Durch diese Reduzierung des Problems werden Informationen vernachlässigt, was dazu führen kann, daß Entscheidungen auf der Grundlage des $\mu - \sigma$-Prinzips im Widerspruch zum *Dominanzprinzip* stehen. Von *absoluter* oder *Zustands-Dominanz* einer Handlungsalternative 1 über eine Handlungsalternative 2 wird dann gesprochen, wenn bei jeder betrachteten Datenkonstellation *i* die zu maximierende Zielgröße bei Alternative 1 gleich hoch oder höher, aber wenigstens einmal höher als bei Alternative 2 ist[9].

---

[8] Vgl. Mag, Wolfgang: Entscheidung und Information, 1977, S. 73.

[9] Siehe hierzu Band 1, 4. Aufl., S. 29ff.

Beispiel

Tabelle 5.3

Umweltzustand i	1	2	3	μ_j	σ_j
Wahrscheinlichkeit für i	0,2	0,6	0,2		
$C_{01i}(GE)$	100	200	300	200	63
$C_{02i}(GE)$	100	150	200	150	32

Obwohl I_2 von I_1 absolut dominiert wird, wäre bei schematischer Anwendung des $\mu - \sigma$-Prinzips bei Vorliegen von Risikoscheu die Präferenzfolge $I_2 \succ I_1$ denkbar. Diese Verhaltensweise wäre jedoch nicht rational. Daher sollte das Dominanzprinzip als *Vorauswahlregel* verwendet werden, bevor das $\mu - \sigma$-Prinzip angewandt wird.

Als Risikomaß wird anstelle der Streuung mitunter der *Variationskoeffizient* $v_j = \frac{\sigma_j}{EW(C_{0j})}$ empfohlen[10]. Andere denkbare Maße für das Risiko sind außer dem Variationskoeffizienten und der Standardabweichung die *Semivarianz* oder der *Erwartungswert der Verluste*, die die Chance nicht miterfassen[11].

3. Maximierung des Erwartungswertes des Risikonutzens

Präferenzwerte für die Vorteilhaftigkeitsbestimmung einzelner Investitionsalternativen können gemäß der neueren Entscheidungstheorie auch aufbauend auf dem sogenannten *Bernoulliprinzip* ermittelt werden[12]. Das Auswahlkriterium lautet in diesem Fall:

(5.7) $$\max_j \{\phi(I_j) \mid \phi(I_j) = EW[u(C_{0j})] = \sum_{i=1}^{m} u(C_{0ji}) \cdot w(C_{0ji})\}.$$

Kern dieser Entscheidungsregel ist die *Risikonutzenfunktion* $u(C_{0j})$, die jedem möglichen Zielbeitrag C_{0ji} einer Handlungsalternative einen Nutzenwert zuordnet, wobei hier die Zielbeiträge als Kapitalwerte definiert sind. Der Nutzenerwartungswert der Zielbeiträge stellt dann den Präferenzwert $\phi(I_j)$ für die gesamte

---

[10] Vgl. Levy, Haim; Sarnat, Marshall: Capital Investment and Financial Decisions, 2. Aufl., 1982, S. 228 ff.

[11] Vgl. Schneeweiß, Hans: Entscheidungskriterien bei Risiko, 1967, S. 56 f.

[12] Siehe hierzu Bamberg; Günther; Coenenberg, Adolf Gerhard: Betriebswirtschaftliche Entscheidungslehre, 5. Aufl., 1989, S. 70-76, und Blohm, Hans; Lüder, Klaus: Investition, 6. Aufl., 1988, S. 228-232.

Handlungsalternative I_j dar. Gewählt wird die Investition, die den höchsten Nutzenerwartungswert aufweist.
Die Risikonutzenfunktion ist eine *kardinale* Nutzenfunktion, wobei die Nutzenmaße unter Zuhilfenahme von Wahrscheinlichkeiten ermittelt werden (darum auch Risikonutzen bzw. Bernoulli-Nutzen oder Neumann-Morgenstern-Nutzen nach den Begründern der Theorie des Risikonutzens)[13]. In der Risikonutzenfunktion spiegelt sich die Risikoeinstellung eines Investors wider.

Beispiel (5. Teil)
Zur Ermittlung der Präferenzwerte der Investitionen *A* und *B* sei folgende auf den Ergebnissen von D 1 (Beispiel, 3. Teil) aufbauende Wahrscheinlichkeitsmatrix betrachtet:

Tabelle 5.4

C_{0ji}	0	409	901	1404	1563	1703	1831	1862	2452	3000
$w(I_A)$	0	0,12	0,28	0	0	0	0,18	0	0,42	0
$w(I_B)$	0	0	0	0,2	0,3	0,2	0	0,3	0	0

Um die in der Wahrscheinlichkeitsmatrix dargestellten Kapitalwerte C_{0ji} in Risikonutzengrößen zu tranformieren, ist eine kardinale Skala für den Nutzen wählbar, wobei eine Normierung auf das Intervall [0, 1] vorgenommen werden kann:

$$0 \leqslant u(C_{0ji}) \leqslant 1 \text{ mit } u(C_{0ji} = 0) = 0 \text{ und } u(C_{0j10} = 3000) = 1.$$

Der Risikonutzen der C_{0ji} kann unter Verwendung der Werte von C_{0ji} als Sicherheitsäquivalente (siehe B 2) und der beiden hinzugefügten Extremwerte (im Beispiel 0 und 3000) als Größen einer Wette, für die der Entscheidungsträger die Wahrscheinlichkeit *w* bestimmen soll, mit der der höhere Extremwert eintreten muß, bestimmt werden[14].

Beispiel (6. Teil)
Wenn der Entscheidungsträger z. B. den Kapitalwert $C_{0j9} = 2452$ gleichgut einer Wette schätzt, mit der er mit $w = 97{,}5\%$ einen Kapitalwert von 3000 und mit $(1 - w) = 2{,}5\%$ einem Kapitalwert von 0 erreicht, gilt:

$$w \cdot 3000 + (1 - w) \cdot 0 \sim C_{0j9}$$
$$0{,}975 \cdot 3000 + 0{,}025 \cdot 0 \sim 2452.$$

[13] Siehe hierzu Pfohl, Hans-Christian; Braun, Günther E.: Entscheidungstheorie, 1981, S. 48 und S. 245ff.

[14] Vgl. Bamberg, Günter; Coenenberg Adolf Gerhard: Betriebswirtschaftliche Entscheidungslehre, 5. Aufl., 1989, S. 70–73.

Hieraus folgt: $u(C_{0j9} = 2452) = 0{,}975$, da definitionsgemäß $u(3000) = 1$ und $u(0) = 0$ beträgt. Analog werden für jeden Entscheidungsträger *individuell* die Nutzenwerte für alle übrigen C_{0ji} bestimmt.

Durch eine solche hypothetische Wette kommt in diesem Beispiel ebenfalls eine *risikoscheue Einstellung* des Investors zum Ausdruck. Der Erwartungswert aus dieser Wette beläuft sich auf 2925 *GE*, den er gleichgut wie einen sicheren, dafür aber niedrigen Kapitalwert von 2452 *GE* einschätzt.
In der Literatur wird zum Teil ein logarithmischer Zusammenhang zwischen dem Risikonutzen und der Zielvariablen unterstellt[15].

Beispiel (7. Teil)
Setzt man z. B.

$$u(C_{0ji}) = \frac{\ln(C_{oji} + 1)}{\ln 3001},$$

so ergeben sich folgende Risikonutzenwerte:

Tabelle 5.5

C_{0ji}	0	409	901	1404	1563	1703	1831	1862	2452	3000
$u(C_{0ji})$	0	0,751	0,850	0,905	0,918	0,929	0,938	0,940	0,975	1

Dann ergibt sich der Erwartungswert des Risikonutzens als Präferenzwert für die Investition *A* wie folgt:

$$\begin{aligned}\phi(I_A) &= \sum_{i=1}^{10} u(C_{0Ai}) \cdot w(C_{0Ai}) \\ &= 0{,}751 \cdot 0{,}12 + 0{,}850 \cdot 0{,}28 + 0{,}938 \cdot 0{,}18 + 0{,}975 \cdot 0{,}42 \\ &= 0{,}906.\end{aligned}$$

Für Investition *B* gilt:

$$\begin{aligned}\phi(I_B) &= 0{,}905 \cdot 0{,}2 + 0{,}918 \cdot 0{,}3 + 0{,}929 \cdot 0{,}2 + 0{,}940 \cdot 0{,}3 \\ &= 0{,}924.\end{aligned}$$

Da Investition *B* einen höheren Präferenzwert als Investition *A* aufweist, folgt aus diesem Auswahlkriterium $I_B \succ I_A$.

Zu weiteren Ausführungen über das Bernoulliprinzip, insbesondere seinen Anwendungsvoraussetzungen und seiner Verträglichkeit mit den klassischen Entscheidungsprinzipien sei auf die Spezialliteratur verwiesen[16].

---

[15] Siehe hierzu Bitz, Michael: Entscheidungstheorie, 1981, S. 155.

[16] Siehe z. B. Schneeweiß, Hans: Entscheidungskriterien bei Risiko, 1967, S. 61–117; Bamberg, Günter; Coenenberg, Adolf Gerhard: Betriebswirtschaftliche Entscheidungslehre, 5. Aufl., 1989, S. 66–98; Bitz, Michael: Entscheidungstheorie, 1981, S. 153–213. Siehe auch den Überblick über die Diskussion in den betriebswirtschaftlichen Fachzeitschriften durch o. V.: Das Bernoulli-Prinzip in der Betriebswirtschaftslehre, in: Zeitschrift für Betriebswirtschaft, 55. Jg., 1985, S. 632–634.

E. Risikoanalyse

1. Risikoprofil des Kapitalwertes

Statt des Erwartungswertes und der Streuung kann die explizite Wahrscheinlichkeitsverteilung des Kapitalwertes in Form eines *Risikoprofils* zur Analyse des Risikos verwendet werden. Ein Risikoprofil läßt sich direkt aus der Wahrscheinlichkeitsfunktion der Zielgröße entwickeln. Es kann aber auch — z. B. mit Hilfe der *Risikosimulation* — aus den Wahrscheinlichkeitsverteilungen einzelner unsicherer Inputgrößen abgeleitet werden; dies empfiehlt sich dann, wenn diese Verteilungen besser geschätzt werden können als die Verteilung der Zielgröße (siehe E 2).

Die diskrete Zufallsvariable C_0 läßt sich durch die Wahrscheinlichkeitsfunktion $w_i(C_{0i})$ für alle Umweltzustände $i = 1, \ldots, m$ beschreiben, wobei alle C_{0i} in aufsteigender Folge sortiert sind:

$$I: \{w_1(C_{01}); \ldots; w_m(C_{0m})\}.$$

Beispiel

Eine Investition hat folgende diskrete Kapitalwertverteilung (in Mio DM):

$$I: \{0{,}2\,(-5);\ 0{,}4\,(5);\ 0{,}3\,(10);\ 0{,}1\,(15)\}.$$

Die Wahrscheinlichkeitsfunktion $w(C_0)$ ist graphisch in Abbildung 5.6 wiedergegeben.

Aus der Wahrscheinlichkeitsfunktion kann durch Kumulation der Wahrscheinlichkeiten die *Verteilungsfunktion* $F(C_0)$ ermittelt werden (Abb. 5.7), die die Wahrscheinlichkeit $w\{C_0 \leq \overline{C}_0\}$ angibt, daß die Zielgröße C_0 einen gegebenen Wert $\overline{C}_0$ *nicht überschreitet*, z. B. $F(5) = 0{,}6$. An der Sprungstelle (z. B. $\overline{C}_0 = 5$) gilt jeweils der höhere F-Wert.

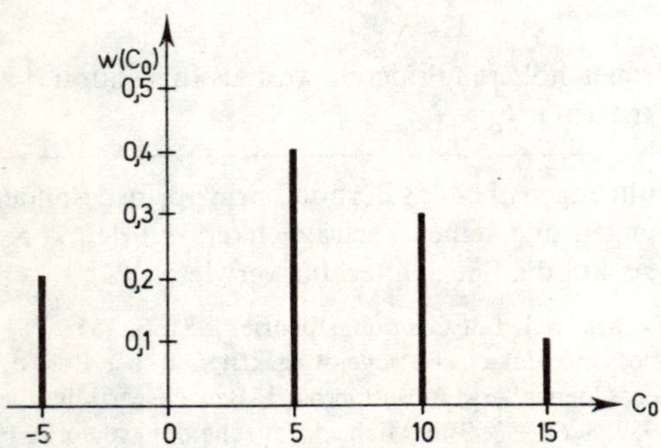

Abb. 5.6. Diskrete Wahrscheinlichkeitsfunktion eines Kapitalwertes

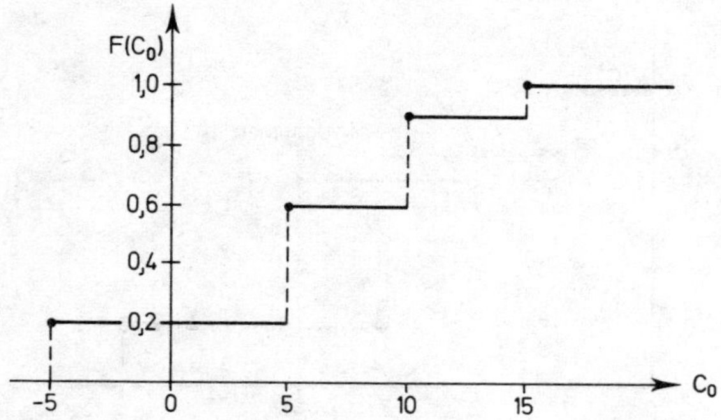

Abb. 5.7. Diskrete Verteilungsfunktion

Investitionstheoretisch interessanter ist das *Risikoprofil* $R(C_0)$, welches die kumulierte Wahrscheinlichkeit $w\{C_0 \geq \overline{C}_0\}$ dafür angibt, daß die Zielgröße C_0 einen gegebenen Wert $\overline{C}_0$ *mindestens erreicht*. Das Risikoprofil (Abb. 5.8) läßt sich graphisch aus der Verteilungsfunktion ableiten, indem man die Verteilungsfunktion an der Parallelen zur Abszisse durch den Ordinatenpunkt 0,5 spiegelt. Jedoch muß zusätzlich berücksichtigt werden, daß auch beim Risikoprofil an den *Sprungstellen* der *jeweils höhere R-Wert* gilt (z. B. $R(5) = 0{,}8$). Als *Anspruchsniveau* kommt entweder die Wahrscheinlichkeit oder der Kapitalwert in Betracht.

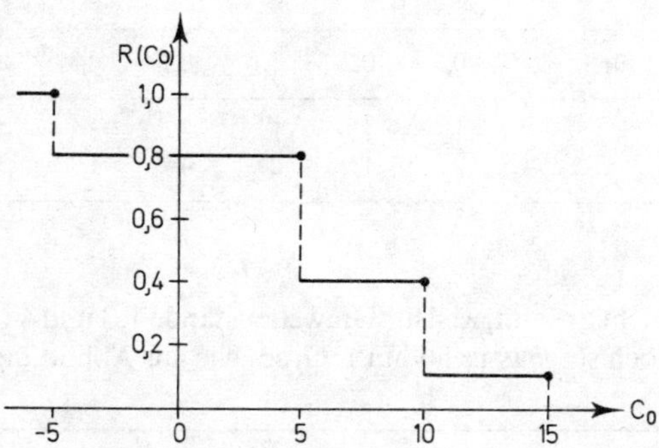

Abb. 5.8. Risikoprofil

Bei einem Vergleich der Risikoprofile zweier Investitionen I_1 und I_2 wird I_2 als von I_1 *stochastisch* (vom 1. Grad) *dominiert* bezeichnet, wenn für jeden Wert der kumulierten Wahrscheinlichkeit für den Vergleich der Risikoprofile gilt: $C_{01} \geqslant C_{02}$ und für mindestens einen Wert $\overline{i}$ gilt: $C_{01\overline{i}} > C_{02\overline{i}}$ (Abb. 5.9).

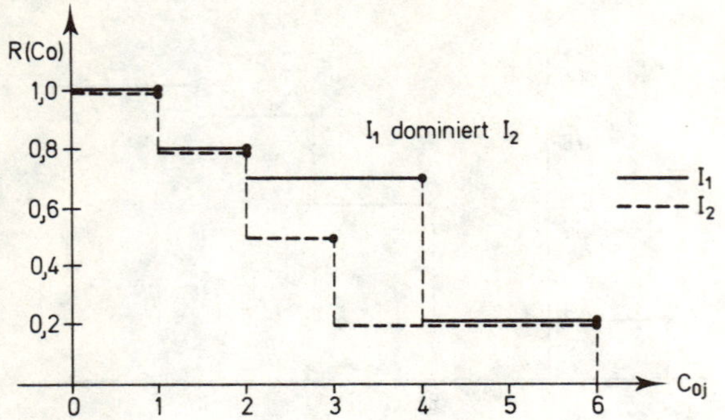

Abb. 5.9. Stochastische Dominanz 1. Grades

Die Präferenzfolge lautet $I_1 \succ I_2$. Dann ist auch der Erwartungswert $EW(C_{01}) > EW(C_{02})$. Der Umkehrschluß ist aber nicht zulässig.
Stochastische Dominanz 1. Grades kann vorliegen, wenn im diskreten Fall keine *absolute Dominanz* einer Investition über eine andere vorliegt (Abb. 5.12).

Beispiel

Tabelle 5.6

Umweltzustand i	1	2	3	4	5	6
Wahrscheinlichkeit für i	0,1	0,2	0,1	0,1	0,3	0,2
C_{01i}	1	1	1	3	3	4
C_{02i}	2	1	2	4	1	3

I_1 dominiert I_2 nicht absolut, weil für Umweltzustände 1, 3 und 4 $C_{01} < C_{02}$ gilt. I_1 dominiert I_2 jedoch stochastisch vom 1. Grad, wie aus Abbildung 5.12 ersichtlich ist.

Somit kann die stochastische Dominanz als weitere *Vorauswahlregel* betrachtet werden.
Bei *Risikoaversion* läßt sich auch die *stochastische Dominanz 2. Grades* als weitere *Vorauswahlregel* verwenden. Stochastische Dominanz 2. Grades von I_1 über I_2 liegt dann vor, wenn für alle Zielwerte der Handlungsalternative 1 (hier C_{01i}) die von links kumulierte Differenzfläche $(\sum_i F_{1i} - \sum_i F_{2i})$ zwischen den Risikoprofilen

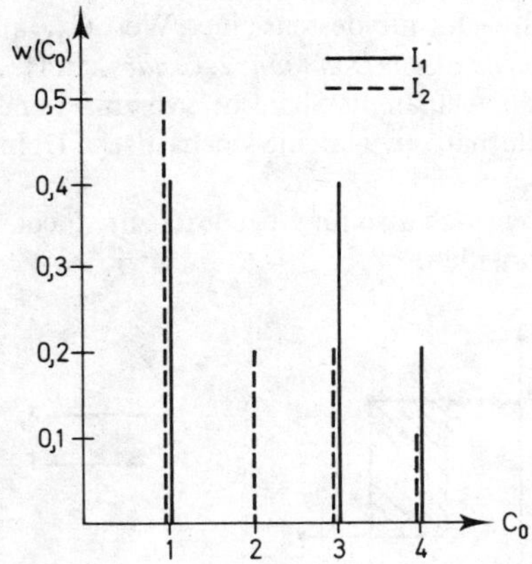

Abb. 5.10. Wahrscheinlichkeitsfunktion

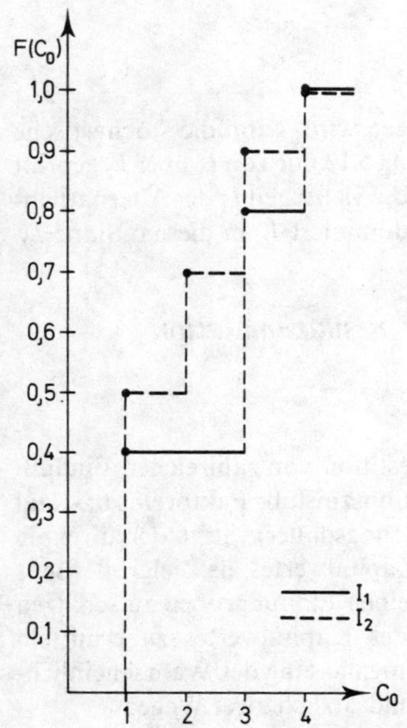

Abb. 5.11. Verteilungsfunktion

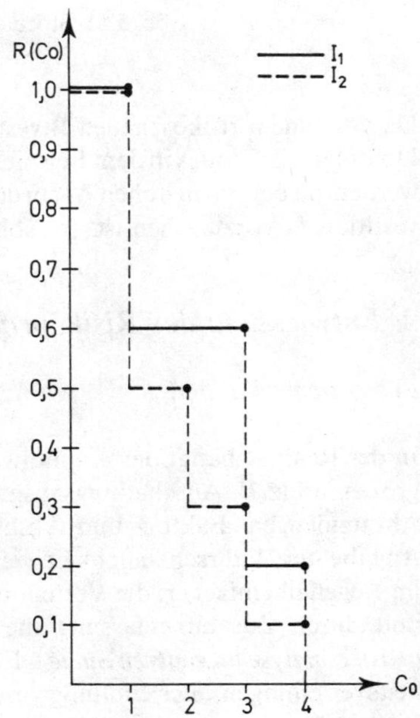

Abb. 5.12. Risikoprofil

stets größer oder gleich — für mindestens einen Wert C_{01i} aber größer als — Null ist (Abb. 5.13)[17]. Die *stochastische Dominanz 2. Grades* kann jeweils nur für die bei einem hohen Anspruchsniveau an die Sicherheit vorzuziehende Alternative geprüft werden. Für andere Alternativen kann die stochastische Dominanz 2. Grades nicht mehr vorliegen.
Die Risikoprofile können sich also im Gegensatz zur stochastischen Dominanz 1. Grades beliebig oft schneiden.

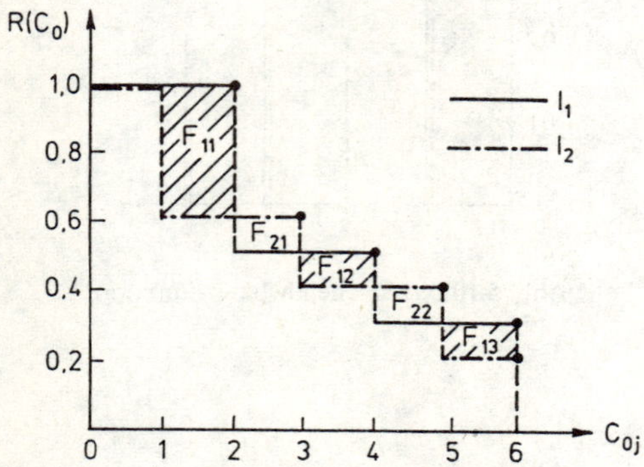

Abb. 5.13. Stochastische Dominanz 2. Grades

Da von einem risikoscheuen Investor ausgegangen wird, kann die stochastische Dominanz 2. Grades in dem Beispiel der Abbildung 5.13 nur von I_1 über I_2 geprüft werden, da bei einem hohen Anspruchsniveau an die Sicherheit I_1 der Alternativinvestition I_2 vorzuziehen ist. In Abbildung 5.13 dominiert I_1 in diesem Sinne I_2.

2. *Entwicklung des Risikoprofils aus der Risikosimulation*

a) Vorbemerkungen

In der Realität hängt der Kapitalwert einer Investition von zahlreichen Einflußgrößen ab (z. B. Anschaffungsausgabe, Kalkulationszinsfuß, Faktoreinsatz- und Absatzmengen, Faktor- und Absatzpreise, Nutzungsdauer). Statt der direkten Angabe der Wahrscheinlichkeitsverteilung des Kapitalwertes als Zielgröße ist es im Regelfall einfacher, die Verteilungen der einzelnen Einflußgrößen zu schätzen und durch Zusammenfassung die Verteilung des Kapitalwertes zu ermitteln *(Risikoanalyse im engeren Sinne)*. Für die Zusammenfassung der Wahrscheinlichkeitsverteilungen aller Einflußgrößen gibt es grundsätzlich zwei Wege:

---

[17] Vgl. Levy, Haim; Sarnat, Marshall: Capital Investment and Financial Decisions, 2. Aufl., 1982, S. 243 ff.

— Die *analytische* Methode, wobei die *Einzelverteilungen algebraisch* nach den Regeln der Wahrscheinlichkeitsrechnung zusammengefaßt (gefaltet) werden, und
— die *simulative* Methode, bei der die Verteilung der Zielgröße auf *experimentellem* Weg aus den Verteilungen der Einflußgrößen ermittelt wird.

Da die analytische Methode[18] in komplexeren Fällen bei Vorliegen unterschiedlicher Verteilungstypen und einer Vielzahl von Einflußgrößen auf rechentechnische Schwierigkeiten stößt, so daß vereinfachte Annahmen (z. B. Prämisse der Normalverteilung der Zielgröße Kapitalwert) getroffen werden müssen, bietet sich für die Anwendung der Risikoanalyse in der Praxis eher das Verfahren der Risikosimulation an.

b) Begriff und Ablauf der Risikosimulation

Die Risikosimulation *(Monte-Carlo-Simulation)*, deren computergestützte Verfahren auf David B. Hertz zurückgehen[19], erzeugt aufgrund geschätzter Wahrscheinlichkeitsverteilungen der einzelnen Einflußgrößen unter Benutzung von Zufallszahlen eine Wahrscheinlichkeitsverteilung der Zielgröße einer Strategie. Das Verfahren läuft in folgenden Schritten ab[20]:

(1) Ermittlung der relevanten unsicheren Einflußgrößen (Verkaufspreise, Anschaffungsausgabe, Nutzungsdauer, usw.).
(2) Schätzung der Wahrscheinlichkeitsverteilungen der einzelnen Inputgrößen.
(3) Ermittlung von Werten der Einflußgrößen entsprechend der Chance ihres zukünftigen Auftretens mit Hilfe eines Zufallszahlengenerators.
(4) Berechnung der Zielgröße (Kapitalwert) für jede Wertekombination.
(5) Wiederholung des Simulationsprozesses bis genügend Werte zur Bestimmung der Häufigkeitsverteilung der Zielgröße (Kapitalwert) vorliegen.
(6) Ableitung der Wahrscheinlichkeitsfunktion der Zielgröße.

Abbildung 5.14 zeigt die einzelnen Schritte in Form eines Ablaufdiagramms, wobei Auswertung der Ergebnisse und Auswahl einer Strategie sich an das eigentliche Verfahren der Risikosimulation anschließen.

---

[18] Siehe hierzu vor allem Hillier, Frederick S.: The Derivation of Probabilistic Information for the Evaluation of Risky Investments, in: Management Science, Bd. 9, Nr. 3, 1963, S. 443–457, dt. Übersetzung von Kistner, Klaus-Peter, in: Investitionstheorie, hrsg. von Albach, Horst, 1975, S. 195–210, und Hillier, F. S.; Heebink, D. V.: Evaluating Risky Capital Investments, in: California Management Review, Bd. 8, Nr. 2, 1965, S. 71–80, ferner Heinhold, Michael: Arbeitsbuch zur Investitionsrechnung, 2. Aufl., 1985, S. 160–185.

[19] Siehe Hertz, David B.: Risk Analysis in Capital Investment, in: Harvard Business Review, 42. Jg., 1964, S. 95–106.

[20] Vgl. Hertz, David B.: Risk Analysis in Capital Investment, in: Harvard Business Review, 42. Jg., 1964, S. 102.

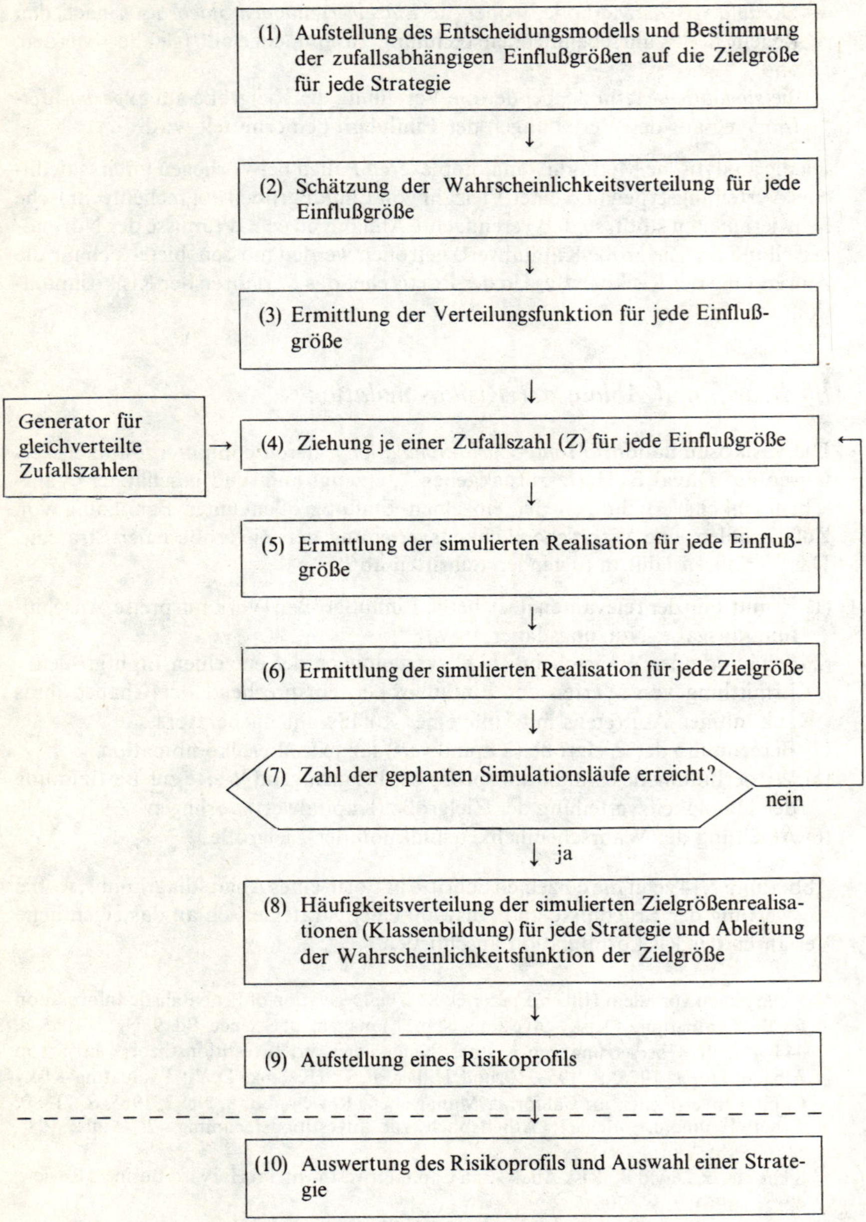

Abb. 5.14. Ablaufdiagramm der Risikosimulation

Beispiel

(1) Das *Entscheidungsmodell* soll lauten:
Maximierung des Kapitalwertes mit $C_0 = -a_0 + c \cdot RBF_n^i$. Als relevante ungewisse Einflußgrößen für den Kapitalwert einer bestimmten Strategie (Investitionsalternative) S_1 erachtet der Entscheider die Anschaffungsausgabe a_0 (90 $TDM \leqslant a_0 \leqslant 110$ TDM) und die Nutzungsdauer n (6 Jahre $\leqslant n \leqslant$ 9 Jahre) des Objektes, während der Kalkulationszinsfuß i mit 10% und die durchschnittlichen jährlichen Einzahlungsüberschüsse c mit 20 TDM als sichere Größen angesehen werden.

(2) Der Entscheider nimmt an, daß a_0 im Intervall [110, 90] gleichverteilt ist. Für n wird eine diskrete Wahrscheinlichkeitsverteilung geschätzt:

$n = 6$ Jahre mit $w = 0{,}2$,
$n = 7$ Jahre mit $w = 0{,}3$,
$n = 8$ Jahre mit $w = 0{,}4$,
$n = 9$ Jahre mit $w = 0{,}1$.

(3) Angabe der Verteilungsfunktionen für a_0 und n hier in Form von Graphiken (Abb. 5.15 und 5.16):

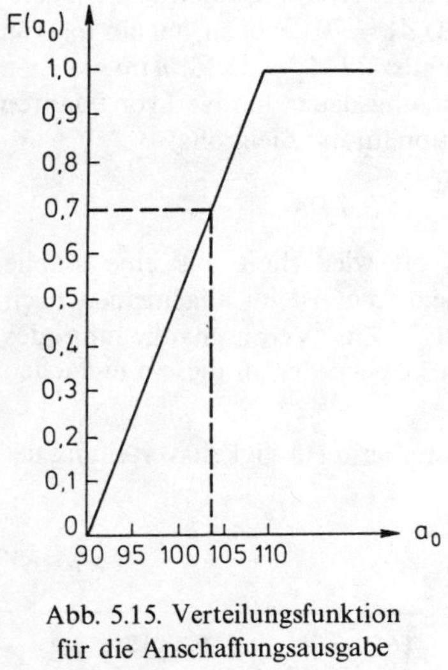

Abb. 5.15. Verteilungsfunktion für die Anschaffungsausgabe

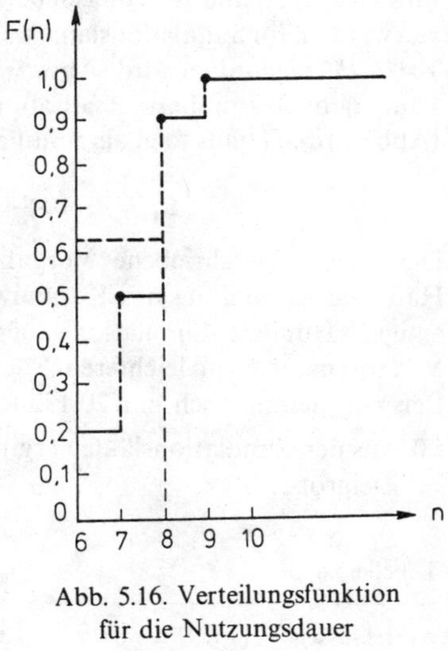

Abb. 5.16. Verteilungsfunktion für die Nutzungsdauer

(4) bis (7) Simulationen der Einfluß- und Zielgrößen:

Tabelle 5.7

Nr.	Z_1	a_0	Z_2	n	C_0	Nr.	Z_1	a_0	Z_2	n	C_0
1	31	96	44	7	1	11	22	94	93	9	21
2	38	98	79	8	9	12	91	108	82	8	−1
3	70	104	63	8	3	13	22	94	25	7	3
4	72	104	33	7	−7	14	07	91	39	7	6
5	53	101	71	8	6	15	10	92	13	6	−5
6	44	99	17	6	−12	16	37	98	68	8	9
7	47	99	91	9	16	17	88	108	76	8	−1
8	9	92	93	9	23	18	10	92	80	8	15
9	82	107	57	8	0	19	76	106	51	8	1
10	31	96	77	8	11	20	58	12	79	8	5

Mittels eines Zufallszahlengenerators (als Beispiel s. S. 193f.) wird für jede Einflußgröße eine Zufallszahl Z gezogen. Werden diese Zufallszahlen den Wahrscheinlichkeiten der Verteilungsfunktionen gleichgesetzt, können die zugehörigen Anschaffungsausgaben und Nutzungsdauern direkt aus den Verteilungsfunktionen abgelesen werden. Im Simulationslauf Nr. 3 wurde z. B. $Z_1 = 70$ gezogen, der ein a_0 von 104 *TDM* zugeordnet wird (Abb. 5.15). Die Zufallszahl $Z_2 = 63$ für n im gleichen Lauf ergibt als simulierte Realisation für die Nutzungsdauer den Wert von 8 Jahren (Abb. 5.16). Daraus folgt als simulierte Realisation für die Zielgröße:

$$C_0 = -104 + 20 \cdot RBF_8^{10\%} = 3\ TDM.$$

Der soeben beschriebene Vorgang wird so oft wiederholt, bis eine stabile Häufigkeitsverteilung des Kapitalwertes vorliegt; dies ist im allgemeinen nach einigen Hundert Simulationsläufen der Fall[21]. Zur Veranschaulichung des Verfahrens und zur leichteren Nachvollziehbarkeit wurden in diesem einfachen Beispiel exemplarisch nur 20 Läufe angeführt.

(8) Aus den Simulationsläufen ergibt sich als simulierte Häufigkeitsverteilung der Zielgröße:

Tabelle 5.8

Werteklassen von C_0	[−14; −10]	[−9; −5]	[−4; 0]	[1; 5]	[6; 10]	[11; 15]	[16; 20]	[21; 25]	$\sum$
abs. Häufigk.	1	2	3	5	4	2	1	2	20
rel. Häufigk.	5%	10%	15%	25%	20%	10%	5%	10%	100%

[21] Vgl. Blohm, Hans; Lüder, Klaus: Investition, 6. Aufl.,1988, S. 238.

(9) Aus der relativen Häufigkeitsverteilung läßt sich ein Risikoprofil aufstellen:

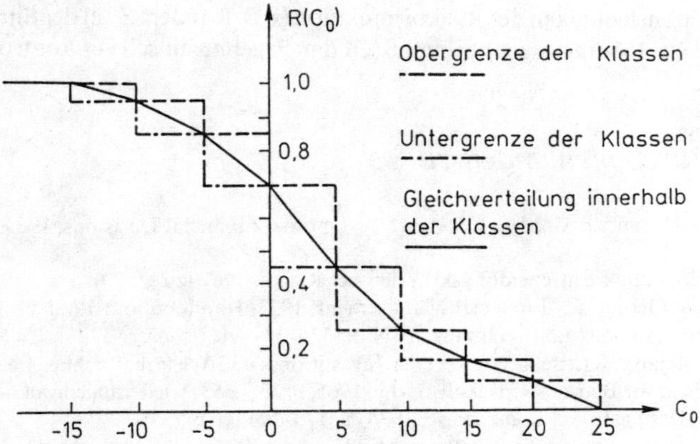

Abb. 5.17

Das in diesem Beispiel für eine bestimmte Strategie S_1 beschriebene Verfahren kann von dem Investor für alle in Frage kommenden Investitionsalternativen durchgeführt werden, so daß anschließend durch Auswertung und Vergleich der Risikoprofile die Auswahl einer Strategie möglich ist. Die Risikosimulation ist nur ein Verfahren der Entscheidungsvorbereitung. Sie gibt einen Hinweis auf die Risikostruktur der Zielgröße, die eigentliche Entscheidung kann dann aufgrund subjektiver Risikopräferenzen getroffen werden[22]. Möglichkeiten der Auswertung eines Risikoprofils wurden unter E 1 beschrieben.
Abschließend seien noch einige Vor- und Nachteile der simulativen Risikoanalyse genannt:

Vorteile sind:

— Die Risikosimulation läßt sich auf alle Typen von Wahrscheinlichkeitsverteilungen anwenden.
— Sie erlaubt die Berücksichtigung einer Vielzahl von Einflußgrößen.
— Sie ist auch bei solchen Verteilungen anwendbar, wo analytische Verfahren zu rechenaufwendig sind oder nicht existieren.
— Für den Einsatz von EDV existieren Standardprogramme, so daß hinreichend viele Simulationsläufe gewöhnlich mit vertretbarem Rechenaufwand möglich sind.

[22] So Hax, Herbert: Investitionstheorie, 5. Aufl., 1985, S. 142.

Nachteile sind:

— Die Risikosimulation liefert nur Näherungswerte.
— Verfahrenstechniken der Risikosimulation (z. B. Runden, Zahl der Simulationsläufe, Startbedingungen) beeinflussen das Ergebnis in schwer kontrollierbarer Weise.

Literaturempfehlungen zu § 5

Robichek, Alexander A.; Myers, Stewart C.: Optimal Financial Decisions, 1965, Kapitel V (zu § 5 B).

Schneeweiß, Hans: Entscheidungskriterien bei Risiko, 1967 (zu § 5 D).

Philippatos, George C.: Financial Management, 1973, Kapitel 6 und 7 (zu § 5 D, E).

Kern, Werner: Investitionsrechnung, 1974, S. 325–339 (zu § 5 A).

Kilger, Wolfgang: Kritische Werte in der Investitions- und Wirtschaftlichkeitsrechnung, in: Zeitschrift für Betriebswirtschaft, 35 Jg., 1965, S. 338–353; wiederabgedruckt in: Albach, Horst (Hrsg.): Investitionstheorie, 1975, S. 178–194 (zu § 5 C).

Albach, Horst: Investitionsrechnungen bei Unsicherheit, in: Handwörterbuch der Finanzwirtschaft, 1976, Sp. 893–908 (zu § 5 C, E).

Schneider, Dieter: Investition und Finanzierung, 5. Aufl., 1980, S. 61–144 (zu § 5 D).

Biermann, Harold, Jr., Smidt, Seymour: The Capital Budgeting Decision, 6. Aufl., 1984, Teil 2 (zu § 5 C, D).

Hax, Herbert: Investitionstheorie, 5. Aufl., 1985, 4. Kapitel (zu § 5 C, E).

Weston, J. Fred; Copeland, Thomas E.: Managerial Finance, 8. Aufl., 1986, S. 265–273 und S. 471–477 (zu § 5 C, E).

Kruschwitz, Lutz: Investitionsrechnung, 3. Aufl., 1987, 5. Kapitel (zu § 5 D, E).

Blohm, Hans; Lüder, Klaus: Investition, 6. Aufl., 1988, 4. Kapitel (zu § 5 C, E).

Franke, Günter; Hax, Herbert: Finanzwirtschaft des Unternehmens und Kapitalmarkt, 1988, Kapitel IV und V.

Hax, Herbert: Dynamische Investitionsrechnung unter Unsicherheit, in: Busse von Colbe, Walther (Hrsg.): Lexikon des Rechnungswesens, 1989, S. 130–133.

Müller-Merbach, Heiner: Sensibilitätsanalyse, in: Busse von Colbe, Walther (Hrsg.): Lexikon des Rechnungswesens, 1989, S. 430–433.

Aufgaben zu § 5

5.1 Der Eigentümer einer Unternehmung steht vor dem Problem, welches von zwei alternativen Investitionsobjekten realisiert werden soll. Dabei möchte er das Risiko, das mit der durchzuführenden Investition verbunden ist, so gering wie möglich halten. Während die Zahlungsgrößen, die mit dem Investitionsobjekt A verbunden sind, für alle Perioden als sichere Zahlungen angesehen werden können, ist dieses beim Objekt B nur für die der ersten beiden Zahlungszeitpunkte möglich; für die letzten drei Zahlungszeitpunkte sind die Ein- und Auszahlungen des Objektes B mit wachsender Ungewißheit behaftet. Ausgehend von den in der folgenden Tabelle dargestellten Zahlungsgrößen und unter Ansatz eines kalkulatorischen Zinssatzes von $i = 8\%$

		$t=0$	$t=1$	$t=2$	$t=3$	$t=4$
A	b_t	–	25000	40000	60000	60000
	a_t	90000	13000	8000	15000	30000
B	b_t	–	20000	30000	70000	20000
	a_t	60000	5000	7000	10000	30000

versuchen der Verkaufsleiter und der Planungschef zusammen mit dem Eigentümer der Unternehmung, eine Entscheidung zu treffen.
Der Verkaufsleiter betont, seine Mitarbeiter hätten sorgfältigst die Absatzchancen der Unternehmung analysiert; insofern sei er davon überzeugt, daß die Einzahlungen der Investitionsobjekte als gesichert angesehen werden könnten; jedoch zweifele er an der Höhe der Auszahlungen. Nach seinen Schätzungen müßte man in der ersten Periode, in der eine mit Ungewißheit behaftete Größe auftritt, diese Größe um 4% korrigieren. In den folgenden Perioden müßte der Prozentsatz je Periode um weitere 4% wachsen.
Der Planungschef stimmt der Ansicht des Verkaufsleiters nicht zu. Er meint, daß die Auszahlungen realistisch erfaßt worden seien. Der Ungewißheit müsse vielmehr dadurch Rechnung getragen werden, daß man die mit Ungewißheit behafteten Einzahlungen von Periode zu Periode um weitere 4% korrigiere.
Nach der Meinung des Unternehmungseigentümers habe die Diskussion gezeigt, daß es sowohl Ein- als auch Auszahlungen gebe, die mit Ungewißheit behaftet seien. Insofern sähe er folgende zwei Möglichkeiten: Entweder korrigere man sowohl ungewisse Ein- als auch Auszahlungen je Periode um weitere 4%, oder — und das wäre wohl die „eleganteste Methode" — man setze den Kalkulationszinsfuß um 4% herauf.
Welche Entscheidung fiele, wenn
(a) sämtliche Daten als gesichert angesehen werden könnten?
(b) man der Meinung des Verkaufsleiters folgte?
(c) der Vorschlag des Planungschefs akzeptiert würde?
(d) Zu welchen Ergebnissen führen die beiden vom Unternehmungseigentümer vorgeschlagenen Möglichkeiten?
(e) Nehmen Sie zu der vorgenommenen Korrektur des Kalkulationszinsfußes kritisch Stellung!
(f) Würde das Risiko einer Fehlentscheidung gemindert, wenn man beim Investitionsobjekt B die Zahlungen der letzten Periode unberücksichtigt ließe?

5.2 Ein Investitionsprojekt erfordert eine Anschaffungsauszahlung von 10000 DM. In den ersten 5 Jahren rechnet die Unternehmensleitung mit einem jährlichen Nettoeinzahlungsüberschuß von 2000 DM, in den Jahren 6 bis 8 nur mit 1500 DM.

Der Kalkulationszinsfuß sei 10%.

(a) Lohnt sich die Investition nach der Kapitalwertmethode bei einem Resterlös $R_8 = 0$?

(b) Ändert sich die Entscheidung, wenn die Unternehmensleitung mit einer Einzahlung von 1000 DM für den Restwert nach 8 Jahren rechnet?

(c) Der Restwert sei eine ungewisse Größe. Wie hängt die Vorteilhaftigkeit des Investitionsprojekts von dem erwarteten Restwert ab?

(d) Die Anschaffungsauszahlung sei eine ungewisse Größe. Wie hoch darf die Anschaffungsauszahlung höchstens sein, damit sich bei einer Auszahlung für Verschrottungskosten von 1000 DM am Ende der Laufzeit der Anlage und sonst gleichen Nettoeinzahlungen der Anlagenkauf gerade noch lohnt?

5.3 Zur Wahl stehen zwei Autos, von denen das erste 15000 DM, das zweite 18000 DM kostet. Die Betriebsausgaben werden für beide Wagen als gleich, und zwar auf 0,20 DM pro Kilometer, veranschlagt. Es sollen pro Jahr durchschnittlich 20000 km gefahren werden, nach fünf Jahren soll der Verkauf des Fahrzeuges erfolgen. Der Kalkulationszins sei 10%.
Wie hängt die relative Vorteilhaftigkeit der beiden Wagen von den erwarteten Restverkaufserlösen R_1 und R_2 ab?

5.4 Zwei zur Wahl stehende Autos unterscheiden sich dadurch, daß

— das erste 15000 DM, das zweite 18000 DM kostet,

— das erste Auto 0,24 DM, das zweite 0,20 DM Betriebsausgaben pro Kilometer verursacht, und

— die Restwerte am Ende der Nutzungsdauer von 5 Jahren wie folgt von der durchschnittlichen jährlichen Kilometerleistung x_1 bzw. x_2 abhängen:

$$R_1 = 2000 - 0{,}05\,x_1 \quad (R_1, x_1 \geq 0),$$
$$R_2 = 2500 - 0{,}05\,x_2 \quad (R_2, x_2 \geq 0).$$

(a) Was läßt sich bei einem Kalkulationszinsfuß von 10% über die relative Vorteilhaftigkeit der beiden Wagen in Abhängigkeit von ihrer jeweiligen jährlichen Kilometerleistung sagen? Stellen Sie den Zusammenhang graphisch dar!

(b) Wie ändert sich die kritische km-Leistung unter (a), wenn die Nutzungszeit um 1 Jahr verkürzt würde und alles übrige gleich bliebe?

5.5 Ein Speditionsunternehmer will einen weiteren Lastkraftwagen anschaffen. Zwei Fabrikate werden in die engere Wahl gezogen:

	Typ A	Typ B
Anschaffungspreis	80 000,— DM	110 000,— DM
geschätzte Nutzungsdauer	9 Jahre	10 Jahre
feste Ausgaben (Garage, Versicherung, Steuern) pro Jahr	5 300,— DM	6 300,— DM
Treibstoffverbrauch	30 Liter/100 km	26 Liter/100 km

Alle sonstigen Ausgaben (insbesondere für Reparaturen, Wartung, Öl und Reifen) werden für beide Typen gleich hoch geschätzt. Hinsichtlich Geschwindigkeit, Nutzlast, Ladebequemlichkeit, Liquidationserlös etc. werden beide Fahrzeuge als gleichwertig erachtet. Der Unternehmer rechnet mit einem Kalkulationszinsfuß von 6%, einer durchschnittlichen Fahrleistung von 150 000 km/Jahr, sowie einem Treibstoffpreis von 1 DM/l. Von steuerlichen Überlegungen sei zur Vereinfachung abgesehen.

(a) Nach welchem Kriterium (Zielgröße) sollte sich der Unternehmer in einem solchen Fall entscheiden?
(b) Welchen Fahrzeugtyp sollte der Spediteur bei obigen Daten wählen? Begründen Sie Ihren Vorschlag!
(c) Skizzieren Sie die Abhängigkeit der von Ihnen bestimmten Zielgröße für beide Fahrzeuge von der jährlichen km-Leistung: Bei wieviel Kilometern pro Jahr liegt die kritische Fahrleistung für die beiden Fahrzeugtypen?
(d) Was besagt diese kritische km-Leistung für die Entscheidung?
(e) Ändert sich die Entscheidung, wenn der Treibstoffpreis steigt oder fällt? Berechnen Sie den kritischen Treibstoffpreis!

5.6 Für einen bestimmten Zweck stehen drei Maschinen zur Wahl, die sich in ihrer Anschaffungsausgabe, ihrer voraussichtlichen Lebensdauer und den jährlichen Betriebsausgaben voneinander unterscheiden. Folgende Tabelle zeigt, wie die Unternehmensleitung die durchschnittlichen jährlichen Betriebsausgaben veranschlagt; die Prozentzahlen stellen subjektive Wahrscheinlichkeiten dar.

Maschine	Lebensdauer in Jahren	Anschaffungsausgabe (DM)	Durchschnittliche jährliche Betriebsausgaben in 1000 DM				
			12–14	14–16	16–18	18–20	20–22
I (Normal)	10	10000	—	—	25%	50%	25%
II (Halbautomat)	8	15000	10%	40%	30%	20%	—
III (Vollautomat)	5	30000	20%	60%	10%	10%	—

Die folgenden Fragen sind auf Basis eines Kalkulationszinsfußes von 10% und unter der Annahme, daß innerhalb der einzelnen Klassen von Betriebsausgaben Gleichverteilung herrscht, zu lösen. Die DM-Beträge sind auf volle 100 DM zu runden.

(a) Zeichnen Sie für jede Investitionsalternative die Verteilungsfunktion der jährlichen Gesamtausgaben (Verteilungsfunktion $F(x)$ = Wahrscheinlichkeit, daß $X \leq x$; jährliche Gesamtausgaben = Summe aus Kapitaldienst und Betriebsausgaben)!

(b) Der Produktionsleiter möchte die Maschine wählen, die „insgesamt am billigsten kommt". Der Finanzchef plädiert für die Anlage, die „die größte Sicherheit bietet, daß die Betriebsausgaben nicht über 15000 DM gehen". Der Leiter des Planungsstabes liebt genaue Prognosen und ist für diejenige Maschine, welche „die geringsten Ausgabenschwankungen erwarten läßt". Übersetzen Sie die drei Zielvorstellungen der Praktiker in mindestens je ein exaktes Entscheidungskriterium! Welche Wahl trifft jeder der drei? Begründen Sie Ihre Antworten kurz!

5.7 Eine Unternehmung plant im Rahmen einer Sortimentserweiterung die Aufnahme eines weiteren Produktes in ihr Absatzprogramm; jedoch steht es für die Unternehmung noch nicht fest, für welches von 4 alternativen Produkten sie sich entscheiden soll. In Abhängigkeit von der künftigen Konjunkturentwicklung ließen sich mit den vier Produkten A, B, C und D verschiedene Bruttogewinne erzielen. In der folgenden Matrix sind die voraussichtlich zu erwartenden Bruttogewinne in Abhängigkeit von 4 möglichen Konjunktursituationen und deren Eintrittswahrscheinlichkeiten dargestellt.

Konjunktur-Situation i	$w(i)$	Bruttogewinne in TDM/Mon. A	B	C	D
1	0,1	40	50	30	40
2	0,3	80	60	90	50
3	0,4	100	110	110	100
4	0,2	150	140	120	130

(a) Welche Entscheidung fiele unter der Voraussetzung von Risikoneutralität?

(b) Kennzeichnen Sie die 4 Alternativen in einem Erwartungswert-Risiko-Feld!

(c) Die Unternehmensleitung möchte, wenn eben möglich, jedem Risiko aus dem Wege gehen. Welches Produkt wird demnach in das Sortiment aufgenommen?

(d) Wie ändert sich diese Entscheidung bei Risikofreudigkeit der Unternehmensleitung?

5.8 Die Unternehmensleitung eines Kosmetikkonzerns steht vor dem Problem, sich für die Produktion eines von zwei alternativen Produkten zu entscheiden. Die zur Wahl stehenden Artikel lassen sich folgendermaßen umreißen:

Produkt A

Voraussichtlicher Absatzpreis 10 GE pro Stück.

Variable Produktionskosten 4 GE pro Stück.

Einmalige Investition bei Produktionsaufnahme: 70000 DM.

Absatzerwartung für die nächsten 4 Jahre:

mit $w = 40\%$: 10000 Stück p. a.,

mit $w = 60\%$: 20000 Stück p. a.

Produkt B

Deckungsbeitrag 12 GE pro Stück.

Höhe der Anlageinvestition:

mit $w = 20\%$: 100000 GE,

mit $w = 80\%$: 84000 GE.

Absatzerwartung für die nächsten 4 Jahre:

mit $w = 30\%$: 12000 Stück p. a.,

mit $w = 70\%$: 8000 Stück p. a.

Die Unternehmensleitung will die Vorteilhaftigkeit der beiden Produkte im Rahmen eines Investitionskalküls ermitteln, der sich allein auf die Ergebnisse der nächsten 4 Jahre stützt. Dazu werden noch folgende Angaben gemacht:

— Üblicherweise wird von Neuinvestitionen eine 16%ige Verzinsung nach Gewinnsteuerabzug erwartet.

— Die Neuinvestitionen werden über 4 Jahre hinweg steuerlich linear abgeschrieben.

— Aufgrund einer anstehenden Gesetzesänderung ist mit einer Variation des Gewinnsteuersatzes von bisher 50% zu rechnen; er wird im betrachteten Zeitraum voraussichtlich

mit $w = 0{,}25$: 60%,
mit $w = 0{,}75$: 40%

betragen.

(a) Berechnen Sie für jede denkbare Zukunftslage den zugehörigen Kapitalwert von Projekt A und B! Ermitteln Sie daraufhin die (einwertigen) Kapitalerwartungswerte und erarbeiten Sie eine Entscheidung!

(b) Stellen Sie die Verteilungsfunktionen der Kapitalerwartung graphisch dar und diskutieren Sie mögliche Verfahren, um aus der Zeichnung eine Entscheidungshilfe abzuleiten!

(c) Welches Projekt würden Sie vorziehen, wenn der Kapitalwert mit einer Wahrscheinlichkeit von mindestens 70% nicht unter 100000 GE fallen soll?

5.9 Dem Geschäftsführer eines mittelständischen Unternehmens bieten sich zwei sich gegenseitig ausschließende Investitionsalternativen. Für Alternative *A*, deren Daten als sicher gelten, errechnet er bei Verwendung eines Kalkulationszinsfußes von 10% und unter Vernachlässigung steuerlicher Aspekte einen Kapitalwert (C_{OA}) von rd. 4175 GE. Für das Projekt B schätzt der Geschäftsführer folgendes:

Anschaffungs-auszahlung:	10000 GE, die jedoch durch einen staatlichen Zuschuß evtl. auf 5000 GE reduziert werden könnten. Die Wahrscheinlichkeit (w) für diesen Zuschuß beträgt 50%.
Laufzeit:	3 Jahre

Die Einzahlungsüberschüsse in t_1 werden mit 4000 GE, in t_2 mit 5000 GE angesetzt und gelten als sicher, während der Überschuß in t_3 mit $w = 60\%$ 6000 GE und mit $w = 40\%$ 4000 GE beträgt. Die Wahrscheinlichkeiten für den Zuschuß und den Einzahlungsüberschuß in t_3 seien voneinander unabhängig.

Die Bewertung des Projektes B bereitet dem Geschäftsführer einige Schwierigkeiten. Welchen Rat könnten Sie ihm geben?

(a) Angenommen, Sie schlagen dem Geschäftsführer zunächst vor, mittels des μ-σ-Kriteriums eine Entscheidung zwischen A und B herbeizuführen

(a_1) Errechnen Sie zu diesem Zweck für jede denkbare Zukunftslage den zugehörigen Kapitalwert von Projekt B, und ermitteln Sie daraufhin den *Kapitalerwartungswert* und die *Streuung.*

(a_2) Kennzeichnen Sie die Projekte A und B durch ihre entsprechenden Werte in einem μ-σ-Diagramm. Welchen Rat könnten Sie dem Geschäftsführer geben, wenn dieser riskoneutral wäre? Zeichnen Sie eine diese Risikoeinstellung widerspiegelnde Nutzenindifferenzkurve in das Diagramm ein!

(b) Wie würde ihr Rat aussehen, wenn Sie Ihrer Entscheidung ein Risikoprofil zugrunde legen würden?

(b_1) Was verstehen Sie unter einem Risikoprofil?

(b_2) Zeichnen Sie die Risikoprofile beider Investitionen!

(b_3) Welche Möglichkeiten der Auswertung eines Risikoprofils kennen Sie?

(b_4) Zu welcher Entscheidung würden Sie dem Geschäftsführer raten, wenn Sie ihm
— Risikoneutralität
— Risikoscheu
unterstellen würden?

5.10 Im Rahmen einer vorgesehenen Produktionserweiterung stehen zwei Investitionsalternativen zur Disposition.

Alternative A
Hier handelt es sich um die Aufnahme eines völlig neuen Produktes ins Sortiment, über dessen Marktchancen große Ungewißheit herrscht. Während sich die Betriebsausgaben im Laufe des relevanten Zeitraumes von 4 Jahren als voneinander unabhängige Zufallsparameter abbilden lassen, werden die Verkaufserlöse in starkem Maße vom Erfolg oder Mißerfolg der Einführungsphase bestimmt und sind daher als vollkommen korreliert anzusehen, d. h. sowohl ein guter als auch ein schlechter Trend setzt sich 4 Jahre fort. Ausgaben und Einnahmen sind annähernd normalverteilt; ihre Werte lassen sich der folgenden Tabelle entnehmen:

Tabelle 1. Alternative A

Zeitpunkt	Verkaufserlöse		Betriebsausgaben	
	Erwartungswert	Varianz	Erwartungswert	Varianz
0	–	–	– 80	36
1	100	100	– 60	25
2	80	64	– 50	16
3	60	36	– 40	16
4	50	49	– 20	9

Alternative B
Dieses Projekt sieht die Forcierung der Produktions- und Absatzanstrengungen eines bereits am Markt etablierten Gutes vor. Die für jedes Jahr erwarteten, normalverteilten Nettoeinzahlungen werden in diesem Fall als unabhängig angenommen.

Tabelle 2. Alternative B

Zeitpunkt	Erwartungswert der Nettoeinzahlungen	Varianz
0	− 70	0
1	+ 30	36
2	+ 20	9
3	+ 20	9
4	+ 45	25

Der Kalkulationszinsfuß beträgt 4% nach Steuern.

Welche Investition soll durchgeführt werden, wenn

(a) die Kapitalerwartung in t_4 maximiert werden soll?

(b) die Wahrscheinlichkeit zu minimieren ist, daß ein negativer Kapitalwert C_0 bei Durchführung einer Alternative erzielt wird?
Lösen Sie diese Teilaufgabe nach Berechnung der Erwartungswerte und der Standardabweichungen der Verteilungen. Die relevanten Formeln für die Sigma-Berechnung bei Vorliegen einer Zahlungsreihe lauten

— bei *Unabhängigkeit der Parameter* $$\sigma = \sqrt{\sum \frac{\sigma_t^2}{(1+i)^{2t}}}$$

— bei *Abhängigkeit* $$\sigma = \sum \frac{\sigma_t}{(1+i)^t}$$

(c) mit einer Wahrscheinlichkeit von mindestens 90% der Kapitalwert C_0 der durchgeführten Investition nicht unter den Betrag von 20 GE sinken soll?

5.11 Ein Unternehmer hat die Möglichkeit, eine noch funktionsfähige Maschine in t_0 für 2500 GE Resterlös zu verkaufen und durch eine neue Maschine, die durchschnittliche Jahresausgaben von 5000 GE verursacht, zu ersetzen. Andererseits bietet sich ihm die Alternative, die alte Maschine vorerst im Produktionsprozeß zu belassen und erst in t_1 zu veräußern. In diesem Fall ergeben sich für das laufende Jahr je nach Umweltkonstellation Betriebsausgaben unterschiedlicher Höhe, denen folgende subjektive Wahrscheinlichkeiten zugeordnet werden können:

Betrag (GE)	800	900	1000	1100
Wahrscheinlichkeit	10%	30%	40%	20%

Der Restwert der alten Maschine in t_1 dürfte bei 500 GE liegen, jedoch sind Schwankungen von ± 50% um diesen Betrag denkbar. Innerhalb des Schwankungsintervalls besitzen alle Werte die gleiche Wahrscheinlichkeit. In ähnlicher Weise wie bei den Betriebsausgaben läßt sich bei Weiterbetrieb der alten Maschine die diskrete Verteilung der voraussichtlich anfallenden zusätzlichen Reparaturausgaben schätzen:

Betrag (GE)	800	1500	3000	3200
Wahrscheinlichkeit	20%	40%	30%	10%

Betriebsausgaben und Reparaturausgaben für die alte Maschine, sowie die Durchschnittsausgaben für die neue Maschine beziehen sich jeweils auf das Jahresende.

(a) Stellen Sie die Verteilungsfunktionen für Betriebsausgaben, Restwert in t_1 und Reparaturausgaben der alten Maschine graphisch dar (Verteilungsfunktion $F(x)$ = Wahrscheinlichkeit, daß $X \leq x$).

(b) Nach welchem Entscheidungskriterium sollte sich der Unternehmer richten?

(c) Operationalisieren Sie sein Entscheidungsproblem durch Simulation der relevanten Variablen (Reihenfolge: Betriebsausgaben, Restwert in t_1, Reparaturausgaben) mit Hilfe der beiliegenden Zufallszahlentabelle. Beginnen Sie in der dritten Spalte und verwenden Sie die Zahlen vom oberen Tabellenrand aus abwärts. Ihre Simulation soll genau 3 Werte der von Ihnen bestimmten Zielvariablen ergeben (zugrundegelegter Zinssatz: 12%).

(d) Entscheiden Sie über den Sofortersatz sowohl unter Rückgriff auf Ihre 3 simulierten Zielwerte als auch durch Berechnung des Erwartungswertes der Zielvariablen. Nehmen Sie zu Ihrem Ergebnis kurz Stellung!

Zufallszahlentafel

56	89	73	31	26	79	44	03	97	52
98	01	72	38	80	52	79	22	47	61
92	86	34	70	02	96	63	43	25	76
51	12	69	72	82	67	33	01	06	43
42	18	27	53	02	70	71	37	98	70
36	08	31	44	83	20	17	65	63	90
11	05	88	47	18	99	91	74	06	12
62	16	35	09	53	65	93	70	07	68
27	67	20	82	98	86	57	08	18	46
72	09	32	31	81	94	77	99	54	66
88	45	44	22	15	84	93	23	64	84
94	48	33	91	14	23	82	44	23	54
83	16	32	22	25	93	25	32	88	04
10	99	51	07	18	81	39	94	59	25
08	21	52	10	47	53	13	78	47	89
82	44	52	37	91	06	68	71	13	94
96	87	68	88	53	50	76	25	08	85
16	27	94	10	40	04	80	57	51	12
53	81	07	76	34	19	51	45	95	56
60	39	41	58	74	97	79	72	37	54
48	57	03	65	77	67	70	17	54	29

Zufallszahlentafel

05	98	07	92	16	46	49	02	43	15
02	50	72	63	40	44	83	82	48	93
54	55	81	87	73	71	92	97	12	47
90	25	62	09	89	11	85	07	61	23
75	32	14	76	92	26	86	24	10	78
84	28	59	68	45	52	22	08	91	88
38	24	78	82	12	43	49	85	03	41
57	09	97	31	66	42	18	36	46	17
08	04	13	21	35	69	95	36	06	62
47	25	11	79	66	28	84	20	01	53
33	64	30	93	18	09	75	12	89	47
43	28	82	26	94	03	02	05	29	15
76	23	19	28	30	74	98	78	12	93
90	09	95	61	38	50	79	31	60	55
88	08	33	53	26	33	16	67	92	05
24	27	63	56	97	07	24	36	80	12
27	72	73	41	77	21	95	66	17	01
96	08	90	73	40	06	37	09	44	42
81	68	22	54	46	84	13	40	42	45
86	58	87	49	39	51	14	11	91	32
48	70	50	66	92	24	91	06	15	96
73	26	08	81	68	58	16	62	57	04
64	52	83	97	34	69	71	85	92	65
10	10	25	35	48	37	47	65	15	64
27	35	91	52	10	23	72	54	32	74
62	05	72	77	94	03	95	08	30	93
25	46	57	11	76	58	71	64	25	58
96	59	69	10	33	16	41	54	90	82
40	53	07	85	28	58	32	46	63	19
16	48	97	23	71	11	69	13	98	42
55	59	07	37	47	16	48	23	71	11
57	03	60	06	77	33	98	89	36	51
82	75	12	78	35	71	76	25	50	04
72	31	21	66	35	14	88	55	83	21

Entnommen aus Klingst, Anna: Optimale Lagerhaltung, 1971, S. 242.

5.12 Im letzten Quartal stand der Vorstand der Prima & Teuer AG (P & T AG) vor der Entscheidung, welche Anlage zur Produktion von Karosserieteilen angeschafft werden sollte; zur Auswahl standen die Anlagen vom Typ A und B.

Basierend auf den Zahlungsreihen (in TDM) nach Steuern für beide Anlagen

$$I_A: \{-4000_0;\ 1000_1;\ 1000_2;\ 1000_3;\ 1000_4;\ 1000_5;\ 1000_6\}$$
$$I_B: \{-3600_0;\ 900_1;\ 900_2;\ 900_3;\ 900_4;\ 900_5;\ 900_6\}$$

war der Investitionsausschuß der P & T AG unter der Leitung von Dr. Neu zu dem Resultat gelangt, daß unter Zugrundelegung eines Kalkulationszinssatzes von $i_s = 8\%$ (nach Steuern) die Anschaffung der Anlage *A* günstiger wäre. Der Vorstand hat allerdings einige Bedenken hinsichtlich der quantitativen Untermauerung der zu treffenden Entscheidung. So habe Dr. Neu nicht bedacht, daß die Schrottbau AG regelmäßig Anlagen des Typs *B* gebraucht aufkauft. Zudem müsse das Risiko in der Investitionsanalyse tiefergehend berücksichtigt werden.

(a) Inwiefern kann die Investitionsentscheidung von der Liquidationsmöglichkeit der Anlage *B* im Zeitpunkt t_6 beeinflußt werden?

(b) Zur nächsten Sitzung beabsichtigt Dr. Neu, seine Empfehlung auf Basis der in Tab. 1 dargestellten Verteilung der Kapitalwerte zu treffen.

Tabelle 1

Umweltlage Z_j	I	II	III	IV	V
Eintritts-wahrscheinlichkeit $w(Z_j)$	0,1	0,2	0,3	0,3	0,1
C_{oA}	410	500	620	740	910
C_{oB}	435	510	560	690	880

Arbeiten Sie jene Empfehlung aus!
Erstellen Sie dazu u. a.
— ein μ- σ-Diagramm und
— ein Risikoprofil!

(c) Der Vorstand zweifelt jedoch die in Tabelle 1 geschätzten Kapitalwerte an. Seiner Meinung nach wäre es sinnvoll, die Wahrscheinlichkeitsverteilungen der einzelnen in den Kapitalwertkalkül eingehenden unsicheren Variablen zu schätzen und diese mittels Risikosimulation zu einer gemeinsamen Kapitalwertverteilung zusammenzufassen.
Daraufhin ermittelt Dr. Neu folgende Verteilungen:

1. Der Restwert der Anlage B kann in t_6 zwischen den Werten 70 und 110 schwanken. Jeder Wert innerhalb dieses Intervalls besitzt die gleiche Eintrittswahrscheinlichkeit.
2. Einige Einflußgrößen sind im Zeitraum $t_3 - t_6$ von der Konjunkturentwicklung abhängig. Man erwartet mit Wahrscheinlichkeiten von 20 : 40 : 40 eine schlechte, mittlere oder gute Konjunkturentwicklung. In Tab. 2 sind abhängig von der Konjunkturentwicklung die geschätzten Schwankungsbereiche der Einzahlungsüberschüsse (in TDM) und die Höhe der anzusetzenden Kalkulationszinssätze (nach Steuern) im

Zeitraum $t_3 - t_6$ angegeben. Man geht davon aus, daß sich z.B. in konjunkturell schlechteren Zeiten die Wiederanlagemöglichkeiten freier Gelder der P & T AG ebenfalls verschlechtern könnten, welches sich in einem geringeren Kalkulationszinssatz niederschlagen würde. Innerhalb der Intervallgrenzen werden bei den während des Zeitraumes $t_3 - t_6$ konstanten Einzahlungsüberschüssen sämtliche Merkmalausprägungen als gleichwahrscheinlich angesehen.

Tabelle 2

Einflußgrößen im Zeitraum $t_3 - t_6$	Konjunktur		
	gute Konjunkturentwicklung	mittlere Konjunkturentwicklung	schlechte Konjunkturentwicklung
c_{tA}	1100–1200	900–1100	850–900
c_{tB}	920–1020	870– 920	830–870
i_s	mit 80% Wahrscheinlichkeit: $i_s = 8\%$, mit 20%: $i_s = 9\%$	8%	mit 60% Wahrscheinlichkeit: $i_s = 8\%$, mit 40%: $i_s = 7\%$

Erarbeiten Sie auf der Grundlage der vorgegebenen Informationen mittels Simulation die Risikoprofile der Kapitalwertverteilungen und treffen Sie ggfls. eine Auswahlentscheidung. Diskutieren Sie das Ergebnis! Berücksichtigen Sie dabei auch die in (a) und (b) gefundenen Resultate und die Zuverlässigkeit der Simulation.
Verwenden Sie zur Simulation die in der Zufallszahlentabelle der Aufgabe 5.11 dargestellten gleichverteilten Zufallszahlen!
Lesen Sie die Tabelle, beginnend mit dem linken oberen Wert, spaltenweise! Bearbeiten Sie in jedem der 20 durchzuführenden Simulationsläufe zunächst den Anlagentyp A, dann den Typ B! Ziehen Sie die Zufallszahlen in der Reihenfolge: ggfls. Restwert, Konjunkturlage, Einzahlungsüberschuß, Kalkulationszinsfuß! Verwenden Sie bei der Erstellung der klassifizierten Häufigkeitsverteilung 5 Klassen gleicher Breite!

§ 6 Investitionsprogrammentscheidungen unter Sicherheit

A. Problemstellung

Bislang wurden *einzelne* isolierte Investitionsobjekte betrachtet. Häufig plant jedoch der Investor, insbesondere eine Unternehmung, die gleichzeitige Investition *mehrerer* isolierter oder aber sich gegenseitig ergänzender Projekte für *einen Zeitpunkt* oder sogar für die Abfolge *mehrerer Perioden.* Eine *Kombination* verschiedener Investitionsprojekte heißt *Investitionsprogramm.* Ein *zulässiges Investitionsprogramm* enthält *Art* und *Umfang* der geplanten Projekte unter Berücksichtigung von *Nebenbedingungen* und im Hinblick auf die vorgegebene Zielfunktion. Durch Variation einzelner Parameter des Investitionsprogrammes kann sein *Zielbeitrag verändert* werden, wobei durch *Simulation* die Auswahl eines relativ günstigen Programmes unterstützt werden kann. Auch eine *Optimierung* des Investitionsprogrammes ist möglich. Dies gelingt allerdings nur unter relativ einfachen Annahmen, die die Realität in der Regel nur unzureichend abbilden.
Die relevanten *Nebenbedingungen* sind im allgemeinen *finanzieller Art* (*Finanz- oder Budgetrestriktionen*), können aber auch Bedingungen des Beschaffungs-, Arbeits- und Absatzmarktes sowie des Produktionsbereiches abbilden. Hier werden im wesentlichen finanzielle Restriktionen behandelt, die im Investitionszeitpunkt wirksam sind.
Zunächst werden Programme betrachtet, die *nur in* t_0 zu Anschaffungsauszahlungen führen. Tatsächlich stellen aber Unternehmen jährlich Investitionsbudgets auf, die bis zu einem gewissen Grade miteinander verknüpft sind. Dann ergibt sich ein *dynamisches Planungsproblem*, wenn die Verknüpfung explizit berücksichtigt wird. Daher werden anschließend auch Investitionsprogramme behandelt, die Anschaffungsauszahlungen in mehreren Zeitpunkten vorsehen. Auch solche *mehrperiodischen Investitionsprogramme* können als Simulations- oder als Optimierungsansätze formuliert werden. Letztere erreichen allerdings schnell einen hohen Grad an Komplexität. Daher bevorzugt die Praxis im allgemeinen Simulationsansätze.
Zur Verdeutlichung der Problemstruktur ein- und mehrperiodischer Investitionsprogramme sind allerdings einfache *Optimierungsansätze* geeigneter.
In § 6 werden Investitionsprogramme unter der Prämisse *einwertiger Erwartungen* erörtert. Auch wenn diese Prämisse wenig realistisch ist, erscheint ihre Einführung

zweckmäßig, um das Problem der Aufstellung von Investitionsprogrammen schrittweise entwickeln zu können. In § 7 werden dann Investitionsprogramme unter Risiko diskutiert.

B. Klassischer Lösungsansatz

Ausgehend von den Annahmen

— beliebiger Teilbarkeit der Investitionsobjekte,
— vollkommenen Kapitalmarktes und
— einperiodischer Planung

wird der optimale Investitionsbetrag B_{opt} durch den Punkt bestimmt, in dem die Kosten für zusätzlich aufzunehmendes Kapital *(Grenzkapitalkosten i)* gleich der fallenden *Grenzrendite r'* sind, d. h. gleich dem internen Zinsfuß des letzten zu realisierenden Investitionsobjektes. Für *konstante Kapitalkosten* ergibt sich folgendes Bild (Abb. 6.1).
Obwohl hier mit dem internen Zinsfuß gearbeitet wird, ergibt sich wegen der Annahme des einperiodischen Betrachtungszeitraumes kein Widerspruch zur Kapitalwertmethode, weil keine Wiederanlageprämisse erforderlich ist. Das Budget B_{opt} ist auch kapitalwertmaximal. Die Finanzierung des Budgets B_{opt} ist sichergestellt und unabhängig von dem Programmumfang.

C. Kapitalrationierung

1. Begriff und Formen der Kapitalrationierung

Bei der Kapitalrationierung sind die verfügbaren Geldmittel für Investitionszwecke knapp. Diese Knappheit beruht auf externen oder internen Gründen[1]. *Externe* Kapitalrationierung liegt vor, wenn der Fremdkapitalzins i_F über dem Kalkulationszinsfuß i liegt (Abb. 6.2). Finanzmittel $\overline{B_1 B_2}$, die über vorhandene Eigenmittel $\overline{OB_1}$ hinaus für das Investitionsprogramm $\overline{OB_2}$ benötigt werden, können nur zu dem höheren Zinssatz i_F aufgenommen werden. Dabei kann es vorkommen, daß Teilbeträge der Fremdfinanzierung $\overline{B_1 B_2}$ nur zu steigenden Kosten zu erhalten sind. Hätte hingegen der Investor Eigenmittel in Höhe von

[1] Vgl. Bierman, Harold, Jr.; Smidt, Seymour: The Capital Budgeting Decision, 6. Aufl., 1984, S. 161–167.

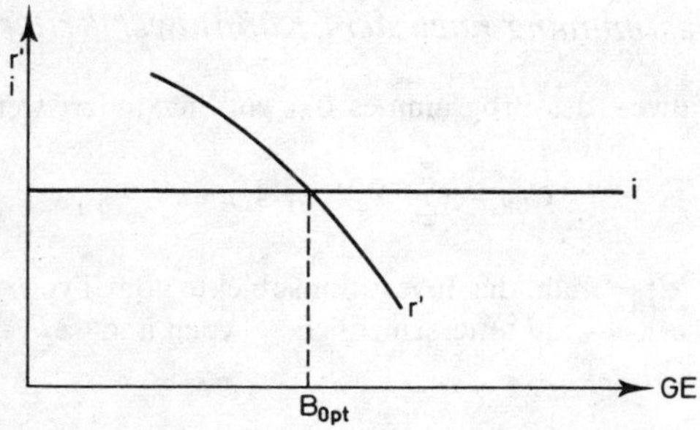

Abb. 6.1. Optimales Investitionsbudget

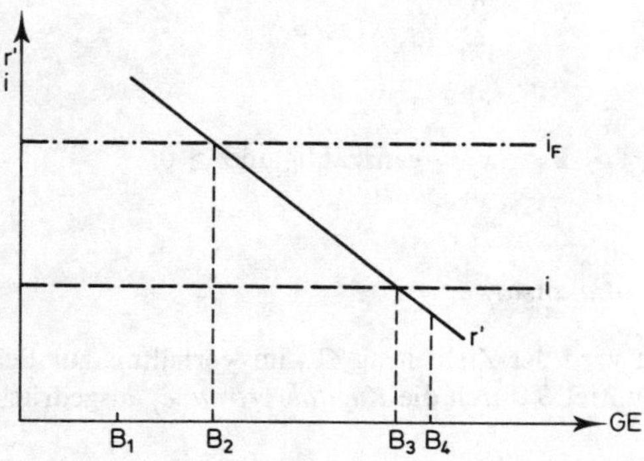

Abb. 6.2. Kapitalrationierung

$\overline{OB_4}$, dann würde er intern nur $\overline{OB_3}$ investieren und den Rest $\overline{B_3 B_4}$ auf dem Kapitalmarkt zu i anlegen.
Bei *interner* Kapitalrationierung, wobei

$$\sum_j a_{0j} > \overline{OB_1} \quad \text{mit} \quad C_{0j} \geq 0 \text{ für alle } I_j$$

gilt, legt der Investor autonom entweder die Budgethöhe (z. B. $\overline{OB_1}$) oder einen Mindestverzinsungsanspruch $\hat{i}$ fest. In beiden Fällen ist jedoch Voraussetzung für die Aufnahme von Investitionsprojekten in das Programm $C_0 \geq 0$ bzw. $r \geq i$.

Im folgenden werden einige einfache Modelle der Kapitalrationierung behandelt. Dabei basieren die Auswahlverfahren für die zum optimalen Investitionsprogramm gehörenden Objekte auf der Kapitalwertmethode oder der internen Zinsfußmethode. Unterstellt sei, daß sich die Einzelobjekte finanziell isolieren lassen.

2. Programmbestimmung nach dem Kapitalwertkriterium

Der Gesamtkapitalwert des Programmes C_{0P} soll maximiert werden. Dann gilt:

$$C_{0P} = \sum_{j=1}^{m} C_{0j} \cdot x_j \Rightarrow \max! \tag{6.1}$$

mit x_j: = Zahl der Investitionsobjekte vom Typ j,
m: = Zahl unterschiedlicher Typen und
$C_{0j} \geq 0$.

Dabei existieren die *Nebenbedingungen*, daß jedes Objekt I_j höchstens bis zu einer bestimmten Anzahl $x_j^{\max}$ und *ungeteilt* aufgenommen werden kann und daß die Budgethöhe B nicht überschritten werden darf:

$$\sum_{j=1}^{m} a_{0j} \cdot x_j \leq B, \tag{6.2}$$

$$x_j \leq x_j^{\max},$$

$$x_j = \text{ganzzahlig und} \geq 0.$$

a) Kapitalwertratenansatz

Für jedes Objekt wird der Zielbeitrag C_{0j} im Verhältnis zur Beanspruchung der knappen Budgetmittel B durch die *Kapitalwertrate* $\hat{c}_j$ ausgedrückt:

$$\hat{c}_j = \frac{C_{0j}}{a_{0j}}. \tag{6.3}$$

Je höher $\hat{c}_j$ ist, desto größer ist der relative Zielbeitrag. Die Objekte werden in der Reihenfolge der fallenden $\hat{c}_j$ in das Programm aufgenommen, bis das Budget B ausgeschöpft ist. Allerdings garantiert dieses Verfahren, das Maximum des Gesamtkapitalwertes (C_{0P}) zu erreichen, nur dann, wenn das Budget B auf diese Weise vollständig verbraucht wird.

Beispiel (1. Teil)
Ein Investor hat die in Tabelle 6.1 genannten Objekte zur Auswahl. Ihm stehen maximal 100 *GE* im Budget zur Verfügung:

Tabelle 6.1

I_j	C_{0j}	a_{0j}	$\hat{c}_j$	Rangfolge $\hat{c}$	Rangfolge C_0	im Programm
A	100	100	1,0	5	1	nein
B	60	40	1,5	3	3	nein
C	80	50	1,6	2	2	ja
D	60	30	2,0	1	3	ja
E	18	15	1,2	4	4	ja

Nach der Rangfolgenbildung gemäß $\hat{c}$, die zu $D \succ C \succ B \succ E \succ A$ führt, muß zunächst noch überprüft werden, ob die Budgetbedingung eingehalten wird. Folgt man der Vorschrift, Projekte entsprechend der fallenden Kapitalwertrate aufzunehmen, so würde das Budget nicht voll ausgeschöpft und der Gesamtkapitalwert C_{0P} nicht maximiert. Das Budget ist bei Aufnahme von I_D und I_C mit $\Sigma a_0 = 80$ bereits so weit erschöpft, daß nur 20 GE übrigbleiben und ein Gesamtkapitalwert von 140 erreicht wird. Das ist zwar immer noch besser, als wenn man sich nach der Rangfolge der absoluten Kapitalwerte gerichtet hätte, aber nicht optimal. Zwar kann das nächstbeste Objekt I_B nicht finanziert werden, dafür aber I_E. Somit beträgt $C_{0P} = 158$ und $\Sigma a_0 = 95$.

Kritisch ist zu diesem Verfahren zu bemerken, daß die Aufnahme der Objekte nach fallenden $\hat{c}_j$ bei Unteilbarkeit der Investitionsobjekte das *Erreichen des Optimums nicht garantiert,* sondern — wie im Beispiel — probiert werden muß. Das *Budget* ist fest vorgegeben, obwohl es in der Praxis zumindest um geringe Beträge — u. U. zu einem entsprechend höheren Sollzins — erhöht werden kann. Ferner ist eine *Verschiebung* von Projekten in die Zukunft und somit die Finanzierung von z. B. I_B durch Einzahlungsüberschüsse in t_1 nicht vorgesehen. Die *Finanzrestriktion* wirkt nur im *Investitionszeitpunkt* t_0. Offen bleibt auch die Frage des *Anlageersatzes bei unterschiedlichen Nutzungsdauern.*

Berechnet man die Kapitalwertrate für jedes Jahr der Investitionsdauer als

$$\hat{c}_j^* = \sqrt[n]{\hat{c}_j + 1} - 1, \tag{6.4}$$

so kann $\hat{c}_j^*$ als Überrendite über den Kalkulationszinsfuß i interpretiert werden unter der Prämisse, daß die Einnahmeüberschüsse zum Satz i angelegt werden.

b) Ansatz von Lorie und Savage

Zur Lösung des eingangs geschilderten Problems der Programmoptimierung gemäß (6.1) und (6.2) haben *Lorie und Savage*[2] vorgeschlagen, die Inanspruchnahme des Budgets durch Investitionsobjekte dadurch auszudrücken, daß die Anschaffungsausgaben eines Projektes mit einem parametrischen Faktor λ gewichtet und von dessen Kapitalwert abgezogen werden:

[2] Vgl. Lorie, James H.; Savage, Leonard J.: Three Problems in Rationing Capital, in: Journal of Business, 1955, S. 229ff.

(6.5) $$\tilde{C}_{0j} = C_{0j} - \lambda a_{0j}.$$

Der Faktor wird schrittweise erhöht, so daß ein Projekt nach dem anderen einen negativen korrigierten Kapitalwert $\tilde{C}_{0j}$ erhält und deshalb aus dem Investitionsprogramm gestrichen wird, bis der Betrag B ausreicht, die verbleibenden Objekte zu finanzieren. Zunächst entfallen bei diesem Vorgehen diejenigen Objekte, deren Anschaffungsauszahlungen in Relation zum Kapitalwert hoch sind. Die Projekte werden dabei in derselben Reihenfolge eliminiert wie bei ihrer Ordnung nach der Kapitalwertrate. Das Verfahren führt daher zum gleichen Ergebnis. Es ist auch der gleichen Kritik ausgesetzt wie das Kapitalwertratenmodell. Bei Erreichen des kritischen Wertes gilt:

$$\tilde{C}_{0j} = 0 = C_{0j} - \lambda \cdot a_{oj}$$

oder

$$\lambda = \frac{C_{0j}}{a_{0j}} = \hat{c}_j.$$

Beispiel (2. Teil)

Tabelle 6.2

			$\tilde{C}_{0j}$				
I_j	a_{0j}	C_{0j}	$\lambda = 1$	$\lambda = 1{,}2$	$\lambda = 1{,}5$	$\lambda = 1{,}6$	Rang
A	100	100	–	–	–	–	5
B	40	60	20	12	–	–	3
C	50	80	30	20	5	–	2
D	30	60	30	24	15	12	1
E	15	18	3	–	–	–	4
Σa_{0j}	235		135	120	80	30	

c) Linearer Programmierungsansatz

Zur gleichzeitigen Berücksichtigung verschiedener Nebenbedingungen[3] bei der Planung eines Investitionsprogrammes können Modelle und Algorithmen der linearen Programmierung verwendet werden (siehe hierzu unter D). Das unter a) formulierte Problem hat mit der Zielfunktion (6.1) und den Nebenbedingungen (6.2) bereits die Form eines linearen Programmierungsansatzes.

3 Vgl. z. B. Franke, Günter; Hax, Herbert: Finanzwirtschaft des Unternehmens und Kapitalmarkt, 1988, S. 172ff.

Das Optimum ohne Beachtung der Ganzzahligkeit läßt sich nach dem Simplex-Algorithmus bestimmen[4]. Die *ganzzahlige optimale Lösung* sucht man anschließend in der Nähe des nichtganzzahligen Optimums durch Probieren oder durch Anwendung spezieller, allerdings rechenaufwendiger Algorithmen[5]. Wegen des Rechenaufwandes sind diese Verfahren nur bei einer ganz geringen Zahl von Variablen wirtschaftlich vertretbar. Das ganzzahlige Optimum braucht keineswegs mit den gerundeten Werten der nichtganzzahligen Lösung übereinzustimmen.

Auf den Programmierungsansatz treffen — abgesehen davon, daß systematisch eine ganzzahlige Optimallösung ermittelt werden kann — die gleichen Kritikpunkte zu wie auf die Kapitalwertratenmethode, denn es handelt sich um den gleichen Grundgedanken. Der lineare Programmierungsansatz kann jedoch erweitert werden. Insbesondere lassen sich in den Folgeperioden Finanzierungsrestriktionen, aber auch weitere Investitionen berücksichtigen. Ferner kann die simultane Investitions- und Finanzplanung mit weiteren Planungsbereichen, insbesondere mit der Produktionsplanung, verbunden werden (siehe § 6 D).

3. *Programmbestimmung nach dem internen Zinsfuß*

a) Ansatz von Dean

Dean hat vorgeschlagen, das optimale Investitions- und Finanzierungsprogramm bei unvollkommenem Kapitalmarkt für den Zeitpunkt Null mit Hilfe der internen Zinsfüße zu bestimmen[6]. Die isolierten Investitionsobjekte I_j werden hierbei über ihren internen Zinsfuß r_j in die Reihenfolge sinkender r_j gebracht. Durch Kumulation der Anfangsauszahlungen läßt sich der Finanzmittelbedarf graphisch ermitteln (Abb. 6.3).
Neben den Eigenmitteln *EK* kann der Investor zu steigenden Sollzinsen $i_{F,k}$ (Fremdkapitalkosten) zusätzliche *Fremdmittel* $I_{F,k}$ erhalten, um seine Investitionsvorhaben zu finanzieren. Dieses Kapitalangebot läßt sich ebenfalls graphisch darstellen. Solange die marginale interne Verzinsung über den marginalen Kapitalkosten liegt, ist das Investitionsobjekt vorteilhaft. Im Schnittpunkt beider Kurven, der „cut-off-rate", ist bei *unbeschränkter Teilbarkeit* der Investitionsobjekte und der Finanzmittel das Optimum erreicht.
Bei *beschränkter* Teilbarkeit der marginalen Investition läßt sich mit einer Flächenbetrachtung ermitteln, ob die Realisierung des marginalen Investitionsobjektes vorteilhafter ist als der Verzicht darauf. Für das Beispiel der Abb. 6.3 gilt $B_{opt} = 500$, da $FL_1 > FL_2$.

---

[4] Vgl. hierzu Band 2, 3. Aufl., § 5 C 2c).
[5] Siehe z. B. Müller-Merbach, Heiner: Operations Research, 3. Aufl.; 1973, S. 366ff.
[6] Vgl. Dean, Joel' Capital Budgeting, 8. Aufl., 1969, S. 14–139.

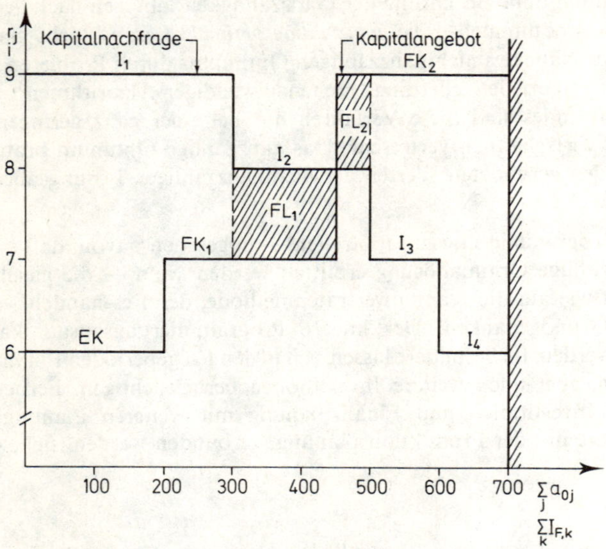

Abb. 6.3. Dean-Modell

Der Ansatz zur Maximierung des Überschusses der internen Verzinsung des eingesetzten Kapitals über die gesamten Kapitalkosten lautet für den Fall der *Unteilbarkeit* der Investitionsobjekte:

(6.6) $$\sum_{j=1}^{m} (r_j \cdot a_{0j} \cdot x_j) - \sum_{k=1}^{l} (i_{F,k} \cdot I_{F,k}) - i \cdot EK = \max!$$

Dabei existieren die Nebenbedingungen, daß jedes der m Objekte I_j höchstens bis zu einer bestimmten Anzahl $x_j^{\max}$ und ungeteilt aufgenommen werden kann, die Finanzmittel EK und $I_{F,k}$ teilbar sind und jede der l Fremdkapitalarten nur bis zu einem Höchstbetrag $I_{F,k}^{\max}$ zur Verfügung steht:

$x_j \leq x_j^{\max}$, x_j ganzzahlig und ≥ 0,
$I_{F,k} \leq I_{F,k}^{\max}$, $I_{F,k}$, $EK \in \mathbb{R}_0^+$.

Beispiel (1. Teil)
Die verfügbaren Investitions- und Finanzierungsalternativen seien folgende:

Tabelle 6.3

Investitionsobjekte			Finanzmittelart		
j	a_{0j}	r_j (%)	k	$I_{F,k}^{max}$, EK	$i_{F,k}$ (%)
1	300	9	EK	200	6
2	200	8	FK_1	250	7
3	100	7	FK_2	250	9
4	100	6	–	–	–

Die Kapitalangebots- und -nachfragefunktion sind in Abb. 6.3 wiedergegeben. Das optimale Kapitalbudget ist entweder 450 *GE* (bei Teilbarkeit von I_2) oder 500 *GE* (bei Ganzzahligkeit).

Aber auch ein Flächenvergleich bei der Investition mit der Marginalverzinsung garantiert nicht die Optimallösung. Ähnlich wie bei dem Kapitalwertratenansatz kann eine Investition existieren, die eine geringere Verzinsung als die Marginalinvestition aufweist, aber dennoch bei ihrer Aufnahme in das Investitionsprogramm zu einem höheren Gewinn führt, weil sie weniger höher verzinsliche Kredite beansprucht.

Beispiel (2. Teil)
Existiert z.B. noch ein Investitionsobjekt I_5 mit $a_{05} = 150$ *GE* und $r_5 = 7{,}8\%$, so bringt es einen Gewinn von $150 \cdot (0{,}078 - 0{,}07) = 1{,}2$ *GE*/Jahr. Das sind 0,2 *GE* mehr als der Gewinn der Marginalinvestition. I_5 wäre mithin anstelle von I_2 in das Programm aufzunehmen.

Gegen das dargestellte Modell lassen sich mehrere Kritikpunkte vorbringen[7]: Die von *Dean* unterstellte Unabhängigkeit von Kapitalkosten und Kapitalverwendung ist keineswegs immer gegeben (z.B. Hypothekarkredite nur für bestimmte Arten von Investitionen). Mit der Verwendung des internen Zinsfußes als Kriterium für die Rangfolge bei der Auswahl der Investitionsobjekte wird die Wiederanlageprämisse der einfachen internen Zinsfußmethode (siehe § 3 D 1) hier besonders problematisch, weil unterstellt werden muß, daß die Einzahlungsüberschüsse der gleichzeitig realisierten Objekte sich zu unterschiedlichen Sätzen verzinsen. Für den Ansatz der Kapitalkosten ist bei Beachtung von Steuern zu berücksichtigen, daß Eigenkapitalzinsen zu versteuern, Fremdkapitalkosten aber steuerlich abzugsfähig sind. Dann wären die Fremdkapitalkosten relativ niedriger

[7] Vgl. Albach, Horst: Investition und Liquidität, 1962, S. 42ff., und Hax, Herbert: Investitionstheorie, 5. Aufl., 1985, S. 62ff.

als die Eigenkapitalkosten. Der Investor würde nur mit Fremdkapital arbeiten wollen, während in der Realität Fremdkapital nur in bestimmten Relationen zum Eigenkapital zu erhalten ist. Damit werden auch implizite, d.h. nicht quantifizierbare Bestandteile der Kapitalkosten vernachlässigt (z.B. Ausschöpfung des Kreditspielraumes für künftige Perioden). Ähnlich wie bei der Planung mit Kapitalwertraten richtet sich die Optimierung des Investitionsprogrammes nur auf den Investitionszeitpunkt Null.

b) Ansatz von Baldwin

Die bereits dargestellte modifizierte Methode des internen Zinsfußes (siehe § 3 D 2) ist von *Baldwin* ursprünglich für Investitionsprogramme mit Kapitalrationierung entwickelt worden. Danach lassen sich bei *vorgegebenem Kapitalbudget B* und vorgegebener, erwarteter, durchschnittlicher Gesamtrentabilität $\bar{r}$ des Unternehmens sämtliche Investitionsobjekte zu verschiedenen alternativen Programmen kombinieren. Dann wird das Programm mit dem *maximalen Kapitalwertzins* $\hat{r}$ bei *Ausschöpfung* des Budgets *B* ermittelt. Bei diesem Ansatz entfällt zwar der Einwand gegen die Wiederanlageprämisse der einfachen internen Zinsfußmethode, die anderen Kritikpunkte bleiben jedoch bestehen.

D. Ausblick auf weiterreichende Ansätze zur optimalen Investitionsprogrammentscheidung

Ein Mangel der bisher behandelten Ansätze zur Bestimmung von Investitionsprogrammen besteht darin, daß Investitionen und Finanzierungsmaßnahmen nur für einen Zeitpunkt geplant werden. Daher wurden *mehrperiodische Modelle* entwickelt, die Investitionen und Finanzierungsmaßnahmen zu mehreren Zeitpunkten berücksichtigen.

Bezüglich der *Interdependenzen* des Investitionsplanes mit anderen Teilplänen des Unternehmens (siehe § 1 C 4) wurde für die bisher dargestellten Investitionskalküle angenommen, daß jene Pläne entweder schon vor Aufstellung des Investitionsplanes eindeutig festliegen, so daß aus dort getroffenen Entscheidungen Daten in den Investitionsplan einfließen (z. B. Höhe des Finanzbudgets, Produktionsprogramm), oder daß andere Teilpläne erst nach Aufstellung des Investitionsplanes bestimmt werden.

Dieses *sukzessive Vorgehen* bei der Erstellung der einzelnen Teilpläne ist mit Nachteilen behaftet, von denen zwei gravierende genannt werden sollen[8]:

— Die Verbindung optimaler Teilpläne zu einem Gesamtplan liefert im allgemeinen kein optimales Ergebnis in bezug auf die Zielsetzung der Unternehmung.

---

[8] Eine ausführliche Darstellung findet sich bei Schweim, Joachim: Intergrierte Unternehmensplanung, 1969, S. 24ff.

— Es kann der Fall eintreten, daß einige Teilpläne wiederholt revidiert werden müssen. Dies ergibt sich dann, wenn vorhergehende Teilpläne aufgrund der Ergebnisse, die aus nachgelagerten Teilplänen resultieren, nicht mehr durchführbar sind.

Diese Schwierigkeiten lassen sich theoretisch durch eine *simultane Planung* der wichtigsten Bereiche (z.B. simultane Investitions-, Finanzierungs-, Beschaffungs-, Produktions- und Absatzplanung) beheben. Bis heute ist es jedoch trotz verschiedener Ansätze noch nicht gelungen, für die Praxis geeignete Verfahren der simultanen Planung aller Bereiche zu entwickeln. Dennoch werden im folgenden einige der Simultanmodelle genannt, in denen mit Hilfe der *linearen Programmierung* (*LP*) die Investitionsplanung in Verbindung mit der Finanzplanung bzw. Produktionsplanung durchgeführt wird[9], um die Richtung dieser Ansätze zu zeigen.

Das Modell von *Weingartner*[10] enthält eine simultane *Investitions- und Finanzplanung*. Es läßt sich nur auf eine Einproduktunternehmung bzw. bei unabhängiger Produktion mehrerer Produktarten anwenden. Der Produktionsplan wird aus dem Investitionsplan abgeleitet und in Form von Nebenbedingungen im LP-Modell berücksichtigt:

Zielfunktion
Maximierung des Gesamtkapitalwertes im Zeitpunkt T (Zeithorizont):

$$C_{\mathrm{T}} = \sum_j C_{T,j} \cdot x_j + x_{T,j}^F - \sum_i y_{T,i} \Rightarrow \text{max.}\,!$$

mit $x_{T,j}^F$: = Finanzinvestitionen der Art j im Zeitpunkt T
$y_{T,i}$: = Finanzierungsmaßnahmen (Kredit) der Art i im Zeitpunkt T

Finanzrestriktionen
— *Für Zeitpunkt* 0: $\sum_j a_{0,j} \cdot x_j + x_{0,j}^F - \sum_i y_{0,i} = F_0$

— *Für die folgenden Perioden:*

$$\sum_j a_{t,j} \cdot x_j + x_{t,j}^F - x_{t-1,j}^F(1+i) + \sum_i y_{t-1,i}(1+i_i) = F_1 + \sum_i y_{t,i}$$

mit

$a_{t,j}$: = Ausgabenüberschuß in Periode t für Projekt j (für $a_{t,j} < 0$: Einnahmeüberschuß)
$x_{t-1,j}^F$: = Rückzahlung der Finanzinvestition j aus der Vorperiode
$y_{t-1,i}$: = Rückzahlung des in der Vorperiode aufgenommenen Kredites i

---

9 Eine Übersicht über weitere in der Literatur angeführte Lösungsansätze bietet: Schweim, Joachim: Integrierte Unternehmensplanung, 1969, S. 32ff.

10 Vgl. Weingartner, H. M.: Mathematical Programming and the Analysis of Capital Budgeting Problems, 1963, S. 139ff.

$y_{t,i} =$ Kreditaufnahme in Periode t
[Für Kredite und Finanzinvestitionen mit mehrjähriger Laufzeit sind die zwischenzeitlichen Rückzahlungen und Auszahlungen fiktiv.]

$F_t :=$ Finanzmittel in Periode t

Weitere Restriktionen

$y_{t,i} \leq \bar{y}_{t,i}$ (Obergrenze der Kreditarten in jeder Periode t)

$x_j \leq \bar{x}_j$ (Obergrenze für die Beschaffung der Zahl der Investitionsobjekte)

$x_j, x_t^F, y_t \geq 0$ (Nichtnegativitätsbedingung)

Mit diesem Modell sollen bestimmt werden

— Das optimale Investitionsprogramm für jedes t bis zum Zeitpunkt T.

— Das optimale Finanzierungsprogramm für jedes t bis zum Zeitpunkt T,

Zielgröße ist die Endwertmaximierung im Zeitpunkt T.

Das Weingartnersche Modell liefert in jedem Zeitpunkt aus einer Reihe alternativer Sach- und Finanzinvestitionen die zu realisierenden Objekte. Zugleich wird der optimale Finanzierungsplan ermittelt, aus dem hervorgeht, zu welchem Zeitpunkt in welcher Höhe Eigenmittel angelegt werden sollen und welche von den alternativen Fremdfinanzierungsarten in welchem Umfang in Anspruch zu nehmen sind. Die Höhe des Vermögens am Ende des Planungszeitraumes *(Zeit- oder Planungshorizont T)* ist die zu maximierende Zielgröße.

Hax[11] liefert eine Variante zu diesem Modell. Er ermittelt den Investitions- und Finanzierungsplan, der eine maximale, jährlich konstante Entnahme unter der Nebenbedingung ermöglicht, daß am Ende des Planungszeitraumes noch ein in der Höhe vorher festgelegtes Betriebsvermögen zur Verfügung steht.

Für die Modelle von Weingartner und Hax wird innerhalb des Planungshorizonts kein Kalkulationszinsfuß benötigt, weil bis dahin alle Zahlungen, darin auch die aus Wiederanlageinvestitionen, explizit erfaßt werden. Nur für die Bewertung des Endvermögens ist ein Kalkulationszinsfuß erforderlich, wenn es nicht allein aus Geld besteht.

Im Gegensatz zu den bisher genannten Modellen benötigt *Albach*[12] in seinem Simultanmodell zur Investitions- und Finanzplanung auch innerhalb des Planungshorizonts einen Kalkulationszinsfuß, da die Zielfunktion des LP-Ansatzes nicht wie bei Weingartner und Hax auf eine Maximierung des Endwertes, sondern auf eine Kapitalwertmaximierung hinausläuft[13]. Das Albachsche Modell liefert innerhalb des Planungszeitraumes unter Aufrechterhaltung des finanziellen

---

[11] Vgl. Hax, Herbert: Investitions- und Finanzplanung mit Hilfe der linearen Programmierung, Zeitschrift für betriebswirtschaftliche Forschung, 16. Jg., 1964, S. 434ff.

[12] Vgl. Albach, Horst: Investition und Liquidität, 1962, S. 262–268.

[13] Eine Darstellung der Probleme, die mit der Formulierung der Zielfunktion verbunden sind, findet sich bei Schweim, Joachim: Integrierte Unternehmungsplanung, 1969, S. 41–43, S. 57–73.

Gleichgewichts die am Anfang jeder Periode zu tätigenden Sach- und Finanzinvestitionen. Ebenso wie die Modelle von Weingartner und Hax läßt es sich nur auf eine Einproduktunternehmung und bei unabhängiger Produktion mehrerer Produktarten anwenden.
In dem von *Jacob*[14] entwickelten Simultanmodell wird der optimale *Investitions- und Produktionsplan* ermittelt. Im Gegensatz zu den eben aufgeführten Modellen erlaubt das Jacobsche Modell die Optimierung bei verbundener oder mehrstufiger Produktion. Der Finanzierungsaspekt fließt in dieses Modell in Form von Nebenbedingungen ein.
Sämtliche bisher genannten Modelle basieren auf der Prämisse sicherer Erwartungen. In Anlehnung an das eben genannte Modell entwickelte *Jacob*[15] weitere Simultanmodelle zur Produktions- und Finanzierungsplanung unter Berücksichtigung *ungewisser Erwartungen.* Verschiedenen, nicht mit Gewißheit voraussehbaren Umweltsituationen wird in den Modellen in Form von Erwartungswerten Rechnung getragen. Die Jacobschen Modelle sind als „starre Planungsmodelle" anzusehen, bei denen ein einmal entworfener Plan vollständig durchgeführt wird, gleichgültig welche Umweltsituationen eintreten.
Im Gegensatz dazu werden in „flexiblen" Planungsmodellen für alle möglichen Umweltzustände alternative Pläne aufgestellt, die je nach dem eintretenden Zustand realisiert werden. *Laux*[16] entwickelte ein „flexibles" Planungsmodell zur simultanen Investitions- und Finanzierungsplanung. Dieses Modell liefert auf der Basis eines Investitions- und Finanzierungsprogramms, das zu Anfang des Planungszeitraumes mit Sicherheit realisiert wird, weitere unterschiedliche, in Abhängigkeit von den möglichen Umweltzuständen in späteren Zeitpunkten zu verwirklichende Investitions- und Finanzierungsprogramme.

Literaturempfehlungen zu § 6

Albach, Horst: Investition und Liquidität, 1962, S. 262–268 (zu § 6 D).

Weingartner, H. M.: Mathematical Programming and the Analysis of Capital Budgeting Problems, 1963, S. 139–157 (zu § 6 D).

Jacob, Herbert: Neuere Entwicklung in der Investitionsrechnung, in: Zeitschrift für Betriebswirtschaft, 34. Jg., 1964, S. 487–507, 551–594 (zu § 6 D).

---

[14] Vgl. Jacob, Herbert: Neuere Entwicklungen in der Investitionsrechnung, in: Zeitschrift für Betriebswirtschaft, 34. Jg., 1964, S. 487ff.

[15] Vgl. Jacob, Herbert: Zum Problem der Unsicherheit bei Investitionsentscheidungen, in: Zeitschrift für Betriebswirtschaft, 37. Jg., 1967, S. 153ff.; derselbe: Unsicherheit und Flexibilität. Zur Theorie der Planung bei Unsicherheit, in: Zeitschrift für Betriebswirtschaft, 44. Jg., 1974, S. 299–326, S. 401–448, S. 505–526.

[16] Vgl. Laux, Helmut: Flexible Planung des Kapitalbudgets mit Hilfe der linearen Programmierung, in: Zeitschrift für betriebliche Forschung, 21. Jg., 1969, S. 728ff.

Dean, Joel: Capital Budgeting, 8. Aufl., 1969, S. 14-139 (zu § 6 C).
Schweim, Joachim: Integrierte Unternehmungsplanung, 1969, S. 11–73 (zu § 6 D).
Jacob, Herbert: Unsicherheit und Flexibilität. Zur Theorie der Planung bei Unsicherheit, in: Zeitschrift für Betriebswirtschaft, 44. Jg., 1974, S. 299–326, S. 401–448, S. 505–526 (zu § 6 D).
Kern, Werner: Investitionsrechnung, 1974, S. 261–263 (zu § 6 A), S. 263–266 (zu § 6 C), S. 268–296 (zu § 6 D).
Hax, Herbert: Investitions- und Finanzplanung mit Hilfe der linearen Programmierung, in: Zeitschrift für betriebswirtschaftliche Forschung, 16. Jg., 1964, S. 430–446; wiederabgedruckt in: Albach, Horst (Hrsg.): Investitionstheorie, 1975, S. 211–228 (zu § 6 D).
Albach, Horst: Planung des optimalen Investitionsbudgets, in: Handwörterbuch der Finanzwirtschaft, 1976, Sp. 833–848.
Schneider, Dieter: Investition und Finanzierung, 5. Aufl., 1980, S. 351–358.
Hax, Herbert: Investitionstheorie, 5. Aufl., 1985, S. 62–85 (zu § 6 C), S. 85–122 (zu § 6 D).
Blohm, Hans; Lüder, Klaus: Investition, 6. Aufl., 1988.
Franke, Günter; Hax, Herbert: Finanzwirtschaft des Unternehmens und Kapitalmarkt, 1988, Kapitel III.
Jacob, Herbert: Investitionsrechnung, in: Jacob, Herbert (Hrsg.): Allgemeine Betriebswirtschaftslehre, 5. Aufl., 1988, S. 613–728.

Aufgaben zu § 6

6.1 Nehmen Sie in Aufgabe 2.7 an, daß sich alle angegebenen Alternativen miteinander einfach kombinieren lassen, jedoch Projekte (1), (3) und (4) unteilbar sind! Welches Programm hat den maximalen Kapitalwert, wenn dem Investor in t_0 110000 DM zur Verfügung stehen?

6.2 Ein Fuhrunternehmer steht vor der Frage, wieviele Lastkraftwagen zweier verfügbarer Typen angeschafft werden sollen. Die den Fahrzeugen für die Dauer ihrer Nutzungszeit zurechenbaren Zahlungen lassen sich der folgenden Tabelle entnehmen (Angaben in DM).

LKW-Typ \ t	0	1	2	3	4
1	−100000	50000	50000	−10000	60000
2	− 80000	40000	55000	−30000	70000

Die negativen Beträge in t_3 sind auf notwendige Großreparaturen zurückzuführen. Die Fahrzeuge werden über 4 Jahre in gleichen Raten abgeschrieben; es ist sofortiger Verlustausgleich mit gleichzeitig erwirtschafteten Gewinnen möglich. Die Resterlöse sind in den Zahlungsreihen bereits berücksichtigt, der Steuersatz beträgt 50%.

An Finanzmitteln stehen in t_0 700 TDM zur Verfügung; in t_3 können zusätzlich maximal 10 TDM investiert werden. In t_1 will der Fuhrunternehmer die erzielten Überschüsse, mindestens aber 120 TDM, anderen Verwendungszwecken zuführen. Entsprechend wird in t_2 ein Überschuß von mindestens 131250, in t_4 von 225000 DM angestrebt.
Der Händler kann in jedem Zeitpunkt $t = 0, 1, \ldots, 4$ maximal 10 Fahrzeuge vom Typ 1 oder 5 vom Typ 2 sowie jede lineare Kombination dieser beiden Mengen liefern (also z.B. 2 Stück vom Typ 1 und 4 Stück vom Typ 2 usw.). Außerdem ist der Konkurrenzdruck für das Fuhrunternehmen so groß, daß die Anschaffung von mehr als 6 Fahrzeugen des 1. und 4 des 2. Typs zu Überkapazitäten führen würde.
Wieviele Fahrzeuge jedes Typs soll der Unternehmer, der mit einem Kalkulationszinsfuß von 10% nach Steuern rechnet, kaufen?

6.3 Folgende Investitionsmöglichkeiten I_i (mit $i = 1, \ldots, 5$), die jeweils einmal unteilbar durchgeführt werden können, stehen zur Auswahl (Angaben für a_0 und c_t in GE):

I_i	a_0	c_t $t=1,\ldots,n$	n
I_1	150	42,3	4
I_2	250	97	3
I_3	150	31,5	6
I_4	150	26,55	10
I_5	400	72,3	8

Die verfügbaren, teilbaren Finanzierungsquellen lassen sich folgendermaßen charakterisieren:

F_j	F_1	F_2	F_3	F_4	F_5	F_6
Kapitalkostensatz	4%	7%	6%	10%	13%	9%
max. Kapitalbetrag (GE)	300	300	100	150	50	150

(a) Ermitteln Sie die Kapitalnachfragefunktion auf der Grundlage des Baldwin- und des einfachen internen Zinsfußes (Kalkulationszins 10%)! Stellen Sie beiden die Kapitalangebotskurve gegenüber!
(b) Bestimmen Sie das optimale Investitionsprogramm und nennen Sie die Kriterien des Optimums!
(c) Wie wirkt sich eine Betragssenkung von F_2 auf 250 GE aus?
(d) Erläutern Sie *kurz* Arbeitsweise und Schwächen des Deanschen Konzeptes!

§ 7 Investitionsprogramme unter Risiko

A. Problemstellung

Im Falle *einwertiger Erwartungen* hinsichtlich der zukünftigen Einzahlungsüberschüsse ist eine *Investitionsprogrammplanung* nur nötig, wenn *Kapitalbeschränkungen* vorliegen, da sonst eine isolierte Auswahl der Investitionsobjekte nach dem Akzeptanzkriterium zum höchsten Zielbeitrag führen würde. Mit der Formulierung von Investitionsprogrammen unter der Prämisse einwertiger Erwartungen wurden daher zunächst *Finanzrestriktionen im Zeitpunkt* t_0 berücksichtigt (siehe § 6 C) und dann Investitions- und Finanzierungsmaßnahmen in *mehreren Zeitpunkten* einbezogen. In einer weiteren Entwicklungsstufe wurde die Planung *weiterer Funktionsbereiche*, insbesondere die Produktion, integriert (siehe § 6 D). Letztere Ansätze werden z. T. um die Berücksichtigung unsicherer Erwartungen, z. B. durch Verwendung von Erwartungswerten oder mehrstufiger Planungsansätze, erweitert.

Bei *Ungewißheit* hinsichtlich der zukünftigen Einzahlungsüberschüsse ist auch *ohne Kapitalbeschränkungen* eine Programmplanung dann sinnvoll, wenn durch gleichzeitige Investition in mehrere Investitionsobjekte die Kombination von erwarteten Einzahlungsüberschüssen und Risiko verbessert wird (*Diversifikationseffekt*). Dieser Gesichtspunkt wird mit der Portefeuilletheorie in den Vordergrund gerückt: Die Möglichkeit, das Risiko durch Zusammenstellung von Investitionsobjekten, deren *Zielgrößen gering positiv, gar nicht oder sogar negativ korreliert sind*, zu einem Investitionsprogramm zu mindern. Die risikomindernde Wirkung der Diversifizierung von Aktivitäten ist vom Grundsatz her zwar lange bekannt, ein mathematischer *Modellansatz* zur Minimierung des Investitionsrisikos durch Diversifikation wurde aber erstmals von Markowitz[1] erarbeitet, wobei als Investitionsobjekte *Wertpapiere* betrachtet wurden.

Bevor jedoch die Portefeuilletheorie und die darauf aufbauende *Kapitalmarkttheo-*

---

[1] Siehe Markowitz, Harry M.: Portfolio Selection, in: Journal of Finance, Vol. 7, 1952, S. 77–91, und Markowitz, Harry M.: Portfolio Selection. Efficient Diversification of Investments, 1959.

rie in ihren Grundzügen dargestellt werden, soll zunächst der Risikoreduktionseffekt durch Diversifizierung anhand von *Sachinvestitionen* im Rahmen des μ-σ-Konzeptes aufgezeigt werden.

B. Sachinvestitionsprogramme und Diversifikationseffekt

Bei Sachinvestitionsprogrammen sind zwei Besonderheiten zu beachten:

— Fehlende Teilbarkeit der Investitionsobjekte und
— fehlende sofortige Liquidierbarkeit, so daß von der Einpassung einer neuen Investition in ein vorhandenes Portefeuille ausgegangen werden muß.

Entscheidend für die Risikobeurteilung eines Objektes ist dann nicht mehr sein Einzelrisiko (vgl. Ansätze § 5), sondern sein *Risikobeitrag zum Gesamtrisiko des Unternehmens* (marginales Risiko). Dies gilt insbesondere für Großinvestitionen, die das Risiko eines Gesamtunternehmens verändern können. Der marginale Einfluß einer Investition auf eine Unternehmung kann durch den Vergleich der Handlungsalternativen

— Weiterführung des Unternehmens in der bisherigen Form (Alternative A) oder
— Weiterführung des Unternehmens plus Investition (Alternative B)
in bezug auf das Ergebnis und das Risiko errechnet werden.

Beispiel
Ein Nahrungsmittelunternehmen prüft die Errichtung einer neuen Produktionslinie. Bisher werden in drei Sparten Kursäfte, Fischkonserven und Spirituosen vertrieben. Mit einer Non-Food-Sparte soll der Versuch einer Diversifizierung unternommen werden. Die langfristige Unternehmensplanung gibt für die bisherigen Sparten die folgenden erwarteten Barwerte zukünftiger Einzahlungsüberschüsse unter drei gesamtwirtschaftlichen Entwicklungen (D_j) an, die mit Wahrscheinlichkeiten von 40 : 40 : 20 für möglich gehalten werden.

Tabelle 7.1

Sparte	Barwerte (in *GE*)			μ_i	σ_i
	D_1	D_2	D_3		
1. Kursäfte	14000	16000	20000	16000	2191
2. Fischkonserven	26000	18000	12000	20000	5367
3. Spirituosen	12000	8000	10000	10000	1789
Alternative A	52000	42000	42000	46000	4899

Für den geplanten Non-Food-Bereich wird mit folgenden Werten gerechnet:

Tabelle 7.2

Sparte	Kapitalwert (in *GE*)			μ_i	σ_i
	D_1	D_2	D_3		
4. Non-Food	6000	15 000	18 000	12 000	5020

Isoliert betrachtet wirkt die Sparte mit einer Streuung der Kapitalwerte von $\sigma = 5020$ *GE* bzw. mit einem Variationskoeffizienten von 0,418 risikoreich. Faßt man ihre Ergebnisse jedoch mit denen der drei anderen Sparten zusammen, so ergibt sich:

Tabelle 7.3

	D_1	D_2	D_3	μ_B	σ_B
Alternative *B*	58 000	57 000	60 000	58 000	1095

Damit ist die Alternative *B* gegenüber der Alternative *A* $(\mu - \sigma)$-dominant. Trotz eines hohen Einzelrisikos wirkt die Non-Food-Sparte aus Sicht der Gesamtunternehmung risikomindernd. Die Streuung der Kapitalwerte ist bei Alternative *B* absolut und relativ zum Mittelwert geringer als bei Alternative *A*. Dabei wird für Alternative *A* unterstellt, daß die bei Unterlassung der zusätzlichen Investition eventuell vorhandenen freien Geldbeträge zum risikolosen Kalkulationszinsfuß mit einem Kapitalwert und einer Streuung von Null angelegt werden.

Das vorstehende Beispiel soll nicht den Eindruck erwecken, als ob es durch *Diversifikationsstrategien*[2], d.h. durch Expansion des Unternehmens in neue Produktsparten oder auch nur mit vorhandenen Produkten in neue Märkte hinein, einfach wäre, die Ertragslage zu stabilisieren. In der Praxis haben sich Diversifikationen häufig als Fehlschläge erwiesen. Ein wichtiger Grund für das Scheitern waren mangelnde Produkt- und Marktkenntnisse[3].

Nachdem in § 5 Einzelinvestitionen unter Ungewißheit isoliert betrachtet wurden, in diesem Abschnitt die Beurteilung ihrer Vorteilhaftigkeit unter Berücksichtigung der Gesamtunternehmung erfolgte, kann man noch einen Schritt weitergehen und die Bewertung von Investitionsobjekten im Hinblick auf die Anlagemöglichkeiten auf dem Kapitalmarkt (siehe § 8 A) vornehmen. Zu diesem Zweck ist es notwendig, kurz auf das Grundmodell der Portefeuilletheorie einzugehen.

[2] Zur Diversifikation vgl. besonders Ansoff, Igor H.: Corporate Strategy. An Analytic Approach to Business Policy for Growth and Expansion, 1965, S. 122–138.

[3] Siehe hierzu Bühner, Rolf: Portfolio-Risikoanalyse der Unternehmensdiversifikation von Industrieaktiengesellschaften, in: Zeitschrift für Betriebswirtschaft, 53. Jg., 1983, S. 1023–1041.

C. Grundmodell der Portefeuilletheorie

1. Prämissen

Investitionsobjekte des Grundmodells der Portefeuilletheorie sind Wertpapiere. Der Ansatz von Markowitz wurde vor allem von Sharpe und Lintner[4] zum „Capital Asset Pricing Model" (CAPM) weiterentwickelt, das wiederum Einsichten auch für Sachinvestitionen lieferte.

Ziel der Portefeuilletheorie ist die optimale Zusammenstellung eines *Wertpapierportefeuilles* unter der Bedingung unsicherer Erwartungen. Folgende Prämissen werden dabei der Untersuchung zugrunde gelegt:

— Nur *eine Periode* wird betrachtet.
— Ein Investor mit *gegebenem Investitionsbetrag in* t_0 besitzt die Möglichkeit, Wertpapiere in t_0 zu kaufen; die *Anfangsausgaben* sind *bekannt*, den erwarteten *Rückflüssen* in t_1 können jedoch nur *subjektive Wahrscheinlichkeiten* zugeordnet werden.
— *Risikomaß* ist die *Streuung* (σ_i) der möglichen Renditen um den Erwartungswert der Renditen.
— Zielgrößen sind der *Erwartungswert* (μ_i) *der Rendite* der Wertpapiere und die Streuung.
— Der Investor ist *risikoscheu.*
— Die Investitionsobjekte (Wertpapiere) sind beliebig *teilbar.*

2. Renditeerwartungswert des Investitionsprogrammes

Im folgenden wird von dem einfachen Fall ausgegangen, daß ein Investor den Investitionsbetrag auf zwei Wertpapiere aufteilen kann.

Beispiel (1. Teil)
Tabelle 7.4

	Geschätzte Rendite μ_i	Geschätzte Streuung σ_i
Wertpapier *A*	5%	3%
Wertpapier *B*	10%	9%

[4] Siehe Sharpe, William F.: Capital Asset Prices: A Theory of Market Equilibrium under Conditions of Risk, in: Journal of Finance, Vol. 19, 1964, S. 425–442, und Lintner, John: The Valuation of Risk Assets and the Selection of Risky Investments in Stock Portfolios and Capital Budgets, in: Review of Economics and Statistics, Vol. 47, 1965, S. 13–37.

Für sich alleine betrachtet, läßt Wertpapier B eine höhere Rendite erwarten als A, weist aber auch ein größeres Risiko auf. Es stellt sich nun die Frage, inwieweit die Investitionsentscheidung beeinflußt wird, wenn der zur Verfügung stehende Investitionsbetrag F_0 auf A und B aufgeteilt wird.
Für die Renditeerwartung (μ_P) des Investitionsprogramms gilt dann:

(7.1) $$\mu_P = \sum_{i=1}^{n} \mu_i \cdot x_i$$

mit μ_i = Erwartungswert der Rendite der Investition i,
x_i = Anteil der Investition i am Investitionsbetrag F mit $\sum x_i = 1$.

Bezogen auf das Beispiel ergibt sich somit:

$$\mu_P = 0{,}05 \cdot x_1 + 0{,}1 \cdot x_2.$$

3. *Streuung der Renditen um den Erwartungwert des Investitionsprogrammes*

a) Allgemein

Für die *Streuung* σ_P der Renditen um den Erwartungswert des Investitionsprogramms gilt allgemein:

(7.2) $$\sigma_P = \sqrt{\sum_{i=1}^{n} \sum_{j=1}^{n} x_i x_j \cdot \sigma_{ij}},$$

mit n: = Anzahl der in das Programm aufgenommenen Investitionsobjekte.
Das Risiko des Investitionsprogramms hängt bei Berücksichtigung des Diversifikationseffektes nicht nur von den Standardabweichungen der einzelnen Investitionsobjekte als Ausdruck für das einzelne Risiko ab, sondern auch vom Ausmaß der Korrelation der Renditen der einzelnen Investitionsobjekte. Diese beiden Komponenten sind in der Kovarianz σ_{ij} für jeweils zwei Objekte I_i und I_j enthalten. Für den Ausdruck der Kovarianz σ_{ij} kann auch $\sigma_{ij} = k_{ij} \cdot \sigma_i \cdot \sigma_j$ gesetzt werden, wobei k_{ij} den Korrelationskoeffizienten bezeichnet. Dieser stellt eine – auf den Wertebereich $[-1; 1]$ standardisierte — Größe dafür dar, in welchem Ausmaß die Renditen zweier betrachteter Investitionen I_i und I_j gleichartig auf Veränderungen der Umwelt reagieren. Für $i = j$ gilt: $\sigma_{ii} = \sigma_i^2$. Dies entspricht der Varianz, die einen Spezialfall der Kovarianz darstellt. Ausdruck 7.2 ist daher äquivalent zu:

(7.3) $$\sigma_p = \sqrt{\sum\sum x_i x_j \cdot k_{ij} \cdot \sigma_i \cdot \sigma_j}.$$

Allgemein gilt für $n = 2$:

$$\sigma_P = \sqrt{x_1^2 \cdot \sigma_1^2 + x_2^2 \cdot \sigma_2^2 + 2 x_1 x_2 \cdot k_{12} \cdot \sigma_1 \cdot \sigma_2}.$$

Für das Beispiel gilt somit:

$$\sigma_P = \sqrt{x_1^2 \cdot 0{,}03^2 + x_2^2 \cdot 0{,}09^2 + 2x_1x_2 \cdot k_{12} \cdot 0{,}03 \cdot 0{,}09}.$$

b) Vollständig positive Korrelation

Bei *vollkommener Korrelation*[5], d. h. wenn $k_{ij} = 1$ gilt, sind die Renditen der Wertpapiere A und B voneinander abhängig, d. h. die Rendite r_1 des Wertpapiers A hängt linear von der Rendite r_2 des Wertpapiers B ab.
Je nachdem, welche Aufteilung der Investor in A und B plant, ergeben sich unterschiedliche μ_P, σ_P-Werte.

Beispiel (2. Teil)
Entschließt sich der Investor beispielsweise, 50% seines Startkapitals in A und 50% in B zu investieren und wird unterstellt, daß $k_{12} = 1$ ist, so gilt:

$$\mu_P = 0{,}05 \cdot 0{,}5 + 0{,}1 \cdot 0{,}5 = 0{,}025 + 0{,}05 = 7{,}5\%,$$
$$\sigma_P = \sqrt{0{,}5^2 \cdot 0{,}03^2 + 0{,}5^2 \cdot 0{,}09^2 + 2 \cdot 0{,}5 \cdot 0{,}5 \cdot 1 \cdot 0{,}03 \cdot 0{,}09} = 6\%,$$

Variiert man die Anteile x_i der Wertpapiere A und B, so bilden die zugehörigen Werte von μ_P und σ_P eine Transformationskurve. Diese gibt also in Abhängigkeit von der Anteilsaufteilung alle möglichen Kombinationen von σ_P und μ_P an. Allgemein gilt:

$$\begin{aligned} \mu_P &= \mu_1 \cdot x_1 + \mu_2(1 - x_1) \\ &= \mu_1 x_1 + \mu_2 - \mu_2 x_1 \\ &= x_1(\mu_1 - \mu_2) + \mu_2. \end{aligned} \tag{7.4}$$

Daraus folgt für

$$x_1 = \frac{\mu_P - \mu_2}{\mu_1 - \mu_2} \quad \text{und}$$

$$x_2 = 1 - x_1 = \frac{\mu_1 - \mu_2 - \mu_P + \mu_2}{\mu_1 - \mu_2} = \frac{\mu_1 - \mu_P}{\mu_1 - \mu_2}.$$

Eingesetzt in die Gleichung 7.3 für σ_P ergibt sich so die Transformationskurve. Zu berücksichtigen ist allerdings, daß bei perfekter Korrelation ($k_{12} = 1$) sich die Gleichung 7.3 für σ_P aufgrund des binomischen Lehrsatzes folgendermaßen vereinfacht:

[5] Vgl. Copeland, Thomas E.; Weston, J. Fred: Financial Theory and Corporate Policy, 2. Aufl., 1983, S. 155–157.

$$\begin{aligned}\sigma_P &= \sqrt{x_1^2 \cdot \sigma_1^2 + x_2^2 \cdot \sigma_2^2 + 2\,x_1 x_2 \cdot 1 \cdot \sigma_1 \cdot \sigma_2}\\ &= \sqrt{(x_1\,\sigma_1 + x_2\,\sigma_2)^2} \quad = x_1\,\sigma_1 + x_2\sigma_2\\ &= x_1\,\sigma_1 + (1 - x_1)\cdot\sigma_2 \;=\; x_1\sigma_1 + \sigma_2 - x_1\sigma_2\\ &= \sigma_2 + (\sigma_1 - \sigma_2)\,x_1.\end{aligned}$$

Ersetzt man nun gemäß (7.4) x_1 durch $\dfrac{\mu_P - \mu_2}{\mu_1 - \mu_2}$, so ergibt sich die allgemeine Transformationskurve

$$\sigma_P = \sigma_2 + (\sigma_1 - \sigma_2)\,\frac{\mu_P - \mu_2}{\mu_1 - \mu_2}.$$

Beispiel (3. Teil)
Bezogen auf das Ausgangsbeispiel mit $\sigma_1 = 0{,}03$; $\sigma_2 = 0{,}09$; $\mu_1 = 0{,}05$ und $\mu_2 = 0{,}1$ ergibt sich bei perfekter Korrelation somit:

$$x_1 = \frac{\mu_P - 0{,}1}{0{,}05 - 0{,}1} = \frac{\mu_P - 0{,}1}{-\,0{,}05} = \frac{0{,}1 - \mu_P}{0{,}05} \quad \text{und}$$

$$x_2 = \frac{0{,}05 - \mu_P}{-\,0{,}05} = \frac{\mu_P - 0{,}05}{0{,}05}.$$

Eingesetzt in die Gleichung für σ_P:

$$\begin{aligned}\sigma_P &= 0{,}09 + (0{,}03 - 0{,}09)\cdot\frac{0{,}1 - \mu_P}{0{,}05}\\ &= 0{,}09 - 0{,}06\cdot\frac{0{,}1 - \mu_P}{0{,}05}\\ &= -\,0{,}03 + 1{,}2\,\mu_P.\end{aligned}$$

Die analytisch erhaltene Transformationskurve wird durch die Punkte *A* und *B* begrenzt. *A* und *B* repräsentieren die Werte der Wertpapiere *A* und *B*. Wird das gesamte Startkapital in *A* investiert, so beträgt $x_1 = 1$ und $x_2 = 0$, wodurch sich für das „Portefeuille"

$$\mu_P = 0{,}05\cdot 1 + 0{,}1\cdot 0 = 0{,}05 \text{ und}$$
$$\sigma_P = -\,0{,}03 + 1{,}2\cdot 0{,}05 = 0{,}03 \text{ ergibt.}$$

Werden nun nicht mehr 100% in das Wertpapier *A* investiert, sondern wird auch Wertpapier *B* in das Portefeuille aufgenommen, so bewegt man sich mit wachsendem x_2 entlang der Transformationskurve bis *B* (für 100% Investition in *B*: $\mu_P = \mu_2 = 10\%$ und $\sigma_P = \sigma_2 = 9\%$; siehe Abb. 7.1).

Man sieht, daß ein steigender Renditeerwartungswert nur durch Inkaufnahme eines höheren Risikos (ausgedrückt durch σ_P) realisiert werden kann. Bei *perfekter Korre-*

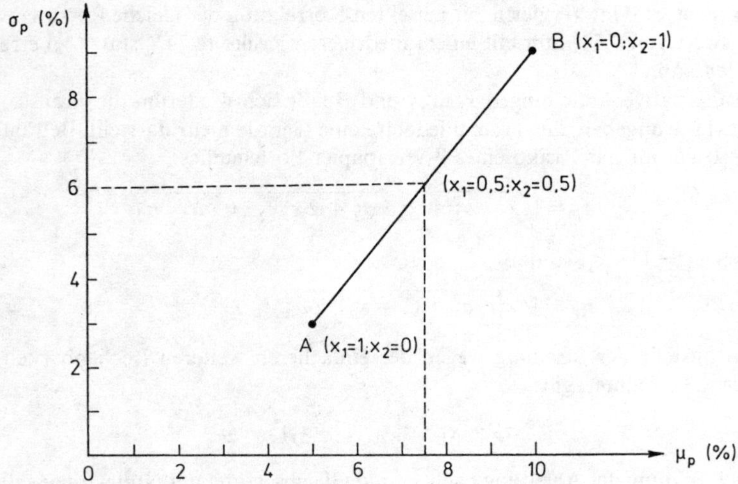

Abb. 7.1

lation besteht ein linearer Zusammenhang zwischen μ_P und σ_P, wobei das Portefeuillerisiko nicht unter das kleinste Einzelrisiko, hier somit nicht unter $\sigma_1 = 0{,}03$ sinken kann. Alle Portefeuilles auf dieser Transformationskurve sind effizient. Je nach der Nutzenvorstellung des Investors wird er einen Punkt auf dieser Linie wählen. Mögliche Diversifikationseffekte treten aber bei perfekter Korrelation noch nicht auf.

Bei einer Korrelation $k_{12} < 1$ fallen allerdings — wie noch zu zeigen wird — die Streuungen für gegebene Aufteilungen x_i bzw. für gegebene Erwartungswerte μ_P geringer aus als bei perfekter Korrelation. Im Hinblick der Risikoreduktion ist somit Ziel jeder Diversifizierungsstrategie die Mischung von Wertpapieren mit möglichst niedriger Korrelation.

c) Korrelation von Null

Beträgt die Korrelation zwischen Wertpapier *A* und *B* Null, so sind ihre Renditen voneinander vollkommen unabhängig.

Beispiel (4. Teil)

Bei einer Aufteilung des Startkapitals von 50% in *A* und 50% in *B* ergibt sich

$$\mu_P = 0{,}05 \cdot 0{,}5 + 0{,}1 \cdot 0{,}5 = 7{,}5\% \quad \text{und}$$

$$\sigma_P = \sqrt{0{,}5^2 \cdot 0{,}03^2 + 0{,}5^2 \cdot 0{,}09^2 + 2 \cdot 0{,}5 \cdot 0{,}5 \cdot 0 \cdot 0{,}03 \cdot 0{,}09} = 4{,}74\%.$$

Man sieht, daß im Vergleich zur perfekten Korrelation der gleiche Renditeerwartungswert von 7,5% nun mit einem niedrigeren Risiko (4,74% statt 6%) erreicht werden kann.

Für alternative Aufteilungen x_i in A und B läßt sich wiederum die Transformationskurve angeben, die diesmal jedoch keine Gerade mehr darstellt. Beträgt $k_{12} = 0$, so gilt für das Risiko eines 2-Wertpapier-Portefeuilles:

$$\sigma_P = \sqrt{x_1^2 \cdot \sigma_1^2 + x_2^2 \cdot \sigma_2^2 + 2 x_1 x_2 \cdot 0 \cdot \sigma_1 \cdot \sigma_2},$$

wobei $x_2 = 1 - x_1$, so daß

$$\sigma_P = \sqrt{x_1^2 \cdot \sigma_1^2 + (1 - x_1)^2 \cdot \sigma_2^2}.$$

Wird anstelle der Streuung wegen der einfacheren weiteren Rechenbarkeit die Varianz betrachtet, gilt:

$$\sigma_P^2 = x_1^2 \cdot \sigma_1^2 + (1 - x_1)^2 \cdot \sigma_2^2.$$

Durch Bildung der Ableitung nach x_1 und Gleichsetzung mit Null wird aus dieser Gleichung[6] deutlich, daß σ_P^2 und damit auch σ_P minimal wird für

$$x_1 = \frac{\sigma_2^2}{\sigma_1^2 + \sigma_2^2}. \tag{7.5}$$

Die Transformationskurve ergibt sich somit bei einer Korrelation von Null als geschwungene Linie zwischen den Punkten A und B mit einem varianzminimalen Portefeuille bei einem Anteil

$$x_1 = \frac{\sigma_2^2}{\sigma_1^2 + \sigma_2^2}, \quad \text{wobei} \quad \sigma_P^2 = \frac{\sigma_1^2 \cdot \sigma_2^2}{\sigma_1^2 + \sigma_2^2}.$$

Beispiel (5. Teil)

Für das Ausgangsbeispiel gilt somit:

$$x_1 = \frac{0{,}09^2}{0{,}03^2 + 0{,}09^2} = 0{,}9 \quad \text{und}$$

$$x_2 = 0{,}1, \text{ sowie}$$

$$\sigma_P^2 = \frac{0{,}03^2 \cdot 0{,}09^2}{0{,}03^2 + 0{,}09^2} = 0{,}00081, \text{ bzw. } \sigma_P = 2{,}85\% \quad \text{und}$$

$$\mu_P = 0{,}9 \cdot 0{,}05 + 0{,}1 \cdot 0{,}1 = 0{,}055 = 5{,}5\%.$$

---

6 Siehe hierzu auch Standop, Dirk: Entscheidungstheoretische Grundlagen der Portefeuille- und Kapitalmarktanalyse, in: Wirtschaftswissenschaftliches Studium, 6. Jg., 1977, S. 407–412, S. 409, und Ludwig, Wolfgang: Übungsaufgaben zum Beitrag „Entscheidungstheoretische Grundlagen der Portefeuille- und Kapitalmarktanalyse", in: Wirtschaftswissenschaftliches Studium, 6. Jg., 1977, S. 442–445, S. 442.

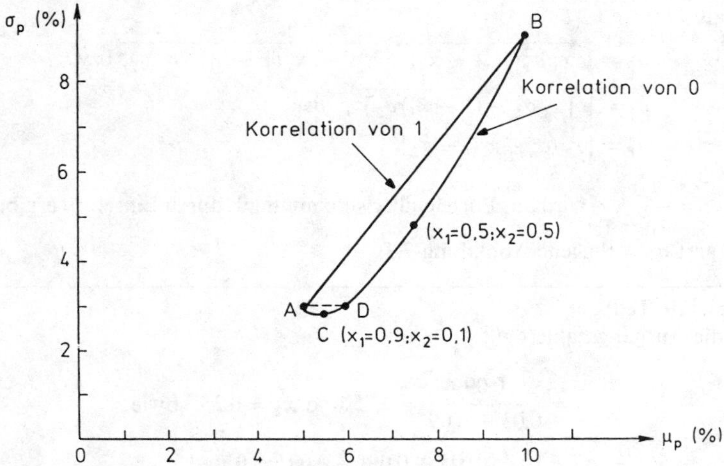

Abb. 7.2

Durch die fehlende Korrelation konnten nun Diversifikationseffekte erzielt werden. Gegenüber einer Korrelation von 1 sinkt z. B. bei einer Aufteilung von 50% in A und 50% in B bei gleichem Renditeerwartungswert von 7,5% die Streuung von 6% auf 4,74%. Das varianzminimale Portefeuille (erreicht bei einer Mischung von $x_1 = 0{,}9$ und $x_2 = 0{,}1$) weist eine Streuung von 2,85% auf, die niedriger als die Streuung der Renditen des Wertpapiers A ist. Das Portefeuillerisiko kann diesmal somit durch entsprechende Mischung der Wertpapiere unter 3% sinken. Der Renditeerwartungswert liegt dabei mit 5,5% noch über dem des Wertpapiers A allein. Dies bedeutet, daß nicht mehr alle Punkte auf der Transformationskurve effizient sind. Eine Anlage von 100% des Startkapitals in Wertpapier A lohnt sich nicht, da durch geeignete Mischung bei gleichem Risiko ein höherer Renditeerwartungswert erreicht werden kann (siehe Punkt D in Abb. 7.2.; Wertpapier A wird absolut nominiert). Die möglichen effizienten Portefeuilles liegen somit auf der Linie CB in Abbildung 7.2. Welches Portefeuille im Endeffekt von einem Investor gewählt wird, hängt wiederum von seinen individuellen Nutzenvorstellungen ab.

d) Vollständig negative Korrelation

Herrscht perfekte negative Korrelation zwischen den Wertpapieren A und B ($k_{12} = -1$) kann — wie abschließend gezeigt werden soll — das Risiko sogar vollkommen „wegdiversifiziert" werden.
Für $k_{12} = -1$ gilt für die Streuung des Portefeuilles:

$$\sigma_P = \sqrt{x_1^2 \sigma_1^2 + x_2^2 \sigma_2^2 + 2\, x_1 \cdot x_2 \cdot (-1) \cdot \sigma_1 \cdot \sigma_2}, \text{ wobei } x_2 = 1 - x_1,$$

so daß

$$\sigma_P = \sqrt{x_1^2 \sigma_1^2 + (1 - x_1)^2 \cdot \sigma_2^2 - 2 x_1 (1 - x_1) \cdot \sigma_1 \sigma_2}, \text{ bzw.}$$

$$\sigma_P = \sqrt{[x_1 \sigma_1 - (1 - x_1) \sigma_2]^2}, \quad bzw.$$

$$\sigma_P = | x_1 (\sigma_1 + \sigma_2) - \sigma_2 |.$$

Für $x_1 = \frac{\sigma_2}{\sigma_1 + \sigma_2}$ wird das Portefeuillerisiko minimal; durch Einsetzen ergibt sich der Wert $\sigma_P = 0$ (siehe Abbildung 7.3).

Beispiel (6. Teil)
Für die Ausgangszahlen gilt:

$$x_1 = \frac{0{,}09}{0{,}03 + 0{,}09} = 0{,}75 \text{ und } x_2 = 0{,}25, \text{ sowie}$$

$$\sigma_P = | 0{,}75 (0{,}03 + 0{,}09) - 0{,}09 | = 0 \text{ und}$$
$$\mu_P = 0{,}75 \cdot 0{,}05 + 0{,}25 \cdot 0{,}1 = 0{,}0625 = 6{,}25\%.$$

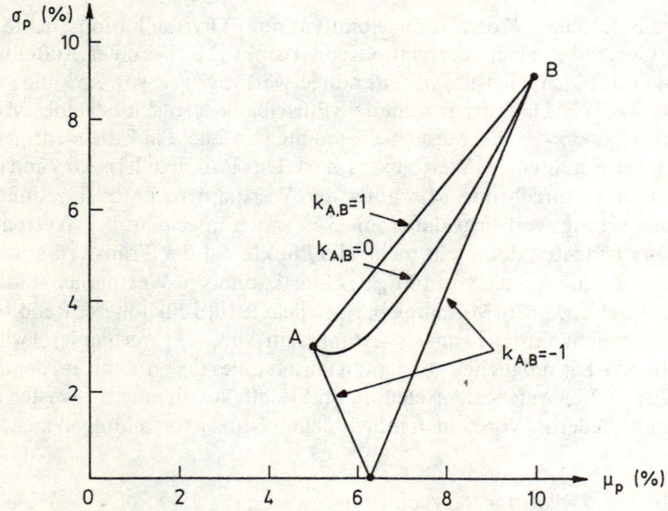

Abb. 7.3. Diversifikation bei 2 Anlagealternativen und unterschiedlicher Korrelation

Bisher wurde der Fall der Wertpapiermischung *zweier* unsicherer Anlagen berücksichtigt. Es bleibt nun zu klären, inwieweit sich das Entscheidungsproblem ändert, wenn sich die Anzahl der Anlagen erhöht, bzw. wenn sich unter den Anlagemöglichkeiten auch eine „sichere" Anlage befindet, z. B. Bundesanleihen, deren Zinssatz oft als risikoloser Zinssatz herangezogen wird.

4. Der n-Wertpapierfall

Für den Fall, daß dem Investor zwei Wertpapiere zur Auswahl stehen, kann die Reihe der möglichen Portefeuilles auf einer Transformationskurve abgebildet werden, deren Verlauf vor allem von der Korrelation der Wertpapierrenditen abhängt (Abb. 7.3). Dieser Zusammenhang läßt sich für den *n*-Wertpapierfall verallgemeinern. Zu beantworten ist somit die Frage, inwieweit sich die Zahl der möglichen Portefeuilles erweitert, wenn sich das Alternativenfeld (Zahl der risikobehafteten Wertpapiere) des Investors vergrößert[7].

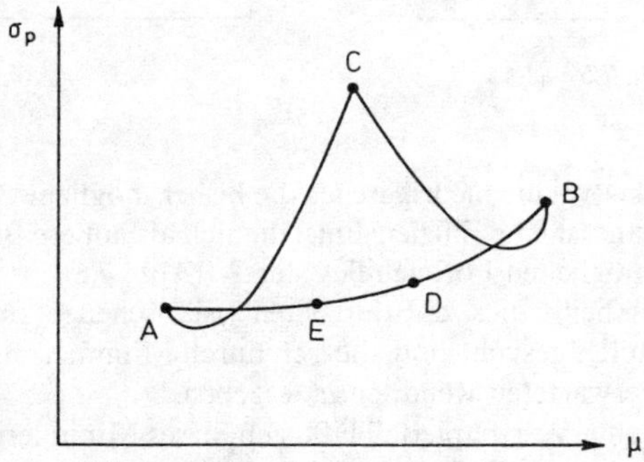

Abb. 7.4

Abb. 7.4 zeigt den Fall, daß dem Investor drei unsichere Anlagemöglichkeiten *A*, *B*, *C* mit bekannten erwarteten Renditen, Varianzen und Kovarianzen zur Verfügung stehen. Die Kombinationen von jeweils zwei Anlagen ergeben die Transformationskurven $\overline{AC}$ (alternative Portefeuilles bestehend aus *A* und *C*), $\overline{AB}$ und $\overline{BC}$. Nun ist es aber auch möglich, zum Beispiel das Portefeuille *D* oder *E* (bestehend aus den Anlagen *A* und *B*) mit der Anlage *C* zu kombinieren. Die Portefeuilles *D* und *E* lassen sich wie eine Einzelanlage behandeln und mit neu hinzutretenden Wertpapieren mischen.

Werden alle denkbaren Kombinationen durchgeführt, erhält man eine Fläche möglicher Portefeuilles. Von ihnen sind die effizienten herauszusuchen. Zum Beispiel weist das nun realisierbare Portefeuille *F* bei gleichem Renditeerwartungswert eine niedrigere Streuung auf als eine Kombination von *A* und *C* (Abb. 7.5). Es wird jedoch durch eine Kombination von *A* und *B* dominiert und erbringt somit keinen Vorteil gegenüber der Kombination von zwei Anlagen. Portefeuille *K* dagegen stellt eine Kombination der drei Anlagen dar, die bei gegebenem

[7] Vgl. hierzu z.B. Drukarczyk, Jochen: Finanzierungstheorie, 1980, S.308.

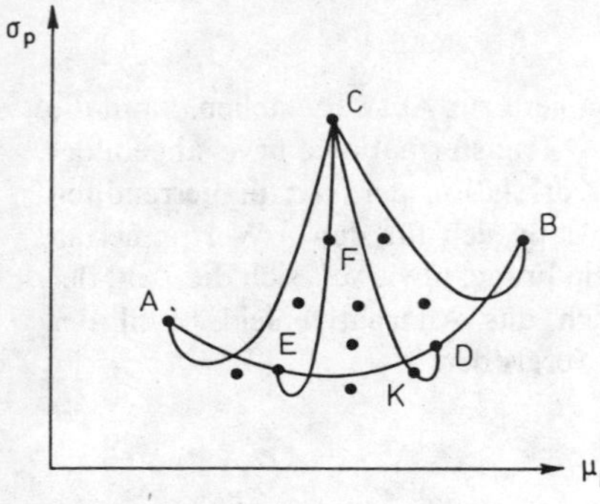

Abb. 7.5

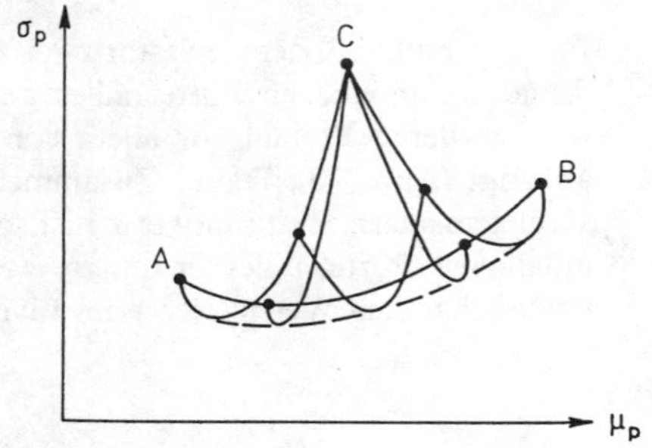

Abb. 7.6

Renditeerwartungswert eine niedrigere als die bisher mögliche Streuung aufweist. Gesucht und relevant ist eine Effizienzlinie, die sich als äußere Begrenzung um die Fläche aller nun möglichen Portefeuilles „legt"[8] (Abb. 7.6).
Exakter formuliert heißt dies, daß für einen risikoscheuen Investor diejenigen effizienten Portefeuilles gesucht sind, die sich durch Minimierung der Streuung σ_P bei vorgegebenen erwarteten Renditen μ_P^* ergeben.
Für den allgemeinen n-Wertpapierfall läßt sich dieses Minimierungsproblem z. B. mit Hilfe der Lagrange-Funktion lösen. Die Zielfunktion lautet:

$$(7.6) \quad Z = \sum_{i=1}^{n} \sum_{j=1}^{n} x_i \, x_j \sigma_{ij} + \lambda_1 \left(\sum_{i=1}^{n} x_i \mu_i - \mu_P^* \right) + \lambda_2 \left(\sum_{i=1}^{n} x_i - 1 \right) \rightarrow \text{Min!}$$

Formel für die Varianz des Portefeuilles (7.2) — Restriktion 1 — Restriktion 2

Gelöst wird dieser Minimierungsansatz durch Bildung der partiellen Ableitungen $\frac{\partial z}{\partial x_i}$, $\frac{\partial z}{\partial \lambda_1}$ und $\frac{\partial z}{\partial \lambda_2}$, Nullsetzung und Lösung des daraus resultierenden linearen Gleichungssystems. Auf eine nähere Darstellung des Verfahrens zur mathematischen Lösung soll hier verzichtet und auf andere Quellen verwiesen werden[9].

[8] Vgl. Bitz, Michael: Entscheidungstheorie, 1981, S. 131 f.

[9] Siehe zu weiteren Ausführungen Ludwig, Wolfgang: Übungsaufgaben zum Beitrag „Entscheidungstheoretische Grundlagen der Portefeuille- und Kapitalmarktanalyse", in: Wirtschaftswissenschaftliches Studium, 6. Jg., 1977, S. 442–445; Drukarczyk, Jochen: Finanzierungstheorie, 1980, S. 309–317.

5. *Einführung einer risikofreien Anlage*

Unter *C* 4 wurde gezeigt, wie durch die Kombination von *n* risikobehafteten Wertpapieren eine Effizienzlinie abgeleitet werden kann. Portefeuilles sind nur auf der Linie $\overline{GB}$ effizient, da Wertpapierkombinationen auf der Linie $\overline{AG}$ nach dem $(\mu - \sigma)$-Kriterium stets von einem Portefeuille auf dem Streckenzug $\overline{GB}$ dominiert werden (höherer Renditeerwartungswert bei gleicher Streuung; siehe *A* und *H* in Abb. 7.7).

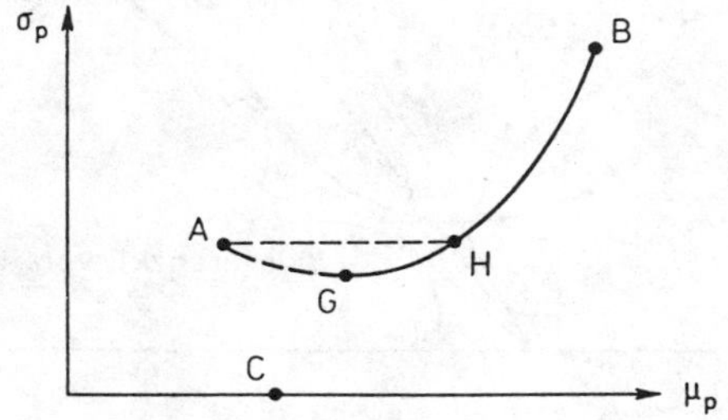

Abb. 7.7

Ändert sich die Effizienzlinie, wenn eine risikofreie Anlage eingeführt wird? Risikofrei bedeutet hier, daß die Rendite der Anlage als sicher erscheint und sie somit eine Streuung von Null aufweist (Punkt C in Abb. 7.7). Als Beispiel einer risikolosen Anlage kann ein Sparbuch oder eine festverzinsliche Bundesanleihe angeführt werden. Aus Abschnitt 4 ist bekannt, daß jedes Portefeuille auf der Linie $\overline{GB}$ wie ein einzelnes Wertpapier betrachtet werden kann. Es kann mit der risikolosen Anlage *C* kombiniert werden. Ein Investor würde also *x*% seines Kapitals für die sichere Anlage verwenden und seine restlichen Mittel in ein Portefeuille *P** auf $\overline{GB}$ investieren. Der Renditeerwartungswert des daraus resultierenden neuen Portefeuilles *P* ergibt sich als arithmetisches Mittel aus den einzelnen Renditen.

(7.7) $$\mu_P = x_C \cdot \mu_C + (1 - x_C) \cdot \mu_{P*}.$$

Für die Varianz des neuen Portefeuilles gilt gemäß (7.3):

(7.8) $$\sigma_P^2 = x_C^2 \cdot \sigma_C^2 + x_{P*}^2 \sigma_{P*}^2 + 2\, x_C, x_{P*} \cdot k_{C,P*} \cdot \sigma_C \cdot \sigma_{P*}.$$

Da die Streuung der risikofreien Anlage σ_C aber gleich Null ist, vereinfacht sich der Ausdruck zu

(7.8a) $$\sigma_P^2 = x_{P*}^2 \sigma_{P*}^2 \quad \text{bzw.}$$
$$\sigma_P = x_{P*}\, \sigma_{P*}.$$

Das Risiko des neu zu bildenden Portefeuilles (bestehend aus der risikolosen Anlage und *n*-unsicheren Anlagen) hängt also linear vom Risiko der *n* unsicheren Anlagen ab. Alle Kombinationen der risikofreien Anlage mit den unsicheren Anlagen liegen somit auf einer Geraden.

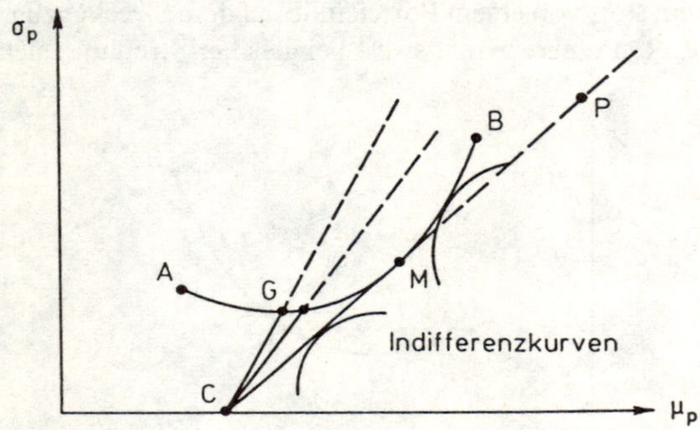

Abb. 7.8

In Abb. 7.8 sind einige Kombinationen von *C* mit Portefeuilles auf der ursprünglichen Effizienzlinie dargestellt, wobei die Strecke $\overline{CM}$ als Tangente an $\overline{GB}$ die übrigen Möglichkeiten dominiert. Die neue Effizienzlinie lautet demnach $\overline{CMB}$. Portefeuilles auf dem Streckenzug $\overline{CM}$ bestehen aus einer Aufteilung der Mittel des Investors auf die risikolose Anlage *C* und auf das Portefeuille *M*. Auf dem Linienzug $\overline{MB}$ investiert der Investor nur in die unsicheren Anlagen. Welchen Punkt auf $\overline{CMB}$ er wählt, hängt von *seiner Risikoneigung* ab, die sich durch *Nutzenindifferenzkurven* (*I*) darstellen lassen (Abb. 7.8).
Unter der *Annahme des vollkommenen Kapitalmarktes*, auf dem beliebige Geldbeträge zum gleichen Zins angelegt und entliehen werden können, verlängert sich die Effizienzlinie auf *CMP*. Alle effizienten Portefeuilles bestehen aus einer Kombination des Portefeuilles *M* mit der risikolosen Geldaufnahme-/Geldanlagemöglichkeit:

— Im Bereich $\overline{CM}$ wird — wie bereits erwähnt — der ursprüngliche Geldbetrag auf das Portefeuille *M* und die risikofreie Anlage *C* aufgeteilt.
— Im Bereich $\overline{MP}$ und darüber hinaus wird zusätzlich zum ursprünglichen Geldbetrag ein Kredit zum risikolosen Zins aufgenommen und alles Geld in das Portefeuille *M* investiert.

Unter *den Bedingungen des vollkommenen Kapitalmarktes* und der Annahme, daß *alle* Marktteilnehmer *homogene Erwartungen* in bezug auf die zukünftigen Renditen, Streuungen und Korrelationen aller auf dem Kapitalmarkt angebotenen Wertpapiere besitzen, folgt, daß sich für alle potentiellen Investoren gemäß den dargestellten Zusammenhängen der Portefeuilletheorie die gleiche Effizienzlinie

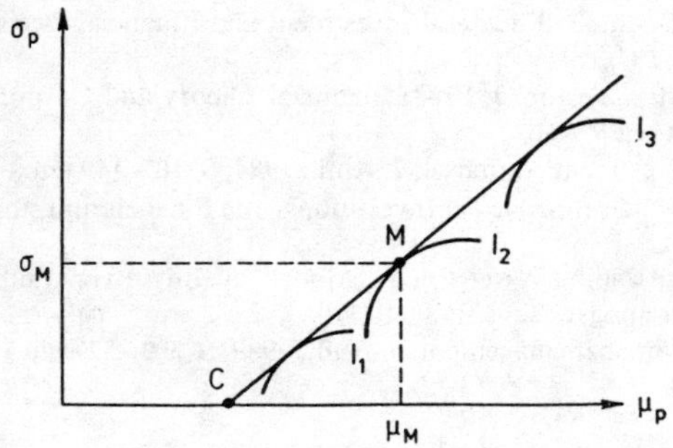

Abb. 7.9

CM (Abb. 7.9) ergibt. Welchen Punkt auf dieser Linie der einzelne im Endeffekt realisiert, hängt allerdings weiterhin von seinen individuellen Präferenzen ab. Unabhängig von diesen Präferenzen existiert auf dem vollkommenen Kapitalmarkt also nur ein effizientes Portefeuille risikobehafteter Wertpapiere, das als *Marktportefeuille M* bezeichnet wird. Je nach dem Grad der Risikoeinstellung wird Geld aufgenommen und in dieses Portefeuille investiert (Abb. 7.9: Punkte rechts) auf der Linie von *M* mit höherer Renditeerwartung, aber auch höherem Risiko), oder der zur Verfügung stehende Geldbetrag wird auf dieses Portefeuille und die sichere Geldanlagemöglichkeit aufgeteilt (Abb. 7.9: Punkte links auf der Linie von *M* mit niedrigerer Renditeerwartung bei geringerem Risiko).
Die Trennbarkeit der Bildung eines optimalen Portefeuilles risikobehafteter Anlagemöglichkeiten von individuellen Risikopräferenzen wird als *Tobin-Separationstheorem* bezeichnet[10] und bildet das Fundament der Kapitalmarkttheorie. Die Gerade *CM* wird auch als *Kapitalmarktlinie* („Capital Market Line CML") bezeichnet, deren Bedeutung für die Investitionstheorie in § 8 näher analysiert werden soll.

Literaturempfehlungen zu § 7

Sharpe, William F.: Portfolio Theory and Capital Markets, 1970, Kapitel 4 (zu § 7 C).
Drukarczyk, Jochen: Finanzierungstheorie, 1980, S. 293–317 (zu § 7 C).
Schneider, Dieter: Investition und Finanzierung, 5. Aufl., 1980, S. 409–424 (zu § 7 C).
Bitz, Michael: Entscheidungstheorie, 1981, S. 110–151 (zu § 7 C).

[10] Näheres hierzu siehe Rudolph, Bernd: Zur Bedeutung der kapitaltheoretischen Separationstheoreme für die Investitionsplanung, in: Zeitschrift für Betriebswirtschaft, 53. Jg., 1983, S. 261–287, hier S. 263.

Levy, Haim; Sarnat, Marshall: Capital Investment and Financial Decisions, 2. Aufl., 1982, Kapitel 12 (zu § 7 C).

Copeland, Thomas E.; Weston, J. Fred: Financial Theory and Corporate Policy, 2. Aufl., 1983, S. 142–184 (zu § 7 C).

Lumby, Stephen: Investment Appraisal, 2. Aufl., 1984, S. 107-149 (zu § 7 C).

Schmidt, Reinhard H.: Grundzüge der Investitions- und Finanzierungstheorie, 2. Aufl., 1986, Kapitel 7 (zu § 7 C).

Brüggerhoff, Jürgen: Capital Asset Pricing Model, in: Busse von Colbe, Walther (Hrsg.): Lexikon des Rechnungswesens, 1989, S. 110–112.

Süchting, Joachim: Finanzmanagement, 5. Aufl., 1989, S. 303–327 (zu § 7 B, C).

Aufgaben zu § 7

7.1 Gegeben seien 2 Anlagewerte mit den Daten

$$\mu_1 = 0{,}16 \qquad \sigma_1 = 0{,}27$$
$$\mu_2 = 0{,}45 \qquad \sigma_2 = 0{,}52.$$

Bestimmen Sie den durch Diversifikation realisierbaren Zusammenhang zwischen Ertrag und Risiko für die Fälle

a) perfekte negative Korrelation: $R_{12} = -1$
b) keine Korrelation: $R_{12} = 0$
c) perfekte positive Korrelation: $R_{12} = +1$.

7.2 Einem Anleger steht ein Betrag von 80 *GE* (Geldeinheiten) zur Verfügung, den er entweder in ein Wertpapier A_1 oder in ein Wertpapier A_2 investieren will. Seine Schätzungen für die in einem Jahr zu erwartenden Rückflüsse (einschließlich Kursänderungen; in *GE*) hat er in Abhängigkeit von drei alternativ möglichen Umweltzuständen D_1, D_2 und D_3 in der nachstehenden Tabelle zusammengefaßt:

A_i \ D_j	D_1	D_2	D_3
A_1	8	20	16
A_2	32	0	20

Den Umweltzuständen hat er die Wahrscheinlichkeiten $P(D_1) = 0{,}2$, $P(D_2) = 0{,}3$ und $P(D_3) = 0{,}5$ zugeordnet.

(a) Ermitteln Sie die *Verteilungen der Renditen* R_1 bzw. R_2 der beiden Anlagemöglichkeiten A_1 bzw. A_2 (Wahrscheinlichkeitsfunktionen). Wie lauten die zugehörigen *Erwartungswerte* μ_i und *Standardabweichungen* σ_i der beiden Renditen ($i = 1, 2$)?

(b) Der Investor überlegt, ob er nicht durch Bildung eines Portefeuilles aus A_1 und A_2 günstigere (μ, σ)-Kombinationen realisieren kann. Er hat speziell drei Portefeuilles P_I, P_{II} und P_{III} mit den folgenden Anteilswerten q_i^I, q_i^{II}, q_i^{III} $(i = 1, 2)$ ins Auge gefaßt:

$P_I \; : q_1^I \; = 0{,}3, \quad q_2^I \; = 0{,}7$

$P_{II} : q_1^{II} = 0{,}5, \quad q_2^{II} = 0{,}5$

$P_{III}: q_1^{III} = 0{,}8, \quad q_2^{III} = 0{,}2.$

Ermitteln Sie die zugehörigen *Erwartungswerte* μ_P^k und *Standardabweichungen* σ_P^k der Portefeuille-Renditen $(k = I, II, III)$.

(c) Zeichnen Sie die unter (b) gefundenen (μ, σ)-Kombinationen als *Punkte* P_I, P_{II}, P_{III} in ein (μ, σ)-Diagramm ein.
Skizzieren Sie sodann den Verlauf der durch systematische Variation der Anteilswerte q_1 und q_2 entstehenden *Transformationskurve* $\sigma_P = f(\mu_P)$ $(0 \leq q_i \leq 1;\ i = 1, 2)$.

(d) Wie lautet konkret die *Funktionsgleichung* $\sigma_P = f(\mu_P)$ für die unter (c) ermittelte Transformationskurve?

(e) Dem Investor eröffnet sich zusätzlich eine risikofreie Anlagemöglichkeit A_3 zu einem Zinssatz von $i = 0{,}18$.
Zeichnen Sie für diesen Fall die *Effizienzkurve* $\sigma_P^* = g(\mu_P^*)$ der varianzminimalen Portefeuilles in die Abbildung unter (c) ein. Geben Sie eine kurze *Begründung* für den von Ihnen angenommenen Verlauf an!

(f) Die Nutzenindifferenzkurven des Investors seien konzentrische Kreise um den Mittelpunkt $(\mu = 0{,}21,\ \sigma = 0)$. Ermitteln Sie unter dieser Voraussetzung graphisch in der Abbildung unter (c) das *optimale Portefeuille T* (dabei sei $q_3 < 0$ zugelassen). Erläutern Sie kurz Ihren *Lösungsweg*!

7.3 Ein Investor will zu Beginn des Jahres 1990 einen festen Betrag für genau ein Jahr in Wertpapieren anlegen, wobei er eine möglichst hohe Rendite auf sein eingesetztes Kapitel erzielen will, und sein Portefeuille aus maximal 2 Wertpapieren bestehen soll. Der Investor legt seiner Entscheidung das μ-σ-Prinzip zugrunde, da die erzielbaren Renditen nicht mit Sicherheit vorhersehbar sind.
Dem Investor werden nun vier Wertpapiere als attraktive Anlage empfohlen. Diese vier Wertpapiere unterzieht er einer näheren Analyse, indem er aus Vergangenheitsdaten eine Wahrscheinlichkeitsverteilung für die im Jahre 1990 alternativ möglichen Renditen ermittelt. Der Investor hält dabei fünf Umweltlagen (d_j) für möglich und gleich wahrscheinlich, ordnet ihnen also jeweils eine Eintrittswahrscheinlichkeit von

$w_j = 0{,}2 \;\; (j = 1, 2 \ldots 5)$ zu.

Nachfolgende Tabelle zeigt die im Jahr 1990 alternativ erzielbaren Renditen der einzelnen Wertpapiere bei den jeweiligen Umweltlagen (Angaben in %):

Wertpapier \ Umweltlage (d_j)	d_1	d_2	d_3	d_4	d_5	μ	σ
A	15	5	− 5	25	10	10	10
B	30	10	−10	50	20		
C	−10	50	10	30	20		
D	10	30	50	−10	20		

(a) Für das Wertpapier *A* hat der Investor bereits den Renditeerwartungswert (μ_A) und die Streuung (σ_A) errechnet (siehe Tabelle).
Wie lauten die entsprechenden Werte für die Wertpapiere *B*, *C* und *D*?

(b) Angenommen, der Investor versucht, sein Risiko zu minimieren. Er entschließt sich daher zunächst, den gesamten Geldbetrag in das Wertpapier mit der geringsten Streuung anzulegen. Dann erhält er jedoch den Tip, *dieses Wertpapier* mit einem der übrigen drei risikoreicheren Wertpapiere zu kombinieren und dadurch sein Risiko zu senken, also: „Risikoverringerung durch Austausch eines risikoarmen Wertpapiers gegen ein risikoreicheres!"

(b_1) Nehmen Sie zunächst kurz allgemein Stellung zu dieser These (insbesondere: wovon hängt die Allgemeingültigkeit dieser Behauptung ab?)! Inwieweit erfüllen im vorliegenden Fall die drei risikoreicheren Wertpapiere die von Ihnen genannte Voraussetzung zur Gültigkeit der obigen These?

(b_2) Mit welchem Wertpapier und in welcher Weise sollte demnach der Investor das risikoärmste Wertpapier, das auf jeden Fall Bestandteil seines Portefeuilles sein soll, kombinieren?
Wie hoch sind dann seine erwartete Rendite und sein Risiko?

(c) Würden Sie dem Investor zu der unter (b) gefundenen Lösung raten oder läßt sich eine Kombination zweier der vier angebotenen Wertpapiere finden, die das unter (b) ermittelte Portefeuille dominiert?

7.4 Ein Investor beabsichtigt, in einem seiner Wertpapierdepots die Aktie *A*, für die eine Dividende von 6 DM mit einer Standardabweichung von 2 DM erwartet wird, zusammen mit nur einer der Aktien *R*, *S*, *T* zu halten. Diese drei Aktien lassen zwar alle eine Dividende von 9 DM mit einer Standardabweichung von 4 DM erwarten, sie unterscheiden sich jedoch in ihren Korrelationskoeffizienten k_{Ai} gegenüber der Aktie *A*; diese werden geschätzt auf: $k_{AR} = -1$; $k_{AS} = 0$; $k_{AT} = 1$.

(a) Erläutern Sie die Bedeutung des Korrelationskoeffizienten am Beispiel des Korrelationskoeffizienten $k_{AR} = -1$!

(b) Der Investor beabsichtigt, zur Entscheidungsfindung zunächst ein $\mu-\sigma$-Schema seiner möglichen Portfeuilles aufzustellen.

(ba) Berechnen Sie dazu den Verlauf des Renditeerwartungswertes μ_P und der Streuung σ_P des Renditeerwartungswertes in Abhängigkeit von den von 100% auf 0% fallenden Anteilen der Aktie A am Aktiendepot für sämtliche möglichen Depots!
Vervollständigen Sie die folgende Tabelle! Führen Sie Ihre Berechnungen in Bruchform durch!

relativer Anteil der Aktie A am Wertpapierdepot		1	$\frac{2}{3}$	$\frac{1}{3}$	0
σ_P (DM) bei Kombination folgender Aktien	A – R	2,0			4,0
	A – S	2,0	1,89	2,75	4,0
	A – T	2,0	2,66	3,33	4,0
μ_P (DM)					

(bb) Stellen Sie unter Zugrundelegung der Werte der Tabelle die $\mu_P - \sigma_P$-Verläufe für die verschiedenen Aktienkombinationen graphisch dar!

(bc) Interpretieren Sie die Kurvenverläufe!

(c) Welche Depotzusammensetzung liefert im Hinblick auf das Risiko, gemessen durch σ_P, das beste Resultat? Treffen Sie, falls erforderlich, zusätzliche Annahmen!

(d) Kennzeichnen Sie μ-σ-effiziente Punkte und erklären Sie kurz deren Bedeutung!

(e) Welche Kritikpunkte lassen sich gegen den Portfeuille-Ansatz (nach Markowitz) anführen?

7.5 Einem Investor stehen für die Planung eines Portefeuilles drei beliebig teilbare Anlagemöglichkeiten zur Verfügung, die durch folgende Daten gekennzeichnet sind:
$\mu_1 = 0{,}659$; $\mu_2 = 0{,}450$; $\mu_3 = 0{,}163$
$\sigma_{11} = 0{,}482$; $\sigma_{22} = 0{,}267$; $\sigma_{33} = 0{,}070$
$\sigma_{12} = -0{,}0988$; $\sigma_{13} = 0{,}0716$; $\sigma_{23} = -0{,}0085$, wobei:
$\mu_i := EW(R_i)$ (Erwartungswert der Rendite)
$\sigma_{ij} := \mathrm{Cov}(R_i, R_j)$ (Kovarianz) und
$R_i :=$ Rendite der Anlagemöglichkeit $i\,(i = 1, 2, 3)$ bedeuten.

Der Investor ist risikoscheu und entscheidet sich nach dem (μ, σ)-Kriterium, bezogen auf die Portefeuille-Rendite.

(a) Der Investor möchte zunächst in einer Vorstudie die Wirkung der Kombination nur zweier der drei Anlagemöglichkeiten untersuchen.

Wie hängen der Erwartungswert (μ_P^a) und die Standardabweichung (σ_P^a) der Rendite eines Portefeuilles aus den Anlagemöglichkeiten 1 und 2 von deren Anteilen (q_1 bzw. $q_2 = 1 - q_1$) am gesamten Investitionsbetrag ab? Stellen Sie den Zusammenhang zwischen μ_P^a und σ_P^a in einem (μ, σ)-Diagramm graphisch dar! Wie lautet die zugehörige Funktionsgleichung?

(b) Der Investor hegt Zweifel an der Zuverlässigkeit der Ausgangsdaten. Insbesondere die Schätzung für σ_{12} scheint ihm mit einem hohen Fehlerrisiko behaftet. Er möchte deshalb wissen, wie sensitiv die Ergebnisse unter (a) auf eine Veränderung des Wertes für σ_{12} reagieren. Lösen Sie die Aufgabe (a) unter der Annahme, daß R_1 und R_2: (ba) perfekt positiv, (bb) perfekt negativ, (bc) unkorreliert sind!

(c) Bei der nun anstehenden Kombination aller Anlagemöglichkeiten 1, 2 und 3 sieht sich der Investor im Vergleich zu (a) einer wesentlich größeren Fülle alternativer Portefeuilles gegenüber. Um einen besseren Überblick zu gewinnen, beschließt er, zu jedem festen Niveau $\mu_P^c = \mu_P^*$ das varianzminimale (effiziente) Portefeuille zu bestimmen. Ineffiziente Portefeuilles bleiben dann im weiteren außer Betracht.
Wie hängen μ_P^c und $\sigma_P^{c^2}$ von q_1, q_2 und $q_3 = 1 - q_1 - q_2$ ab?
Ermitteln Sie die effizienten Portefeuilles (q_1^*, q_2^*, q_3^*) nach der Multiplikatoren-Methode von Lagrange (zur Vereinfachung seien die Restriktionen $q_i \geq 0$, $i = 1, 2, 3$ vernachlässigt). Berechnen Sie zu diesem Zweck die Funktionsgleichungen $q_i^* = f_i(\mu_P^*)$ $(i = 1, 2, 3)$!
Stellen Sie den Zusammenhang zwischen μ_P^* *und* σ_P^* für alle effizienten Portefeuilles in einem (μ, σ)-Diagramm graphisch dar (Effizienzkurve)! Wie lautet die zugehörige Funktionsgleichung?

(d) Analog zu (b) möchte der Investor untersuchen, wie die Ergebnisse unter (c) auf eine Variation der Daten reagieren. Speziell interessieren ihn die Wirkungen der Existenz einer risikofreien Anlagemöglichkeit. Er beschließt daher, im weiteren davon auszugehen, daß
$R_3 = \mu_3 = 0{,}163 = \text{konst.}$
(da) Lösen Sie die Aufgabe (c) unter dieser Annahme!
(db) Wie hängt das Verhältnis $q_1^* : q_2^*$ der Anteile der beiden risikobehafteten Anlagemöglichkeiten 1 und 2 von μ_P^* ab?
(dc) Welche besondere Form hat jetzt die Effizienzkurve?
Übertragen Sie sie in das Diagramm unter (a)! Welche besondere Lage besitzt sie in bezug auf die (μ_P^a, σ_P^a)-Kurve?
Erklären Sie aufgrund dieser Beobachtungen das Ergebnis unter (db)!

(e) Angenommen, der Investor besitzt folgende quadratische Risikonutzenfunktion: $u(R) = 2 \cdot R - R^2$ ($R :=$ Rendite).
Welche spezielle Form haben dann bei Anwendung des Bernoulli-Prinzips die Nutzenindifferenzkurven im (μ, σ)-Diagramm?
Bestimmen Sie unter den Voraussetzungen von (d) für diesen Fall das optimale Portefeuille!

§ 8 Ableitung des Kalkulationszinsfußes für Investitionsentscheidungen unter Risiko

A. Ableitung der Risikokomponente im Kalkulationszinsfuß aus der Kapitalmarkttheorie

1. Problemstellung

Unter den Voraussetzungen sicherer Erwartungen und eines vollkommenen Kapitalmarktes (siehe § 1 B 2) existierte kein Wahlproblem bei der Bestimmung des Kalkulationszinsfußes im Rahmen der Kapitalwertmethode. Er wurde als Marktdatum und als gegeben angesehen (siehe § 2 B 3). Beide Prämissen sind jedoch realitätsfern. In § 2 B 3 wurde bereits ohne nähere Erläuterungen darauf hingewiesen, daß durch den Ansatz gewichteter Kapitalkosten die Art der Finanzierung und durch Risikoprämien im Kalkulationszinsfuß unsichere Erwartungen mitberücksichtigt werden können.
Im Abschnitt *A* von § 8 wird die *Prämisse des vollkommenen Kapitalmarktes* noch aufrechterhalten und der Frage nachgegangen, wie unter dieser Voraussetzung das *Risiko adäquat im Kalkulationszinsfuß erfaßt* werden kann. Im anschließenden Abschnitt *B* wird das Problem der Bestimmung der Kapitalkosten unter *Berücksichtigung der Kapitalstruktur* vertieft behandelt.
In der Praxis wird der Kalkulationszinsfuß zumeist um einen subjektiven Risikozuschlag erhöht (siehe § 5 B 1). Dies führt — wie gezeigt — zu unbefriedigenden und widersprüchlichen Ergebnissen. Theoretisch fundierter ist eine Ableitung des Risikoaufschlags, die auf kapitalmarkttheoretischen Überlegungen basiert.

2. Die Kapitalmarktlinie

Nach den Ausführungen in § 7 C ergibt sich unter den Bedingungen

— homogener Erwartungen der Kapitalanleger,
— der beliebigen Teilbarkeit der Wertpapiere,
— der Nichtberücksichtigung von Steuern, Transaktionskosten, Zins- oder Geldwertänderungen und

— der Möglichkeit, zu einem sicheren Zinssatz beliebige Beträge Geld zu borgen oder anzulegen (Gleichheit von Soll- und Habenzins)

die *Kapitalmarktlinie* (Capital Market Line, Abb. 7.8, Abb. 7.9) mit *nur einem effizienten Portefeuille risikobehafteter Wertpapiere* (Marktportefeuille *M*). Die Kapitalmarktlinie stellt unter diesen Bedingungen den Zusammenhang zwischen der Renditeerwartung und dem Risiko des Portefeuilles dar. Sie gibt an, in welchem Ausmaß der Investor ein höheres Risiko in Kauf nehmen muß, wenn er seine Renditeerwartung um eine Einheit steigern will.

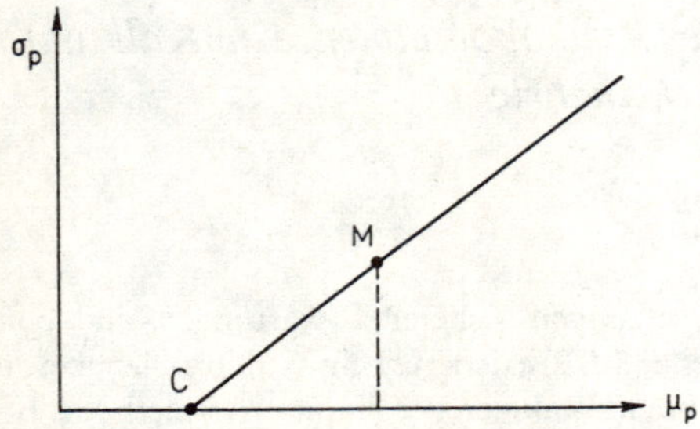

Abb. 8.1. Kapitalmarktlinie

Obwohl sich alle Investoren unter den genannten Voraussetzungen der Portefeuilletheorie über die optimale Kombination risikobehafteter Wertpapiere einig sind, teilen sie gemäß ihrer Risikoeinstellung ihr Geld in unterschiedlichem Maß auf dieses Portefeuille und die risikolose Anlage auf. Manche *ent*leihen Geld, während andere *ver*leihen. Konservative Investoren, die nur ein niedriges σ_P in Kauf nehmen wollen, müssen sich mit einer niedrigen Renditeerwartung begnügen. Zwischen dem Risiko und der erwarteten Rendite eines Portefeuilles besteht gemäß Abb. 8.1 ein linearer Zusammenhang.
Die Kapitalmarktlinie läßt sich durch zwei Merkmale vollständig bestimmen:

— ihrem Schnittpunkt mit der Abszisse (risikoloser Zins) und
— ihrer Steigung.

Die Steigung der Kapitalmarktlinie zeigt das Austauschverhältnis zwischen erwartetem Rückfluß und Risiko an. Die Steigung kann somit als Preis für eine Risikoreduktion (bei abnehmendem Erwartungswert) gesehen werden. Dies wird auch *Preis des Risikos* genannt[1]. Vertauscht man der in der anglo-amerikanischen

[1] Siehe Sharpe, William F.: Portfolio Theory and Capital Markets, 1970, S. 84. Nachfolgende Ausführungen lehnen sich zum Teil an das Werk von Sharpe, insbesondere an Kapitel 5, an. Die dort gewählte Darstellungsweise bietet einen gut nachvollziehbaren Einstieg in die Kapitalmarkttheorie und ist für jeden interessierten Leser besonders empfehlenswert.

Literatur üblichen Darstellungsweise entsprechend die Koordinaten, so ergibt sich für die Renditeerwartung der Portefeuilles auf der Kapitalmarktlinie folgender Ausdruck:

(8.1) $$\mu_P = i_r + \lambda \cdot \sigma_P.$$

Da das Marktportefeuille auf der Kapitalmarktlinie liegen muß, gilt:

$$\mu_M = i_r + \lambda \cdot \sigma_M, \quad \text{so daß}$$

$$\lambda = \frac{\mu_M - i_r}{\sigma_M} \quad (= \text{Marktpreis des Risikos})$$

ist.
Eingesetzt in die Gleichung 8.1 ergibt sich:

(8.2) $$\mu_P = i_r + \frac{\mu_M - i_r}{\sigma_M} \cdot \sigma_P.$$

Die Determinanten des Marktportefeuilles (μ_M und σ_M) und der risikolose Zins i_r sind bekannte Gesamtmarktdaten und für den einzelnen Investor zumindest vorübergehend als konstant anzusehen, so daß σ_P und μ_P seine Variablen sind, die er bestimmen kann.

3. Die Security Market Line

Fragt man danach, welches Risikomaß für die Beurteilung *eines einzelnen Wertpapieres*, das Bestandteil des Marktportefeuilles ist, geeignet ist, so muß der Marktzusammenhang berücksichtigt werden: Die Streuung der möglichen Renditen eines einzelnen Wertpapieres kann nicht als alleiniger Maßstab gelten, weil es im Zusammenhang mit dem Risiko des Marktportefeuilles gesehen werden muß. Das Gesamtrisiko eines einzelnen Wertpapieres setzt sich somit aus dem *Marktrisiko (systematisches Risiko)* und dem *individuellen Unternehmensrisiko (unsystematisches Risiko)* zusammen.
Nach der Portefeuilletheorie kann das unsystematische Risiko durch geschickte Portefeuillezusammenstellung vollkommen wegdiversifiziert werden. Der Markt wird einem Investor nur das systematische Risiko in Form höherer Renditen vergüten, d. h. nur eine Prämie für Risiken zahlen, die den ganzen Markt betreffen[2]. Solche Risiken sind z. B. in der allg. Konjunkturentwicklung zu sehen, nicht aber *unternehmensspezifische Risiken (unsystematisches Risiko)*.

---

[2] Vgl. Drukarczyk, Jochen: Finanzierungstheorie, 1980, S. 333.

In welcher Beziehung steht nun die Rendite eines einzelnen Wertpapieres zu der des gesamten Marktportefeuilles? Die Frage beantwortet die *Security Market Line.* Um das Verhältnis zwischen einem zum Marktportefeuille gehörenden Wertpapier A und dem Marktportefeuille M darzustellen, sei folgendes Schaubild betrachtet:

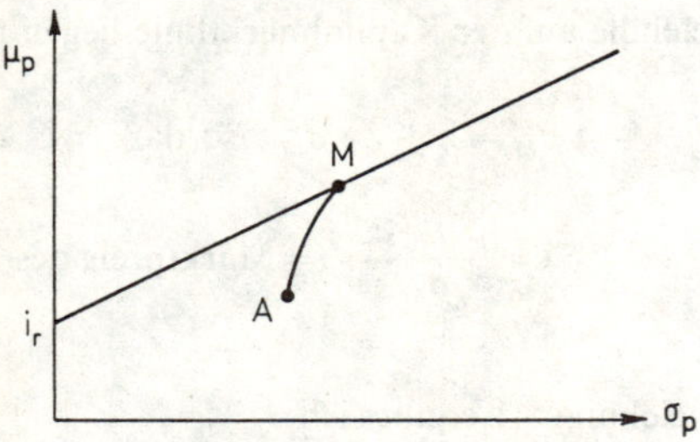

Abb. 8.2

Da alle effizienten Portefeuilles auf der Kapitalmarktlinie liegen und der Kapitalmarkt nur dann im Gleichgewicht ist, wenn gerade so viel in A investiert wird, wie es seinem Anteil am Marktportefeuille entspricht, liegen Portefeuilles, die mehr oder weniger von A enthalten, unterhalb der Kapitalmarktlinie. Die Kurve AM wird daher zur Tangente an die Kapitalmarktlinie. Im Punkt M ist die Steigung S_M der Kurve AM durch folgenden Ausdruck[3] gegeben:

$$(8.3) \qquad S_M = \frac{(\mu_A - \mu_M) \cdot \sigma_M}{\operatorname{cov}(A, M) - \sigma_M^2}$$

mit $\operatorname{cov}(A, M)$: Kovarianz zw. R_A und $R_M = k_{A,M} \cdot \sigma_A \cdot \sigma_M$. Die Steigung der Kurve AM im Punkt M ist gleich der Steigung der Kapitalmarktlinie (gemäß 8.2):

$$\frac{(\mu_A - \mu_M) \cdot \sigma_M}{\operatorname{cov}(A, M) - \sigma_M^2} = \frac{\mu_M - i_r}{\sigma_M}.$$

Somit gilt nach einigen Umformungsschritten:

$$(8.4) \qquad \mu_A = i_r + \frac{\mu_M - i_r}{\sigma_M^2} \cdot \operatorname{cov}(A, M)$$

$$= i_r + \frac{\operatorname{cov}(A, M)}{\sigma_M^2} \cdot (\mu_M - i_r) \quad \text{oder}$$

[3] Zum mathematischen Beweis siehe Sharpe, William F.: Portfolio Theory and Capital Markets, 1970, S. 87.

$$\mu_A = i_r + \beta_A \cdot (\mu_M - i_r) \tag{8.5}$$

$$\text{mit} \quad \beta_A = \frac{\operatorname{cov}(A, M)}{\sigma_M^2}.$$

Der risikolose Zins (i_r) und die erwartete Rendite des Marktportefeuilles (μ_M) sind Gesamtmarktdaten, die kurzfristig als konstant angesehen werden, so daß aus der Gleichung (8.5) ein linearer Zusammenhang zwischen μ_A und β_A ersichtlich wird. Seine graphische Darstellung wird als *Security Market Line* (Abb. 8.3) bezeichnet.

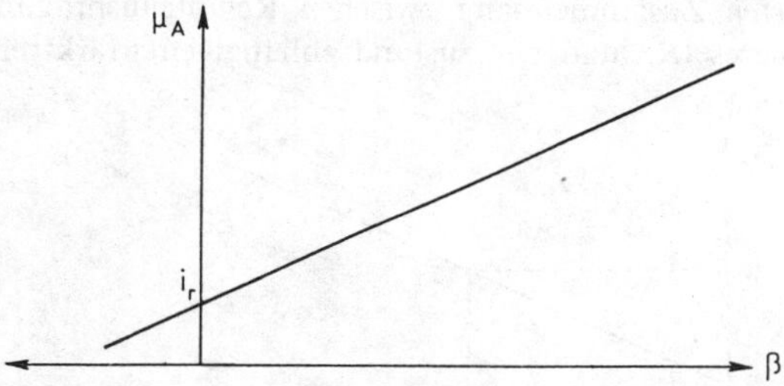

Abb. 8.3. Security Market Line

Die *Security Market Line* besagt, daß die erwartete Rendite eines Investitionsobjektes (Wertpapieres) A nur von dem systematischen Risiko von A, hier ausgedrückt durch den Faktor β_A, abhängt, und daß der Zusammenhang zwischen μ_A und β_A linear ist. Die Größe β_A beschreibt das systematische Risiko, da

$$\beta_A = \frac{\operatorname{cov}(A, M)}{\sigma_M^2} = \frac{k_{A,M} \cdot \sigma_A \cdot \sigma_M}{\sigma_M^2} = \frac{k_{A,M} \cdot \sigma_A}{\sigma_M} \quad \text{ist.} \tag{8.5 a}$$

Dabei ist $k_{A,M} \cdot \sigma_A$ der Teil des Gesamtrisikos σ_A von A, der auf den Gesamtmarkt zurückzuführen ist und davon abhängt, inwieweit sich die Renditeausprägung von A ändert, wenn sich die Renditeausprägung des Marktportefeuilles ändert; $k_{A,M}$ ist der Korrelationskoeffizient zwischen der Rendite von A und der des Marktportefeuilles M.

Ändert sich die Rendite von A im Verhältnis zum Gesamtmarkt relativ wenig, und ist β_A somit gering, so liegt die geforderte Rendite von A nahe bei i_r.

Die Security Market Line stellt auch eine Gleichgewichtslinie dar: Größere Schwankungen der Rendite einer Einzelanlage im Verhältnis zu der des Marktportefeuilles werden nur dann akzeptiert, wenn die Renditeerwartung aus dieser Anlage auch dementsprechend hoch ist. Für das Marktportefeuille gilt in diesem Zusammenhang:

$$\beta = \frac{\operatorname{cov}(M, M)}{\sigma_M^2} = \frac{\sigma_M^2}{\sigma_M^2} = 1, \text{ so daß}$$

$\mu_M = i_r + 1 \cdot (\mu_M - i_r) = \mu_M$ ist, was die Richtigkeit dieser Schlußfolgerung beweist. Der β-Faktor wird in der Literatur als die Volatilität („volatility") oder Flatterhaftigkeit eines Wertpapieres bezeichnet.

4. Die Security Characteristic Line

Der soeben dargestellte Zusammenhang kann auch mit Hilfe der *Security Characteristic Line* (Charakteristische Wertpapierlinie) deutlich gemacht werden, die einen *angenäherten* Zusammenhang zwischen Renditeausprägungen eines einzelnen Wertepapieres (R_i) und der zustandsabhängigen Marktrendite (R_M) herstellt:

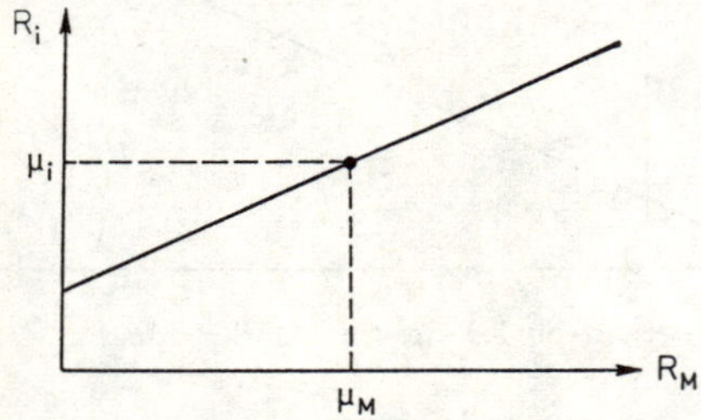

Abb. 8.4. Security Characteristic Line

Eine Security Characteristic Line gilt jeweils für ein spezielles Wertpapier. Sie drückt die Abhängigkeit der Rendite der Aktien eines Unternehmens im Verhältnis zur Marktrendite aus.
Das Ausmaß der Veränderungen der Einzelrendite bei Veränderung der Marktrendite hängt von dem β-Faktor ab. Ist β_i beispielsweise gleich Null, so weist die Rendite der Einzelanlage kein systematisches Risiko auf und ist unabhängig von Einflüssen des Aktienmarktes und der Marktrendite. Die Security Characteristic Line dieser Anlage wäre eine Parallele zur Abszisse.

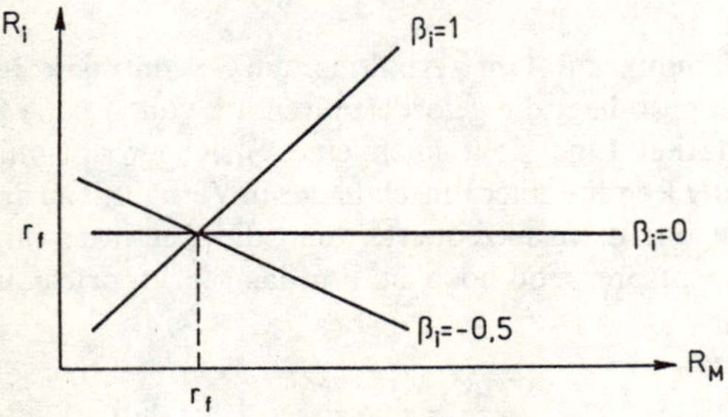

Abb. 8.5

Bei einem positiven β-Faktor, d. h. bei positiver Korrelation zwischen Einzel- und Marktrendite, steigt die Einzelrendite bei steigender Marktrendite an; bei einem negativen β-Faktor sinkt die Einzelrendite.
Der Wert von β_i zeigt somit die Steigung der Characteristic Line des Wertpapieres i an und mißt die Flatterhaftigkeit der Rendite des Wertpapieres in Beziehung zu Veränderungen in der Marktrendite[4].
Wenn R_i und R_M in der Realität beobachtbare Werte sind, kann aus ihnen empirisch der β-Faktor als Steigung der Security Characteristic Line ermittelt werden[5]. Auf diese Weise ist ein Zusammenhang zwischen dem mathematisch abgeleiteten β-Faktor und dem empirisch beobachtbaren hergestellt.
Sharpe bezeichnet ein Wertpapier mit einem Wert von β_i unter 1 als defensiv und von über 1 als aggressiv; $\beta_i < 1$ bedeutet ja, daß eine 1%-Zunahme in der Marktrendite durch eine Steigerung von weniger als 1% in der Rendite des einzelnen Wertpapiers begleitet wird, andererseits aber auch eine Abnahme von 1% in der Marktrendite nur eine Abnahme von weniger als 1% in der Rendite des Wertpapiers bedeutet.

5. Anwendung der Kapitalmarkttheorie auf Sachinvestitionen und Schlußfolgerungen für die Investitionstheorie

Der soeben geschilderte Zusammenhang kann für die *Investitionsrechnung* dadurch genutzt werden, daß die aus der Security Market Line erwartete Rendite μ_i (siehe A 3) einer Aktie als Kalkulationszinsfuß (Mindestrenditeanforderung) für die Bewertung von Sachinvestitionen angesetzt wird. Das Entscheidungskriterium lautet dann, daß eine Sachinvestition nur durchgeführt werden sollte, wenn ihr erwarteter interner Zins einen dem Risiko angemessenen Kalkulationszinsfuß überschreitet. Dieser Kalkulationszinsfuß wird aus der Security Market Line eines Wertpapieres gewonnen, das ein analoges systematisches Risiko wie die Sachinvestition aufweist[6]. Liegt die Renditeerwartung der Sachinvestition über der des Wertpapiers als Alternativinvestition, sollte das Projekt akzeptiert werden. Die Security Market Line kann somit direkt als ein Kriterium für die Akzeptanz oder Ablehnung einer Investition verwandt werden; ein Projekt, dessen μ-β-Wert unterhalb der Security Market Line liegt, sollte abgelehnt werden, liegt der Wert oberhalb, sollte die Sachinvestition durchgeführt werden[7].

---

[4] Siehe Sharpe, William F.: Portfolio Theory and Capital Markets, 1970, S. 93.
[5] Siehe Brealey, Richard; Myers, Stewart: Principles of Corporate Finance, 2. Aufl., 1984, S. 166–172.
[6] Vgl. Rubinstein, Mark E.: A Mean-Variance Synthesis of Corporate Financial Theory, S. 172, in: Journal of Finance, Vol. 28, 1973, S. 167–181.
[7] Siehe Sharpe, William F.: Portfolio Theory and Capital Markets, 1970, S. 94.

Problematisch ist allerdings die *Abschätzung des systematischen Risikos* und somit des β-Faktors für die Sachinvestition, damit ein sinnvoller Vergleich mit der Security Market Line, die für Wertpapiere gilt und deren Gleichgewichtsrendite widerspiegelt, möglich ist. Hierbei hilft die in Abschnitt A 4 angestellte Überlegung, daß sich der β-Faktor außerhalb der theoretischen Überlegungen empirisch als Regressionskoeffizient (als Steigung der Security Characteristic Line) zwischen Aktien- und Marktrenditeausprägungen ermitteln läßt. Man könnte sich nun vorstellen, daß für die Realisierung einer Sachinvestition zur Finanzierung der Anschaffungsauszahlung eine Aktiengesellschaft gegründet würde[8]. Die Beantwortung der Frage, wie stark der Aktienkurs dieser neu zu gründenden Gesellschaft auf allgemeine Marktentwicklungen reagieren würde, lieferte eine Schätzung des β-Faktors des Projektes[9]. Setzt man diesen geschätzten β-Faktor in die Gleichung für die Security Market Line ein, so erhält man die Renditeforderung der Eigenkapitalgeber. Diese Renditeforderung entspricht der Renditeerwartung, die die Eigenkapitalgeber hätten, wenn sie auf dem Kapitalmarkt in Aktien gleicher Volatilität investieren würden. Diese Renditeforderung der Aktionäre läßt sich somit auch als Kapitalkosten des Projektes aus Sicht der Unternehmensleitung interpretieren. Die Gleichung der Security Market Line (und somit das eigentliche Capital Asset Pricing Model) lautete gemäß (8.5):

$$\mu_i = i_r + \beta_i(\mu_M - i_r).$$

Der Term $\beta_i(\mu_M - i_r)$ dient in diesem Zusammenhang als Risikoaufschlag zum sicheren Zinssatz i_r. Werden die aus der Sachinvestition erwarteten Einzahlungsüberschüsse mit diesem Kapitalkostensatz diskontiert und ist der Kapitalwert positiv, so bedeutet dies, daß die erwartete Verzinsung der Sachinvestition über der geforderten Verzinsung liegt. Die Investition lohnt sich; der Marktwert der Unternehmung würde steigen, und das Management hätte somit im Interesse der Anteilseigner gehandelt.

Beispiel

Eine Unternehmung hat zwei einperiodische Sachinvestitionsmöglichkeiten. Für Investition A wird das systematische Risiko auf $\beta_A = 0{,}4$ und für Investition B auf $\beta_B = 1{,}5$ geschätzt. Investition A hat somit „defensiven" Charakter, denn gesamtwirtschaftliche Einflüsse, wie die Konjunkturentwicklung, die die Rendite des Marktportefeuilles beeinflussen können, schlagen nur gemildert auf die Sachinvestition A durch. Schwankt die Marktrendite um 1% aufgrund nicht wegdiversifizierbarer Risiken, würde die Rendite von A nur um 0,4% schwanken. Dieser Sachverhalt wird sich — wie gleich zu zeigen sein wird — im Risikoaufschlag zum Kalkulationszinsfuß bemerkbar machen. Investitionsmöglichkeit B hat im Gegensatz zu A einen „aggressiven" Charakter.

[8] Vgl. Drukarczyk, Jochen: Finanzierungstheorie, 1980, S. 328.

[9] So Schmidt, Reinhard H.: Grundzüge der Investitions- und Finanzierungstheorie, 2. Aufl., 1986, S. 256.

Die Zahlungsreihen und internen Zinsfüße der Sachinvestitionen *A* und *B* lauten:

$$I_A\colon \{-1000, +1070\} \text{ mit } \mu_A^* = 7\ \% \text{ und}$$
$$I_B\colon \{-1000, +1085\} \text{ mit } \mu_B^* = 8{,}5\%.$$

Die Werte in t_1 sind dabei Erwartungswerte. Die Unternehmung soll 2000 *GE* zur Verfügung haben. Alternativ zu den Sachinvestitionen hat die Unternehmung die Möglichkeit, das Geld am Kapitalmarkt anzulegen. Am Aktienmarkt wird eine Marktrendite von 8% erwartet; Bundesanleihen sind mit 5% verzinslich.
Mit Hilfe des Zusammenhangs der Security Market Line lassen sich die geforderten Mindestrenditen für die Investitionen *A* und *B* ableiten:

$$\mu_A = 5\% + 0{,}4 \cdot (8\% - 5\%) = 6{,}2\% \text{ und}$$
$$\mu_B = 5\% + 1{,}5 \cdot (8\% - 5\%) = 9{,}5\%.$$

Aufgrund des „defensiven" Charakters fällt der Risikozuschlag auf den Zins von 5% für risikolose Wertpapiere für I_A relativ niedrig aus, während für I_B ein relativ hoher Risikoaufschlag gefordert wird. Werden die so ermittelten Rendite*forderungen* mit den *erwarteten* Renditen von I_A und I_B verglichen, stellt man fest, daß es für die Unternehmung nur vorteilhaft ist, I_A durchzuführen ($\mu_A^* = 7\% > \mu_A = 6{,}2\%$). Investition *B* erfüllt nicht die Akzeptanzbedingung, da sie die Mindestrendite nicht erbringt ($\mu_B^* = 8{,}5\% < \mu_B = 9{,}5\%$). Ist beispielsweise die Alternative zu I_B eine Anlage am Kapitalmarkt in Aktien gleicher Volatilität wie *B*, so wäre es für die Unternehmung vorteilhafter, statt eine Sachinvestition *B* durchzuführen, am Kapitalmarkt 1000 *GE* in Aktien mit einem $\beta = 1{,}5$ zu investieren; denn bei gleichem systematischen Risiko wie I_B (da $\beta_B = 1{,}5$) beträgt der Renditeerwartungswert dort 9,5%.
Abb. 8.6 veranschaulicht graphisch, daß unter den angenommenen Daten eine Investition in Aktien günstiger als in I_B wäre, da I_B unterhalb der Security Market Line liegt.

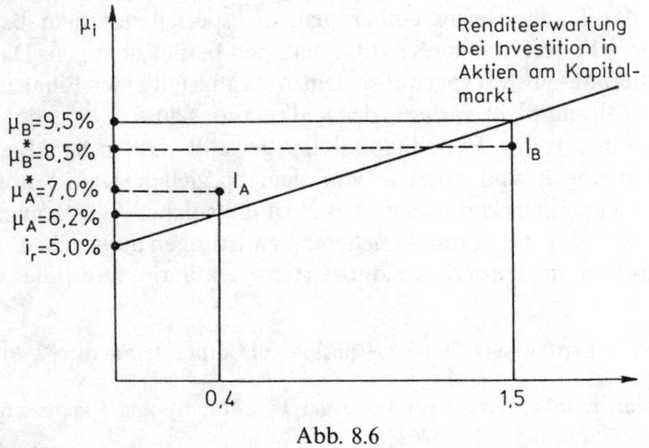

Abb. 8.6

Wird die aus der Security Market Line erwartete Rendite als Kalkulationszinsfuß zur Beurteilung der Vorteilhaftigkeit von Sachinvestitionen verwendet, so ist bei einem gut entwickelten Kapitalmarkt die Wiederanlageprämisse im Gegensatz zur Bestimmung eines Risikoaufschlags über eine subjektive Schätzung erfüllt. Allerdings ist ein entwickelter Kapitalmarkt Voraussetzung für die richtige Bestimmung des Risikozusammenhangs, und die β_i sind besonders für nur einmalig durchzuführende Sachinvestitionen schwer zu schätzen.
Außerdem stellt das Capital Asset Pricing Model (CAPM) in seiner Grundkonzeption eine einperiodische Betrachtungsweise dar. Die Ableitung eines *risikoadjustierten Kalkulationszinsfußes* mit Hilfe der Security Market Line kann daher zwar zur Beurteilung einperiodischer Sachinvestitionen herangezogen werden, aber eine Übertragung auf im Regelfall *mehrperiodische Sachinvestitionen* ist problematisch, wenn das Risiko im Zeitablauf nicht ansteigt, wie es ein einheitlicher risikoadjustierter Zinssatz pauschalierend annimmt[10], oder wenn sich Gesamtmarktdaten ändern, so daß selbst der „risikolose" Zins späterer Perioden keineswegs mehr als „sicher" anzusehen ist. Treten Unterschiede zwischen den Perioden auf, so ist es bei mehrperiodischen Investitionsobjekten daher eher angebracht, statt erwartete Einzahlungsüberschüsse mit risikobehafteten Zinssätzen ihre Sicherheitsäquivalente mit dem risikolosen Zins zu diskontieren[11].

B. Ableitung des Kalkulationszinsfußes unter Berücksichtigung der Kapitalstruktur

1. Problemstellung

In § 2 E wurden unter der Prämisse, daß Investitionsentscheidungen bei *subjektiver Gewißheit* über die künftigen Zahlungsreihen gefällt werden, Zahlungsreihen in die Berechnung des Kapitalwertes einbezogen, die speziell mit dem betrachteten Investitionsprojekt verbundene Kreditaufnahmen berücksichtigen. Dabei wurde der Kapitalisierungszinsfuß gegenüber dem Ausgangsfall einer Finanzierung aus vorhandenen Mitteln nicht variiert; der Kalkulationszinsfuß i wurde also unabhängig vom Zinssatz für Fremdkapital i_{FK} gewählt. Unter den Bedingungen sicherer Erwartungen und eines – von dem speziellen Kredit abgesehen – *vollkommenen Kapitalmarktes* (siehe § 1 B 2) ist ein solcher Ansatz auch zulässig. In Abschnitt *A* wurde die Prämisse sicherer Erwartungen aufgegeben. Ausgangspunkt der Bestimmung eines risikoadjustierten Kalkulationszinsfußes war in A 5

[10] Vgl. Brealey, Richard; Myers, Stewart: Principles of Corporate Finance, 2. Aufl., 1984, S. 186.

[11] Siehe Schmidt, Reinhard H.: Grundzüge der Investitions- und Finanzierungstheorie, 2. Aufl., 1986, S. 258 und S. 260–262.

die Vorstellung, daß jedes Investitionsobjekt wie eine eigene Unternehmung behandelt werden kann. Es wurde nach den Kapitalkosten des Projektes, die sich aus der geforderten Verzinsung der Eigenkapitalgeber ableiten lassen, gefragt, d. h. es wurde eine *volle Eigenfinanzierung* unterstellt.
Die Kapitalkosten variierten zwar in Abhängigkeit von dem mit dem Projekt verbundenen systematischen Risiko, nicht jedoch in Abhängigkeit der Finanzierung des Projektes. Auch diese Annahme ist wie im Fall sicherer Erwartungen zulässig, solange es unter der Bedingung eines vollkommenen Kapitalmarktes keine optimale Kapitalstruktur einer Unternehmung gibt und solange die durchschnittlichen Gesamtkapitalkosten, bestehend aus Eigen- und Fremdkapitalkosten, konstant und unabhängig von der Kapitalstruktur sind. In diesem Fall ist die Kapitalstruktur irrelevant für den Marktwert und die Kapitalkosten einer Unternehmung. *Investitions- und Finanzierungsentscheidungen* können dann *getrennt (separiert)* werden[12]. Diese Erkenntnisse gehen auf Modigliani/Miller zurück[13].
Wenn der *Kapitalmarkt* jedoch *unvollkommen* ist, weil *Eigen- und Fremdfinanzierung* insofern *steuerrechtlich* nicht gleich behandelt werden, als gezahlte Zinsen beim Kreditgeber nicht der Besteuerung unterliegen, ausgeschüttete Dividenden aber von Unternehmen zu versteuern sind, oder weil die Durchführung einer Investition die *Verschuldungskapazität* einer Unternehmung beeinflußt (z. B. Notwendigkeit der Aufrechterhaltung einer bestimmten, eventuell extern vorgegebenen Kapitalstruktur), können Investitions- und Finanzierungsentscheidungen nicht mehr unabhängig voneinander getroffen werden. Dann hängt der Kalkulationszinsfuß bei Investitionsentscheidungen unter Risiko nicht nur von dem Ausmaß des nicht wegdiversifizierbaren Unternehmensrisikos, sondern zudem auch von der *Kapitalstruktur des Unternehmens* ab. In diesen Fällen muß das bisher benutzte Kapitalwertmodell entsprechend *modifiziert* werden, indem die *finanziellen Nebeneffekte der Investition* bei der Berechnung des Kalkulationszinsfußes berücksichtigt werden.
Für die Modifikation wird in der Literatur vorgeschlagen, den Kalkulationszinsfuß aus den mit den Kapitalanteilen *gewichteten Eigen- und Fremdkapitalkostensätzen* (*Weighted Average Cost of Capital Approach*, kurz WACC-Ansatz) zu ermitteln. Seit einiger Zeit wird aber auch als allgemeinerer Ansatz anstelle eines gewichteten Durchschnittskapitalkostensatzes die *Anpassung* des auf Basis vollständiger Eigenfinanzierung ermittelten Kapitalwertes *durch den Kapitalwert der Nebeneffekte aus der Fremdfinanzierung* (*Adjusted Present Value Approach*, kurz APV-Ansatz) empfohlen.

---

12 Vgl. Schmidt, Reinhard H.: Grundzüge der Investitions- und Finanzierungstheorie, 2. Aufl., 1986, S. 234.

13 Siehe Modigliani, Franco; Miller, Merton H.: The Cost of Capital, Corporation Finance and the Theory of Investment, in: American Economic Review, Vol. 48, 1958, S. 261–297.

2. Gewichteter Kapitalkosten-Ansatz

Der Relevanz der Kapitalstruktur und dem Einfluß der Fremdfinanzierung auf die Vorteilhaftigkeit einer Investition kann durch den Ansatz eines gewichteten Durchschnittskapitalkostensatzes Rechnung getragen werden. Bei diesem Ansatz wird auf eine Aufspaltung der Zahlungsreihen, die der Kapitalwertberechnung zugrunde liegen, und ihrer gesonderten Diskontierung verzichtet, sondern versucht, den Kalkulationszinsfuß zur Berücksichtigung der finanziellen Nebeneffekte pauschal anzupassen. Der Ausdruck für den gewichteten Durchschnittskapitalkostensatz nach Steuern ($\overline{i_s}$) lautet[14]:

$$\overline{i_s} = i_{FK}(1-s)\frac{V_{FK}}{V_{FK}+V_{EK}} + i_{EK}\frac{V_{EK}}{V_{FK}+V_{EK}} \tag{8.6}$$

mit

$i_{FK}:=$ Fremdkapitalkostensatz,
$i_{EK}:=$ vom Aktionär erwartete Eigenkapitalverzinsung (nach Steuern des Unternehmens),
$V_{FK}:=$ Marktwert des Fremdkapitals,
$V_{EK}:=$ Marktwert des Eigenkapitals.

Bei diesem Ansatz wird aber nicht berücksichtigt, daß die Kapitalstruktur sich infolge von Finanzierungsmaßnahmen für eine Investition und infolge des Kapitalwertes einer Investition ändern kann.

3. Angepaßter Kapitalwert-Ansatz

Da der Kapitalwert einer Summe von Zahlungsströmen gleich der Summe der Kapitalwerte dieser Zahlungsströme ist[15], kann der Kapitalwert einer Investition aus mehreren Komponenten zusammengesetzt werden. In dieser Weise war in § 2 bei dem Ansatz der Zahlungsströme von Finanzierungsmaßnahmen verfahren worden. Dieses Prinzip läßt sich auch für die Berücksichtigung weiterer Finanzierungseffekte unter Risiko anwenden. Geht man vom Kapitalwert einer voll eigenfinanzierten Investition unter Verwendung eines *dem Risiko dieser Investition angemessenen Kalkulationszinsfußes* aus (C_{0EK}), so ergibt sich der angepaßte Kapitalwert C_0 aus der Hinzufügung des *Kapitalwertes der Finanzierungseffekte* (C_{0FK})[16]:

---

[14] Vgl. Brealey, Richard; Myers, Stewart: Principles of Corporate Finance, 2. Aufl., 1984, S. 417.

[15] Vgl. Schall, Lawrence D.: Asset Valuation, Firm Investment, and Firm Diversification, in: Journal of Business, 45. Jg., 1972, S. 11–28.

[16] Siehe Myers, Stewart C.: Interactions of Corporate Financing and Investment Decisions-Implications for Capital Budgeting, in: The Journal of Finance, Vol. 29, No. 1, März 1974, S. 1–25; Brealey, Richard; Myers, Stewart: Principles of Corporate Finance, 2. Aufl., 1984, S. 409.

(8.7) $$C_0 = C_{0EK} + C_{0FK}.$$

Beispiel

Angenommen, nach der Finanzpolitik eines Unternehmens soll das langfristige Fremdkapital etwa 50% des Buchwertes der Sachanlagen ausmachen, so wird die Aufnahmemöglichkeit für solche Kredite (Verschuldungskapazität) durch den Buchwert des Sachanlagevermögens bestimmt. Eine Anlageinvestition mit einer Anschaffungsauszahlung von 200 *TDM* würde die Verschuldungskapazität dieser Unternehmung um 100 *TDM* erhöhen, so daß die *Möglichkeit* einer zusätzlichen Kreditaufnahme bestünde . Der Wert dieser Möglichkeit ergibt sich unter dem Aspekt der steuerlichen Abzugsfähigkeit der Fremdkapitalzinsen aus Tabelle 8.1. Es werden ein Fremdkapitalzinssatz von 8% sowie gleichmäßige Tilgung des Kredites über 5 Jahre parallel zu einer linearen Abschreibung der Sachinvestition unterstellt. Der effektive Fremdkapitalzinssatz wird für die Zahlungsreihe des Kredites als Kalkulationszinssatz verwendet.

Tabelle 8.1

Jahr	FK-Bestand zu Beginn des Jahres	Tilgung am Ende des Jahres	Zinszahlungen am Ende des Jahres	Steuerersparnis aufgrund der Zinszahlungen ($s = 60\%$)	Tilgung und Zinszahlungen nach Steuern	Barwert der Tilgung und Zinszahlungen (8%)
1	100 000	20 000	8000	4800	23 200	21 481
2	80 000	20 000	6400	3840	22 560	19 342
3	60 000	20 000	4800	2880	21 920	17 401
4	40 000	20 000	3200	1920	21 280	15 641
5	20 000	20 000	1600	960	20 640	14 047
						87 912

Der Kapitalwert der Finanzierungsmaßnahme beträgt nach Tabelle 8.1 $C_{0FK} = +100\ TDM - 87{,}912\ TDM = 12{,}088\ TDM$. Dies entspricht dem Barwert der Steuerersparnis aufgrund der Zinszahlungen (B_{0s}):

$$B_{0s} = \frac{4{,}8}{1{,}08} + \frac{3{,}84}{1{,}08^2} + \frac{2{,}88}{1{,}08^3} + \frac{1{,}92}{1{,}08^4} + \frac{0{,}96}{1{,}08^5} = 12{,}088\ TDM.$$

Der Kapitalwert der Investition beträgt dann

$$C_0 = C_{0EK} + 12{,}088\ TDM.$$

Der Barwert der Steuerersparnis betrifft zwar die Gesamtunternehmung, er wurde aber durch die Investition ermöglicht und sollte daher auch dieser Investition zugerechnet und zum Ausgangskapitalwert C_{0EK} addiert werden.

4. Vergleich des APV-Ansatzes mit dem WACC-Ansatz

In welcher Beziehung stehen nun der gewichtete Durchschnittskapitalkosten-Ansatz und der angepaßte Kapitalwert-Ansatz? Zur Beantwortung dieser Frage sei kurz auf den Zusammenhang zwischen dem *Marktwert einer Unternehmung* (V_G) und ihrer *Kapitalstruktur* eingegangen[17].

Der Marktwert einer Unternehmung setzt sich aus dem Marktwert des Eigenkapitals (V_{EK}) und dem Marktwert des Fremdkapitals (V_{FK}) zusammen:

(8.8) $$V_G = V_{EK} + V_{FK}.$$

Erzielt eine Unternehmung bei konstantem Bestand an Fremdkapital und unveränderlichem Zinssatz einen jährlich konstanten Einzahlungsüberschuß vor Steuern und Zinszahlungen in Höhe von c^*, so gilt:

(8.9) $$V_G = \frac{(c^* - i_{FK} \cdot V_{FK}) \cdot (1 - s)}{i_{EK}} + \frac{i_{FK} \cdot V_{FK}}{i_{FK}}.$$

Setzt man $$V_{EK} = \frac{(c^* - i_{FK} \cdot V_{FK}) \cdot (1 - s)}{i_{EK}},$$

so folgt $$i_{EK} \cdot V_{EK} = c^*(1 - s) - (i_{FK} \cdot V_{FK})(1 - s) \text{ und}$$

$$\frac{V_G \cdot i_{EK} \cdot V_{EK}}{V_G} + \frac{(i_{FK} \cdot V_{FK})(1 - s) \cdot V_G}{V_G} = c^*(1 - s).$$

Daraus folgt

(8.9a) $$V_G = \frac{c^*(1 - s)}{i_{EK} \cdot \frac{V_{EK}}{V_G} + i_{FK}(1 - s) \cdot \frac{V_{FK}}{V_G}}.$$

und unter Beachtung von (8.6)

(8.9b) $$V_G = \frac{c^*(1 - s)}{\bar{i}_s}.$$

[17] Vgl. zu den nachfolgenden Ausführungen Lumby, Stephen: Investment Appraisal, 2. Aufl., 1984, S. 247–254.

Der Marktwert einer Unternehmung läßt sich auch mit Hilfe des APV-Ansatzes darstellen. Für den Marktwert einer *vollkommen mit Eigenkapital* finanzierten Unternehmung gilt:

(8.10)
$$V_G = \frac{c^*(1-s)}{i^*_{EK}}$$

mit i^*_{EK} = erwartete Eigenkapitalverzinsung bei vollständiger Eigenfinanzierung. Wird die Unternehmung teils eigen, teils fremdfinanziert, so steigt der Marktwert der Unternehmung um den Barwert der Steuerersparnis infolge der Fremdfinanzierung an. Der Barwert dieser zeitlich unbegrenzten Steuerersparnis beträgt

(8.11)
$$s \cdot V_{FK} = \frac{i_{FK} \cdot V_{FK} \cdot s}{i_{FK}},$$

so daß für den Marktwert einer fremdfinanzierten Unternehmung gilt:

(8.12)
$$V_G = \frac{c^*(1-s)}{i^*_{EK}} + s \cdot V_{FK}$$

Beispiel[18] **(1. Teil)**

$V_{EK} = 400\ TDM$, $s = 52\%$,
$V_{FK} = 100\ TDM$, $i_{FK} = 9\%$,
$c^* = 140\ TDM$.

Der Marktwert der Gesamtunternehmung V_G setzt sich aus V_{EK} und V_{FK} zusammen und beträgt somit definitionsgemäß 500 *TDM*. Eingesetzt in 8.12 gilt demnach:

$$500\ TDM = \frac{140\ TDM\,(1-0{,}52)}{i^*_{EK}} + 0{,}52 \cdot 100\ TDM,$$

so daß
$$i^*_{EK} = 15\%.$$

Unter Rückgriff auf 8.9a läßt sich V_G auch wie folgt ausdrücken:

$$500\ TDM = \frac{140\ TDM\,(1-0{,}52)}{i_{EK} \cdot \frac{4}{5} + 0{,}09\,(1-0{,}52) \cdot \frac{1}{5}}.$$

Daraus folgt für

$$i_{EK} = 15{,}72\%$$

und für

$$\bar{i}_s = 0{,}8 \cdot 15{,}72\% + 0{,}2 \cdot 9\% \cdot (1-0{,}52) = 13{,}44\%.$$

[18] In Anlehnung an Lumby, Stephen: Investment Appraisal, 2. Aufl., 1984, S. 249 ff.

Nach dem APV-Ansatz ergibt sich der Marktwert des Unternehmens gemäß (8.11) und (8.12) durch Diskontierung der erwarteten Einzahlungsüberschüsse nach Steuern mit dem Renditeanspruch der Eigenkapitalgeber bei voller Eigenfinanzierung (i^*_{EK}), korrigiert um finanzielle Nebeneffekte aufgrund der Fremdfinanzierung. Dabei werden die Zahlungsströme aus der allgemeinen Unternehmenstätigkeit und aus der Kreditaufnahme mit unterschiedlichen Zinssätzen diskontiert, die das jeweilige Risiko am besten reflektieren[19]. Nach dem WACC-Ansatz ergibt sich der Marktwert des Unternehmens gemäß (8.9b) durch Diskontierung der Einzahlungsüberschüsse mit dem gewichteten Durchschnittskapitalkostensatz $\overline{i_s} = 13{,}44\%$. Beide Vorgehensweisen führen hier zum gleichen Ergebnis.

Hinzuweisen ist darauf, daß $i^*_{EK} < i_{EK}$ ist. Mit steigendem Verschuldungsgrad steigt also der Renditeanspruch der Eigenkapitalgeber. Der Renditesatz i_{EK}, der für die Berechnung des Durchschnittskapitalkostensatzes $\overline{i_s}$ benutzt wird, ist somit eine Funktion des Marktrisikos der Gesamtunternehmung und der Kapitalstruktur.

5. *Anwendung des APV-Ansatzes auf Einzelinvestitionen*

Vorstehende Überlegungen lassen sich auf eine *Einzelinvestition* übertragen. Ein positiver Kapitalwert erhöht den Marktwert der Gesamtunternehmung.

Beispiel (2. Teil)

Die in dem ersten Teil des Beispiels eingeführte Unternehmung erwägt die Durchführung einer Investition mit einer Anschaffungsauszahlung von 100 *TDM*, die einen zeitlich unbegrenzten, jährlich konstanten Einzahlungsüberschuß von 49 *TDM* vor Zinsen und Steuern erwarten läßt und die gleiche Risikostruktur wie die Gesamtunternehmung aufweist. Unter der Annahme, daß das Verhältnis der Marktwerte $V_{EK} : V_{FK} = 4 : 1$ auch *nach* Durchführung der Investition unter Berücksichtigung des Kapitalwertes der Investition gleichbleibt, ergibt sich unter Rückgriff auf $\overline{i_s} = 13{,}44\%$ ein Kapitalwert von

$$C_0 = -100\ TDM + \frac{49\ TDM\,(1 - 0{,}52)}{0{,}1344} = 75\ TDM.$$

Damit wird unterstellt, daß der Anschaffungsauszahlung von 100 *TDM* 65 *TDM* Eigenkapital und 35 *TDM* Fremdkapital entsprechen; denn der Marktwert des Anlagevermögens erhöht sich um 175 *TDM*, wovon ein Fünftel 35 *TDM* ausmachen.

[19] Siehe Lumby, Stephen: Investment Appraisal, 2. Aufl., 1984, S. 248.

Aus (8.9) folgt für das Beispiel:

$$C_0 = -100\ TDM + 35\ TDM + \frac{49\ TDM(1-0{,}52)}{0{,}1572} - \frac{0{,}09 \cdot 35\ TDM(1-0{,}52)}{0{,}1572}$$
$$= 75\ TDM,$$

bzw. nach dem APV-Ansatz gemäß (8.11) und 8.12)

$$C_0 = -100\ TDM + \frac{49\ TDM(1-0{,}52)}{0{,}15} + \frac{0{,}09 \cdot 35\ TDM \cdot 0{,}52}{0{,}09} = 75\ TDM.$$

In diesem Beispiel führen der WACC- und APV-Ansatz zum gleichen Ergebnis. Dies gilt jedoch nur unter den Voraussetzungen, daß

— sich infolge der geplanten Investitionen die Kapitakstruktur des Unternehmens nicht ändert und
— das Projekt das gleiche Marktrisiko wie die Gesamtunternehmung aufweist[20].

Würde die Investition z. B. die Verschuldungskapazität der Unternehmung um weniger als 35 *TDM* ausdehnen, so wären die Steuerersparnisse aufgrund der geringeren Zinszahlungen niedriger und C_0 würde sinken, analog würde C_0 bei einer höheren Zunahme der Verschuldungskapazität steigen. Würde die Durchführung der Investition beispielsweise die Verschuldungskapazität um 50 *TDM* ausdehnen, so betrüge C_0 nach dem APV-Ansatz (8.12):

$$C_0 = -100\ TDM + \frac{49\ TDM(1-0{,}52)}{0{,}15} + 0{,}52 \cdot 50\ TDM = 82{,}8\ TDM.$$

Liegen die obigen Voraussetzungen nicht vor, ist es angebrachter, die Einzahlungsüberschüsse mit i^*_{EK} zu diskontieren, wobei i^*_{EK} von Projekt zu Projekt variieren kann, abhängig von dem mit der Investition verbundenen Marktrisiko, das nicht mit dem Marktrisiko der Gesamtunternehmung übereinstimmen muß. Eine Schätzung für i^*_{EK} lieferte das CAPM (siehe § 8 A). Damit wird ein Ausgangskapitalwert errechnet, der dann um Nebeneffekte der Finanzierung angepaßt wird. Der APV stellt somit einen allgemeineren Ansatz als die Verwendung eines gewichteten Durchschnittskapitalkostensatzes dar und berücksichtigt auch unterschiedliche Risiken sowie sich *ändernde Kapitalstrukturen.* Der WACC-Ansatz gemäß Formel (8.9b), angewandt auf die Beurteilung einzelner Investitionen, liefert dagegen nur eine Näherungsformel, sofern nicht die genannten restriktiven Prämissen gelten.

Während für kleinere Projekte die Verwendung der durchschnittlichen Kapitalkosten der Unternehmung bei der Kapitalwertberechnung als Näherungsformel und

[20] Vgl. Brealey, Richard; Myers, Stewart: Principles of Corporate Finance, 2. Aufl., 1984, S. 422.

zur Vereinfachung akzeptabel sein mag, sollte bei größeren Projekten dem APV-Ansatz der Vorzug gegeben werden. Bei Auslandsinvestitionen (siehe § 2 H) spielen die Interdependenzen zwischen Investitions- und Finanzierungsentscheidungen eine besondere Rolle; auch das mit dem Objekt verbundene Risiko weicht im allgemeinen vom bestehenden durchschnittlichen Marktrisiko der investierenden Gesellschaft ab, so daß sich die Berechnung eines APV's anbietet. Einen Ansatz zur Bewertung von Auslandsinvestitionen lieferte Lessard[21].

Literaturempfehlungen zu § 8

Sharpe, William F.: Portfolio Theory and Capital Markets, 1970, Kapitel 5 (zu § 8 A).

Drukarczyk, Jochen: Finanzierungstheorie, 1980, S. 319–352 (zu § 8 A).

Schneider, Dieter: Investition und Finanzierung, 5. Aufl., 1980, S. 521–553 (zu § 8 A).

Copeland, Thomas E.; Weston, J. Fred: Financial Theory and Corporate Policy, 2. Aufl., 1983, Kapitel 7 (zu § 8 A).

Lumby, Stephen: Investment Appraisal, 2. Aufl., 1984, S. 247–259 (zu § 8 B).

Levy, Haim; Sarnat, Marshall: Capital Investment and Financial Decisions, 3. Aufl., 1986, Kapitel 13 (zu § 8 A).

Rudolph, Bernd: Klassische Kapitalkostenkonzepte zur Bestimmung des Kalkulationszinsfußes für die Investitionsrechnung, und ders.: Neuere Kapitalkostenkonzepte auf der Grundlage der Kapitalmarkttheorie, in: Zeitschrift für betriebswirtschaftliche Forschung, 38. Jg., 1986, S. 608–617 und 892–898.

Schmidt, Reinhard H.: Grundzüge der Investitions- und Finanzierungstheorie, 2. Aufl., 1986., Kapitel 11 (zu § 8 A).

Brealey, Richard; Myers, Stewart: Principles of Corporate Finance, 3. Aufl., 1988, Kapitel 9 (zu § 8 A) und Kapitel 19 (zu § 8 B).

Drukarczyk, Jochen: Kapitalkosten, in: Busse von Colbe, Walther (Hrsg.): Lexikon des Rechnungswesens, 1989, S, 276–279.

Mrotzek, Rüdiger: Bewertung direkter Auslandsinvestitionen mit Hilfe betrieblicher Investitionskalküle, 1989, Kapitel V und VI (zu § 8 B).

Aufgaben zu § 8

8.1 Im Zusammenhang mit der Kapitalmarkttheorie spricht man von systematischen und unsystematischem Risiko eines Investitionsobjektes. Erläutern Sie diese Begriffe! Welche Implikationen ergeben sich daraus für einen im Rahmen des CAPM abgeleiteten Kalkulationszinsfuß?

8.2 Die Diversifikations-AG ist eine Holdinggesellschaft, die in den letzten Jahren sehr gute Ergebnisse erzielt hat. Deshalb hält der Vorstand eine Erweiterung für möglich. Zu diesem Zweck könnte eine Kapitalerhöhung

---

[21] Siehe Lessard, Donald R.: Evaluating International Projects: An Adjusted Present Value Approach, in: Capital Budgeting under Conditions of Uncertainty, hrsg. von Crum, Roy L. und Derkinderen, Frans G. J., 1981, S. 118–137.

durchgeführt werden, durch die dem Unternehmen, das gegenwärtig über freie Mittel in Höhe von 10 Mio. DM verfügt, weitere 40 Mio. DM zufließen würden. Das bilanzielle Eigenkapital der Diversifikations-AG beträgt 260 Mio. DM. Im Augenblick hält die Diversifikations-AG 3 100%-ige Beteiligungen an

— der Schiffsbau AG
— der Puddingpulver GmbH und
— der Brauerei „Schluck-Auf" AG.

Diese drei Unternehmen sind von der Produktions- und Absatzorganisation her selbständig, jedoch bestehen im Konzern gemeinsame Planungs- und Finanzabteilungen.
Die Planungsabteilung bedient sich für die strategische Planung der sog. Scenario-Technik. Für den der augenblicklichen Planung zugrundeliegenden Zeitraum der nächsten 10 Jahre hat man 4 Scenarios entwickelt und die erwarteten durchschnittlichen Einzahlungsüberschüsse pro Jahr für jedes dieser Scenarios zu erfassen versucht.
Die Ergebnisse sind in folgender Tabelle wiedergegeben.

Sparte \ Scenario	I	II	III	IV
Schiffbau	12	10	8	6
Puddingpulver	6	5	6	4
Brauerei	6	5	5	6

Man hält das Eintreten der mittleren Scenarios für etwas wahrscheinlicher als das Eintreten der extremeren Bedingungen. Die Wahrscheinlichkeit kann etwa mit 20%, 30%, 30% und 20% angegeben werden.
Für die Anlage des zur Verfügung stehenden Betrages von 50 Mio. DM kommen nach Ansicht der Planungsabteilung folgende Projekte in Betracht, in die man sich sehr langfristig engagieren würde:

A: *Kauf der Kardanwellen GmbH*, *eines Zulieferers der Automobil-AG*
In Abhängigkeit der vier entwickelten Scenarios erwartet man von dieser Gesellschaft folgende Einzahlungsüberschüsse pro Jahr:

Scenario	I	II	III	IV
Einzahlungsüberschuß Kardanwellen-GmbH	9	8,5	8	7

B: *Kauf eines 20%-igen Aktienpaketes der Automobil-AG, die einen starken Mehrheitsaktionär besitzt.*
Die Gnome aus Zürich glauben, daß die Aktie der Automobil-AG einen β-Faktor von 1,2 annehmen wird. Die Automobil-AG ist für ihre sehr zurückhaltende, auf Stetigkeit ausgerichtete Ausschüttungspolitik bekannt. Bezogen auf den Anteil der Diversifikations-AG ist mit folgenden Dividenden zu rechnen:

Scenario	I	II	III	IV
Dividende Automobil-AG	7,5	7	7	7

C: *Kauf der ostwestfälischen Textil-GmbH.*
Während man für die gesamte Branche erwartet, daß sie sich etwa wie die Gesamtwirtschaft entwickelt, sieht es um die Textil-GmbH schlechter aus. Sie läßt im Normalfall nur sehr geringe Gewinne erwarten. Bei sehr ungünstiger Entwicklung in den nächsten 5 Jahren (Scenario IV) — und nur dann — würde die Gewerkschaft einer Liquidation zustimmen. Dann könnte durch die Veräußerung des Grundbesitzes ein beträchtlicher Liquidationsnettoerlös (nach Begleichung alter Verbindlichkeiten) erzielt werden.

Scenario	I	II	III	IV
Einzahlungsüberschuß				
Periode 1–4 je	3,5	3,5	3	
Periode 5	3,5	3,5	3	120
Periode 6–10 je	3,5	3,5	3	

In einem Vorstandsgespräch erhält der Leiter der Finanzabteilung, Dr. R. Echner, den Auftrag, einen schriftlichen Investitionsvorschlag auszuarbeiten. Aufgrund seiner guten Beziehung zu den Züricher Gnomen erwartet Dr. Echner, unter Berücksichtigung aller Umstände, in den nächsten 10 Jahren eine durchschnittliche Aktienrendite — gemessen an den Aktien des FAZ-Börsen-Index — von 8% p. a., Bundesanleihen werden seiner Meinung nach durchschnittlich eine Verzinsung von 6% p. a. erbringen.
Arbeiten Sie für Dr. Echner eine kurze Stellungnahme aus, in der Sie unterschiedliche Methoden zur Auswahl einer optimalen Investitionsalternative auf dieses Problem anwenden. Erläutern Sie Ihre gegebenenfalls zu treffenden Annahmen und die Implikationen Ihrer Methoden! Begründen Sie, welche Investition Sie vornehmen würden!

8.3[22] Im Zuge einer neuen Unternehmensstrategie plant eine in der Kraftfahrzeugindustrie erfolgreich tätige Gesellschaft den Aufbau einer Produktionsanlage zur Herstellung umweltfreundlicher Bremsbeläge. Die hierzu erforderliche Investitionsausgabe würde 50 Mio. DM betragen. Das Projekt läßt einen jährlichen Einzahlungsüberschuß vor Steuern, Zinsen und Abschreibungen von 22 Mio. DM während der voraussichtlichen Nutzungsdauer von 3 Jahren erwarten. Mit einem Restwert wird am Ende der Nutzungsdauer nicht mehr gerechnet.

Normalerweise wäre es für die Unternehmung möglich, diese Investition zu 40% fremdzufinanzieren. Ein entsprechender Kredit wäre nach 3 Jahren in einem Betrag zurückzuzahlen. Der Rest der Investitionsausgabe könnte durch eine Kapitalerhöhung aufgebracht werden. Die Begebung neuen Eigenkapitals würde einmalige Kosten in Höhe von 5,5% des aufgenommenen Betrages verursachen, die Aufnahme von Fremdkapital dagegen nur 2%, die zudem noch vom steuerpflichtigen Gewinn abzugsfähig sind.

Die Regierung hat bereits zugesagt, den Kauf und Betrieb der betreffenden Produktionsanlage zu fördern, indem sie der Unternehmung einen Kredit in voller Höhe der Investitionsausgabe ermöglichen würde (rückzahlbar in 3 Jahren), und zwar zu einem subventionierten Zinssatz von 5% (vor Steuern). Der bestehende durchschnittliche Fremdkapitalzins der Unternehmung beträgt im Gegensatz hierzu 11% (vor Steuern). Mit dem Erhalt des Regierungskredites wären keine weiteren Kosten verbunden. Diese 100%ige Fremdfinanzierung hätte allerdings zur Folge, daß die mögliche Fremdkapitalaufnahme für die Durchführung anderer Investitionen der Unternehmung um 30 Mio. DM gesenkt würde (d. h. Reduzierung der Verschuldungskapazität der Unternehmung um 30 Mio. DM).

Die Unternehmung rechnet mit einem konstanten Steuersatz von 45%, wobei die Steuern ohne Aufschub am jeweiligen Jahresende zu zahlen sind. Im 1. Jahr ist eine steuerliche zulässige Sonderabschreibung der Produktionsanlage in Höhe von 70% der notwendigen Anschaffungsauszahlung möglich, die restlichen 30% beabsichtigt die Unternehmung linear über die 3jährige Nutzungsdauer abzuschreiben.

Weiterhin ist der Unternehmensleitung bekannt, daß der Zinssatz für Bundesanleihen 6% beträgt und auf dem Aktienmarkt eine Durchschnittsrendite von 13,5% (beides nach Steuern der Kapitalanleger) erwartet wird. Der β-Faktor des Projektes, über deren Durchführung das Management aufgrund aller genannten Daten entscheiden soll, wird auf 1,2 geschätzt.

Helfen Sie der Unternehmensleitung bei ihrer Entscheidung, indem Sie den APV des Projektes berechnen!

[22] Zu dieser und zu weiteren Übungsaufgaben zum Themengebiet der Interdependenzen zwischen Investitions- und Finanzierungsentscheidungen siehe Lumby, Stephen: Investment Appraisal, A Student Workbook, 1985, S. 66–71.

Anhang

Anwendungsbeispiel eines PC-gestützten Verfahrens der Investitions- und Finanzplanung

Methoden der dynamischen Investitionsrechnung wurden in der Vergangenheit vornehmlich von Großunternehmen, kaum jedoch von Klein- und Mittelunternehmen angewandt. Ein Grund hierfür mag unter anderem in der vermeintlich langwierigen und komplizierten Berechnung dynamischer Kennziffern liegen. Der Einsatz der mittlerweile recht preiswerten Personal Computer (PC) im Zusammenspiel mit leicht erlernbaren Programmen (Software) bietet auch kleineren Unternehmen zunehmend die Möglichkeit einer rechnergestützten Durchführung der dynamischen Investitionsrechnung.
Eine große Unterstützung bieten sogenannte Tabellenkalkulationsprogramme, wie sie in leicht differenzierender Form von vielen Software-Herstellern angeboten werden. Tabellenkalkulationsprogramme (Spread Sheets) gehören nicht zur Gruppe der prozeduralen Programmiersprachen (wie z. B. Basic, Cobol, Pascal, Fortran). Grundlage aller Tabellenkalkulationsprogramme ist das stete Vorhandensein einer Basis-Tabelle, die aus gekennzeichneten Zeilen und spalten besteht. Jeder Kreuzungspunkt einer Zeile und Spalte bildet ein Feld, welches durch direkte Tasteneingabe mit beliebigen Zeichen oder Formeln belegt werden kann. Ein formelbelegtes Feld kann ankommende Daten gemäß Formelinhalt verarbeiten und das Ergebnis sofort anzeigen. Das Arbeiten mit solchen Programmen ist vergleichbar mit der Problemlösung mittels Bleistift und Papier, wobei die Grundtabelle ein Arbeitsblatt darstellt, die Tastatur den Bleistift ersetzt. Selbstverständlich besteht bei Tabellenkalkulationsprogrammen die Möglichkeit, mehrere Tabellen (Blätter) zu beschriften und diese miteinander zu verknüpfen.
Anwendungsvoraussetzung solcher Programme ist eine mit Hilfe von Tabellen darstellbare Problemstruktur. Zur Berechnung von Investitionen erwiesen sich die Tabellenkalkulationsprogramme als sehr gut geeignet. In dem hier auszugsweise entnommenen Beispiel[1] handelt es sich um eine Erweiterungsinvestition, die unter Berücksichtigung der Unsicherheit als wahrscheinliche, optimistische sowie pessimistische Variante gerechnet wurde.

---

[1] Entnommen aus: Laßmann, G., Bleuel, B., Rademacher, M.: Leitfaden für ein PC-gestütztes Verfahren der Investitions- und Finanzierungsplanung für mittelständische Industrieunternehmungen mit begleitender Ausführungsüberwachung und Wirtschaftlichkeitskontrolle, Arbeitsbericht Nr. 34 des Instituts für Unternehmungsführung und Unternehmensforschung der Ruhr-Universität Bochum, Bochum 1985.

Tabelle 1

<Übersicht zum Investitionsobjekt>

----I N V E N T A R G R U P P E		I.AUSG.	AKT	ND	DEGR.AFA	LIN.AFA	Investitionsausgaben in den Jahren 1981	1982	1983	1984
		TDM					TDM	TDM	TDM	TDM
10	IMMATERIELLE WIRTSCHAFTSGÜTER									
	101 FORSCHUNG UND ENTWICKLUNG									
	102 AUSBILDUNG UND VERSUCHE									
	103 FERTIGUNGSORGANISATION									
	104 PRODUKTWERBUNG U. MARKTEINFÜHRUNG									
20	GRUNDVERMÖGEN									
	201 GRUNDSTÜCKE UND GRUNDSTÜCKSRECHTE									
	202 GRUNDSTÜCKSEINRICHTUNGEN									
	203 BETRIEBSGEBÄUDE									
	A	1058	1	50	.05			1058		
	204 GESCHÄFTSGEBÄUDE									
	205 WOHNGEBÄUDE									
30	MASCHINEN UND MASCHINELLE ANLAGEN									
	301 SCHMELZ- UND WÄRMÖFEN									
	A	742	1	10	.30			742		
	B	13	1	5	.30			13		
	302 BEARBEITUNGSMASCHINEN									
	A	3661	1	10	.30		1800	1825	36	
	B	203	1	10	.30			203		
	C	109	1	3	0	.33		109		
	D	16	1	10	.30			16		
	E	52	1	5	.30			52		
	F	627	1	11	.27				627	
	303 ENERGIE-ANLAGEN									
	A	171	1	15	.20			158	13	
	B	47	1	15	.20			47		
	C	160	1	15	.20			160		
	D	58	1	50	.05				58	
	E	132	1	20	.05			132		

34 :		304 LEITUNGSSYSTEME								
35 :		A	31	1	10	.30		31		
36 :		B	33	1	10	.30		33		
37 :		C	92	1	10	.30		92		
38 :		305 MESS- UND REGELANLAGEN								
39 :		306 TRANSPORTEINRICHTUNGEN								
40 :		A	82	1	5	.30		67	15	
41 :		B	23	1	5	.30		23		
42 :		C	9	1	5	.30		9		
43 :		D	10	1	5	.30		10		
44 :		E	188	1	5	.30		186	2	
45 :		F	127	1	15	.20		127		
46 :		BETRIEBS- UND GESCHÄFTSAUSSTATTUNG								
47 :		401 WERKZEUGE (ERSTAUSSTATTUNG)	883	1	5	.30			463	420
48 :		402 PRÜFEINRICHTUNGEN								
49 :		403 EDV-ANLAGEN								
50 :	50	INSTANDSETZUNGSARBEITEN	30	0	0	0		30		
51 :	60	UMWELTSCHUTZMASSNAHMEN	300	1	10	.30			170	130
52 :	70	EINGEBRACHTE ALTANLAGEN (LIQ.-WERT)								
53 :	80	ABBRUCHKOSTEN F. ALTANLAGEN	112	0	0	0		37	75	
54 :	90	VERKAUFSERLÖS F. ALTANLAGEN								
55 :		Abschreibungsfähige Inv.-Ausgaben	8832				1800	5098	1384	550
56 :		nicht abschreibungsf. " "	142				0	67	75	0

Wie die „Übersicht zum Investitionsobjekt“ (Tabelle 1) zeigt, besteht es aus einer Vielzahl einzelner Aggregate, die während einer Bauzeit von 3 Jahren zu einer Fertigungsstraße zusammengefügt wurden. Die Summen der Investitionsausgaben in den einzelnen Jahren werden, getrennt nach aktivierungsfähigen und nichtaktivierungsfähigen Ausgaben, durch das Programm in das Datenblatt 1 (Tabelle 2) übernommen. Dort werden auch die gesondert zu ermittelnden steuerlichen AfA (in v. H.) für die Jahre der Nutzungsdauer (ND) eingetragen.
Bei den Erzeugnissen handelt es sich um eine einheitliche Produktgruppe (Datenblatt 2, Tabelle 3). Je nach Erfordernis kann aber eine beliebige Zahl von Produktgruppen gebildet werden. Preisindizierungen und die Berücksichtigung von Preissprüngen sind in den entsprechenden Spalten möglich. Analog zu den Datenblättern 1 und 2 können auf weiteren, hier nicht explizit aufgeführten

Tabelle 2

```
1  : <Datenbl. 1: Inv.-Ausg., Liq.-Wert, AfA - Alt. (1)>
2  : --1--2------3---------4---------5---------6---------7----
3  : Jahr n        Investitionsausgaben       Liq.Wert  steuerl.
4  : -------    akt.f.  n.akt.f.     Summe  ----------     AfA
5  :                                     0
6  : 1981  0      1800         0      1800                   0
7  : 1982  1      5098        67      5165                   0
8  : 1983  2      1384        75      1459                 840
9  : 1984  3       550         0       550                1420
10 : 1985  4         0         0         0                1010
11 : 1986  5         0         0         0                 705
12 : 1987  6         0         0         0                 516
13 : 1988  7         0         0         0                 344
14 : 1989  8         0         0         0                 221
15 : 1990  9         0         0         0                 161
16 : 1991 10         0         0         0                 118
17 : 1992 11         0         0         0                 246
18 : 1993 12         0         0         0     -1000       246
19 :
20 : comment : Alternative (1), Werte in TDM
```

Tabelle 3

1 :	<Datenbl. 2: Betriebseinnahmen - Alt. (1)>											
2 :	----------			Produktgruppe	I			Produktgruppe	II			----------
3 :	PER.	JAHR	MENGE	PrInd	ERLÖS	UMSATZ	MENGE	PrInd	ERLÖS	UMSATZ	SONST.ERL	BETR.EINN
4 :	----------											----------
5 :						0				0		0
6 :	1	1981				0				0		0
7 :	2	1982				0				0		0
8 :	3	1983	150000	1.000	18.09	2714				0		2714
9 :	4	1984	660000	1.015	18.09	12118				0		12118
10 :	5	1985	800000	1.020	18.09	14761				0		14761
11 :	6	1986	800000	1.040	18.09	15051				0		15051
12 :	7	1987	800000	1.061	18.09	15355				0		15355
13 :	8	1988	800000	1.082	18.09	15659				0		15659
14 :	9	1989	800000	1.104	18.09	15977				0		15977
15 :	10	1990	800000	1.126	18.09	16295				0		16295
16 :	11	1991	800000	1.149	18.09	16628				0		16628
17 :	12	1992	800000	1.172	18.09	16961				0		16961
18 :	13	1993	800000	1.195	18.09	17294				0		17294
19 :												
20 :	comment : Erlöse netto je ME, sonst.Erlöse in TDM											

Datenblättern die Kapitalbindung im Umlaufvermögen und die periodenweise anfallenden Betriebsausgaben ermittelt werden.

Betriebsausgaben können bei mehreren Produktionsstufen auch getrennt ermittelt werden, so daß eine entsprechend vervielfachte Anzahl von Datenblättern entsteht. Tabelle 4 zeigt z. B. die Summe aller Betriebsausgaben (Spalte 8, „Betr. A."), die vom Programm selbständig aus allen Datenblättern zusammengefaßt und in die richtige Zeile überführt wurde.

Nachdem alle für eine dynamische Investitionsrechnung relevanten Daten vom Programm in Tabelle 4 projeziert wurden, werden automatisch Kennziffern, zunächst ohne Steuer- und Finanzierungsberücksichtigung, ausgerechnet. Die „Interne Verzinsung" entspricht dem modifizierten internen Zinsfuß nach Baldwin (siehe § 3 D 2).

Tabelle 4

1 : <Invest.-Rechn. vor Entr.-St. u. Finanz. - Alt (1)>

2 :	1	2	3	4	5	6	7	8	9	10	11	12	13	14	15	16
3 :	Jahr	Tn-	Tn+	IAusg	IAusg	IAusg	UmlV	Betr.A.	Betr.E.	Betr.Ü-	Betr.Er	GgwW I	EndW Ü		Kennz.	Benennung
4 :				gesamt	a	n				bersch.	gebnis					
5 :	0			0			0	0	0	0	0	0	0			
6 :	1981	-0	12	1800	1800	0	0	0	0	0	0	1800	0		1	Alternative
7 :	1982	-1	11	5165	5098	67	0	0	0	0	-67	4760	0			
8 :	1983	-2	10	1595	1384	75	136	2454	2714	260	185	1355	588		0.0850	Kalk.-Zinsfuss
9 :	1984	-3	9	1020	550	0	470	6352	12118	5766	5766	799	12016		0.2337	Int. Verzinsung
10 :	1985	-4	8	132	0	0	132	7631	14761	7130	7130	95	13694		31177	Kapitalwert
11 :	1986	-5	7	15	0	0	15	7874	15051	7177	7177	10	12704		4245	Annuität
12 :	1987	-6	6	15	0	0	15	8124	15355	7231	7231	9	11797			
13 :	1988	-7	5	15	0	0	15	8384	15659	7275	7275	8	10939			
14 :	1989	-8	4	16	0	0	16	8650	15977	7327	7327	8	10154			
15 :	1990	-9	3	16	0	0	16	8927	16295	7368	7368	8	9411			
16 :	1991	-10	2	16	0	0	16	9212	16628	7416	7416	7	8730			
17 :	1992	-11	1	17	0	0	17	9508	16961	7453	7453	7	8087			
18 :	1993	-12	0	983	-1000	0	17	9813	17294	7481	7481	-369	7481			
19 :					7832							8497	105601			
20 :																

21 : comment : Werte in TDM. Sp. 4=5+6+7, 10=9-8, 11=10-6

Tabelle 5 zeigt die Erweiterung des Modells um eine Finanzbedarfsrechnung. Unter Berücksichtigung einer vorgegebenen Eigenkapitalausstattung und einer jährlichen Ausschüttung von 6% auf das gebundene Eigenkapital (Tabelle 6) ergibt sich eine Finanzierungslücke, die eine Fremdkapitalaufnahme von 4500 TDM zu 10% in 1982 (Tabelle 7) und von weiteren 400 TDM zu 12% in 1983 (Tabelle 8) zur Deckung der finanziellen Engpässe bedingt. Die abschließende Finanzplanung (Tabelle 9) darf bei den akkumulierten Netto-Überschüssen kein Minuszeichen aufweisen. In Tabelle 10 werden alle Datenblätter, Finanzierungsüberlegungen sowie steuerliche Aspekte in einer Ergebnisübersicht zusammengefaßt. Die Kennziffern werden jeweils in den drei Ausprägungen

1) vor Steuern und Finanzierung,
2) nach Steuern und vor Finanzierung sowie
3) nach Steuern und nach Finanzierung

errechnet.

In der abschließenden „Vorlage für die Investitionsentscheidung über Einzelobjekte" (Tabelle 11) sind noch einmal die relevanten Kennziffern zusammengestellt. Die Vorlage enthält neben einer Objektbeschreibung die Ergebnisse einer pessimistischen und einer optimistischen Variante des angeführten Rechenbeispiels. Hierzu wurden die Zahlen der in den einzelnen Datenblättern unter pessimistischer (optimistischer), aber immer noch plausibler Sicht der Zukunft neu geschätzt und vom Programm bis hin zu den Kennzahlen genau wie die zuvor behandelte wahrscheinliche Variante automatisch verarbeitet.

Tabelle 5

1 : <Finanzbedarfsrechnung - Alt. (1)>

Zeile	--1--	----3----	----4----	----5----	----6----	----7----	----8----	----9----	----10----	----11----
3 :	Jahr	Betr.Erg.	AfA	stpfl.	Ertrags-	Betr.Erg.	InvAusg.	Finanz-	Kenn-Z.	Benennung
4 :	-----	vor St.		Betr.Erg.	Steuern	nach St.	gesamt	deckung	--------	------------
5 :	0	0		0	0	0	0	0		
6 :	1981	0	0	0	0	0	1800	-1800	1	Alternative
7 :	1982	-67	0	-67	-38	-29	5165	-5127	.56	Grenzsteuersatz
8 :	1983	185	840	-655	-367	552	1595	-963		
9 :	1984	5766	1420	4346	2434	3332	1020	2312		
10 :	1985	7130	1010	6120	3427	3703	132	3571	5827	Summe Normal-AfA
11 :	1986	7177	705	6472	3624	3553	15	3538	2005	Summe Teilwert-AfA am
12 :	1987	7231	516	6715	3760	3471	15	3456		Ende der Nutzungsdauer
13 :	1988	7275	344	6931	3881	3394	15	3379		
14 :	1989	7327	221	7106	3979	3348	16	3332		
15 :	1990	7368	161	7207	4036	3332	16	3316		
16 :	1991	7416	118	7298	4087	3329	16	3313		
17 :	1992	7453	246	7207	4036	3417	17	3400		
18 :	1993	7481	2251	5230	2929	4552	-983	5535		
19 :										

20 : comment : Werte in TDM

Tabelle 6

```
1  : <Eigen-/Risikokapital-Finanzierung - Alt. (1)>
2  :  --1--   ------3-----------4-----------5----------6----------------7------------
3  :  Jahr    Kapital-   Eigenkap.  Ausschüttung  Kenn-Z.          Benennung
4  :  -----   einzahlung   Bestand            ------------------------------------
5  :     0                    0          0
6  :  1981       2000       2000        120         1   Alternative
7  :  1982       1000       3000        180
8  :  1983       1000       4000        240       .06   Ausschüttung
9  :  1984          0       4000        240             in % vom Eigenkapital-
10 :  1985                  4000        240             bestand
11 :  1986                  4000        240
12 :  1987                  4000        240
13 :  1988                  4000        240
14 :  1989                  4000        240
15 :  1990                  4000        240
16 :  1991                  4000        240
17 :  1992                  4000        240
18 :  1993                  4000        240
19 :
20 :
21 : comment : Beträge in TDM
```

Tabelle 7

1 : <Fremdfinanzierung Tranche 1 - Alt. (1)>

2 : --1----2--------3-----------4-----------5---------6--------7---------8-----------9---------10---------------11------------

	Jahr	Tilg	Kapital	Restschuld	Annuität	Zinsen	Tilgung	Zinsen nSt	Netto-KapD	Kenn-Z.	Benennung
3 :	Jahr	Tilg	Kapital	Restschuld	Annuität	Zinsen	Tilgung	Zinsen nSt	Netto-KapD	Kenn-Z.	Benennung
4 :	------	------	------	------	------	------	------	------	------	------	------
5 :	0			0	0			0	0		
6 :	1981	0	0	0	0			0	0	1	Alternative
7 :	1982	0	4500	4500	0	450	0	198	198	0.56	Grenzsteuersatz
8 :	1983	0		4500	0	450	0	198	198	.10	Kapitalzins
9 :	1984	1		4500	1420	450	970	198	1168	1982	Jahr d. Kapitalaufn.
10 :	1985	1		3530	1420	353	1067	155	1222	4	Tilgungsdauer (Jahre)
11 :	1986	1		2463	1420	246	1174	108	1282	2	tilgungsfreie Jahre
12 :	1987	1		1289	1420	129	1291	57	1348		
13 :	1988	0		-2	0	0	0	0	0		
14 :	1989	0		-2	0	0	0	0	0		
15 :	1990	0		-2	0	0	0	0	0		
16 :	1991	0		-2	0	0	0	0	0		
17 :	1992	0		-2	0	0	0	0	0		
18 :	1993	0		-2	0	0	0	0	0		
19 :											
20 :											

21 : comment :

Tabelle 8

1 : <Fremdfinanzierung Tranche 2 - Alt. (1)>

2 : --1----2-------3-----------4-----------5--------6-------7---------8-----------9---------10---------------11------------

	Jahr	Tilg	Kapital	Restschuld	Annuität	Zinsen	Tilgung	Zinsen nSt	Netto-KapD	Kenn-Z.	Benennung
3 :	Jahr	Tilg	Kapital	Restschuld	Annuität	Zinsen	Tilgung	Zinsen nSt	Netto-KapD	Kenn-Z.	Benennung
4 :											
5 :	0			0	0			0	0		
6 :	1981	0		0	0			0	0	1	Alternative
7 :	1982	0		0	0			0	0	0.56	Grenzsteuersatz
8 :	1983	0	400	400	0	48	0	21	21	.12	Kapitalzins
9 :	1984	1		400	448	48	400	21	421	1983	Jahr d. Kapitalaufn.
10 :	1985	0		0	0	0	0	0	0	1	Tilgungsdauer (Jahre)
11 :	1986	0		0	0	0	0	0	0	1	tilgungsfreie Jahre
12 :	1987	0		0	0	0	0	0	0		
13 :	1988	0		0	0	0	0	0	0		
14 :	1989	0		0	0	0	0	0	0		
15 :	1990	0		0	0	0	0	0	0		
16 :	1991	0		0	0	0	0	0	0		
17 :	1992	0		0	0	0	0	0	0		
18 :	1993	0		0	0	0	0	0	0		
19 :											
20 :											

21 : comment :

Tabelle 9

1 : <Finanzierungsplanung - Alt. (1)>

2 :	--1--	----3----	----5----	6	7	8	9	10	11	12
3 :	Jahr	Finanz-	Kapital-	Tilgung	Zinsen	Aus-	Netto-	kum.Netto	Kenn-Z.	Benennung
4 :	-----	deckung	Einsatz		nach St	schütt.	übersch	übersch		
5 :	0	0	0	0	0	0	0	0		
6 :	1981	-1800	2000	0	0	120	80	80	1	Alternative
7 :	1982	-5127	5500	0	198	180	-5	75	0.56	Grenzsteuersatz
8 :	1983	-968	1400	0	219	240	-27	48		
9 :	1984	2312	0	1370	219	240	483	531		
10 :	1985	3571	0	1067	155	240	2109	2640		
11 :	1986	3538	0	1174	108	240	2016	4656		
12 :	1987	3456	0	1291	57	240	1868	6524		
13 :	1988	3379	0	0	0	240	3139	9663		
14 :	1989	3332	0	0	0	240	3092	12755		
15 :	1990	3316	0	0	0	240	3076	15831		
16 :	1991	3313	0	0	0	240	3073	18904		
17 :	1992	3400	0	0	0	240	3160	22064		
18 :	1993	5535	0	0	0	240	5295	27359		
19 :										

20 : comment : Werte in TDM

Tabelle 10

1 :	<Ergebnisübersicht - Alt. (1)>													
2 :	1	2	3	4	5	6	7	8	9	10	11	12	13	14
3 :	Jahr	Tn-	Tn+	GgwW I	EndW R	GgwW I	EndW ü	GgwW K	EndW Nü	Wirtschaftlichkeitskennz.				Bezeichnung
4 :				I		II		III		I	II	III		
5 :	0	0	0	0	0	0	0	0	0	vor	nach	nach		
6 :	1981	0	12	1800	0	1800	0	2000	124	Steuern	Steuern	Steuern	1	Alternative
7 :	1982	-1	11	4760	0	4914	-43	5302	-7	und	vor	und	0.0850	Kalkulationszinsf.
8 :	1983	-2	10	1355	588	1412	797	1301	-39	Finanz.	Finanz.	Finanz.	0.56	Grenzsteuersatz
9 :	1984	-3	9	799	12016	914	4637	0	672	0.2337	0.1427	0.1133		Int. Verzinsung
10 :	1985	-4	8	95	13694	114	4967	0	2829	31177	18839	11466		Kapitalwert
11 :	1986	-5	7	10	12704	12	4594	0	2607	4245	1977	1203		Annuität
12 :	1987	-6	6	9	11797	12	4326	0	2328					
13 :	1988	-7	5	8	10939	12	4078	0	3772					
14 :	1989	-8	4	8	10154	12	3878	0	3581					
15 :	1990	-9	3	8	9411	11	3720	0	3434					
16 :	1991	-10	2	7	8730	11	3583	0	3307					
17 :	1992	-11	1	7	8087	11	3545	0	3278					
18 :	1993	-12	0	-369	7481	-633	4552	0	5295					
19 :				8497	105601	8602	42634	8603	31181					
20 :														
21 :	comment :													

Tabelle 11

V O R L A G E   F O R   D I E   I N V E S T I T I O N S E N T S C H E I D U N G   O B E R   E I N Z E L O B J E K T E

Investitionsobjekt
Kurztext: XXXXXXXXXXXXXXXXXXXXXX
Inv.-Summe: 8,974 Mio DM

Nutzungsdauer (Jahre) geplant	Kalk.-Zinsfuss unverst. (%)	Kalk.-Zinsfuss verst. (%)	Grenz-Ertrag-steuersatz (%)	Kapital-Einsatz Eigen-Kap. (Mio. DM)	Kapital-Einsatz Fremd-Kapital (Mio. DM)	Eff.-Zins
von 1983 bis 1993	8,5	3,74	56	4,0	4,9	10,65 %

Objekt-Nr. 6/80

Objekt-Beschreibung:

Inv.-Kategorie: Erweiterung

Standort: YYYYYYYYYYYYYYYYYYYY

Bauzeit: von 10/1981
bis 6/1983

K e n n z i f f e r n		I vor Ertr.-Steuern	II nach Ertr.-Steuerschätz.	III nach Steuern u. Finanzierung
a) Wirtschaftlichkeitskriterien				
Kapitalrendite (int. Verzinsung)		23,4 %	14,3 %	11,3 %
Kapitalwert (diskont. Oberschuss)		31,2 Mio	18,8 Mio	11,5 Mio
b) Risikokriterien				
Kapitalrückfluss (Jahr/Quart.)		1985/I	1986/IV = nach 5 3/4 J.	
Risiko-Spannweite				
Kapitalrendite (%)	opt.	24,5	15,2	12,3
	wahrsch.	23,4	14,3	11,3
	pess.	20,6	11,9	7,9
Kapitalwert (Mio DM)	opt.	35,7	21,7	14,7
	wahrsch.	31,2	18,8	11,5
	pess.	21,4	12,5	5,2

c) Kritische Variablenwerte:	Ausgangswert	krit. Wert
1) Stückerlös	DM 18,06	DM 13,24
2)		
3)		

Zinseszinstabellen

Zinssatz = 4 Prozent

Jahre	Aufzinsungsfaktor	Abzinsungsfaktor	Rentenbarwertfaktor	Kapitalwiedergew.-faktor	Rentenendwertfaktor	Rückwärtsvert.-faktor	Jahre
1	1.0400	0.9615	0.9615	1.0400	1.0000	1.0000	1
2	1.0816	0.9246	1.8861	0.5302	2.0400	0.4902	2
3	1.1249	0.8890	2.7751	0.3603	3.1216	0.3203	3
4	1.1699	0.8548	3.6299	0.2755	4.2465	0.2355	4
5	1.2167	0.8219	4.4518	0.2246	5.4163	0.1846	5
6	1.2653	0.7903	5.2421	0.1908	6.6330	0.1508	6
7	1.3159	0.7599	6.0021	0.1666	7.8983	0.1266	7
8	1.3686	0.7307	6.7327	0.1485	9.2142	0.1085	8
9	1.4233	0.7026	7.4353	0.1345	10.5828	0.0945	9
10	1.4802	0.6756	8.1109	0.1233	12.0061	0.0833	10
11	1.5395	0.6496	8.7605	0.1141	13.4864	0.0741	11
12	1.6010	0.6246	9.3851	0.1066	15.0258	0.0666	12
13	1.6651	0.6006	9.9856	0.1001	16.6268	0.0601	13
14	1.7317	0.5775	10.5631	0.0947	18.2919	0.0547	14
15	1.8009	0.5553	11.1184	0.0899	20.0236	0.0499	15
16	1.8730	0.5339	11.6523	0.0858	21.8245	0.0458	16
17	1.9479	0.5134	12.1657	0.0822	23.6975	0.0422	17
18	2.0258	0.4936	12.6593	0.0790	25.6454	0.0390	18
19	2.1068	0.4746	13.1339	0.0761	27.6712	0.0361	19
20	2.1911	0.4564	13.5903	0.0736	29.7781	0.0336	20
21	2.2788	0.4388	14.0292	0.0713	31.9692	0.0313	21
22	2.3699	0.4220	14.4511	0.0692	34.2480	0.0292	22
23	2.4647	0.4057	14.8568	0.0673	36.6179	0.0273	23
24	2.5633	0.3901	15.2470	0.0656	39.0826	0.0256	24
25	2.6658	0.3751	15.6221	0.0640	41.6459	0.0240	25
30	3.2434	0.3083	17.2920	0.0578	56.0849	0.0178	30
40	4.8010	0.2083	19.7928	0.0505	95.0255	0.0105	40
50	7.1067	0.1407	21.4822	0.0466	152.6671	0.0066	50

Zinssatz = 5 Prozent

Jahre	Aufzinsungsfaktor	Abzinsungsfaktor	Rentenbarwertfaktor	Kapitalwiedergew.-faktor	Rentenendwertfaktor	Rückwärtsvert.-faktor	Jahre
1	1.0500	0.9524	0.9524	1.0500	1.0000	1.0000	1
2	1.1025	0.9070	1.8594	0.5378	2.0500	0.4878	2
3	1.1576	0.8638	2.7232	0.3672	3.1525	0.3172	3
4	1.2155	0.8227	3.5460	0.2820	4.3101	0.2320	4
5	1.2763	0.7835	4.3295	0.2310	5.5256	0.1810	5
6	1.3401	0.7462	5.0757	0.1970	6.8019	0.1470	6
7	1.4071	0.7107	5.7864	0.1728	8.1420	0.1228	7
8	1.4775	0.6768	6.4632	0.1547	9.5491	0.1047	8
9	1.5513	0.6446	7.1078	0.1407	11.0266	0.0907	9
10	1.6289	0.6139	7.7217	0.1295	12.5779	0.0795	10
11	1.7103	0.5847	8.3064	0.1204	14.2068	0.0704	11
12	1.7959	0.5568	8.8633	0.1128	15.9171	0.0628	12
13	1.8856	0.5303	9.3936	0.1065	17.7130	0.0565	13
14	1.9799	0.5051	9.8986	0.1010	19.5986	0.0510	14
15	2.0789	0.4810	10.3797	0.0963	21.5786	0.0463	15
16	2.1829	0.4581	10.8378	0.0923	23.6575	0.0423	16
17	2.2920	0.4363	11.2741	0.0887	25.8404	0.0387	17
18	2.4066	0.4155	11.6896	0.0855	28.1324	0.0355	18
19	2.5270	0.3957	12.0853	0.0827	30.5390	0.0327	19
20	2.6533	0.3769	12.4622	0.0802	33.0660	0.0302	20
21	2.7860	0.3589	12.8212	0.0780	35.7193	0.0280	21
22	2.9253	0.3418	13.1630	0.0760	38.5052	0.0260	22
23	3.0715	0.3256	13.4886	0.0741	41.4305	0.0241	23
24	3.2251	0.3101	13.7986	0.0725	44.5020	0.0225	24
25	3.3864	0.2953	14.0939	0.0710	47.7271	0.0210	25
30	4.3219	0.2314	15.3725	0.0651	66.4388	0.0151	30
40	7.0400	0.1420	17.1591	0.0583	120.7998	0.0083	40
50	11.4674	0.0872	18.2559	0.0548	209.3480	0.0048	50

Zinssatz = 6 Prozent

Jahre	Aufzinsungsfaktor	Abzinsungsfaktor	Rentenbarwertfaktor	Kapitalwiedergew.-faktor	Rentenendwertfaktor	Rückwärtsvert.-faktor	Jahre
1	1.0600	0.9434	0.9434	1.0600	1.0000	1.0000	1
2	1.1236	0.8900	1.8334	0.5454	2.0600	0.4854	2
3	1.1910	0.8396	2.6730	0.3741	3.1836	0.3141	3
4	1.2625	0.7921	3.4651	0.2886	4.3746	0.2286	4
5	1.3382	0.7473	4.2124	0.2374	5.6371	0.1774	5
6	1.4185	0.7050	4.9173	0.2034	6.9753	0.1434	6
7	1.5036	0.6651	5.5824	0.1791	8.3938	0.1191	7
8	1.5938	0.6274	6.2098	0.1610	9.8975	0.1010	8
9	1.6895	0.5919	6.8017	0.1470	11.4913	0.0870	9
10	1.7908	0.5584	7.3601	0.1359	13.1808	0.0759	10
11	1.8983	0.5268	7.8869	0.1268	14.9716	0.0668	11
12	2.0122	0.4970	8.3838	0.1193	16.8699	0.0593	12
13	2.1329	0.4688	8.8527	0.1130	18.8821	0.0530	13
14	2.2609	0.4423	9.2950	0.1076	21.0151	0.0476	14
15	2.3966	0.4173	9.7122	0.1030	23.2760	0.0430	15
16	2.5404	0.3936	10.1059	0.0990	25.6725	0.0390	16
17	2.6928	0.3714	10.4773	0.0954	28.2129	0.0354	17
18	2.8543	0.3503	10.8276	0.0924	30.9057	0.0324	18
19	3.0256	0.3305	11.1581	0.0896	33.7600	0.0296	19
20	3.2071	0.3118	11.4699	0.0872	36.7856	0.0272	20
21	3.3996	0.2942	11.7641	0.0850	39.9927	0.0250	21
22	3.6035	0.2775	12.0416	0.0830	43.3923	0.0230	22
23	3.8197	0.2618	12.3034	0.0813	46.9958	0.0213	23
24	4.0489	0.2470	12.5504	0.0797	50.8156	0.0197	24
25	4.2919	0.2330	12.7834	0.0782	54.8645	0.0182	25
30	5.7435	0.1741	13.7648	0.0726	79.0582	0.0126	30
40	10.2857	0.0972	15.0463	0.0665	154.7620	0.0065	40
50	18.4202	0.0543	15.7619	0.0634	290.3359	0.0034	50

Zinssatz = 7 Prozent

Jahre	Aufzinsungsfaktor	Abzinsungsfaktor	Rentenbarwertfaktor	Kapitalwiedergew.-faktor	Rentenendwertfaktor	Rückwärtsvert.-faktor	Jahre
1	1.0700	0.9346	0.9346	1.0700	1.0000	1.0000	1
2	1.1449	0.8734	1.8080	0.5531	2.0700	0.4831	2
3	1.2250	0.8163	2.6243	0.3811	3.2149	0.3111	3
4	1.3108	0.7629	3.3872	0.2952	4.4399	0.2252	4
5	1.4026	0.7130	4.1002	0.2439	5.7507	0.1739	5
6	1.5007	0.6663	4.7665	0.2098	7.1533	0.1398	6
7	1.6058	0.6227	5.3893	0.1856	8.6540	0.1156	7
8	1.7182	0.5820	5.9713	0.1675	10.2598	0.0975	8
9	1.8385	0.5439	6.5152	0.1535	11.9780	0.0835	9
10	1.9672	0.5083	7.0236	0.1424	13.8164	0.0724	10
11	2.1049	0.4751	7.4987	0.1334	15.7836	0.0634	11
12	2.2522	0.4440	7.9427	0.1259	17.8885	0.0559	12
13	2.4098	0.4150	8.3577	0.1197	20.1406	0.0497	13
14	2.5785	0.3878	8.7455	0.1143	22.5505	0.0443	14
15	2.7590	0.3624	9.1079	0.1098	25.1290	0.0398	15
16	2.9522	0.3387	9.4466	0.1059	27.8881	0.0359	16
17	3.1588	0.3166	9.7632	0.1024	30.8402	0.0324	17
18	3.3799	0.2959	10.0591	0.0994	33.9990	0.0294	18
19	3.6165	0.2765	10.3356	0.0968	37.3790	0.0268	19
20	3.8697	0.2584	10.5940	0.0944	40.9955	0.0244	20
21	4.1406	0.2415	10.8355	0.0923	44.8652	0.0223	21
22	4.4304	0.2257	11.0612	0.0904	49.0057	0.0204	22
23	4.7405	0.2109	11.2722	0.0887	53.4361	0.0187	23
24	5.0724	0.1971	11.4693	0.0872	58.1767	0.0172	24
25	5.4274	0.1842	11.6536	0.0858	63.2490	0.0158	25
30	7.6123	0.1314	12.4090	0.0806	94.4608	0.0106	30
40	14.9745	0.0668	13.3317	0.0750	199.6351	0.0050	40
50	29.4570	0.0339	13.8007	0.0725	406.5289	0.0025	50

Zinssatz = 8 Prozent

Jahre	Aufzinsungsfaktor	Abzinsungsfaktor	Rentenbarwertfaktor	Kapitalwiedergew.-faktor	Rentenendwertfaktor	Rückwärtsvert.-faktor	Jahre
1	1.0800	0.9259	0.9259	1.0800	1.0000	1.0000	1
2	1.1664	0.8573	1.7833	0.5608	2.0800	0.4808	2
3	1.2597	0.7938	2.5771	0.3880	3.2464	0.3080	3
4	1.3605	0.7350	3.3121	0.3019	4.5061	0.2219	4
5	1.4693	0.6806	3.9927	0.2505	5.8666	0.1705	5
6	1.5869	0.6302	4.6229	0.2163	7.3359	0.1363	6
7	1.7138	0.5835	5.2064	0.1921	8.9228	0.1121	7
8	1.8509	0.5403	5.7466	0.1740	10.6366	0.0940	8
9	1.9990	0.5002	6.2469	0.1601	12.4876	0.0801	9
10	2.1589	0.4632	6.7101	0.1490	14.4866	0.0690	10
11	2.3316	0.4289	7.1390	0.1401	16.6455	0.0601	11
12	2.5182	0.3971	7.5361	0.1327	18.9771	0.0527	12
13	2.7196	0.3677	7.9038	0.1265	21.4953	0.0465	13
14	2.9372	0.3405	8.2442	0.1213	24.2149	0.0413	14
15	3.1722	0.3152	8.5595	0.1168	27.1521	0.0368	15
16	3.4259	0.2919	8.8514	0.1130	30.3243	0.0330	16
17	3.7000	0.2703	9.1216	0.1096	33.7502	0.0296	17
18	3.9960	0.2502	9.3719	0.1067	37.4502	0.0267	18
19	4.3157	0.2317	9.6036	0.1041	41.4463	0.0241	19
20	4.6610	0.2145	9.8181	0.1019	45.7620	0.0219	20
21	5.0338	0.1987	10.0168	0.0998	50.4229	0.0198	21
22	5.4365	0.1839	10.2007	0.0980	55.4568	0.0180	22
23	5.8715	0.1703	10.3711	0.0964	60.8933	0.0164	23
24	6.3412	0.1577	10.5288	0.0950	66.7648	0.0150	24
25	6.8485	0.1460	10.6748	0.0937	73.1059	0.0137	25
30	10.0627	0.0994	11.2578	0.0888	113.2832	0.0088	30
40	21.7245	0.0460	11.9246	0.0839	259.0565	0.0039	40
50	46.9016	0.0213	12.2335	0.0817	573.7702	0.0017	50

Zinssatz = 9 Prozent

Jahre	Aufzinsungsfaktor	Abzinsungsfaktor	Rentenbarwertfaktor	Kapitalwiedergew.-faktor	Rentenendwertfaktor	Rückwärtsvert.-faktor	Jahre
1	1.0900	0.9174	0.9174	1.0900	1.0000	1.0000	1
2	1.1881	0.8417	1.7591	0.5685	2.0900	0.4785	2
3	1.2950	0.7722	2.5313	0.3951	3.2781	0.3051	3
4	1.4116	0.7084	3.2397	0.3087	4.5731	0.2187	4
5	1.5386	0.6499	3.8897	0.2571	5.9847	0.1671	5
6	1.6771	0.5963	4.4859	0.2229	7.5233	0.1329	6
7	1.8280	0.5470	5.0330	0.1987	9.2004	0.1087	7
8	1.9926	0.5019	5.5348	0.1807	11.0285	0.0907	8
9	2.1719	0.4604	5.9952	0.1668	13.0210	0.0768	9
10	2.3674	0.4224	6.4177	0.1558	15.1929	0.0658	10
11	2.5804	0.3875	6.8052	0.1469	17.5603	0.0569	11
12	2.8127	0.3555	7.1607	0.1397	20.1407	0.0497	12
13	3.0658	0.3262	7.4869	0.1336	22.9534	0.0436	13
14	3.3417	0.2992	7.7862	0.1284	26.0192	0.0384	14
15	3.6425	0.2745	8.0607	0.1241	29.3609	0.0341	15
16	3.9703	0.2519	8.3126	0.1203	33.0034	0.0303	16
17	4.3276	0.2311	8.5436	0.1170	36.9737	0.0270	17
18	4.7171	0.2120	8.7556	0.1142	41.3013	0.0242	18
19	5.1417	0.1945	8.9501	0.1117	46.0185	0.0217	19
20	5.6044	0.1784	9.1285	0.1095	51.1601	0.0195	20
21	6.1088	0.1637	9.2922	0.1076	56.7645	0.0176	21
22	6.6586	0.1502	9.4424	0.1059	62.8733	0.0159	22
23	7.2579	0.1378	9.5802	0.1044	69.5319	0.0144	23
24	7.9111	0.1264	9.7066	0.1030	76.7898	0.0130	24
25	8.6231	0.1160	9.8226	0.1018	84.7009	0.0118	25
30	13.2677	0.0754	10.2737	0.0973	136.3075	0.0073	30
40	31.4094	0.0318	10.7574	0.0930	337.8824	0.0030	40
50	74.3575	0.0134	10.9617	0.0912	815.0836	0.0012	50

Zinssatz = 10 Prozent

Jahre	Aufzinsungsfaktor	Abzinsungsfaktor	Rentenbarwertfaktor	Kapitalwiedergew.-faktor	Rentenendwertfaktor	Rückwärtsvert.-faktor	Jahre
1	1.1000	0.9091	0.9091	1.1000	1.0000	1.0000	1
2	1.2100	0.8264	1.7355	0.5762	2.1000	0.4762	2
3	1.3310	0.7513	2.4869	0.4021	3.3100	0.3021	3
4	1.4641	0.6830	3.1699	0.3155	4.6410	0.2155	4
5	1.6105	0.6209	3.7908	0.2638	6.1051	0.1638	5
6	1.7716	0.5645	4.3553	0.2296	7.7156	0.1296	6
7	1.9487	0.5132	4.8684	0.2054	9.4872	0.1054	7
8	2.1436	0.4665	5.3349	0.1874	11.4359	0.0874	8
9	2.3579	0.4241	5.7590	0.1736	13.5795	0.0736	9
10	2.5937	0.3855	6.1446	0.1627	15.9374	0.0627	10
11	2.8531	0.3505	6.4951	0.1540	18.5312	0.0540	11
12	3.1384	0.3186	6.8137	0.1468	21.3843	0.0468	12
13	3.4523	0.2897	7.1034	0.1408	24.5227	0.0408	13
14	3.7975	0.2633	7.3667	0.1357	27.9750	0.0357	14
15	4.1772	0.2394	7.6061	0.1315	31.7725	0.0315	15
16	4.5950	0.2176	7.8237	0.1278	35.9497	0.0278	16
17	5.0545	0.1978	8.0216	0.1247	40.5447	0.0247	17
18	5.5599	0.1799	8.2014	0.1219	45.5992	0.0219	18
19	6.1159	0.1635	8.3649	0.1195	51.1591	0.0195	19
20	6.7275	0.1486	8.5136	0.1175	57.2750	0.0175	20
21	7.4002	0.1351	8.6487	0.1156	64.0025	0.0156	21
22	8.1403	0.1228	8.7715	0.1140	71.4027	0.0140	22
23	8.9543	0.1117	8.8832	0.1126	79.5430	0.0126	23
24	9.8497	0.1015	8.9847	0.1113	88.4973	0.0113	24
25	10.8347	0.0923	9.0770	0.1102	98.3471	0.0102	25
30	17.4494	0.0573	9.4269	0.1061	164.4940	0.0061	30
40	45.2593	0.0221	9.7791	0.1023	442.5926	0.0023	40
50	117.3909	0.0085	9.9148	0.1009	1163.9085	0.0009	50

Zinssatz = 11 Prozent

Jahre	Aufzinsungsfaktor	Abzinsungsfaktor	Rentenbarwertfaktor	Kapitalwiedergew.-faktor	Rentenendwertfaktor	Rückwärtsvert.-faktor	Jahre
1	1.1100	0.9009	0.9009	1.1100	1.0000	1.0000	1
2	1.2321	0.8116	1.7125	0.5839	2.1100	0.4739	2
3	1.3676	0.7312	2.4437	0.4092	3.3421	0.2992	3
4	1.5181	0.6587	3.1024	0.3223	4.7097	0.2123	4
5	1.6851	0.5935	3.6959	0.2706	6.2278	0.1606	5
6	1.8704	0.5346	4.2305	0.2364	7.9129	0.1264	6
7	2.0762	0.4817	4.7122	0.2122	9.7833	0.1022	7
8	2.3045	0.4339	5.1461	0.1943	11.8594	0.0843	8
9	2.5580	0.3909	5.5370	0.1806	14.1640	0.0706	9
10	2.8394	0.3522	5.8892	0.1698	16.7220	0.0598	10
11	3.1518	0.3173	6.2065	0.1611	19.5614	0.0511	11
12	3.4985	0.2858	6.4924	0.1540	22.7132	0.0440	12
13	3.8833	0.2575	6.7499	0.1482	26.2116	0.0382	13
14	4.3104	0.2320	6.9819	0.1432	30.0949	0.0332	14
15	4.7846	0.2090	7.1909	0.1391	34.4054	0.0291	15
16	5.3109	0.1883	7.3792	0.1355	39.1899	0.0255	16
17	5.8951	0.1696	7.5488	0.1325	44.5008	0.0225	17
18	6.5436	0.1528	7.7016	0.1298	50.3959	0.0198	18
19	7.2633	0.1377	7.8393	0.1276	56.9395	0.0176	19
20	8.0623	0.1240	7.9633	0.1256	64.2028	0.0156	20
21	8.9492	0.1117	8.0751	0.1238	72.2651	0.0138	21
22	9.9336	0.1007	8.1757	0.1223	81.2143	0.0123	22
23	11.0263	0.0907	8.2664	0.1210	91.1479	0.0110	23
24	12.2392	0.0817	8.3481	0.1198	102.1742	0.0098	24
25	13.5855	0.0736	8.4217	0.1187	114.4133	0.0087	25
30	22.8923	0.0437	8.6938	0.1150	199.0209	0.0050	30
40	65.0009	0.0154	8.9511	0.1117	581.8261	0.0017	40
50	184.5648	0.0054	9.0417	0.1106	1668.7712	0.0006	50

Zinssatz = 12 Prozent

Jahre	Aufzinsungsfaktor	Abzinsungsfaktor	Rentenbarwertfaktor	Kapitalwiedergew.-faktor	Rentenendwertfaktor	Rückwärtsvert.-faktor	Jahre
1	1.1200	0.8929	0.8929	1.1200	1.0000	1.0000	1
2	1.2544	0.7972	1.6901	0.5917	2.1200	0.4717	2
3	1.4049	0.7118	2.4018	0.4163	3.3744	0.2963	3
4	1.5735	0.6355	3.0373	0.3292	4.7793	0.2092	4
5	1.7623	0.5674	3.6048	0.2774	6.3528	0.1574	5
6	1.9738	0.5066	4.1114	0.2432	8.1152	0.1232	6
7	2.2107	0.4523	4.5638	0.2191	10.0890	0.0991	7
8	2.4760	0.4039	4.9676	0.2013	12.2997	0.0813	8
9	2.7731	0.3606	5.3282	0.1877	14.7757	0.0677	9
10	3.1058	0.3220	5.6502	0.1770	17.5487	0.0570	10
11	3.4785	0.2875	5.9377	0.1684	20.6546	0.0484	11
12	3.8960	0.2567	6.1944	0.1614	24.1331	0.0414	12
13	4.3635	0.2292	6.4235	0.1557	28.0291	0.0357	13
14	4.8871	0.2046	6.6282	0.1509	32.3926	0.0309	14
15	5.4736	0.1827	6.8109	0.1468	37.2797	0.0268	15
16	6.1304	0.1631	6.9740	0.1434	42.7533	0.0234	16
17	6.8660	0.1456	7.1196	0.1405	48.8837	0.0205	17
18	7.6900	0.1300	7.2497	0.1379	55.7497	0.0179	18
19	8.6128	0.1161	7.3658	0.1358	63.4397	0.0158	19
20	9.6463	0.1037	7.4694	0.1339	72.0524	0.0139	20
21	10.8038	0.0926	7.5620	0.1322	81.6987	0.0122	21
22	12.1003	0.0826	7.6446	0.1308	92.5026	0.0108	22
23	13.5523	0.0738	7.7184	0.1296	104.6029	0.0096	23
24	15.1786	0.0659	7.7843	0.1285	118.1552	0.0085	24
25	17.0001	0.0588	7.8431	0.1275	133.3339	0.0075	25
30	29.9599	0.0334	8.0552	0.1241	241.3327	0.0041	30
40	93.0510	0.0107	8.2438	0.1213	767.0914	0.0013	40
50	289.0022	0.0035	8.3045	0.1204	2400.0182	0.0004	50

Zinssatz = 13 Prozent

Jahre	Aufzinsungs faktor	Abzinsungs-faktor	Rentenbarwert-faktor	Kapitalwiedergew.-faktor	Rentenendwert-faktor	Rückwärtsvert.-faktor	Jahre
1	1.1300	0.8850	0.8850	1.1300	1.0000	1.0000	1
2	1.2769	0.7831	1.6681	0.5995	2.1300	0.4695	2
3	1.4429	0.6931	2.3612	0.4235	3.4069	0.2935	3
4	1.6305	0.6133	2.9745	0.3362	4.8498	0.2062	4
5	1.8424	0.5428	3.5172	0.2843	6.4803	0.1543	5
6	2.0820	0.4803	3.9975	0.2502	8.3227	0.1202	6
7	2.3526	0.4251	4.4226	0.2261	10.4047	0.0961	7
8	2.6584	0.3762	4.7988	0.2084	12.7573	0.0784	8
9	3.0040	0.3329	5.1317	0.1949	15.4157	0.0649	9
10	3.3946	0.2946	5.4262	0.1843	18.4197	0.0543	10
11	3.8359	0.2607	5.6869	0.1758	21.8143	0.0458	11
12	4.3345	0.2307	5.9176	0.1690	25.6502	0.0390	12
13	4.8980	0.2042	6.1218	0.1634	29.9847	0.0334	13
14	5.5348	0.1807	6.3025	0.1587	34.8827	0.0287	14
15	6.2543	0.1599	6.4624	0.1547	40.4175	0.0247	15
16	7.0673	0.1415	6.6039	0.1514	46.6717	0.0214	16
17	7.9861	0.1252	6.7291	0.1486	53.7391	0.0186	17
18	9.0243	0.1108	6.8399	0.1462	61.7251	0.0162	18
19	10.1974	0.0981	6.9380	0.1441	70.7494	0.0141	19
20	11.5231	0.0868	7.0248	0.1424	80.9468	0.0124	20
21	13.0211	0.0768	7.1016	0.1408	92.4699	0.0108	21
22	14.7138	0.0680	7.1695	0.1395	105.4910	0.0095	22
23	16.6266	0.0601	7.2297	0.1383	120.2048	0.0083	23
24	18.7881	0.0532	7.2829	0.1373	136.8315	0.0073	24
25	21.2305	0.0471	7.3300	0.1364	155.6196	0.0064	25
30	39.1159	0.0256	7.4957	0.1334	293.1992	0.0034	30
40	132.7816	0.0075	7.6344	0.1310	1013.7042	0.0010	40
50	450.7359	0.0022	7.6752	0.1303	3459.5071	0.0003	50

Zinssatz = 14 Prozent

Jahre	Aufzinsungsfaktor	Abzinsungsfaktor	Rentenbarwertfaktor	Kapitalwiedergew.-faktor	Rentenendwertfaktor	Rückwärtsvert.-faktor	Jahre
1	1.1400	0.8772	0.8772	1.1400	1.0000	1.0000	1
2	1.2996	0.7695	1.6467	0.6073	2.1400	0.4673	2
3	1.4815	0.6750	2.3216	0.4307	3.4396	0.2907	3
4	1.6890	0.5921	2.9137	0.3432	4.9211	0.2032	4
5	1.9254	0.5194	3.4331	0.2913	6.6101	0.1513	5
6	2.1950	0.4556	3.8887	0.2572	8.5355	0.1172	6
7	2.5023	0.3996	4.2883	0.2332	10.7305	0.0932	7
8	2.8526	0.3506	4.6389	0.2156	13.2328	0.0756	8
9	3.2519	0.3075	4.9464	0.2022	16.0853	0.0622	9
10	3.7072	0.2697	5.2161	0.1917	19.3373	0.0517	10
11	4.2262	0.2366	5.4527	0.1834	23.0445	0.0434	11
12	4.8179	0.2076	5.6603	0.1767	27.2707	0.0367	12
13	5.4924	0.1821	5.8424	0.1712	32.0887	0.0312	13
14	6.2613	0.1597	6.0021	0.1666	37.5811	0.0266	14
15	7.1379	0.1401	6.1422	0.1628	43.8424	0.0228	15
16	8.1372	0.1229	6.2651	0.1596	50.9804	0.0196	16
17	9.2765	0.1078	6.3729	0.1569	59.1176	0.0169	17
18	10.5752	0.0946	6.4674	0.1546	68.3941	0.0146	18
19	12.0557	0.0829	6.5504	0.1527	78.9692	0.0127	19
20	13.7435	0.0728	6.6231	0.1510	91.0249	0.0110	20
21	15.6676	0.0638	6.6870	0.1495	104.7684	0.0095	21
22	17.8610	0.0560	6.7429	0.1483	120.4360	0.0083	22
23	20.3616	0.0491	6.7921	0.1472	138.2970	0.0072	23
24	23.2122	0.0431	6.8351	0.1463	158.6586	0.0063	24
25	26.4619	0.0378	6.8729	0.1455	181.8708	0.0055	25
30	50.9502	0.0196	7.0027	0.1428	356.7868	0.0028	30
40	188.8835	0.0053	7.1050	0.1407	1342.0251	0.0007	40
50	700.2330	0.0014	7.1327	0.1402	4994.5213	0.0002	50

Zinssatz = 15 Prozent

Jahre	Aufzinsungsfaktor	Abzinsungsfaktor	Rentenbarwertfaktor	Kapitalwiedergew.-faktor	Rentenendwertfaktor	Rückwärtsvert.-faktor	Jahre
1	1.1500	0.8696	0.8696	1.1500	1.0000	1.0000	1
2	1.3225	0.7561	1.6257	0.6151	2.1500	0.4651	2
3	1.5209	0.6575	2.2832	0.4380	3.4725	0.2880	3
4	1.7490	0.5718	2.8550	0.3503	4.9934	0.2003	4
5	2.0114	0.4972	3.3522	0.2983	6.7424	0.1483	5
6	2.3131	0.4323	3.7845	0.2642	8.7537	0.1142	6
7	2.6600	0.3759	4.1604	0.2404	11.0668	0.0904	7
8	3.0590	0.3269	4.4873	0.2229	13.7268	0.0729	8
9	3.5179	0.2843	4.7716	0.2096	16.7858	0.0596	9
10	4.0456	0.2472	5.0188	0.1993	20.3037	0.0493	10
11	4.6524	0.2149	5.2337	0.1911	24.3493	0.0411	11
12	5.3503	0.1869	5.4206	0.1845	29.0017	0.0345	12
13	6.1528	0.1625	5.5831	0.1791	34.3519	0.0291	13
14	7.0757	0.1413	5.7245	0.1747	40.5047	0.0247	14
15	8.1371	0.1229	5.8474	0.1710	47.5804	0.0210	15
16	9.3576	0.1069	5.9542	0.1679	55.7175	0.0179	16
17	10.7613	0.0929	6.0472	0.1654	65.0751	0.0154	17
18	12.3755	0.0808	6.1280	0.1632	75.8364	0.0132	18
19	14.2318	0.0703	6.1982	0.1613	88.2118	0.0113	19
20	16.3665	0.0611	6.2593	0.1598	102.4436	0.0098	20
21	18.8215	0.0531	6.3125	0.1584	118.8101	0.0084	21
22	21.6447	0.0462	6.3587	0.1573	137.6316	0.0073	22
23	24.8915	0.0402	6.3988	0.1563	159.2764	0.0063	23
24	28.6252	0.0349	6.4338	0.1554	184.1678	0.0054	24
25	32.9190	0.0304	6.4641	0.1547	212.7930	0.0047	25
30	66.2118	0.0151	6.5660	0.1523	434.7451	0.0023	30
40	267.8635	0.0037	6.6418	0.1506	1779.0903	0.0006	40
50	1083.6574	0.0009	6.6605	0.1501	7217.7163	0.0001	50

Zinssatz = 16 Prozent

Jahre	Aufzinsungsfaktor	Abzinsungsfaktor	Rentenbarwertfaktor	Kapitalwiedergew.-faktor	Rentenendwertfaktor	Rückwärtsvert.-faktor	Jahre
1	1.1600	0.8621	0.8621	1.1600	1.0000	1.0000	1
2	1.3456	0.7432	1.6052	0.6230	2.1600	0.4630	2
3	1.5609	0.6407	2.2459	0.4453	3.5056	0.2853	3
4	1.8106	0.5523	2.7982	0.3574	5.0665	0.1974	4
5	2.1003	0.4761	3.2743	0.3054	6.8771	0.1454	5
6	2.4364	0.4104	3.6847	0.2714	8.9775	0.1114	6
7	2.8262	0.3538	4.0386	0.2476	11.4139	0.0876	7
8	3.2784	0.3050	4.3436	0.2302	14.2401	0.0702	8
9	3.8030	0.2630	4.6065	0.2171	17.5185	0.0571	9
10	4.4114	0.2267	4.8332	0.2069	21.3215	0.0469	10
11	5.1173	0.1954	5.0286	0.1989	25.7329	0.0389	11
12	5.9360	0.1685	5.1971	0.1924	30.8502	0.0324	12
13	6.8858	0.1452	5.3423	0.1872	36.7862	0.0272	13
14	7.9875	0.1252	5.4675	0.1829	43.6720	0.0229	14
15	9.2655	0.1079	5.5755	0.1794	51.6595	0.0194	15
16	10.7480	0.0930	5.6685	0.1764	60.9250	0.0164	16
17	12.4677	0.0802	5.7487	0.1740	71.6730	0.0140	17
18	14.4625	0.0691	5.8178	0.1719	84.1407	0.0119	18
19	16.7765	0.0596	5.8775	0.1701	98.6032	0.0101	19
20	19.4608	0.0514	5.9288	0.1687	115.3797	0.0087	20
21	22.5745	0.0443	5.9731	0.1674	134.8405	0.0074	21
22	26.1864	0.0382	6.0113	0.1664	157.4150	0.0064	22
23	30.3762	0.0329	6.0442	0.1654	183.6014	0.0054	23
24	35.2364	0.0284	6.0726	0.1647	213.9776	0.0047	24
25	40.8742	0.0245	6.0971	0.1640	249.2140	0.0040	25
30	85.8499	0.0116	6.1772	0.1619	530.3117	0.0019	30
40	378.7212	0.0026	6.2335	0.1604	2360.7572	0.0004	40
50	1670.7038	0.0006	6.2463	0.1601	10435.6488	0.0001	50

Zinssatz = 17 Prozent

Jahre	Aufzinsungsfaktor	Abzinsungsfaktor	Rentenbarwertfaktor	Kapitalwiedergew.-faktor	Rentenendwertfaktor	Rückwärtsvert.-faktor	Jahre
1	1.1700	0.8547	0.8547	1.1700	1.0000	1.0000	1
2	1.3689	0.7305	1.5852	0.6308	2.1700	0.4608	2
3	1.6016	0.6244	2.2096	0.4526	3.5389	0.2826	3
4	1.8739	0.5337	2.7432	0.3645	5.1405	0.1945	4
5	2.1924	0.4561	3.1993	0.3126	7.0144	0.1426	5
6	2.5652	0.3898	3.5892	0.2786	9.2068	0.1086	6
7	3.0012	0.3332	3.9224	0.2549	11.7720	0.0849	7
8	3.5115	0.2848	4.2072	0.2377	14.7733	0.0677	8
9	4.1084	0.2434	4.4506	0.2247	18.2847	0.0547	9
10	4.8068	0.2080	4.6586	0.2147	22.3931	0.0447	10
11	5.6240	0.1778	4.8364	0.2068	27.1999	0.0368	11
12	6.5801	0.1520	4.9884	0.2005	32.8239	0.0305	12
13	7.6987	0.1299	5.1183	0.1954	39.4040	0.0254	13
14	9.0075	0.1110	5.2293	0.1912	47.1027	0.0212	14
15	10.5387	0.0949	5.3242	0.1878	56.1101	0.0178	15
16	12.3303	0.0811	5.4053	0.1850	66.6488	0.0150	16
17	14.4265	0.0693	5.4746	0.1827	78.9792	0.0127	17
18	16.8790	0.0592	5.5339	0.1807	93.4056	0.0107	18
19	19.7484	0.0506	5.5845	0.1791	110.2846	0.0091	19
20	23.1056	0.0433	5.6278	0.1777	130.0329	0.0077	20
21	27.0336	0.0370	5.6648	0.1765	153.1385	0.0065	21
22	31.6293	0.0316	5.6964	0.1756	180.1721	0.0056	22
23	37.0062	0.0270	5.7234	0.1747	211.8013	0.0047	23
24	43.2973	0.0231	5.7465	0.1740	248.8076	0.0040	24
25	50.6578	0.0197	5.7662	0.1734	292.1049	0.0034	25
30	111.0647	0.0090	5.8294	0.1715	647.4391	0.0015	30
40	533.8687	0.0019	5.8713	0.1703	3134.5218	0.0003	40
50	2566.2153	0.0004	5.8801	0.1701	15089.5017	0.0001	50

Zinssatz = 18 Prozent

Jahre	Aufzinsungsfaktor	Abzinsungsfaktor	Rentenbarwertfaktor	Kapitalwiedergew.-faktor	Rentenendwertfaktor	Rückwärtsvert.-faktor	Jahre
1	1.1800	0.8475	0.8475	1.1800	1.0000	1.0000	1
2	1.3924	0.7182	1.5656	0.6387	2.1800	0.4587	2
3	1.6430	0.6086	2.1743	0.4599	3.5724	0.2799	3
4	1.9388	0.5158	2.6901	0.3717	5.2154	0.1917	4
5	2.2878	0.4371	3.1272	0.3198	7.1542	0.1398	5
6	2.6996	0.3704	3.4976	0.2859	9.4420	0.1059	6
7	3.1855	0.3139	3.8115	0.2624	12.1415	0.0824	7
8	3.7589	0.2660	4.0776	0.2452	15.3270	0.0652	8
9	4.4355	0.2255	4.3030	0.2324	19.0859	0.0524	9
10	5.2338	0.1911	4.4941	0.2225	23.5213	0.0425	10
11	6.1759	0.1619	4.6560	0.2148	28.7551	0.0348	11
12	7.2876	0.1372	4.7932	0.2086	34.9311	0.0286	12
13	8.5994	0.1163	4.9095	0.2037	42.2187	0.0237	13
14	10.1472	0.0985	5.0081	0.1997	50.8180	0.0197	14
15	11.9737	0.0835	5.0916	0.1964	60.9653	0.0164	15
16	14.1290	0.0708	5.1624	0.1937	72.9390	0.0137	16
17	16.6722	0.0600	5.2223	0.1915	87.0680	0.0115	17
18	19.6733	0.0508	5.2732	0.1896	103.7403	0.0096	18
19	23.2144	0.0431	5.3162	0.1881	123.4135	0.0081	19
20	27.3930	0.0365	5.3527	0.1868	146.6280	0.0068	20
21	32.3238	0.0309	5.3837	0.1857	174.0210	0.0057	21
22	38.1421	0.0262	5.4099	0.1848	206.3448	0.0048	22
23	45.0076	0.0222	5.4321	0.1841	244.4868	0.0041	23
24	53.1090	0.0188	5.4509	0.1835	289.4945	0.0035	24
25	62.6686	0.0160	5.4669	0.1829	342.6035	0.0029	25
30	143.3706	0.0070	5.5168	0.1813	790.9480	0.0013	30
40	750.3783	0.0013	5.5482	0.1802	4163.2130	0.0002	40
50	3927.3569	0.0003	5.5541	0.1800	21813.0937	0.0000	50

Zinssatz = 19 Prozent

Jahre	Aufzinsungsfaktor	Abzinsungsfaktor	Rentenbarwertfaktor	Kapitalwiedergew.-faktor	Rentenendwertfaktor	Rückwärtsvert.-faktor	Jahre
1	1.1900	0.8403	0.8403	1.1900	1.0000	1.0000	1
2	1.4161	0.7062	1.5465	0.6466	2.1900	0.4566	2
3	1.6852	0.5934	2.1399	0.4673	3.6061	0.2773	3
4	2.0053	0.4987	2.6386	0.3790	5.2913	0.1890	4
5	2.3864	0.4190	3.0576	0.3271	7.2966	0.1371	5
6	2.8398	0.3521	3.4098	0.2933	9.6830	0.1033	6
7	3.3793	0.2959	3.7057	0.2699	12.5227	0.0799	7
8	4.0214	0.2487	3.9544	0.2529	15.9020	0.0629	8
9	4.7854	0.2090	4.1633	0.2402	19.9234	0.0502	9
10	5.6947	0.1756	4.3389	0.2305	24.7089	0.0405	10
11	6.7767	0.1476	4.4865	0.2229	30.4035	0.0329	11
12	8.0642	0.1240	4.6105	0.2169	37.1802	0.0269	12
13	9.5964	0.1042	4.7147	0.2121	45.2445	0.0221	13
14	11.4198	0.0876	4.8023	0.2082	54.8409	0.0182	14
15	13.5895	0.0736	4.8759	0.2051	66.2607	0.0151	15
16	16.1715	0.0618	4.9377	0.2025	79.8502	0.0125	16
17	19.2441	0.0520	4.9897	0.2004	96.0218	0.0104	17
18	22.9005	0.0437	5.0333	0.1987	115.2659	0.0087	18
19	27.2516	0.0367	5.0700	0.1972	138.1664	0.0072	19
20	32.4294	0.0308	5.1009	0.1960	165.4180	0.0060	20
21	38.5910	0.0259	5.1268	0.1951	197.8474	0.0051	21
22	45.9233	0.0218	5.1486	0.1942	236.4385	0.0042	22
23	54.6487	0.0183	5.1668	0.1935	282.3618	0.0035	23
24	65.0320	0.0154	5.1822	0.1930	337.0105	0.0030	24
25	77.3881	0.0129	5.1951	0.1925	402.0425	0.0025	25
30	184.6753	0.0054	5.2347	0.1910	966.7122	0.0010	30
40	1051.6675	0.0010	5.2582	0.1902	5529.8290	0.0002	40
50	5988.9139	0.0002	5.2623	0.1900	31515.3363	0.0000	50

Zinssatz = 20 Prozent

Jahre	Aufzinsungsfaktor	Abzinsungsfaktor	Rentenbarwertfaktor	Kapitalwiedergew.-faktor	Rentenendwertfaktor	Rückwärtsvert.-faktor	Jahre
1	1.2000	0.8333	0.8333	1.2000	1.0000	1.0000	1
2	1.4400	0.6944	1.5278	0.6545	2.2000	0.4545	2
3	1.7280	0.5787	2.1065	0.4747	3.6400	0.2747	3
4	2.0736	0.4823	2.5887	0.3863	5.3680	0.1863	4
5	2.4883	0.4019	2.9906	0.3344	7.4416	0.1344	5
6	2.9860	0.3349	3.3255	0.3007	9.9299	0.1007	6
7	3.5832	0.2791	3.6046	0.2774	12.9159	0.0774	7
8	4.2998	0.2326	3.8372	0.2606	16.4991	0.0606	8
9	5.1598	0.1938	4.0310	0.2481	20.7989	0.0481	9
10	6.1917	0.1615	4.1925	0.2385	25.9587	0.0385	10
11	7.4301	0.1346	4.3271	0.2311	32.1504	0.0311	11
12	8.9161	0.1122	4.4392	0.2253	39.5805	0.0253	12
13	10.6993	0.0935	4.5327	0.2206	48.4966	0.0206	13
14	12.8392	0.0779	4.6106	0.2169	59.1959	0.0169	14
15	15.4070	0.0649	4.6755	0.2139	72.0351	0.0139	15
16	18.4884	0.0541	4.7296	0.2114	87.4421	0.0114	16
17	22.1861	0.0451	4.7746	0.2094	105.9306	0.0094	17
18	26.6233	0.0376	4.8122	0.2078	128.1167	0.0078	18
19	31.9480	0.0313	4.8435	0.2065	154.7400	0.0065	19
20	38.3376	0.0261	4.8696	0.2054	186.6880	0.0054	20
21	46.0051	0.0217	4.8913	0.2044	225.0256	0.0044	21
22	55.2061	0.0181	4.9094	0.2037	271.0307	0.0037	22
23	66.2474	0.0151	4.9245	0.2031	326.2369	0.0031	23
24	79.4968	0.0126	4.9371	0.2025	392.4842	0.0025	24
25	95.3962	0.0105	4.9476	0.2021	471.9811	0.0021	25
30	237.3763	0.0042	4.9789	0.2008	1181.8816	0.0008	30
40	1469.7716	0.0007	4.9966	0.2001	7343.8578	0.0001	40
50	9100.4382	0.0001	4.9995	0.2000	45497.1908	0.0000	50

Abschlußtest

Der Abschlußtest soll dem Leser die Möglichkeit bieten, zu prüfen, inwieweit er sich den Stoff der Betriebswirtschaftstheorie III zumindest in wichtigen Teilen zu eigen gemacht hat.
Teil A des Abschlußtestes bezieht sich auf den Inhalt der Paragraphen 1 bis 4 und des Paragraphens 6, die weitgehend dem Stoff des betriebswirtschaftlichen Grundstudiums zuzuordnen sind. Die Aufgaben sind — ähnlich wie in Band 1 und 2 — in Form von multiple choice abgefaßt, weil das angeeignete Wissen im ersten Teil des Studiums nicht selten in dieser Form überprüft wird. In die unausgefüllten Klammern am Ende der Fragen können die gefundenen Lösungsziffern eingetragen werden. Neben den Klammern steht die laufende Nummer der Einzelfrage. Als hochgestellter Index ist die Punktzahl angegeben, die in Bochum der Klausurbewertung zugrunde gelegt wird. Die Punktzahl ist an dem geschätzten Zeitbedarf für die Klausurlösung orientiert. Ein Punkt soll in etwa einer Minute entsprechen. Insgesant sind 90 Punkte vorgesehen. Das würde einer Klausurzeit von 1,5 Zeitstunden entsprechen. Zur Selbstkontrolle sind die richtigen Lösungsziffern in einem Ablochbeleg, der in Bochum für die Klausurkorrektur mit Hilfe des Computers verwendet wird, eingetragen. Im Klausurbewertungsprogramm führen falsch beantwortete Fragen zu einem Punktabzug. Diese Regelung soll verhindern, daß eine Klausurlösung nach dem Rateprinzip positiv bewertet wird.
Teil B des Abschlußtestes betrifft die Paragraphen 5 und 7, die zusammen mit Paragraph 8 — je nach Zuordnung der Investitionstheorie — einer Speziellen Betriebswirtschaftslehre Rechnungswesen oder Finanzierung im Rahmen des Hauptstudiums zugerechnet werden können. Dieser Teil des Abschlußtestes besteht aus drei Aufgaben, für deren Bearbeitung in Bochum je 30 Minuten mit maximal je 30 Punkten veranschlagt werden. Im Anschluß an die Aufgaben sind Lösungshinweise aufgenommen worden, die wie in Teil A des Tests der Selbstkontrolle dienen sollen.

Teil A

Aufgabe 1 (10 Punkte)

Ordnen Sie den nachfolgenden investitionstheoretischen Aussagen die Kennziffer 1 für „richtig“ und die Kennziffer 5 für „falsch“ zu!

(a) Der Barwert einer nachschüssigen Rente ist größer als der einer vorschüssigen Rente. ( ) 1[2]

(b) Der Barwert einer nachschüssigen Rente ist bei Momentanverzinsung kleiner als bei jährlicher Verzinsung. ( ) 2[2]

(c) Die Annuität der Zahlungsreihe einer Investition gibt an, wie hoch eine aus der Investition zu erzielende Rente ist. ( ) 3[1]

(d) Bei einer Entscheidung nach dem Payback-Kriterium werden Rentabilität, Ungewißheit und Liquidität in gleicher Weise berücksichtigt. ( ) 4[1]

(e) Der Kapitalwert einer Investition in t_0 ist die Differenz des Barwertes der Einzahlungsüberschüsse in t_1 bis t_n über die Anschaffungsauszahlung in t_0. ( ) 5[1]

(f) Beim Kapitalwertkriterium kann bei einem Kalkulationszinsfuß größer Null der Bezugszeitpunkt des Kapitalwertes die Auswahlentscheidung beeinflussen, weil die Ergebnisse der einzelnen Perioden unterschiedlich gewichtet sind. ( ) 6[2]

(g) Der Vergleich von Investitionsobjekten nach ihrer Amortisationsdauer kann zu zweifelhaften Ergebnissen bei der Beurteilung von Investitionsalternativen führen, weil Einzahlungsüberschüsse, die zeitlich nach dem Amortisationszeitpunkt liegen, nicht mehr berücksichtigt werden. ( ) 7[1]

Aufgabe 2 (24 Punkte)

Ein Investor habe die Wahl zwischen *fünf alternativen Investitionsobjekten* I_j ($j = I, II, \ldots, V$), die durch folgende (Netto-)*Zahlungsreihen* charakterisiert sind (Angaben in Geldeinheiten *(GE)*):

t / *Objekt*	0	1	2	3
I_I :	− 2	0	0	+ 16
I_{II} :	− 5	+ 2	+ 2	+ 2
I_{III}:	− 4	+ 2	+ 2	+ 6
I_{IV} :	− 5	+ 3	+ 3,6	0
I_V :	− 9	+ 4,5	+ 3	+ 1,5

(a) Ordnen Sie den Investitionsobjekten I_j ($j = I, \ldots, IV$) die zugehörige *Kapitalwertkurve* C_0 (i) der nachstehenden Abbildung zu (C_0 = Kapitalwert, bezogen auf den Zeitpunkt $t = 0$; i = Kalkulationszinsfuß, ausgedrückt in Prozent):

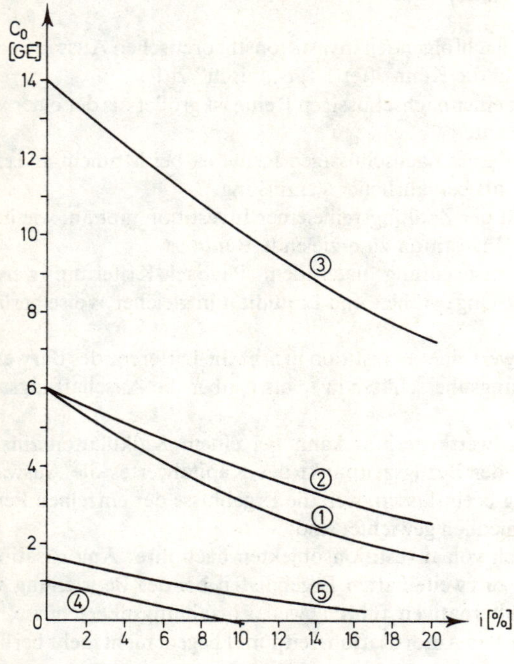

(1) I_I entspricht der Kurve Nr. ( ) 8[1]
(2) I_{II} entspricht der Kurve Nr. ( ) 9[1]
(3) I_{III} entspricht der Kurve Nr. ( ) 10[2]
(4) I_{IV} entspricht der Kurve Nr. ( ) 11[2]

(b) Berechnen Sie die *Kapitalwerte* C_3^j (*GE*) der Investitionsobjekte I_I bis I_{III} für einen Kalkulationszinsfuß von $i = 10\%$ (C_3 = Kapitalwert, bezogen auf den Zeitpunkt $t = 3$).

In welchem der nachfolgend aufgeführten Intervalle (1) bis (5) liegen die gesuchten Kapitalwerte C_3^j?

(1) Intervall: $C_3^j \leq -1$.
(2) Intervall: $-1 < C_3^j \leq +0{,}5$.
(3) Intervall: $+0{,}5 < C_3^j \leq +3$.
(4) Intervall: $+3 < C_3^j \leq +9$.
(5) Intervall: $+9 < C_3^j \leq +16$.

1. C_3^I liegt in Intervall Nr. ( ) 12[2]
2. C_3^{II} liegt in Intervall Nr. ( ) 13[2]
3. C_3^{III} liegt in Intervall Nr. ( ) 14[2]

(c) Der Kapitalwert C_0^D der Differenzinvestition $(I_I - I_{III})$ beträgt 6 *GE* bei einem Kalkulationszinsfuß von 10%. Kann daraus, daß der Kapitalwert der Differenzinvestition positiv ist, geschlossen werden, daß (richtig ≙ 1; falsch ≙ 5)

(1) die Investition I_I nach dem Kapitalwertkriterium vorteilhaft ist? ( ) 15[1]

(2) die Investition I_{III} nach dem Kapitalwertkriterium nicht vorteilhaft ist? ( ) 16[1]

(3) die Investition I_I nach dem Kapitalwertkriterium vorteilhafter als die Investition I_{III} ist? ( ) 17[1]

(d) Berechnen Sie für die Investitionsobjekte I_I, I_{II}, I_V den zugehörigen (nicht negativen) *internen Zinsfuß* r_j (%). In welchem der nachfolgend aufgeführten Intervalle (1) bis (5) liegen die gesuchten internen Zinsfüße r_j?

(1) Intervall: $0 \leq r_j \leq 8$.
(2) Intervall: $8 < r_j \leq 20$.
(3) Intervall: $20 < r_j \leq 40$.
(4) Intervall: $40 < r_j \leq 60$.
(5) Intervall: $60 < r_j \leq 100$.

1. r_I liegt in Intervall Nr. ( ) 18[2]
2. r_{II} liegt in Intervall Nr. ( ) 19[2]
3. r_V liegt in Intervall Nr. ( ) 20[2]

(e) Angenommen, dem Investor stehe ein *weiteres Investitionsobjekt* mit der (Netto-)Zahlungsreihe

	0	1	2	3	4	5	t (*ZE*)
I_{VI}:	−100	+12	+36	+18	+24	+6	(*GE*)

zur Auswahl. Der Investor will die Vorteilhaftigkeit dieser Investition anhand des Kriteriums des *internen Zinsfußes* überprüfen. Wegen rechentechnischer Schwierigkeiten stellt er sich zunächst die Vorfrage, ob die Zahlungsreihe I_{VI} überhaupt einen positiven (d.h. ökonomisch relevanten) internen Zinsfuß besitzt. Welche der nachfolgenden Alternativen (1) bis (3) trifft zu?

(1) Alternative: I_{VI} besitzt genau einen positiven internen Zinsfuß.
(2) Alternative: I_{VI} besitzt mehrere positive interne Zinsfüße.
(3) Alternative: I_{VI} besitzt keinen positiven internen Zinsfuß.

Antwort: Zutreffend ist Alternative Nr. ( ) 21[4]

Aufgabe 3 (5 Punkte)

Welche der folgenden Aussagen ist richtig? Kennzeichnen Sie diese durch eine „1", falsche hingegen durch eine „5"!

(a) Der Baldwin-Zinssatz ist ein interner Zinsfuß. ( ) 22[1]

(b) Der einfache interne Zinsfuß einer Investition ist gleich dem betriebsinternen im Gegensatz zum branchenüblichen Kalkulationszinsfuß. ( ) 23[1]

(c) Der positive einfache Zinsfuß ist gleich dem Kalkulationszins, wenn der Kapitalwert einer Normalinvestition gleich Null ist. ( ) 24^2

(d) Interne Zinssätze sind stets positiv. ( ) 25^1

Aufgabe 4 (10 Punkte)

Eine Investition werde durch folgende Charakteristika gekennzeichnet:
Anschaffungsauszahlung: $a_0 = 10000$.
Nettoeinzahlungen für $t = 1, 2, 3$: $c_t = 4500$.
Der Investor verfügt im Zeitpunkt t_0 jedoch nur über 3000 DM freie Mittel. Die restlichen 7000 DM müssen über Kredit finanziert werden, der 10% Sollzinsen auf den jeweils noch nicht getilgten Restbetrag kostet. Da die Einzahlungsüberschüsse nur zum Kalkulationszinsfuß von 6% angelegt werden können, geht der Unternehmer davon aus, daß die Einnahmeüberschüsse zunächst zur Deckung der Sollzinsen und zur Amortisation des Kredits verwendet werden.
In welchem der nachfolgenden Intervalle (1) bis (5) liegt der Kapitalwert C_0 dieser Investition unter Berücksichtigung der Fremdfinanzierung?

(1) Intervall: $C_0 < 0$.
(2) Intervall: $0 \leq C_0 < 1000$.
(3) Intervall: $1000 \leq C_0 < 2000$.
(4) Intervall: $2000 \leq C_0 < 3000$.
(5) Intervall: $3000 \leq C_0$.

Antwort: C_0 liegt im Intervall Nr. ( ) 26^{10}

Aufgabe 5 (6 Punkte)

Beurteilen Sie folgende Aussagen (richtig $\hat{=}$ 1; falsch $\hat{=}$ 5)!

(a) Der Kapitalwert C_0 einer Investition bei Beachtung von Gewinnsteuern berechnet sich zu:

$$C_{0s} = -a_0 + \sum_{t=1}^{n} [c_t - s(c_t - d_t) \cdot q_s^{-t}]$$

mit a_0 Anschaffungsauszahlung,
c_t Einzahlungsüberschuß der Periode t,
s Steuersatz,
d_t Abschreibungsbetrag in der Periode t,
q_s Aufzinsungsfaktor unter Berücksichtigung von Gewinnsteuern. ( ) 27^1

(b) Die Berücksichtigung von Gewinnsteuern führt stets dazu, daß der Kapitalwert C_{0s} unter den Kapitalwert C_0 (ohne Steuern) sinkt. ( ) 28^2

(c) In einem hochrentierlichen Unternehmen ist die steuerlich zulässige gemischt degressiv-lineare Abschreibung bei proportionalen Gewinnsteuern vorteilhafter als die lineare Abschreibung, da größere Abschreibungsbeträge vorverlagert werden. ( ) 29^1

(d) Besitzt ein Investitionsobjekt eine Zahlungsreihe vor Steuern, die die Struktur einer Normalinvestition hat, so weist auch die Zahlungsreihe nach Steuern die Merkmale auf, durch die Normalinvestitionen gekennzeichnet sind. ( ) 30[2]

Aufgabe 6 (8 Punkte)

Ein Unternehmen hat die Wahl zwischen zwei sich gegenseitig ausschließenden Projekten zu treffen; für die einperiodische Lebensdauer wird mit folgenden erwarteten Einzahlungsüberschüssen gerechnet:

Investition A		Investition B	
Wahrscheinlichkeit	Einzahlungsüberschuß	Wahrscheinlichkeit	Einzahlungsüberschuß
0,15	200	0,05	200
0,35	400	0,45	400
0,30	500	0,40	500
0,20	700	0,10	700
Streuung A: 153		Streuung B:	

Prüfen Sie folgende Aussagen (richtig ≙ 1; falsch ≙ 5):

(1) Bei grundsätzlich risikofreudiger bzw. risikoscheuer Einstellung eines Investors berücksichtigt dieser bei einer Entscheidung sowohl die Höhe des Erwartungswertes der betreffenden Zielgröße als auch deren Standardabweichung; ein Investor, der sich risikoneutral verhält, berücksichtigt hingegen lediglich den Erwartungswert. ( ) 31[2]

(2) Der Unternehmung erscheint die Investition A genauso vorteilhaft wie die Investition B, da die Summe der Einzahlungsüberschüsse bei A genauso groß ist wie die Summe der Einzahlungsüberschüsse bei B. ( ) 32[1]

(3) Investition A und Investition B führen zu gleich hohen Erwartungswerten. ( ) 33[2]

(4) Der Investor ist risikoabgeneigt. Er präferiert B vor A. ( ) 34[3]

Aufgabe 7 (17 Punkte)

Ein Investitionsobjekt werde durch folgende Zahlungsgrößen charakterisiert ($i = 10\%$):

Zeitpunkt t	Einzahlung b_t	Auszahlung a_t	Restwerterlös R_t
0	–	5000	5000
1	4000	2000	4000
2	4000	2100	3000
3	4000	2200	2000
4	4000	2400	1000

(a) In welchem der nachfolgend aufgeführten Intervalle liegen die Grenzeinzahlungsüberschüsse c_t' der Perioden (1) bis (4)?
(1) Intervall: $c_t' < 200$.
(2) Intervall: $200 \leq c_t' < 400$.
(3) Intervall: $400 \leq c_t' < 600$.
(4) Intervall: $600 \leq c_t' < 800$.
(5) Intervall: $800 \leq c_t'$.
Antwort: c_t' liegt für alle t im Intervall Nr. ( ) 35[5]

(b) Welche optimale wirtschaftliche Nutzungsdauer (n_{opt}) besitzt das Investitionsobjekt bei nur einmaliger Durchführung? Folgende Alternativen sind zu berücksichtigen:
(1) Alternative: $n_{opt} = 0$.
(2) Alternative: $n_{opt} = 1$.
(3) Alternative: $n_{opt} = 2$.
(4) Alternative: $n_{opt} = 3$.
(5) Alternative: $n_{opt} = 4$.
Antwort: Richtig ist Alternative Nr. ( ) 36[2]

(c) In welchem Intervall liegt der Kapitalwert C_0 des Investitionsobjektes unter Zugrundelegung der in (b) ermittelten optimalen Nutzungsdauer?
(1) Intervall: $C_0 < 0$.
(2) Intervall: $0 \leq C_0 < 600$.
(3) Intervall: $600 \leq C_0 < 1200$.
(4) Intervall: $1200 \leq C_0 < 1800$.
(5) Intervall: $1800 \leq C_0$.
Antwort: C_0 liegt im Intervall Nr. ( ) 37[5]

(d) Unter der Annahme, daß das Projekt einmal wiederholt wird, ist die optimale Nutzungsdauer (n_{opt}) des *ersten* Projektes innerhalb der zweigliederigen Kette unter Berücksichtigung der angeführten Alternativen zu bestimmen.
(1) Alternative: $n_{opt} = 0$.
(2) Alternative: $n_{opt} = 1$.
(3) Alternative: $n_{opt} = 2$.
(4) Alternative: $n_{opt} = 3$.
(5) Alternative: $n_{opt} = 4$.
Antwort: Richtig ist Alternative Nr. ( ) 38[2]

(e) Welche optimale Nutzungsdauer (n_{opt}) ergibt sich bei unendlicher identischer Wiederholung, wenn wiederum folgende 5 Alternativen Berücksichtigung finden?
(1) Alternative 1: $n_{opt} = 0$.
(2) Alternative 2: $n_{opt} = 1$.
(3) Alternative 3: $n_{opt} = 2$.
(4) Alternative 4: $n_{opt} = 3$.
(5) Alternative 5: $n_{opt} = 4$.
Antwort: Richtig ist Alternative Nr. ( ) 39[3]

Aufgabe 8 (10 Punkte)

Die Investitionsprojekte A, B, C und D werden durch die in der Tabelle enthaltenen Anschaffungsauszahlungen und Barwerte der Nettoeinzahlungen beschrieben. Jedes Projekt kann nur einmal durchgeführt werden.

Projekt	Anschaffungsauszahlung (*GE*)	Barwert der Nettoeinzahlungen (*GE*)
A	200	400
B	100	175
C	150	375
D	400	900

(a) Dem Investor stehe zunächst ein Budget von 850 *GE* zur Verfügung. Welche der fünf angegebenen Rangfolgen ergibt sich nach dem Kapitalwertratenmodell (richtig ≙ 1; falsch ≙ 5)?
(1) $D \succ C \succ A \succ B$. ( ) 40[1]
(2) $C \succ A \succ D \succ B$. ( ) 41[1]
(3) $D \succ A \succ C \succ B$. ( ) 42[1]
(4) $C \succ D \succ A \succ B$. ( ) 43[1]
(5) $D \succ C \succ B \succ A$. ( ) 44[1]

(b) Bei einer Budgetbeschränkung auf 700 *GE* wird das optimale Investitionsprogramm nach dem Kapitalwertratenmodell aufgestellt und dessen Gesamtkapitalwert C_0^P ermittelt.
Unter Zugrundelegung der Intervalle:
(1) $C_0^P < 650\ GE$,
(2) $650\ GE \leq C_0^P < 750\ GE$,
(3) $750\ GE \leq C_0^P < 850\ GE$,
(4) $850\ GE \leq C_0^P < 950\ GE$,
(5) $950\ GE \leq C_0^P$
ist das Intervall herauszufinden, in dem der Kapitalwert C_0^P des optimalen Investitionsprogrammes liegt.
Antwort: Der Kapitalwert C_0^P liegt im Intervall ( ) 45[5]

Ruhr-Universität Bochum
Abteilung für Wirtschaftswissenschaft

Klausurlösung zu Investitionstheorie vom
Dozent:

Teilnehmer-Vorname: .... Familienname: ....

Matrikel-Nr.	Sem. Nr.	KA	Frage-Nr. 1	2	3	4	5	6	7	8	9	10	11	12	13	14	15	16	17	18	19	20
			5	*1*	*1*	*5*	*1*	*5*	*1*	*3*	*4*	*2*	*5*	*5*	*2*	*4*	*5*	*5*	*1*	*5*	*2*	*1*
1–5	6	7	8–47																			

Frage-Nr. 21	22	23	24	25	26	27	28	29	30	31	32	33	34	35	36	37	38	39	40
3	*1*	*5*	*1*	*5*	*3*	*1*	*5*	*1*	*5*	*1*	*5*	*1*	*2*	*3*	*5*	*4*	*5*	*4*	*5*

Frage-Nr. 41	42	43	44	45	46	47	48	49	50	51	52	53	54	55	56	57	58	59	60
5	*5*	*1*	*5*	*3*															
48–67																			

Nicht vom Teilnehmer auszufüllen					
MC-Hd.	Hd.	Sonderleistungsnoten			
Korr.	Ausw.	SL 1	SL 2	SL 3	SL 4
68–70	71–72	73–74	75–76	77–78	79–80

Erläuterungen:
1) Bei mehr als 9 Semestern Studienzeit die Ziffer 9 in Spalte 6 unter Sem.-Nr. eintragen.
2) Die Spalten 68 bis 80 sind *nicht* von den Klausurteilnehmern auszufüllen.
3) Unter Frage-Nr. in den freien Raum die Nr. derjenigen Alternative eintragen, die vom Klausurteilnehmer für richtig gehalten wird.

Teil B

Aufgabe 1 (30 Punkte)

Die Zahlungsreihe (in Geldeinheiten) einer geplanten Investition A setzt sich aus einer sicheren Anschaffungsauszahlung $a_0 = 320$ und zwei zufälligen, stochastisch unabhängigen Einzahlungsüberschüssen c_t zu den Zeitpunkten $t = 1$ und $t = 2$ zusammen, für deren Erwartungswerte μ_1 bzw. μ_2 und Varianzen σ_1^2 bzw. σ_2^2 folgende Schätzungen vorliegen:

$$\mu_1 = \mu_2 = 242; \; \sigma_1^2 = 968; \; \sigma_2^2 = 1.171{,}28.$$

Grundlage der Investitionsbeurteilung ist die Kapitalwertmethode. Der (sichere) Kalkulationszinsfuß beträgt $i = 10\%$. Von Steuern sei zur Vereinfachung abgesehen.

Lösungshinweis:
— Für stochastisch unabhängige Zufallsvariablen $X_1, X_2, \ldots, X_n$ gilt:

(1a) $$EW\left(\sum_{i=1}^{n} X_i\right) = \sum_{i=1}^{n} EW(X_i),$$ (1b) $$EW(a_i \cdot X_i) = a_i \cdot EW(X_i),$$

(2a) $$Var\left(\sum_{i=1}^{n} X_i\right) = \sum_{i=1}^{n} Var(X_i),$$ (2b) $$Var(a_i \cdot X_i) = a_i^2 \cdot Var(X_i),$$

wobei $EW(\cdot)$ bzw. $Var(\cdot)$ den Erwartungswert bzw. die Varianz einer Zufallsvariablen und a_i eine reelle Zahl bedeuten.

— Eine Tabelle für die Verteilungsfunktion der (Standard-) Normalverteilung ist auf S. 297 wiedergegeben.

a) Berechnen Sie den *Erwartungswert* des Kapitalwertes von A!
Würde ein risikoneutraler Unternehmer *A einer sicheren Kapitalmarktinvestition B* zu $i = 10\%$ *vorziehen*? (5 Punkte)

b) Berechnen Sie die *Varianz* des Kapitalwertes von A! (5 Punkte)

c) Angenommen, der Kapitalwert von A sei normalverteilt. (20 Punkte)

c_1) Skizzieren Sie in der nachstehenden Abbildung das *Risikoprofil* $R_A(x)$ für den Kapitalwert von A!

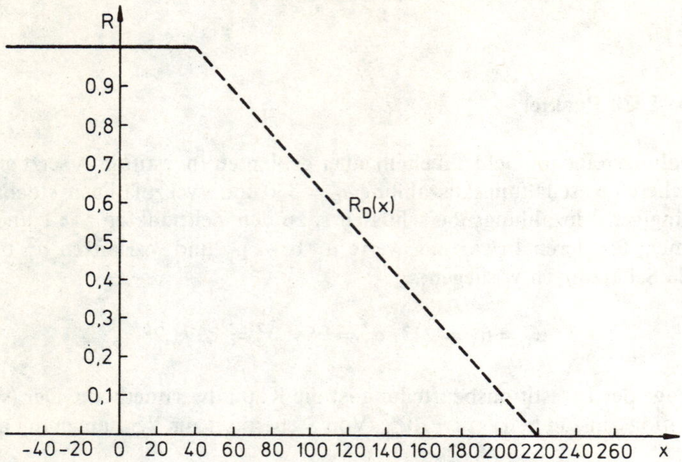

c_2) Wie groß ist bei A die *Wahrscheinlichkeit* für einen *negativen Kapitalwert*?

c_3) Stellen Sie durch *Vergleich* des Risikoprofils für den Kapitalwert von A mit demjenigen für den Kapitalwert von Investition D (siehe $R_D(x)$ in der Abb. unter c_1)) anhand des Konzepts der stochastischen Dominanz fest, welche der beiden Investitionen ein risikoscheuer Unternehmer *vorziehen* würde!

Anleitung zum Gebrauch der Tabelle:

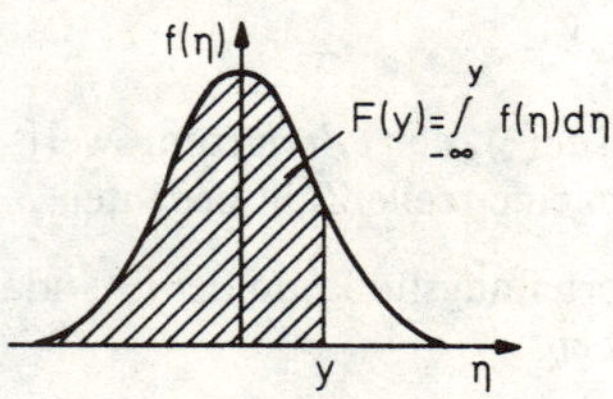

$$F(-y) = 1 - F(y)$$

Beispiele:

$$\begin{aligned} W(0{,}545 \leq X \leq 3{,}55) &= F(3{,}55) - F(0{,}545) \\ &= 0{,}9998 - 0{,}7071 \\ &= 0{,}2927, \\ F(-2) = 1 - F(2) &= 1 - 0{,}9772 \\ &= 0{,}0228. \end{aligned}$$

Der 0,95-Punkt ist

$$y_{0,95} = 1{,}645.$$

Tabelle: Verteilungsfunktion der Normalverteilung $N(0;1)$

y	0	1	2	3	4	5	6	7	8	9
0.	0.5000	3.5040	0.5080	0.5120	0.5160	0.5199	0.5239	0.5279	0.5319	0.5359
0.1	0.5398	0.5438	0.5478	0.5517	0.5557	0.5596	0.5636	0.5675	0.5714	0.5753
0.2	0.5793	0.5832	0.5871	0.5910	0.5948	0.5987	0.6026	0.6064	0.6103	0.6141
0.3	0.6179	0.6217	0.6255	0.6293	0.6331	0.6368	0.6406	0.6443	0.6480	0.6517
0.4	0.6554	0.6591	0.6628	0.6664	0.6700	0.6736	0.6772	0.6808	0.6844	0.6879
0.5	0.6915	0.6950	0.6985	0.7019	0.7054	0.7088	0.7123	0.7157	0.7190	0.7224
0.6	0.7257	0.7291	0.7324	0.7357	0.7389	0.7422	0.7454	0.7486	0.7517	0.7549
0.7	0.7580	0.7611	0.7642	0.7673	0.7703	0.7734	0.7764	0.7794	0.7823	0.7852
0.8	0.7881	0.7910	0.7939	0.7967	0.7995	0.8023	0.8051	0.8078	0.8106	0.8133
0.9	0.8159	0.8186	0.8212	0.8238	0.8264	0.8289	0.8315	0.8340	0.8365	0.8389
1.0	0.8413	0.8438	0.8461	0.8485	0.8508	0.8531	0.8554	0.8577	0.8599	0.8621
1.1	0.8643	0.8665	0.8686	0.8708	0.8729	0.8749	0.8770	0.8790	0.8810	0.8830
1.2	0.8849	0.8869	0.8888	0.8907	0.8925	0.8944	0.8962	0.8980	0.8997	0.9015
1.3	0.9032	0.9049	0.9066	0.9082	0.9099	0.9115	0.9131	0.9147	0.9162	0.9177
1.4	0.9192	0.9207	0.9222	0.9236	0.9251	0.9265	0.9279	0.9292	0.9306	0.9319
1.5	0.9332	0.9345	0.9357	0.9370	0.9382	0.9394	0.9406	0.9418	0.9429	0.9441
1.6	0.9452	0.9463	0.9474	0.9484	0.9495	0.9505	0.9515	0.9525	0.9535	0.9545
1.7	0.9554	0.9564	0.9573	0.9582	0.9591	0.9599	0.9608	0.9616	0.9625	0.9633
1.8	0.9641	0.9649	0.9656	0.9664	0.9671	0.9678	0.9686	0.9693	0.9699	0.9706
1.9	0.9713	0.9719	0.9726	0.9732	0.9738	0.9744	0.9750	0.9756	0.9761	0.9767
2.0	0.9772	0.9778	0.9783	0.9788	0.9793	0.9798	0.9803	0.9808	0.9812	0.9817
2.1	0.9821	0.9826	0.9830	0.9834	0.9838	0.9842	0.9846	0.9850	0.9854	0.9857
2.2	0.9861	0.9864	0.9868	0.9871	0.9875	0.9878	0.9881	0.9884	0.9887	0.9890
2.3	0.9893	0.9896	0.9898	0.9901	0.9904	0.9906	0.9909	0.9911	0.9913	0.9916
2.4	0.9918	0.9920	0.9922	0.9925	0.9927	0.9929	0.9931	0.9932	0.9934	0.9936
2.5	0.9938	0.9940	0.9941	0.9943	0.9945	0.9946	0.9948	0.9949	0.9951	0.9952
2.6	0.9953	0.9955	0.9956	0.9957	0.9959	0.9960	0.9961	0.9962	0.9963	0.9964
2.7	0.9965	0.9966	0.9967	0.9968	0.9969	0.9970	0.9971	0.9972	0.9973	0.9974
2.8	0.9974	0.9975	0.9976	0.9977	0.9977	0.9978	0.9979	0.9979	0.9980	0.9981
2.9	0.9981	0.9982	0.9982	0.9983	0.9984	0.9984	0.9985	0.9985	0.9986	0.9986
3.0	0.9987	0.9987	0.9987	0.9988	0.9988	0.9989	0.9989	0.9989	0.9990	0.9990
3.1	0.9990	0.9991	0.9991	0.9991	0.9992	0.9992	0.9992	0.9992	0.9993	0.9993
3.2	0.9993	0.9993	0.9994	0.9994	0.9994	0.9994	0.9994	0.9995	0.9995	0.9995
3.3	0.9995	0.9995	0.9995	0.9996	0.9996	0.9996	0.9996	0.9996	0.9996	0.9997
3.4	0.9997	0.9997	0.9997	0.9997	0.9997	0.9997	0.9997	0.9997	0.9997	0.9998
3.5	0.9998	0.9998	0.9998	0.9998	0.9998	0.9998	0.9998	0.9998	0.9998	0.9998
3.6	0.9998	0.9998	0.9999	0.9999	0.9999	0.9999	0.9999	0.9999	0.9999	0.9999
3.7	0.9999	0.9999	0.9999	0.9999	0.9999	0.9999	0.9999	0.9999	0.9999	0.9999
3.8	0.9999	0.9999	0.9999	0.9999	0.9999	0.9999	0.9999	0.9999	0.9999	0.9999
3.9	1.0000	1.0000	1.0000	1.0000	1.0000	1.0000	1.0000	1.0000	1.0000	1.0000

Entnommen aus Reichardt, Helmut: Statistische Methodenlehre für Wirtschaftswissenschaftler, 6. Aufl., 1976, S. 256 f.

Aufgabe 2 (30 Punkte)

S. Mutje plant, für die Sommersaison 1986 einen Fischkutter für Angelfahrten von Sommergästen zu chartern. Der Erfolg dieses Projektes hängt entscheidend vom Wetter ab. S. Mutje hat absolut keine Ahnung, wie das Wetter im nächsten Sommer sein wird.

Das Projekt erfordert einen Kapitaleinsatz von 20 000 DM. Mutje überlegt, ob er zur Finanzierung nur Eigenmittel (Alternative A) oder zu gleichen Teilen Eigen- und Fremdkapital (Alternative B) einsetzen soll. Ein Kredit steht zu 6% zur Verfügung. Die Tabelle 1 enthält die Ergebnisplanungen für beide Alternativen für unterschiedliche Wetterbedingungen. Der Filialleiter seiner Hausbank B. Anker empfiehlt Mutje, die Alternative mit der höchsten erwarteten Eigenkapitalrendite zu wählen. Mutje will sich danach richten.

Tabelle 1

Alternative A:	Wetterlage				
	Schlecht	Mäßig	Normal	Gut	Herrlich
Ergebnis vor Zinsen und Steuern	1200	1600	2000	2400	2800
Zinsen	0	0	0	0	0
	1200	1600	2000	2400	2800
Ertragsteuern (s = 0.50)	−600	−800	−1000	−1200	−1400
Ergebnis nach Steuern	600	800	1000	1200	1400

Alternative B:	Wetterlage				
	Schlecht	Mäßig	Normal	Gut	Herrlich
Ergebnis vor Zinsen und Steuern	1200	1600	2000	2400	2800
Zinsen	−600	−600	−600	−600	−600
	600	1000	1400	1800	2200
Ertragsteuern (s = 0.50)	−300	−500	−700	−900	−1100
Ergebnis nach Steuern	300	500	700	900	1100

a) Bestimmen Sie die Alternative mit der höheren erwarteten Eigenkapitalrendite! (6 Punkte)

b) Sein Berater H. Ering gibt zu bedenken, daß das Risiko beider Alternativen unterschiedlich sei. Er empfiehlt S. Mutje, auch die Varianz der Rendite bei der Entscheidung zu berücksichtigen. Kann dies zu einer anderen Alternativenwahl führen? Benutzen Sie zur Beantwortung eine graphische Darstellung. (9 Punkte)

c) Wie beurteilen Sie die Empfehlung von H. Ering? Welche Empfehlung geben Sie? Benötigen Sie für Ihre Empfehlung Angaben zur Risikoeinstellung von S. Mutje? (15 Punkte)

Aufgabe 3 (30 Punkte)

Die Unternehmensleitung der expandierenden Portfolio-GmbH plant, in zwei von drei in die engere Auswahl gezogene Projekte 1, 2, 3 zu investieren. Jedes der Projekte hat eine Laufzeit von einem Jahr. Die zugehörigen Renditen hängen davon ab, welche der drei für möglich gehaltenen Umweltlagen A, B, C eintreten wird. Jedes der drei Projekte erfordert denselben Investitionsbetrag. Die Planungsabteilung hat die Schätzwerte der nachstehenden Tabelle zusammengefaßt:

Tabelle 1

Umweltlage	Wahrscheinlichkeit		Rendite (%)	
		Projekt 1	Projekt 2	Projekt 3
A	0,2	22	16	36
B	0,4	22	21	22
C	0,4	22	26	15
Erwartungswert:		22	22	22
Varianz:		0	14	58,8

Anmerkungen:

1. Für jede der drei Umweltlagen stimmt die geschätzte Rendite von Projekt 2 mit derjenigen der bereits laufenden Investitionsprojekte der Gesellschaft überein.
2. Auf jedes Paar von Investitionsprojekten würden 10% des insgesamt (nach Vornahme der Neuinvestitionen) investierten Kapitals der Gesellschaft entfallen.

a) Der Assistent der Geschäftsleitung Dipl.-Ökonom Kundig wird beauftragt, das optimale Paar der geplanten Investitionsprojekte zu bestimmen. Beurteilungsgrundlage sollen die Erwartungswerte und die Varianzen der erzielbaren Renditen (vor Steuern) sein. Außerdem soll von einem risikoscheuen Entscheidungsverhalten ausgegangen werden. Als Ergebnis seiner Bemühungen legt Herr Kundig in der nächsten Sitzung folgende Übersicht vor:

Tabelle 2

Umweltlage	Wahrscheinlichkeit	Portefeuille-Rendite (%)		
		Projekte 1 und 2	Projekte 1 und 3	Projekte 2 und 3
A	0,2	19	29	26
B	0,4	21,5	22	21,5
C	0,4	24	18,5	20,5
Erwartungswert:		22	22	22
Varianz:		3,5	14,7	4,2

Investitionsvorschlag: Realisierung des Portefeuilles aus Projekt 1 und Projekt 2

Bereits nach kurzer Diskussion lehnt der erfahrene Senior-Chef Herrn Kundigs Investitionsvorschlag ab mit der Begründung, die vorgelegte Analyse sei ökonomisch bereits im Ansatz verfehlt. Zudem sei aufgrund der verfügbaren Informationen ohne weitere Berechnungen zu vermuten, daß gerade das vorgeschlagene Portefeuille bestehend aus den Projekten 1 und 2 kaum optimal sein dürfte.

Begründen Sie kurz (verbal), wieso die *Kritik* des Senior-Chefs am *Ansatz* der Analyse berechtigt und seine *Zweifel* an der *Optimalität* des Investitionsvorschlags plausibel erscheinen! (15 Punkte)

b) Herr Kundig erhält den Auftrag, seine *Investitionsanalyse* unter Berücksichtigung der Diskussionsergebnisse zu *überarbeiten* und einen *neuen Investitionsvorschlag* vorzulegen (analog zu Tabelle 2).

Übernehmen Sie die Aufgabe von Herrn Kundig! (15 Punkte)

Benutzen Sie dabei die nachstehende Tabelle:

Tabelle 2*

Umweltlage	Wahrscheinlichkeit
Erwartungswert:	
Varianz: [1]	
Investitionsvorschlag:	

[1] Anmerkungen:
- Formel für die Varianz $Var(X)$ einer (diskreten) Zufallsvariablen X, die die Werte x_j mit den Wahrscheinlichkeiten p_j annimmt:

$$Var(X) = \sum_j (x_j - EW(X))^2 \cdot p_j, \text{ wobei:}$$

$EW(X)$: = Erwartungswert von X.

- Zur Vereinfachung dürfen die in die Berechnung der Varianzen eingehenden Renditen (%) auf 1 Nachkommastelle gerundet werden.

Lösungshinweise zu den Aufgaben 1 bis 3:

Aufgabe 1 (siehe hierzu § 5 D und E in Verbindung mit Übungsaufgabe 5.10):

a) *Erwartungswert des Kapitalwertes* von A:

$$EW(C_{oA}) = -320 + \frac{\mu_1}{1{,}1} + \frac{\mu_2}{1{,}21} = -320 + \frac{242}{1{,}1} + \frac{242}{1{,}21} = 100\ GE.$$

Rangfolge von A und B bei Risikoneutralität:

$$A \succ B, \text{ da } EW(C_{oA}) = 100 > EW(C_{oB}) = 0.$$

b) *Varianz des Kapitalwertes* von A:

$$Var(C_{oA}) = Var\left(-320 + \frac{C_1}{1,1} + \frac{C_2}{1,21}\right)$$

$$= Var(-320) + \frac{Var(C_1)}{1,1^2} + \frac{Var(C_2)}{1,21^2}$$

$$= 0 + \frac{968}{1,1^2} + \frac{1171,28}{1,21^2} = 1600\ GE.$$

c_1) *Risikoprofil für den Kapitalwert* von A:

Aufgrund der Berechnungen unter a) und b) gilt $\mu_A = 100$ und $\sigma_A = \sqrt{1600} = 40$, so daß der Kapitalwert $N(100;\ 40)$ verteilt ist:

$$W(C_{oA} < x) = W\left(\frac{C_{oA} - 100}{40} < \frac{x - 100}{40}\right) = F_{N(0;\ 1)}\left(\frac{x - 100}{40}\right).$$

Aus der Tabelle auf S. 297 für die Verteilungsfunktion der Normalverteilung und aus

$R_A(x) = W(C_{oA} \geqslant x) = 1 - W(C_{oA} < x)$ ergibt sich folgendes:

x	−20	0	20	60	100	140	180	220
$W(C_{oA} < x)$	0,0013	0,0062	0,0228	0,1587	0,5	0,8413	0,9772	0,9987
$R_A(x)$	0,9987	0,9938	0,9772	0,8413	0,5	0,1587	0,0228	0,0013

c_2) *Wahrscheinlichkeit für einen negativen Kapitalwert* von A:

$$W(C_{oA} < 0) = W\left(\frac{C_{oA} - 100}{40} < -2,5\right) = F(-2,5)$$

$$= 1 - 0,9938 = 0,0062 = 0,62\%.$$

c_3) *Vergleich der Risikoprofile* von A und D:

Es herrscht stochastische Dominanz 2. Grades von D über A; die Rangfolge von A und D lautet somit bei Risikoscheu:

$$D \succ A.$$

D dominiert A *nicht* stochastisch vom Grade 1 (Bedingungen sind nur beinahe erfüllt), da z. B. für $x = 220\ R_D(x) = 0 < R_A(x) = 0{,}0013$ gilt.

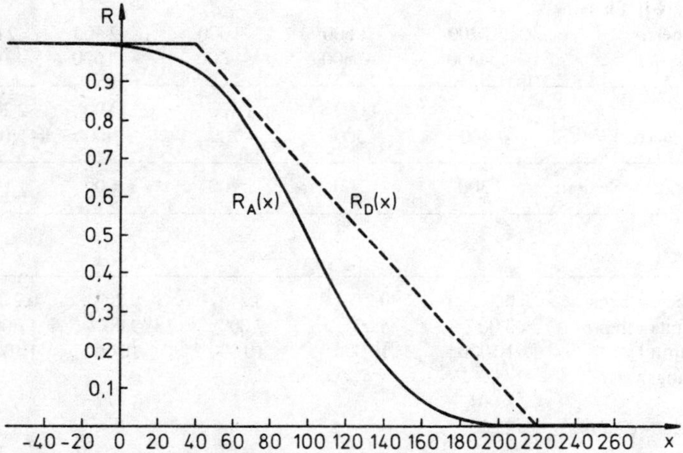

Abbildung zur Teilaufgabe c_1)

Aufgabe 2 (siehe hierzu § 5D, E1):

a) *Erwartete Eigenkapitalrendite:*

Tabelle 1

Alternative A:	Schlecht	Mäßig	Normal	Gut	Herrlich
Ergebnis vor Zinsen und Steuern	1 200	1 600	2 000	2 400	2 800
Zinsen	0	0	0	0	0
	1 200	1 600	2 000	2 400	2 800
Ertragsteuern (s = 0.50)	– 600	– 800	1 000	– 1 200	– 1 400
Ergebnis nach Steuern	600	800	1 000	1 200	1 400

Lösung:

Wahrscheinlichkeit	0.2	0.2	0.2	0.2	0.2
Eigenkapitalrendite	3.00%	4.00%	5.00%	6.00%	7.00%
Eigenkapital	20 000	20 000	20 000	20 000	20 000
Erwartungswert	5.00%				
Varianz	2.00%				
Standardabweichung	1.41%				

Alternative B:	Schlecht	Mäßig	Normal	Gut	Herrlich
Ergebnis vor Zinsen und Steuern	1 200	1 600	2 000	2 400	2 800
Zinsen	– 600	– 600	– 600	– 600	– 600
	600	1 000	1 400	1 800	2 200
Ertragsteuern (s = 0.50)	– 300	– 500	– 700	– 900	–1 100
Ergebnis nach Steuern	300	500	700	900	1 100

Lösung:

Wahrscheinlichkeit	0.2	0.2	0.2	0.2	0.2
Eigenkapitalrendite	3.00%	5.00%	7.00%	9.00%	11.00%
Eigenkapital	10 000	10 000	10 000	10 000	10 000
Erwartungswert	7.00%				
Varianz	8.00%				
Standardabweichung	2.83%				

b) *Wenn* S. Mutje eine Nutzenfunktion $U(.,.)$ zugrunde legt, die als Argumente nur Erwartungswert und Varianz der Renditeverteilung enthält (d. h. $U(\mu,\sigma^2)$), so kann er zu unterschiedlichen Entscheidungen kommen:

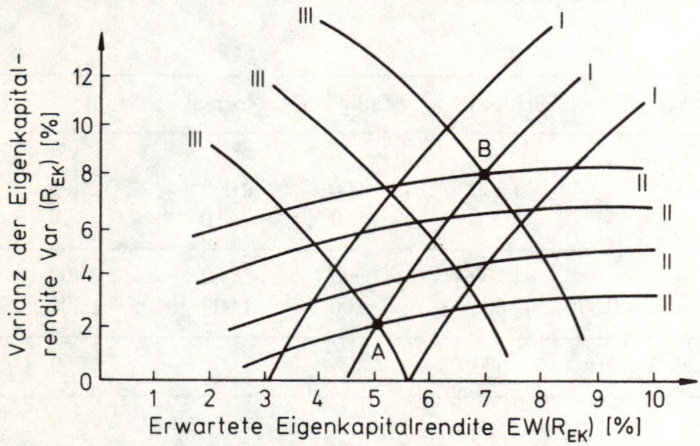

(1) Ist seine Risikoeinstellung durch die Indifferenzkurvenschar I charakterisiert, so wäre er indifferent zwischen beiden Alternativen;

(2) repräsentiert die Indifferenzkurvenschar II seine Risikoeinstellung, so wird er A präferieren;

(3) bei risikofreudigem Verhalten — wie durch die Indifferenzkurvenschar III dargestellt —, aber schon bei risikoneutralem Verhalten bzw. bei geringerer Risikoscheu als durch I ausgedrückt, wird dagegen B präferiert.

c) Die Anwendung einer Nutzfunktion mit den Argumenten Erwartungswert und Varianz ist nur sinnvoll, wenn die Zielvariablen normalverteilt sind. Im Beispiel liegt jedoch eine Gleichverteilung der Zielvariable „Eigenkapitalrendite" vor. Eine Darstellung der Handlungsalternativen A und B als Risikoprofile macht deutlich, daß Alternative B die Alternative A stochastisch dominiert.

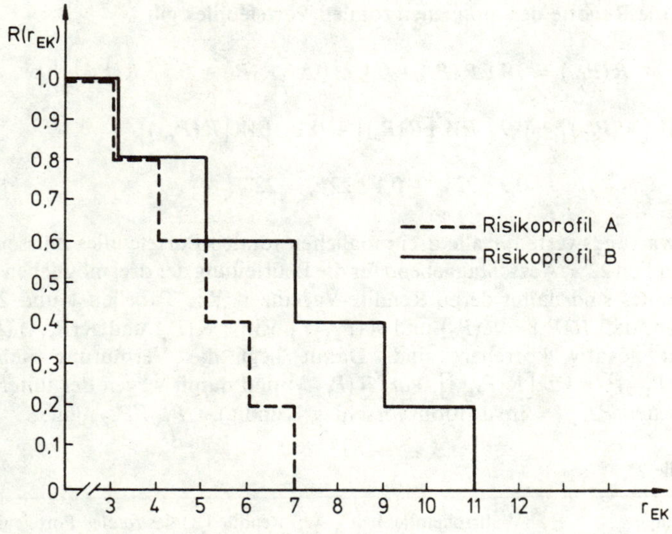

Bei dem hier vorliegenden Fall stochastischer Dominanz 1. Grades ist eine Information über die Risikoeinstellung von S. Mutje nicht erforderlich: Für alle monoton steigenden Nutzenfunktionen wird B präferiert.

Aufgabe 3 (siehe hierzu § 7 B):

a_1) *Kritik am Ansatz der Analyse:*
Nach Vornahme der Investitionen hat das *totale* (neue) Portefeuille P_t der Portfolio-GmbH folgende Struktur::

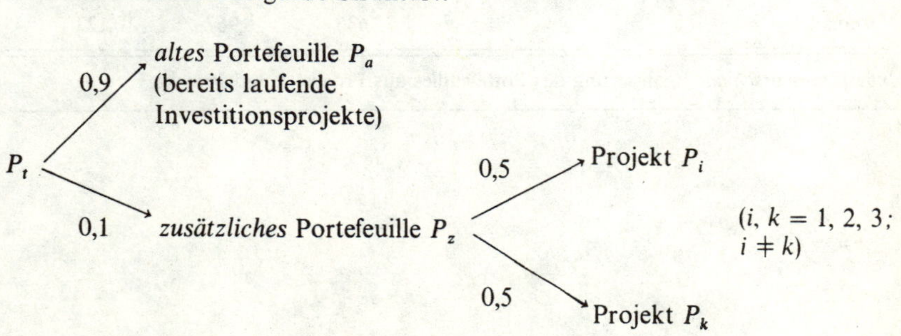

Die Tabelle 2 der Aufgabe enthält die Renditen $R(P_{zik})$ für die drei möglichen zusätzlichen Portefeuilles. *Maßgebend* für die Portfolio-GmbH sind aber die Renditen $R(P_{tik})$ für die drei möglichen *totalen* Portefeuilles, d. h. die zusätzlichen Portefeuilles sollten nicht unabhängig vom alten Portefeuille beurteilt werden.

a$_2$) *Prüfung der Optimalität des Investitionsvorschlags:*

Für die Rendite der möglichen totalen Portefeuilles gilt

$$R(P_{tik}) = 0{,}9 \cdot R(P_a) + 0{,}1 \cdot [0{,}5 \cdot R(P_i) + 0{,}5 \cdot R(P_k)], \text{ bzw.}$$

$$EW[R(P_{tik})] = 0{,}9 \cdot EW[R(P_a)] + 0{,}1 \cdot EW[R(P_{zik})]$$

$$= 0{,}9 \cdot 22\% + 0{,}1 \cdot 22\% = 22\%.$$

Die Erwartungswerte für alle drei möglichen totalen Portefeuilles müssen gleich sein, nämlich 22%. Ausschlaggebend für die Beurteilung der drei möglichen totalen Portefeuilles sind damit deren Rendite-Varianzen. Die Tabellen 1 und 2 lassen erkennen, daß $R(P_a) = R(P_2)$ und $R(P_{z12})$ positiv, $R(P_a)$ und $R(P_{z13})/(R(P_{z23})$ dagegen negativ korreliert sind. Damit liegt die Vermutung nahe, das $Var[R(P_{t12})] > Var[R(P_{t13})], Var[R(P_{t23})]$ und damit wegen der unterstellten Risikoscheu P_{z12} (= Investitionsvorschlag Kundig) $\prec P_{z13}/P_{z23}$ gilt.

b) Tabelle 2*

Umweltlage	Wahrscheinlichkeit	Rendite (%) des *totalen* Portefeuilles $R(P_{t12})$	$R(P_{t13})$	$R(P_{t23})$
A	0,2	16,3	17,3	17
B	0,4	21,05	21,1	21,05
C	0,4	25,8	25,25	25,45
Erwartungswert:		22	22	22
Varianz:		12,635	8,967	10,122

Investitionsvorschlag: Realisierung des Portefeuilles aus Projekt 1 und Projekt 3

Stichwortverzeichnis